現代國際金融

（增訂版）

柳　復　起　著

學歷：國立臺灣大學經濟學系、經濟學研究所
　　　碩士班畢業
　　　美國紐約州羅契斯特大學 (University
　　　of Rochester) 經濟學科哲學博士
經歷：中央研究院經濟研究所副研究員
　　　國立臺灣大學經濟學系副教授
　　　國立政治大學國際貿易研究所教授
　　　淡江大學銀行學系教授兼系主任
　　　中華民國立法院立法委員
　　　淡江大學客座教授
現職：澳洲新南威爾斯大學 (University
　　　of New South Wales) 高級講師

三 民 書 局 印 行

© 現代國際金融

著　者　柳復起

發行人　劉振強

著作財產權人

印刷所　三民書局股份有限公司
地址／臺北市重慶南路一段六十一號
郵撥／〇〇〇九九九八一五號

初　版　中華民國七十三年十二月
增訂初版　中華民國七十七年十一月
三　版　中華民國八十一年三月

編　號　S 56017

基本定價　柒元柒角捌分

行政院新聞局登記證局版臺業字第〇二〇〇號

著作權執照臺內著字第二五五四號

ISBN 957-14-0430-6 （平裝）

論；程度適合大學高年級及研究所同學用爲教材與參考書。凡程度較深的材料皆用一「＊」號註明於各節標題上角，大學部一般讀者可以略去而不失閱讀之連貫性。

最後值得一提者，增訂版之修改過程中，妻啟惠及女曾慈、南琛曾協助蒐集整理統計資料，校對書稿，一併於序尾申謝。本書內容全由作者單獨負責，如有舛誤，望高明指正。

中華民國八十一年元旦

柳復起

序於臺北市

增訂版序言

本書初版於民國七十三年付梓，僥倖榮獲該年度僑聯總會學術論著獎。有幾所大學近幾年採用爲國際金融一科教材，這對於作者很有鼓勵作用。民國七十六年作者交由三民書局出版的「現代貨幣銀行學」又榮獲嘉新優良著作獎。此二書接連通過國內嚴格的評審而得獎，學界專家先進之肯定與賞識，實在令我衷心快慰。感謝之餘益發懍於大學授業傳薪者對社會國家責任之重大。在敬業心的驅使下，我對本書作了一次徹底的修訂。

修訂之目的主要有四點：第一，初版問世已有八年，近八年來國際金融這個領域內理論與實際運作皆有不少新發展，擬在此次修訂中摘要納入；第二，近三四年歐美學者出版之優良著作中，有些很好的圖解與說明值得採借，擬引錄以普及啟迪功效；第三，初版中引錄之國際統計資料大部分有時效者皆擬更改補充，以反映最近情況；第四，初版之排印錯誤、不精確文辭及其他缺點皆趁機予以更正。

以增訂版與初版作一比較，顯示字數增加了約近三分之一，內容也較爲充實。原有的十二章中計四章經過相當程度的修改。新版書中之第十一章匯率理論（下）及第十四章世界經濟之回顧與展望皆全屬增添材料。此外，諸如匯率超標理論、一般均衡分析、經濟政策效果之國際傳播、理性預期學說、歐洲公債市場、歐洲貨幣統一運動及國際債務問題都是初版中未曾觸及的新題材。至於新版的撰述要旨與程度則與初版相同：旨在爲國際金融此一學科涉及的歷史、理論與政策作一平衡的討

初 版 序 言

　　國際金融是國際經濟學的兩大領域之一。將經濟學的原理推廣應用於開放經濟社會，討論一國對外的各種經濟關係與政策影響，構成國際經濟學的內容。然而為了學術分工的便利，通常國際經濟學又被劃分為國際貿易與國際金融兩大領域。前者討論國際貿易的成因、貿易與經濟成長的關係、貿易對經濟福利的影響，以及貿易政策等專題。其特色是不談貨幣因素，專看各種實值經濟變數與對外貿易的關係，且偏重個體經濟學上的局部平衡分析法。國際金融則主要探討一國與另一國之間的貨幣關係，著意於開放經濟社會的總體經濟變數與經濟政策，也可視為總體經濟理論及貨幣銀行學的延伸。由於國際收支涉及國際貨幣制度，因此國際貨幣制度的演變歷史以及國際金融市場的新發展均屬本科重要課題。其他應包含的專題有外滙理論、國際收支失衡的調整、對外貿易與國民所得、滙率調整的效果以及開放經濟的總體經濟政策等。這門學問可說是融合了歷史、理論與政策的國計民生大道理。本書的程度適合供大學高年級及研究所同學進修之用。如果能由它啓發同學對這門學問的興趣與提升進一步研究它的能力，最感快慰的莫過於作者。

　　我國習用「薪火相傳」「發揚光大」八個字描繪學術與技藝的傳授與發展。其實這也是文化的繁衍與真理的探索不能缺少的過程。彷彿在無知的暗谷中，前一代的學人將真理的火種交給下一代，讓他們繼續向上攀登，手中的火炬能照得更亮，他們能看得更遠。這實在是非常莊嚴美麗的情景，也該是每一位獻身教育與學術的知識份子自我期許的境

界。對久居異國的作者而言，本書的出版除稍慰其故國校園之思以外，還藉以表達其對國內經濟學界年青一代莘莘學子的期勉與誠意。

我願在此對傳授我經濟學專業知識的每一位老師致謝。特別是留美求學時從教我國際金融與貨幣理論的蔣碩傑恩師受益最多。由他那一大盆熊熊火焰傳出來的一枝小蠟燭，竟能在祖國及澳洲傳佈些兒光和熱，該是可喜的現象。在我撰稿時，常從老友陳昭南博士處得到不少鼓勵。他告訴我國內坊間這方面的書籍還不算太多，程度適合研究所同學閱讀的中文書更少。因此我這本書對有志進修高學位的經濟及商管學科同學，該會有所幫助。書完稿之後又承他交給其高足賴景昌博士校閱，凡理論及政策性的專章都承賴博士詳閱後改正一些錯誤。我必須對他們申謝，但本書的一切缺點唯有由作者單獨負責。

陸民仁老師為我聯繫三民書局劉振強董事長安排本書之出版。陸老師的熱誠鼓勵令我感動，劉先生的賞識使我欣慰。一併在此致謝。最後還要特別提出的，我很感激妻啟惠的敦促與支持。大概寫過書的人都有共同的經驗，在撰寫過程的相當長時期內家人必須忍受寂寞付出關懷。因此夫妻間的容忍、諒解、同情和關懷確係重要因素，允宜在序尾申謝。

中華民國七十三年元旦

柳復起

序於淡江大學銀行學系

現代國際金融（增訂版） 目次

第一章　國際收支平衡表

第一節　定義與編製方式…………………………………………… 2

第二節　國際收支均衡的概念……………………………………… 9

第三節　國際收支理論的演進概況…………………………………13

第四節　貨幣派研究途徑之特色及要點……………………………20

第二章　戰後國際貨幣制度的演變（上）

第一節　布列敦森林國際貨幣制度……………………………………32

第二節　固定匯率制度下國際收支失衡的三類對策…………………36

第三節　西歐貿易自由化與美元地位的變化…………………………41

第四節　基金的因應與國際合作方案…………………………………51

第三章　戰後國際貨幣制度的演變（下）

第五節　徹底改革的呼聲………………………………………………57

第六節　布列敦森林制度的崩潰……………………65

第七節　改革之努力過程與現狀……………………71

第八節　歐洲貨幣統一運動…………………………83

第四章　外滙市場及其均衡

第一節　市場均衡的概念及其穩定性………………97

第二節　外匯市場穩定性之條件…………………106

第三節　外匯供求的複式均衡及貶值逆反應……115

第四節　晚近有關理論的新發展…………………122

第五章　遠期外滙理論

第一節　傳統的利率平準學說……………………136

第二節　現代遠期匯率理論………………………139

第三節　政府對外匯市場的干預…………………145

第四節　幾點補充…………………………………149

第六章　境外金融市場

第一節　境外金融市場的成長背景………………164

第二節　歐洲通貨市場上銀行的操作……………169

第三節　歐洲美元市場的成長與利率的決定……174

第四節　歐洲美元市場上流動性的創造問題……182

第五節　管制的必要性與可行性…………………185

第六節　歐洲公債市場簡介………………………189

第七章　國際收支失衡的本質及其調整

第一節　生產專業化模型的貿易失衡及調整……………………… 196

第二節　貿易品對非貿易品模型…………………………………… 204

第三節　古典派模型的自動調整機能……………………………… 208

第四節　充分就業下利率與價格的調整機能……………………… 217

第八章　國民所得與對外貿易

第一節　簡單的小國模型…………………………………………… 230

第二節　二國模型及廻響效果……………………………………… 237

第三節　移轉支付及二國模型之穩定性…………………………… 249

第四節　商業循環的國際傳播……………………………………… 254

第九章　調整滙率的貿易賬效果

第一節　吞納學說的要義…………………………………………… 260

第二節　吞納說與彈性說的局部融合……………………………… 266

第三節　貨幣派模型彙論貿易品對非貿易品模型………………… 278

第四節　眞實工資的伸縮性與貶值效果…………………………… 289

第五節　最適通貨區域理論………………………………………… 297

第十章　滙率理論（上）

第一節　購買力平價學說…………………………………………… 303

第二節　貨幣學派的滙率理論……………………………………… 307

第三節　國際收支派的滙率理論…………………………………… 314

第四節　資產組成平衡學說的滙率理論…………………………… 328

第十一章　滙率理論（下）

第五節 資產組成之調整與數理分析……………………… 343

第六節 匯率的動態變化與超標現象……………………… 358

第七節 一般均衡分析……………………………………… 367

第十二章 開放經濟的總體經濟政策（上）

第一節 經濟政策原理簡介………………………………… 386

第二節 內部平衡與對外平衡之達成……………………… 397

第三節 二國模型政策工具的協調………………………… 407

第四節 資本流動與利率影響……………………………… 415

第十三章 開放經濟的總體經濟政策（下）

第五節 固定匯率制度下的財政政策與貨幣政策………… 431

第六節 浮動匯率制度下的財政政策與貨幣政策………… 448

第七節 資產組成平衡模型及總體經濟政策……………… 463

第八節 政策效果之國際傳播……………………………… 471

第九節 理性預期假設與長期均衡………………………… 479

第十四章 世界經濟之回顧與展望

第一節 一九七三年以前之回顧…………………………… 496

第二節 一九七三年以後的停滯性膨脹…………………… 499

第三節 當代主要問題之癥結與對策……………………… 503

第四節 國際債務問題……………………………………… 514

CONTEMPORARY INTERNATIONAL FINANCE:
History, Theory and Policy
(Revised Edition)
By
Fu-chi Liu (Ph. D.)
The University of New South Wales
Sydney, Australia

Published in Taipei, 1992 San Min Book Co., Ltd.

Contents in English

Chapter 1. THE BALANCE OF PAYMENTS

(1) Definition and Compilation 2

(2) Concepts of Balance-of-payments Equilibrium 9

(3) A Brief Survey on Balance-of-payments Theories 13

(4) The Monetary Approach to Balance-of-payments Analysis 20

Chapter 2. THE POSTWAR INTERNATIONAL MONETARY SYSTEM I

(1) The Bretton Woods International Monetary System 32

(2) Policies to Cope with Disequilibrium under the System 36

(3) Trade Liberalization in Western Europe, From Dollar Shortage to Dollar Glut 41

(4) The Response of IMF and International Cooperation to Defend the System 51

Chapter 3. THE POSTWAR INTERNATIONAL MONETARY SYSTEM II

(5) Proposals of Monetary Reform··57

(6) The Collapse of the Bretton Woods System························65

(7) Efforts of Monetary Reform and the Present Situation···············71

(8) The European Monetary Integration·····························83

Chapter 4. THE FOREIGN EXCHANGE MARKET
AND ITS STABILITY

(1) Concepts of Equilibrium and Stability·····························97

(2) Conditions for Stability in the Market······························· 106

(3) Multiple Equilibria and Perversive Response to Devaluation····· 115

(4) Recent Refinements in the Theory································· 122

Chapter 5. THEORY OF FORWARD EXCHANGE

(1) The Traditional Interest Rate Parity Theory ····················· 136

(2) The Modern Theory of Forward Exchange ····················· 139

(3) Government Interventions in Foreign Exchange Markets ··········· 145

(4) Some Supplementary Comments ·······························149

Chapter 6. OFFSHORE FINANCIAL MARKET

(1) The Historical Background of Offshore Banking ··················· 164

(2) The Operation of "Euro" Banks ·······························169

(3) The Expansion of Euro-dollar Market and

Interest-Rates Determination································· 174

(4) The Issue of Liquidity Creation in the Market··················· 182

(5) Desirability and Feasibility of Controls·························· 185

(6) An Introduction to the Euro-bond Market··················· 189

Chapter 7. BALANCE-OF-PAYMENTS DISEQUILIBRIUM
AND ADJUSTMENTS

(1) Trade Disequilibrium and Adjustments in a Model of
Complete Specialization ⋯⋯⋯⋯⋯⋯⋯⋯⋯⋯⋯⋯⋯⋯ 196

(2) Tradable Goods versus Non-tradable Goods Model ⋯⋯⋯⋯⋯⋯ 204

(3) The Automatic Adjustment Mechanism in the Classical Model ⋯ 208

(4) Prices and Interest-Rates Adjustment Mechanisms under
Full Employment ⋯⋯⋯⋯⋯⋯⋯⋯⋯⋯⋯⋯⋯⋯⋯⋯⋯⋯ 217

Chapter 8. NATIONAL INCOME AND FOREIGN TRADE

(1) A Simple Small-Country Model ⋯⋯⋯⋯⋯⋯⋯⋯⋯⋯⋯⋯ 230

(2) A Two-Country Model with Repercussion Effects ⋯⋯⋯⋯⋯⋯ 237

(3) Transfer Payments and Stability of Two-Country Model ⋯⋯⋯⋯ 249

(4) The International Transmission of Business Cycles ⋯⋯⋯⋯⋯⋯ 254

Chapter 9. THE TRADE-BALANCE EFFECT OF EXCHANGE-RATE VARIATION

(1) The Essence of the Absorption Approach ⋯⋯⋯⋯⋯⋯⋯⋯⋯ 260

(2) A Partial Reconciliation of the Absorption and Elasticity
Approaches ⋯⋯⋯⋯⋯⋯⋯⋯⋯⋯⋯⋯⋯⋯⋯⋯⋯⋯⋯⋯ 266

(3) The Monetary Approach and Tradable versus
Non-tradable Goods Model ⋯⋯⋯⋯⋯⋯⋯⋯⋯⋯⋯⋯⋯ 278

(4) Real Wage Flexibility and Efficacy of Devaluation ⋯⋯⋯⋯⋯⋯ 289

(5) Theories of Optimum Currency Areas ⋯⋯⋯⋯⋯⋯⋯⋯⋯⋯ 297

Chapter 10. THEORIES OF EXCHANGE-RATE DETERMINATION I

(1) The Purchasing Power Parity Theory ⋯⋯⋯⋯⋯⋯⋯⋯⋯⋯ 303

(2) The Monetary Approach ⋯⋯⋯⋯⋯⋯⋯⋯⋯⋯⋯⋯⋯⋯ 307

(3) The Balance-of-Payments Approach ⋯⋯⋯⋯⋯⋯⋯⋯⋯⋯⋯ 314

(4) The Portfolio Equilibrium Approach ⋯⋯⋯⋯⋯⋯⋯⋯⋯⋯ 328

Chapter 11. THEORIES OF EXCHANGE-RATE DETERMINATION II

(5) The Portfolio Adjustments and Comparative Statistics Analysis··· 343

(6) The Dynamics of Exchange Rate and Overshooting················ 358

(7) A General Equilibrium Analysis······························· 367

Chapter 12. MACROECONOMIC POLICIES IN AN OPEN ECONOMY I

(1) An Introduction to the Theory of Economic Policy·············· 386

(2) The Attainment of Internal and External Balance················ 397

(3) Coordination of Policy Instruments in a Two-Country Model··· 407

(4) Interest Rate and Capital Movement························· 415

Chapter 13. MACROECONOMIC POLICIES IN AN OPEN ECONOMY II

(5) Fiscal and Monetary Policies under a Fixed Exchange
Rate System ·· 431

(6) Fiscal and Monetary Policies under a Floating Exchange
Rate System ·· 448

(7) The Portfolio Balance Model and Macroeconomic Policies······ 463

(8) The International Transmission of Economic Policies············ 471

(9) The Rational Expectations Hypothesis and Longrun Equilibrium··· 479

Chapter 14. THE WORLD ECONOMY IN RETROSPECT AND A FUTURE OUTLOOK

(1) The Period Prior to 1973··································· 496

(2) The Stagflation of the 1970s and 1980s···················· 499

(3) The Current Major Issues and Remedies···················· 503

(4) The International Debt Problem····························· 514

第一章　國際收支平衡表
CH. 1 THE BALANCE OF PAYMENTS

　　國際金融這個學科討論的內容，主要是國與國之間的貨幣關係。在任何一段時期內，現代國家的居民與政府必與其他國家的居民與政府從事各種交易。這些交易大部份屬於商業性質，像商品的輸出入，資金的借貸等，也有的是非商業性質，像外援及贈與等。但是不管性質為何，皆屬於以貨幣表現價值的經濟交易。為了明確有系統的將這些交易紀錄下來，經濟學家們採用了會計學上借貸分錄的方法，再經過分類整理，編製出以一年為單位的國際交易彙總紀錄，稱之為國際收支平衡表 (Balance of Payments)。

　　這張國際收支平衡表顯示了一國對外的貨幣關係，也反映出該國的對外全盤經濟狀況。因此，負責經濟政策的政府官員必須隨時留意此表的內容及其變化，作為擬定政策的重要根據。工商企業界人士也同樣要注意此表，才能了解貿易與投資的演變與匯率的變化趨勢，進而擬定其產銷策略。再從長遠的歷史觀察國際貨幣制度之演變，當可發現其主要因素係源自西方先進國家錯綜複雜的國際收支關係。因此，國際金融這學科應該以國際收支平衡表作為討論的起點。

本章第一節介紹國際收支平衡表的基本編製方式；第二節討論國際收支均衡的概念；第三節檢討國際收支理論的演進概況；最後第四節介紹貨幣派研究途徑之特色與要點。

第一節　定義與編製方式
§ 1. Definition and Compilation

我們對國際收支平衡表下的定義是一國在一年或其他特定期限內其國民及政府對外國所爲一切交易之彙總紀錄。交易可包括商品與勞務的買賣、資金的借貸、投資收益的移轉與本金的支付、戰債的清償以及外援贈與。任何一筆交易從記賬觀點需同時記入借方與貸方。通常凡涉及外國對國人支付，從而導致外幣供給增加的交易項目，均列爲貸方，並可用加號代表；至於償付的方式則記入借方項目。反之，凡涉及國人對外國支付，從而導致外幣需求增加的交易項目，均列入借方，並可用減號代表；至於相應的償付方式則記入貸方或冠以加號。茲列舉如下：

貸方（以加號表示）：通常涉及外國對中國人之支付並導致外匯供給增加（外國人用外幣購買國幣故同時亦反映對國幣需求增加）之交易項目。

1. 中國之商品輸出。
2. 外國人在中國旅遊。
3. 外國人購買中國勞務。
4. 國人因對外貸款及投資而賺取之當期收益。
5. 外國人對中國之援助或賠款等單方移轉。
6. 外國人對中國之短期貸款或長期投資，包括他們在中國銀行存款之增加額在內。此爲資本輸入。
7. 中國收回其過去對外國所作之貸款、投資或銀行存款，亦構成中

國之資本輸入。

8.從中國輸出貨幣性黃金，卽金融當局利用外匯資產中之黃金淸償
　　國際債務。

借方（以減號表示）：　通常涉及中國對外國支付之外易項目，導致
外匯需求增加（國人用國幣購買外匯故同時反映國幣供給增加）。

1.中國之商品輸入。

2.中國人在國外旅遊。

3.中國人購買外國勞務。

4.外國人在中國貸款及投資賺取之當期收益。

5.中國對外國之援助或賠款等單方移轉。

6.中國人在外國之短期貸款或長期投資，包括他們在外國銀行存款
　　之增加額在內。構成資本輸出。

7.外國人收回其過去在中國之貸款、投資或銀行存款，亦構成資本
　　輸出。

8.自國外輸入貨幣性黃金，卽金融當局因淸償國際債權債務而讓外
　　匯資產中之黃金累積。

上列第 1 項爲有形貿易，2、3 兩項爲無形貿易項目，主要包括運
費、倉儲、保險、佣金及旅遊支出。第 4 項指利息收益與投資利潤。將
1 至 4 項合併便是所謂貨品與勞務賬，或簡稱爲經常賬。但有的統計則
將第 5 項也列入經常賬之下。經常賬反映中國對當期產出貨品與勞務之
輸出與輸入。也是國際收支平衡表與國民所得統計共同牽涉的賬項。第
6、7 兩項則屬於資本賬項。有的統計更進一步區分爲短期（一年以
下）資本與長期資本，更有的就交易主體區別爲民間資本與政府資本
（或官方資本）。此種區別對於國際收支均衡的概念具有重大意義，將
於下文敍述。第 8 項爲淸算賬項或平衡賬項。

收支平衡表上每一筆交易同時記入借方會計科目與貸方會計科目。因此，假定統計資料完整正確，則國際收支平衡表的借方總額必定恆等於其貸方總額。至於各類部門賬項之借貸雙方不必相等自屬顯然。由於國際收支借貸雙方總額必須維持平衡，故人們稱此表爲國際收支平衡表。

爲便於了解此表之編製，下面特以數字舉例說明各項交易應如何記入國際收支平衡表，附於金額後面括弧內數字係代表交易項數。價值均以美元表示。

(1)德國食品公司購買中國出產豬肉$500,000。支付方式爲以中國銀行爲收款人存入馬克於其賬戶下。

(2)中國水菓公司自菲律賓購入檬菓$425,000，以駐紐約中國銀行之美金支票付款。

(3)因上項檬菓進口須付巴拿馬輪船公司運費 $43,000，付以美金支票。

(4)英國保險公司承保上項貨品，以美金支票付保險費$2,000。

(5)中國人在義大利旅遊消費 $30,000。該遊客將美金面值之旅行支票兌換義大利幣里拉 (Lira)，義大利銀行旋將此筆美元存入其在紐約之美元存款賬內。

(6)中國海外投資公司在法國之投資紅利及利息共計 $75,000，該公司在巴黎之法郎存款因而對應增加。

(7)義大利地震災民獲得中國慈善機構捐款 $10,000 透過中國銀行駐羅馬分行支付里拉。

(8)中國政府對印度捐贈食米$100,000。

(9)比利時政府向中國海外投資公司發行20年期債券計值$200,000。此項金額增加其外匯資產。

表 1-1 某年度國際收支平衡表 （單位: 千美元）

	借 方 (一)	貸 方 (十)
A. 商品與勞務賬項		
1.商品	$425(2)	$500(1)
	950(10)	100(8)
		400(15)
2.運費與保險	43(3)	
	2(4)	
3.旅遊	30(5)	60(12)
4.利息與利潤		75(6)
貨品與勞務賬共計	1,450	1,135
B. 單方移轉賬項		
5.民間匯款	10(7)	23(14)
6.政府移轉	100(8)	
經常賬共計 (1-6)	1,560	1,158
C. 資本賬項		
7.長期資本流動	200(9)	950(10)
8.短期資本流動		
a.中國民間資本	500(1)	425(2)
	75(6)	43(3)
		2(4)
	23(14)	30(5)
b.外國民間資本	60(12)	10(7)
		200(9)
c.特別提款權分攤		300(11)
資本賬共計 (7-8)	858	1,960
D. 平衡賬項		
9.a.短期中國政府資本		1,200(13)
9.b.短期外國政府資本	400(15)	
10.貨幣性黃金、外匯資產及特別提款權	300(11)	
	1,200(13)	
1 至10項總計	3,518	3,518

⑽中國自日本輸入機器，用以擴充日本在中國投資之汽車工廠，計值$950,000。

⑾中國自國際貨幣基金取得特別提款權之分攤額$300,000。

⑿外國人到中國旅遊，花費$60,000。

⒀中國政府自歐洲美元市場借入短期資金，共計$1,200,000。

⒁海外華僑匯款囘國接濟親友計$23,000。

⒂中國政府以紡織品輸出價款$400,000清償對日本銀行短期貸款債務。

將表1-1同類交易合併後略加整理，即可得到表1-2各賬項的餘額或差額。商品貿易賬借方金額大於貸方，差額爲 375 千美元，這就該年度中國的貿易赤字，也稱爲貿易入超。如果貸方金額大於借方，則有貿易盈餘，又稱爲出超。許多人習慣於以「逆差」兩字代表貿易赤字，「順差」代表貿易盈餘。這種用辭顯然表示了對兩種現象的價值判斷，彷彿凡有貿易赤字必然是不利現象，或貿易盈餘增加均屬可喜現象。這實在是沿襲古老的重商主義傳統思想，將累積金銀外匯視爲一國貿易活動的極終目標，故凡屬能增加外匯資產累積之過程如貿易出超或資本流入，皆被認爲是好事，代表國家處於順境；反之，凡減少外匯資產的變化如貿易入超或資金流出皆反映國家處於逆境。其實這是很不正確的觀念，一國貿易赤字增加未必表示其經濟情況惡化；貿易盈餘擴大也不等於經濟情況好轉。就如本例所示，商品賬借方輸入項下最大的一宗交易爲輸入機器擴建汽車工廠，其對國家的影響是能提升未來生產汽車的能力及增加國民就業水準，顯然此類交易構成的入超應屬經濟發展過程中之正常現象，也是令人歡欣的貿易紀錄。但是，假如例中的第(2)筆交易金額與第⑽筆交易金額相對換，中國因進口水菓支付的外匯爲 950 千美元，輸入機器的外匯爲425千美元，那麼商品貿易賬下同樣一筆375千美元的

表 1-2　國際收支平衡表各賬項餘額或差額

單位: 千美元

	借方(一)	貸方(十)
商品貿易賬(A1)	$1,375	$1,000
貿易賬差額(一)		375
共計	1,375	1,375
商品與勞務賬 (A)	1,450	1,135
商品與勞務賬差額(一)		315
共計	1,450	1,450
經常賬(A, B)	1,560	1,158
經常賬差額(一)		402
共計	1,560	1,560
基本賬(A, B, C7)	1,760	2,108
基本賬餘額(十)	348	
共計	2,108	2,108
資本賬(C)	858	1,960
資本賬餘額(十)	1,102	
共計	1,960	1,960
經常賬及資本賬合計(A, B, C)	2,418	3,118
全盤餘額(十)	700	
共計	3,118	3,118
平衡賬項(D)	1,900	1,200
外匯資產淨增加		700
共計	1,900	1,900

入超就代表完全不同的意義了。很顯然可知，水菓的消費無助於提升工業生產力及國民就業，此類交易構成的入超誠然是令人通常引以爲遺憾的「逆差」。

但是我們也可以假設一種情況， 就是中國已累積了龐大的外匯存底，貨幣當局希望很快消耗掉部分外匯，他們認爲大量水菓的消費有助於國民健康，於是純爲增加消費而構成的貿易入超也就不足責怪。

同理可知，貿易盈餘也不一定全屬可喜之事。假如中國農業界不惜破壞生態平衡及環境污染，大量增加養猪事業以拓展猪肉外銷，很可能貿易賬盈餘與農村生活品質之惡化出現正相關。 基於上述討論例子可知，我們在描述貿易紀錄及資本流動紀錄時宜減少使用帶有價值判斷意味的名詞。

在商品貿易以外一國通常還與國外有各種勞務的交易，也向外國收取或支付投資的利潤與資金貸放的利息。將商品交易與之合併構成商品勞務賬。一國假如曾接受大量外人投資與貸款，則利息與利潤的淨付出數額可能很大，甚至大到超過商品賬的出超，這是對外負債沉重國家的典型。 反之， 如果一國對外有大量投資與放款， 則利息與利潤淨收入也可能大於貿易入超。商品與勞務賬涉及項目皆與一國當期生產活動有關，故也是國民所得統計所涵蓋的交易行爲。商品及勞務以外再包括進政府及民間對外移轉支付及移轉收入，便構成一國國際收支的經常賬。

經常賬的盈餘或赤字必須與資本賬的盈餘或赤字一併計算，才能決定一國國際收支的全盤餘額或差額。一國經常賬如果出現小額赤字，資本賬卻有較大盈餘，則全盤國際收支呈現盈餘。也可能全盤盈餘是經常賬盈餘大於資本賬赤字的結果。反之，國際收支的全盤赤字既可能是來自經常賬也可能來自資本賬。如果全盤計算結果是貸方總額大於借方總額，則表示此期間所有對外交易形成的外匯供給超過外匯需求，於是該

國將增加外匯資產（這也是本例之情況，外匯資產淨增加700千美元）。反之，假如全盤計算結果是借方總額大於貸方總額，那麼該國將動用外匯存底以支付該期間對外匯的超額需求。一國外匯存底的增減變化都紀錄於平衡賬項下。

表1-2中尚有基本賬一項須要略加說明。基本賬是由經常賬與長期資本流動組成。資本賬中有些短期資本的流動可被視爲短暫性質甚不穩定的資金借貸活動。也包括受政府利率政策影響的資金流動。長期資本流動則代表有長遠計畫的投資行爲或貸借行爲，性質較穩定而基於單純的利潤動機。故爲了明顯表示一國實值資源對國外的淨移轉狀況與一國對外長期穩定的收支關係，特將短期資本流動剔除，僅將經常賬與長期資本流動合併考慮。本例中基本賬項餘額爲 348 千美元，少於全盤國際收支餘額 700 千美元。

第二節　國際收支均衡的概念
§2. Concepts of Balance-of-payments Equilibrium

國際金融的文獻常強調追求國際收支的均衡。然而均衡一詞含義十分模糊，經濟學上市場均衡是指價格調整到某一境地，供給量等於需求量，於是價格不再改變。國際金融學上國際收支均衡的概念則更爲複雜而且曖昧。觀察上述國際收支平衡表，在貨品勞務賬項、單方移轉賬項與資本賬項三大類交易以外，表中最後尚列有平衡賬項，又可稱爲清算賬項，包括短期政府資本流動與貨幣性黃金及其他外匯準備資產之增減變化。此一賬項在固定匯率制度下可代表該國政府爲了維持匯率的穩定而從事的補償性交易。這表示：假如一國的國際收支達到均衡，則政府沒有必要從事此類交易，而這個賬項的借方與貸方維持相等或均等於零。並且在平衡賬項劃分線以上的借方總額必等於貸方總額。進一步說，既

然貸方總額通常涉及外匯供給，而借方總額反映外匯需求，因此，在外匯供需相等之情況下，自然不須政府介入作清算交易，這時我們可認為國際收支達到了均衡。

由觀察國際收支平衡表上各項交易的性質，可有助於了解「均衡」的概念。大多數的交易都是本身有其「可欲性」，也就是交易動機是完整獨立的，因此可稱之為自主性交易。其發生的時機及數額也與國際收支平衡表上其他項目無關。但表上另有一些交易則純係被動性質，目的在於填補自主性交易貸方總額與借方總額之間的缺口。可稱之為補償性交易或融通性交易。於是國際收支的均衡也可解釋為免除持續的補償性交易。當一國的國際收支失去均衡時，就免不了要政府或中央銀行出面持續地進行補償性交易或融通性交易。假定維持匯率固定，則其國際收支平衡表的平衡賬項下必定出現持續性盈餘，讓外匯資產累積；或出現持續性赤字，讓外匯資產耗減。這兩種型態的收支失衡，皆應加以校正。但是持續性盈餘型的失衡，對於該國的財經當局並不構成迫切校正的壓力。因為在理論上該國只要能夠利用公開市場操作或其他貨幣政策工具以抵銷因固定匯率下的收支盈餘導致的貨幣擴張影響，則該國可任憑外匯資產累積下去，祇是形成經濟資源廉價貸放給外國的社會成本而已。持續性赤字（或逆差）型的失衡則不同，赤字必須耗用外匯資產來融通。一國的外匯資產總額是有限的，持續的巨額赤字將會使一國面臨外匯資產耗竭的危機。因此，財經當局必須緊迫校正此種型態的收支失衡。至於校正失衡的政策措施，除了調整外匯匯率以外，有依賴市場機能的價格調整途徑與所得調整途徑，也有排除市場機能的直接管制。這些主題均在本書有關章節內詳論。

假定外匯匯率係自由浮動，則理論上一國的國際收支不會長久失衡。也就是說，靠匯率的自由升降一國的外匯供給與外匯需求將趨向相

等。這是假定正常情形下外匯市場具有穩定的均衡點，故藉匯率的自由變動卽可建立外匯供求的相等，並達成國際收支的均衡。然而，倘若外匯市場本質上具有不穩定性，則均衡無從建立，國際收支的失衡將表現在匯率的持續上升或持續下降。外匯市場一章對此一主題有詳細分析。

　　對於國際收支平衡此一概念，馬哈拉普教授 (Fritz Machlup) 曾有深刻的闡述。他區別爲三種收支平衡概念：(1)市場平衡代表供給與需求的平衡；(2)計劃平衡也就是慾望與現實的平衡；(3)賬目的平衡或者稱爲借貸雙方的平衡。市場平衡是指在沒有政府干預的條件下，自主的外匯交易達到供給與需求的平衡。計劃平衡多用於經濟發展策略上，如經濟建設計劃所需的外匯恰能從正規的外匯來源獲得滿足，則達到計劃的平衡。至於賬目的平衡則純係歷史記錄的國際收支應具備的性質。由於借方總額恆等於貸方總額，故單從賬目的平衡不易看出一國的國際收支是否達到均衡。經濟學者們所強調的均衡概念，通常都是指市場平衡而言。賬目平衡顯示某些賬項的借方餘額或貸方餘額祇是事後交易的結果。並且在概念上我們還要進一步追究，產生這種餘額的結果是否涉及政府對交易行爲的管制，或是否犧牲了其他重要經濟政策目標。假定某一年度某國國際收支平衡表在經常賬下有一百萬美元盈餘，而其資本賬下恰好有一百萬元赤字，則表面上該國的國際收支達到了均衡，不必當局從事任何補償性或融通性交易。但是，假如這年內該國財經當局曾爲了縮減輸入，勵行進口管制或其他對外匯貿易的積極干預，則我們不能認定該國的國際收支已達到均衡。又假定該國雖未施行對外匯貿易的管制，但這一年度適逢國內經濟蕭條，進口也低於正常水準。在此情況下縱然表面上維持了國際收支平衡，我們也不能認定該國已達到對外的均衡。事實上，該國的國際收支有潛在的赤字。因爲假如沒有政府的管制行爲，或該國維持正常的失業率與經濟活動水準，則其進口總額必定超

過其實際數字，如將其經常賬與資本賬合併觀察，必定呈現某種程度的借方餘額，需要靠中央銀行動用其外匯資產予以融通。換言之，該國的國際收支實際上有潛在的赤字。如果持續數年皆情況照舊，則顯然其國際收支已脫離均衡。基於此種理由，米德 (James Meade) 特別強調以潛在的赤字（或盈餘）來衡量一國國際收支失衡的程度。

事實上，國際收支均衡的概念還有更模糊的一面。假如資本賬上民間資本流入額的增加，是由於該國金融當局主動提高利率，或採用擴張性財政政策以影響市場利率居高不下，那麼這種情勢下建立的國際收支均衡，究竟能否算是市場平衡就比較難以斷言。因為政府並沒有直接干預外貿活動，我們可以算作市場平衡概念下的國際收支均衡。但是，民間資本流入額的增加又顯然是政府政策性調整資本賬項的後果，其作用與官方借款以平衡收支極為相似。所以我們很難定義為自主性的資本交易。基於此種理由，包含了此項民間資本流入額在內而達成的均衡，實際上可能反映潛在的收支赤字。

綜合以上所述，可見在國際金融學上「均衡」是一個頗為曖昧的概念。通常經濟學家也承認這個事實，但是仍舊利用這個頗為曖昧的概念從事學理或政策的分析。我們對國際收支的均衡可以概略定義如下：在某一穩定的匯率結構下，當局不憑藉對外匯貿易的直接管制，並能維持物價穩定及高度就業水準，同時達成外匯供求的平均，從而避免外匯準備資產持續的累積或耗減，或外匯匯率持續的上升或下降。按照此一定義，政府的直接管制及失業率過高都不是國際收支均衡時應有的現象，因此對二者的價值判斷也隱含在「均衡」一詞的定義中。

另外有很多學者則排除物價穩定與高度就業水準這些條件，認為一國物價是否穩定及失業率的高低是國內經濟穩定的問題，不宜與國際收支的均衡混為一談。於是只要政府能避免直接管制而達到外匯供求的相

等就算是國際收支均衡。也有人主張政府的直接管制也不全是壞事，不論有無管制，也不論國內經濟狀況如何，只要外匯供求維持平衡就算是國際收支均衡。最後這種觀點當然是對國際收支均衡一詞最不嚴格的定義。

第三節　國際收支理論的演進概況
§3. A Brief Survey on Balance-of-payments Theories

依照蔣森敎授 (Harry G. Johnson) 的定義，國際收支的理論乃是用以解釋收支表上各賬項增減變化的原因，以及分析爲了達成國際收支均衡而採行的政策。故其討論的主題爲開放經濟社會的對外經濟政策。在凱因斯革新以前，經濟學者們探討國際收支失衡問題時，大體上都遵循古典學派的途徑，重視國際黃金移動後引起兩國相對價格水準的變化以恢復均衡。 他們幾乎公認: 如果將貨幣數量學說應用到開放經濟，再配合彈性研究途徑以探索貨幣貶值的後果，必然得出國際收支會自動恢復均衡的結論。遠在十七世紀時，李嘉圖 (David Ricardo) 與侯休姆 (David Hume) 卽已著書闡述價格水準變化與黃金在國際流動之調整機能，其要點大致如下。

依據古典學派充分就業的傳統假設，一國的產量與就業狀況不受貨幣因素影響。該國如果發生對外收支赤字，則外匯市場上對該國貨幣的需求將少於其供給，故其幣值必定貶低。到達某一程度將超過黃金輸出點，人們直接輸出黃金比出售該國貨幣更爲有利。但在金本位貨幣制度之下，黃金輸出必造成該國貨幣供給緊縮的後果; 另一方面，其貿易對象國則因收支盈餘與黃金流入而引起貨幣供給增加。按照貨幣數量學說，倘若生產量與就業量不變，則眞實所得水準亦爲固定，因此與眞實所得水準維持某種固定比例關係的眞實貨幣需求額亦當爲固定。那麼在收支赤字國將因實值貨幣需求大於名義貨幣供給，導致物價水準下降，

在盈餘國則恰相反，物價水準勢必上升。其次，依據彈性分析途徑之假定，一國對國際貿易商品的需求具有頗大的價格彈性，故透過兩國相對價格水準的漲落變化，立刻能產生校正國際收支失衡的作用，改善原來收支赤字國的貿易賬，重新建立均衡。古典學派所倡價格調整機能，將在本書第七章第三節更詳細說明。

在一九三〇年代及四〇年代的經濟學者中，陶席格(F. Taussig)、威廉士 (J. H. Williams) 及懷特 (H. D. White) 對於上述調整機能表現的敏捷程度曾感到懷疑。他們的實證分析顯示：在上述貿易賬項的價格調整作用以外，尚有另一項重要的利率調整作用，影響資本賬項的變化，加速國際收支均衡的重建。當原先收支赤字國貨幣供給減少而盈餘國貨幣供給增多時，前者的利率水準必定上升而後者的利率則將下降。此種兩國間利率的相對升降必引起國際資本流動，赤字國的收支平衡表將因資本流入而進一步改善其國際收支，盈餘國則因資本流出而防止了其黃金的繼續累積。因此，自動調整機能可以不必經由大量國際黃金流動亦能迅速達成，原因是在貿易賬的調整以外，資本賬也有自動調整作用。他們的著作對於闡明後面這一點，具有不朽的貢獻。

第二次大戰結束後初期， 不少學者對進出口需求彈性從事實證研究。他們的結論多顯示價格需求彈性數值甚低，進口需求的價格彈性與出口需求的價格彈性二者總和常低於一。這與文獻中常被強調的馬歇爾——婁納 (Marshall-Lerner) 穩定條件恰好牴觸。 假如我們接受此一結論，則外匯貶值或價格水準的相對變化不能改善收支赤字國的貿易賬。 不少學者稱此說為彈性悲觀論。 晚近另一批經濟學家們重新檢討此問題時，發現彈性悲觀論者在資料處理方面及統計方法上皆有不少漏洞，他們在修正後重新作實證分析，證明了國際貿易品的價格需求彈性頗高，通常能滿足馬歇爾——婁納穩定條件。但是在第二次大戰戰後二

十年，彈性悲觀論卻與新興凱因斯派相結合，一面對古典派貨幣數量學說與賽伊市場律（Say's Law of Market）展開猛烈攻擊，另一方面也讓傳統的國際收支自動調節說受到嚴酷的考驗。

　　凱因斯理論否定古典派充分就業的假定，於是國際收支的調整可透過所得與就業的變動達成。並且由於國際貿易乘數效應，經濟繁榮與蕭條這種循環波動可以由一國傳染到另外一國。既然現代國家均不允許藉所得銳減失業激增來達成國際收支的均衡，則政府必須利用政策工具以建立均衡。一方面政府要求對內維持高度生產與就業水準，同時還要兼顧國際收支均衡的建立。這樣政策目標與政策工具的配合問題就成為國際經濟學上熱門的課題。米德（James Meade）、廷伯根（Jan Tinbergen）在一九五〇年代的著作具有啓蒙性的貢獻，一九六〇年代孟德爾（Robert Mundell），佛萊明（J. M. Fleming）等續有重大引伸。到一九七〇年代固定匯率制度逐漸崩解，伸縮性匯率制度漸被廣泛採用，學者們的研究重點於是移轉於下列新興課題。例如不同匯率制度下，財政政策與貨幣政策功效強弱的比較；浮動匯率制度下，貨幣政策的自主性以及國際經濟循環的傳播途徑；固定匯率制度下最適通貨區域的標準與國際收支失衡調整途徑，短期與長期匯率之決定因素與總體經濟政策之配合等等政策性色彩較濃厚的主題。

　　學者們對上述政策性課題之重感興趣，除了受匯率制度改變的影響以外，近二十多年研究方法與基本理論模型的創新也提供了刺激因素，這方面似乎有三點進展特別值得強調。

　　第一是支用研究途徑之逐漸取代彈性研究途徑，成為研討貿易賬項變化之理論主流，以及學者們從事兩種研究途徑之融合。傳統學說採用局部均衡分析法，以個別貨品價格與銷售量之決定理論，應用於外匯匯率與外匯數量之決定，得到外匯市場穩定均衡的條件，歸納出一個由貿

易品的供給彈性與需求彈性組成而外形甚爲複雜的公式。藉此公式可推斷外匯貶值是否能改善貿易賬項。此種分析法最大毛病是假定所有其他因素一概不變，只看到匯率改變後的初步直接後果。但外匯匯率之變化能產生廣泛而深遠的影響，事實上吾人不能假定其他因素不變，也不能只顧及初步直接後果而不問間接影響。按此種分析途徑探討匯率變動問題，往往只涉及膚淺的表面，而不能廣泛深入。將其應用於實際問題甚至可能導致錯誤的結論。自從凱因斯派國民所得分析構架被人普徧接受後，貿易賬的赤字直接反映出一國支用額超過其生產值的差額，故貿易賬的變化不能單從進出口部門的經濟行爲去了解，也不是純取決於進出口供求彈性。亞歷山大敎授 (Sidney Alexander) 首先呼籲採用支用研究途徑〔又稱吞納研究途徑 (Absorption Approach)〕來探討外匯貶值問題，將貶值的影響從生產與支出兩方面觀察，並以貿易賬的變化視作整個經濟社會的活動後果，而非特定部門的行爲後果。支用分析途徑漸受學界重視，因爲它本身更易於發揮政策含義，並且反映出國際收支不平衡問題在本質上乃貨幣現象的重大意義。在近二十年來，好幾位經濟學者曾試圖建立理論模型，將彈性研究途徑與支用研究途徑二者融合爲一。各人理論模型的繁簡程度，依各家假定之不同而異，所得出公式結論亦各有特色。概言之，蔣碩傑敎授之貢獻最爲特出，他採用米德的理論模型，探索在不同的貨幣政策假定下，通貨貶值對貿易賬的綜合影響，其含義複雜的公式將彈性因子與所得輸入傾向因子巧妙地結合在一起，唯其數學推演過程極爲浩繁，一般敎科書中多不引錄。

第二點重大進展是採用貿易品對非貿易品之二分法作基本模型，在貿易條件固定不變的假定下，探討通貨貶值的後果。此種研究途徑另一優點是兼顧了生產結構的調整與消費型態的改變，在幾何圖形上可清晰表現，數學公式的推演亦頗簡明。這方面貢獻較著者當推皮爾士 (Ian

Pearce)、董布希 (Rudiger Dornbusch) 等人。

　　第三點理論性的創新部份是受唯貨幣論的影響。當學者討論到長期經濟成長過程中國際收支平衡表的變化時，傳統路線是依據哈羅德——道碼 (Harrod-Domar) 模型以推演所得成長率、輸出成長率與國際準備增加率的關係。蔣森教授在一九五〇年代的論文便是個典型例證。這種分析完全忽略了貨幣因素，其獲致的結論與一九六〇至七〇年代西方工業國家經濟實況正相違背。所得成長率高的國家非但未如傳統理論所推演結論，國際收支呈現巨額赤字，反而長期保持大量盈餘，例如西德與日本；反之，經濟停滯或成長率低的國家，像英國、義大利及美國等國際收支則經常有赤字。祇有少數開發中國家其國際收支變化與經濟成長的關聯吻合傳統理論。一九六〇年代後期以傅里德曼為首的唯貨幣主義逐漸盛行。所得支用研究途徑又取代了彈性途徑成為國際收支理論之思想主流，自然亦加強了貨幣因素解釋國際收支的重要性。於是蔣森、史瓦布達 (A. K. Swoboda) 等紛紛著文鼓吹貨幣途徑研究國際收支的演變，強調國際收支本質上乃反映貨幣現象。他們從貨幣需求函數與貨幣供給受國際外匯資產變化的影響着眼，推求經濟成長與國際收支的關聯，頗能適切說明近二十年來西方工業國家的實際經驗。並且貨幣理論所流行的存量分析與流量分析之區別，也被引用到國際收支理論，分別用以說明貨品勞務賬項與資本賬項的調整。

　　凡一國發生收支赤字，必有兩種不同後果，其一是國民持有之現金餘額遞減，促使撙節支出，於是產生自動校正的作用。但由於通常一國的外匯資產祇占其貨幣供給額的極小部份，此種外匯耗竭過程導致的貨幣緊縮，尚不足以產生有效的校正後果，必須靠金融當局加強貨幣緊縮政策始克有濟。倘面臨即將枯竭之外匯準備，金融當局勢必迅速採取行動。假定一國有龐大的外匯準備，則當局往往拖延時間，不採取校正性

政策，故收支呈現赤字的時間也愈長。另一種後果是金融當局不讓貨幣存量減少，阻礙校正過程。例如當局爲了釘牢利率於某一水準，不惜利用公開市場操作以補充因外匯耗減而減少的貨幣數量，於是信用擴張伴同外匯耗竭現象，國際收支沒有改善的可能。因此，蔣森敎授認爲國際收支困難的本質，乃是貨幣現象。所謂「結構性失衡」之概念只是某些觸發失衡原因的膚淺解釋而已。

赤字之產生可區別爲「存量」赤字與「流量」赤字。存量赤字是由於人民追求資產組成之改變而引起一次卽罷的調整。多表現於資本賬項下債權債務的變化，並不反映一國經濟地位的惡化。譬如人民想多持有外國債券，希望以儲蓄之國幣購買債券，此種交易雖增加資本賬的逆差，但並不損害該國的經濟地位。當局爲了防止存量逆差擴大，可以緊縮信用提高利率，也可以通貨貶值，提高外國債券的價格。但假如這兩種措施造成不穩定的預期心理，則可能會使逆差更大。基於此種考慮，直接管制乃不失爲當局常樂於採用的有效對策。

至於「流量」赤字則情況較爲嚴重，通常表現在經常賬持續性的入超，它不是一次卽罷的調整，而是經年累月的虧空。它反映一個重要的難題：這就是該國消費大於生產，使經濟地位隨外匯之耗竭與外債之增加而逐年惡化。爲了校正經常賬的赤字，必須一方面增加生產，另一方面撙節支出。生產增加則國民所得提高，不可避免的會使支出也隨之增加，但只要人民的邊際支出傾向小於一，生產與所得增加的後果總會改善其國際收支。促進生產的政策多屬於長期性的措施，譬如以敎育與訓練提高人力資源，增加勞動生產力，獎勵技術發明以及開發各種資源等。在國民支出方面則以調節需求爲本的財政政策、貨幣政策、匯率政策及貿易政策比較容易在短期內顯現功效。蔣森特別就政策的手段區別爲移轉支出政策與撙節支出政策兩類。撙節支出政策旨在降低總支出水

準。舉凡緊縮性貨幣政策與財政政策皆能減少總支出，但同時也會減少所得與就業。　因此假如收支赤字的國家　內部又有通貨膨脹壓力，　則最宜採用此類政策。並且在支出總額中用於國內產品上的比例愈高，則爲改善一定數額的貿易赤字所需要撙節總支出的程度也愈大。反之，一國經濟的開放程度愈高，在支出總額中支用於貿易品上的比例愈大，則撙節支出政策對改善貿易赤字的功效也愈強。移轉支出政策旨在改變支用的型態。對貿易赤字國而言，希望將一定額總支出的內容，改變成多支用於國產貨品及非貿易品上，少支用於貿易品上。移轉支出政策可藉一般性的通貨貶值手段以達成，也可經由選擇性的貿易管制、輸入配額等工具實施。其最有利的實施環境是一國有相當高的失業率，移轉支出政策一方面有助於促進國內對非貿易品之生產，以減低失業人口，他方面又能減少輸入促進輸出，以消除貿易赤字。並且一國經濟開放程度愈低，支出總額中支用於貿易品上的比例愈低，此種移轉支出政策的效果也愈容易達成。在此我們可看出，傳統的彈性分析途徑仍然有其重要意義。蓋移轉政策之是否成功，須取決於輸出入貿易品的供給彈性與需求彈性。倘外國對本國輸出品的需求彈性甚小，則推廣輸出的後果可能反令總外銷金額減少。倘本國對輸入品需求缺乏彈性，則通貨貶值或限制輸入量的政策將使進口總值增加。如果支出對象由貿易品移轉到國產非貿易品上，生產結構亦須隨之調整。此種調整過程之是否順利，顯然與整個經濟社會的就業狀況有密切關聯，也涉及貿易品與非貿易品供給彈性究竟有多大之問題。由此可見，在追求國內高度就業率與對外收支平衡的雙重目標時，移轉支出政策須常與撙節支出政策適當配合使用，政策工具與政策目標的配合問題恆爲國際金融學科的重大課題。

　　一九七〇年代很多國家經濟陷入停滯性膨脹 (Stagflation) 的困境，一方面失業率偏高，另一方面物價持續上漲。對於貨幣政策之不易

建功，乃有人提出新的解釋。原由繆斯 (J. F. Muth) 在一九六一年首創藉以解釋價格變化之「理性預期」概念，經陸克司 (R. E. Jr. Lucas)、沙堅特 (T. J. Sargent) 與華理士 (N. Wallace) 等學者演繹應用到總體經濟學的領域，主張人們能對政策措施及物價水準有全知的「理性」預期，故將採取抵銷政策功效的經濟行為。一九七五年以後，有好幾位學者將此種理性預期之假設 (Rational expectation hypothesis) 應用到國際收支問題及匯率理論，對傳統的國際金融理論給予新的評價，這可說是此一學術領域最新近的一項發展。

第四節　貨幣派研究途徑之特色及要點
§4. The Monetary Approach to Balance-of-payments Analysis

最近十年來對於國際收支理論，貨幣學派倡導的研究途徑甚為流行。簡要言之它包含三點特色：(1)此學派的基本命題是國際收支在本質上乃貨幣現象，但也承認有非貨幣現象之例外情況。在此派看來國際收支之平衡餘額乃是指官方清算賬之餘額。因此，討論重點也祇是分析此一賬項的變化原因，不必深究其他各種單獨賬項。(2)此派以貨幣供給之創造歷程與貨幣需求函數作為國際收支理論之關鍵。並且假定社會上有穩定的貨幣需求函數及穩定的貨幣供給歷程。穩定的函數並不是說函數之值不變或很少波動，乃是指函數之中列出的自變數只有少數幾項，而此少數幾項的自變數即能充分說明倚變數的增減原因。貨幣派學者認為貨幣需求祇受所得、物價變化率及利率這幾項因素影響，是個高度穩定的函數。他們認為國際收支的失衡主要原因是貨幣供求的失衡；反之，倘若貨幣供給與需求能保持一致，則任何政策改變或外界擾亂因素皆不足以形成長期累積性的國際收支失衡。例如，假如貨幣供給因素中的國內信用創造在某段時期內大量激增，以致貨幣供給超過貨幣需求，則當

局可預期其國際收支必將出現赤字，且赤字數額將等於貨幣基礎中國內部份之過剩增加額。(3)此派注重的是政策改變及行爲參數改變之長期國際收支影響。此種長期影響當在短至兩年長至十年內顯示。在很短的時期內由於貨幣需求是被動調整，而且貨幣是其他因素變化的緩衝器，故國際收支的變化係由非貨幣因素決定。在固定匯率制度下長期內一國無法控制其國內貨幣數量（除非該國是準備通貨的供應國，像美國那樣所發行的通貨被別國當作外匯準備而持有）， 而且長期內國際收支的失衡有自動校正趨勢。茲詳細說明如次。

在固定匯率制度下， 一國的貨幣供給是強力貨幣乘以貨幣乘數，$M_s = m \cdot H$，而強力貨幣H又是中央銀行在國內創造信用之貨幣基礎D與中央銀行累積外匯準備資產而形成貨幣基礎F相加之和。於是貨幣供給歷程可用下式表示：

$$M_s = m(D + F) \qquad (1\text{-}1)$$

貨幣需求函數可以多種形式表示。 如果設定貨幣需求 M_d 爲眞實所得 Y，物價水準P及利率 i 之函數，並且所得彈性、價格彈性及利率彈性皆爲固定，則貨幣需求可用下面的函數式代表：

$$M_d = P^a \cdot Y^b \cdot u/i^c \qquad (1\text{-}2)$$

式中a、 b及c分別代表價格彈性， 所得彈性及利率彈性， u爲誤差項。於是貨幣供需均衡的方程式當如下式

$$m(D + F) = P^a Y^b u/i^c \qquad (1\text{-}3)$$

此式寫成對數式後微分之

$$\text{Log } m + \text{Log}(D + F) = a \text{ Log } P + b \text{ Log } Y + \text{Log } u$$
$$- c \text{ Log } i$$

$$\frac{\frac{dm}{at}}{m} + \left(\frac{D}{D+F}\right)\frac{\frac{dD}{at}}{D} + \left(\frac{F}{D+F}\right)\frac{\frac{dF}{dt}}{F} = a\frac{\frac{dP}{at}}{P} + b\frac{\frac{dY}{dt}}{Y}$$

$$+ \frac{\frac{du}{dt}}{u} - c\frac{\frac{di}{dt}}{i}$$

以 $H = D + F$ 及 $g_m = \frac{dm}{dt}/m$, $g_D = \frac{dD}{dt}/D$, $g_F = \frac{dF}{dt}/F$, $g_P = \frac{dP}{dt}/P$

$g_y = \frac{dy}{dt}/Y$, $g_u = \frac{du}{dt}/u$, 及 $g_i = \frac{di}{dt}/i$ 代表各變數之增加率，上式

可改寫為：

$$\left(\frac{F}{H}\right)g_F = a\,g_P + b\,g_y + g_u - c\,g_i - g_m - \left(\frac{D}{H}\right)g_D \qquad (1\text{-}4)$$

此式顯示，在固定匯率制度下一國加權之外匯準備增加率受右方各項增加率影響。 如果所得、物價、利率及貨幣乘數皆固定不變，則當該國擴增國內部份之準備貨幣D時， 必定引起外匯資產減少之後果。 而且

$\left(\frac{F}{H}\right)g_F = -\left(\frac{D}{H}\right)g_D$。 因此，一國的金融政策當局在固定匯率制度下祇能決定其強力貨幣的組成，卻不能改變強力貨幣的數額。換言之，中央銀行完全喪失其對貨幣供給的控制力量。

　　另一方面，如果物價水準、利率及貨幣乘數皆固定，但經濟成長使真實所得按 g_y 之增加率上升，則祇要中央銀行不擴增國內信用（D不變）該國必定有貨幣之超額需求，此種對貨幣的超額需求必定由自國外流入的外匯資產獲得滿足。至於如何達成外匯資產的增加，顯然該國必須有國際收支盈餘才能累積外匯資產。因此，按貨幣派的觀點，快速的經濟成長非但不會形成收支赤字，反而因為超額貨幣需求之出現，促使

該國造成資本賬或貿易賬盈餘。總之，一國國際收支盈餘係源自該國對貨幣需求之超額部份未能靠國內貨幣當局滿足；一國國際收支赤字係由於該國的貨幣供給超額部份未能靠當局予以消除。祇要貨幣當局維持不採取行動的態度，一國之國際收支不可能長久失衡，因為在長期內盈餘國由外匯累積而滿足貨幣超額需求後，貨幣供求又自動恢復均衡。赤字國靠外匯資產之喪失而自動消除過剩的貨幣供給，也使貨幣供求恢復均衡。但是，如果貨幣當局任憑國內信用膨脹，繼續保持貨幣供給過剩局面，則國際收支赤字也會持續下去。同理，如果當局在累積外匯資產時，故意用公開市場操作之措施，抵消其增加貨幣供給之影響，則超額貨幣需求繼續存在，該國之國際收支也一直保持盈餘。依照貨幣派觀點一九六〇年代及七〇年代早期西德之國際收支一直呈現盈餘，就是由於西德快速之經濟成長造成對貨幣之超額需求未能從國內貨幣擴增得到滿足。

貨幣派所描述國際收支失衡之自動調整，頗與古典經濟學家強調之金本位制度下自動調節機能相似，但有一點重要差別。古典派的黃金流動會引起兩國相對價格發生變化，而且價格水準之變化是校正失衡的基本因素。貨幣派學者特別是持全球觀的貨幣派人士則主張國際只有一種價格存在。如貨幣供給過多，當大眾欲增加購買商品以消除過剩的貨幣供給時，貿易品價格在短期內上升的趨勢會迅速因國外商品之流入而遏阻。結果只有讓該國貨幣流出及貿易賬與資本賬呈現赤字，商品價格如按相同貨幣表示則在各國相同。同理，如果貨幣需求未被滿足，則人民減少商品的購買，短期內物價下降之趨勢很快會因為商品之流向國外而遏止，結果貨幣從外國流入本國，反映出本國的國際收支盈餘，以同樣貨幣表示之商品價格在各國並無差別。

依照貨幣派主張，唯一影響一國國際收支的方法是透過貨幣供給或

貨幣需求的變化。凡增加一國貨幣超額需求之政策將引起貨幣從國外流入，代表固定匯率制度下該國的收支盈餘。另一方面，任何形成貨幣超額供給的政策將導致該國收支赤字，結果貨幣將流向國外。由此看來，通貨貶值、提高輸入關稅、減少進口配額、實施複式匯率這些以改善國際收支為目標的措施，都是要透過貨幣供求關係才能產生效果。一般言之，這些措施在短期內均有提高貿易品價格的影響，並連帶使非貿易品價格上升，但是價格上升卽反映眞實貨幣餘額下降，結果促使該國人民增加對名義貨幣的需求。此情況下如果貨幣當局不讓國內信用擴增，則超額貨幣需求必須靠自國外吸收貨幣流入以獲得滿足，於是該國國際收支乃出現盈餘。等到貨幣流入夠多，貨幣供給等於貨幣需求時，國際收支亦將呈現平衡。然而，倘若貨幣當局主動擴張信用，增加貨幣供給以配合由通貨貶值等措施造成之貨幣需求，則貶值等措施將完全無助於改善國際收支。因此通貨貶值、複式匯率等外匯政策及關稅、輸入配額等貿易政策對於國際收支的影響都是短期性的。長期內憑藉貨幣供給與貨幣需求之恢復均衡可自動調整國際收支，故長期內這些措施都是多餘無用的。通貨貶值只是透過現金餘額的變化加速調整歷程而已。

至於浮動匯率制度下貨幣派又如何解釋國際收支的失衡及調整呢？在匯率可自由升降的制度下，國際收支的失衡當然是立卽透過匯率變化而校正，不必涉及國際外匯資產的流動，因此也不會影響到國內貨幣供給。中央銀行於是可以自由地控制貨幣數量，推行貨幣政策。值得強調者，是匯率的變化常伴同國內物價的變動。例如原先貨幣供給過剩造成的國際收支逆差會引起通貨貶值，結果使國內物價上漲，物價上漲又產生負的實值餘額效果而促使人們增加貨幣需求，於是吸收原先過剩的貨幣供給，自動消除國際收支之赤字。反之，超額貨幣需求導致的國際收支盈餘會引起本國貨幣對外漲價，影響到一般物價下跌，結果產生正的

實值餘額效果，滿足人們原先超額的貨幣需求，也自動校正收支盈餘。

以 R 代表匯率，也就是每單位外國貨幣用國幣表示的價格，P_f 代表外國物價水準，因假定國際只有一種價格，本國物價水準 $P=RP_f$，本國貨幣需求函數可用下面形式寫出：

$$M_d=RP_f Y^b u/i^c \tag{1-5}$$

因在浮動匯率下貨幣供給不受國外資產影響，貨幣供給函數改變為 $M_s=mD$。將貨幣供求均衡方程式之對數形式微分之，整理後可得下式：

$$g_R=g_m+g_D-g_{Pf}-b g_y-c g_i \tag{1-6}$$

此式表示：倘貨幣供給不變，利率與外國物價水準亦不變，一國經濟成長快速可使其幣值上漲，其升值程度取決於所得增加率乘以貨幣需求的所得彈性。然而國內信用擴張及貨幣乘數之增加則在其他情況不變下，有助於貨幣值下跌。一九七〇年代西德馬克升值實與其經濟之快速成長與貨幣供給增加率較低有因果關聯。反之美國經濟成長停滯，貨幣擴張迅速則是美元不斷貶值之原因。

總之，貨幣派的觀點在某種程度上是古典經濟學家黃金流動與國際收支自動調整理論的復古，但是強調現金餘額效果發揮之作用而忽視相對價格變動之重要性。其分析經濟成長與國際收支及匯率之間的關係，結論與傳統觀點相反。傳統看法是成長迅速之國家貿易賬必有長期赤字，或其幣值會持續下跌，但是貨幣派則認為快速之成長有助於累積外匯盈餘，或令幣值上升。又所預測利率變化對國際收支之影響也與傳統觀點相反。傳統觀點主張利率升高則吸引外資流入，有助於改善國際收支。貨幣派則認為利率升高則減少國人的貨幣需求，反使國際收支惡化。柯理寧 (M. Kreinin) 與鄂斐塞 (L. Officer) 曾聯合著文檢討一九七三年至一九七七年照貨幣派途徑從事實證分析之著作，發現這些實

證分析結論支持貨幣派觀點者與牴觸其觀點者各佔一半。由此可見，貨幣派的理論雖有新穎簡鍊之優點，卻非放之四海而皆準的永恒眞理。

本章參考文獻

1. Meade, J. (1951) *The Balance of Payments*, ch.1.
2. Cohen, B. J. (1969) *Balance-of-Payments Policy*, ch.1.
3. Johnson. H. G. (1958) "Towards a Theory of Balance of Payments." in Frenkel J. A. and Johnson H. G. (ed.) (1976) *The Monetary Approach to the Balance of Payments*, 2.
4. Machlup, F. (1950) "Three Concepts of the Balance of Payments and the So-called Dollar Shortage", in Machlup (1964) *International Payments, Debts and Gold*.
5. Johnson, H. G. "The Monetary Approach to Balance-of-Payments Theory" in Frenkel J. A. and Johnson H. G. (ed.) (1976) *The Monetary Approach to the Balance of Payments*, 6.
6. Krueger A. O. (1969) "Balance-of Payments Theory." *Journal of Economic Literature*.
7. Salvatore D. (1990) *International Economics*, 3rd ed., ch. 14,18.
8. Kreinin M. and L. Officer (1978) *The Monetary*

Approach to the Balance of Payments: *A Survey*, Princeton Studies in International Finance No. 43.

9. Whitman M. v. N. (1975) "Global Monetarism and the Monetary Approach to the Balance of Payments." *Brookings Papers on Economic Activity*, 3.

第二章　戰後國際貨幣制度的
演變（上）

CH. 2 THE POSTWAR INTERNATIONAL
MONETARY SYSTEM I

在世界各國所有的貨幣中，美元與英鎊曾佔有特殊重要的地位。它
們不僅是美國或英國的法定通貨，　更具備世界性通貨的特質。　近百年
來，不論國際商品或勞務的交易，或國際資本借貸與投資，大部份都是
以這兩種貨幣作計算單位。世界各國的金融當局，為平衡其國際收支，
維持幣值穩定，及應付緊急需要而持有的準備資產，除黃金以外亦大部
份是美元或英鎊。所以不論官方或民間都需要美元及英鎊以融通國際貿
易與投資，二者成為世界公認的國際準備貨幣，對於促進世界經濟成長
有顯著的貢獻。

第一次世界大戰以前，　國際盛行金本位制度，　黃金及與黃金保持
自由兌換穩定關係的英鎊為公認國際準備，而黃金之重要性尤遠大於英
鎊。大戰期間因歐洲各國多向美國採購物資，美國黃金持有量大增。並
且因各國實施外匯管制時改以美元代替黃金作外匯平準基金，加強了美
元的國際聲望。戰後黃金產量減少而國際準備之需要繼續增加，於是貨
幣專家建議各國視持有之美元外匯如同黃金，與英鎊一併作為國際清償
債務的工具，故英鎊與美元均成為國際準備。英國憑藉其廣大殖民地及

大英國協集團之勢力，奠定倫敦國際金融中心之地位，英鎊在國際準備中的重要性大於美元。

第二次世界大戰以後，英屬海外殖民地紛紛獨立，英國的經濟地位從此一落千丈，英鎊的重要性亦大爲減低。由於美國在戰時及戰後有大量對外貸款及援助，歐洲國家持有美元外匯迅速增加。然而，基於經濟重建所需之美元亦甚迫切，故普遍珍惜美元。美國倚仗其雄富之生產力及強大的政治影響，躍居自由世界領袖地位。紐約取代倫敦成爲世界金融中心。美元被公認爲國際準備的支柱，自一九三四年制定35元美元兌換一盎司黃金之平價，直到一九六〇年代後期，未有任何波動。世人對美元價值維持充分信心。戰後近三十年的國際貨幣制度，可說是以美元及黃金爲準備主體的金匯本位制。

然而，到了一九六〇年代後期，大多數國際金融專家皆體認出國際準備的增加不足以適應世界經濟成長的需要。他們發現目前這種制度本身具有內在的矛盾，此種矛盾涉及美元信心問題，很容易觸發嚴重的國際金融危機。就國際準備之來源分別觀察，世界未來黃金的產量不致於大量增加，而民間窖藏及工業用黃金的需要卻爲數可觀，且近年增加甚多，以致充國際準備用途之黃金無增加趨勢。美元與英鎊外匯準備雖隨國際貿易額之成長，呈現顯著增加，唯此種增加乃係英美兩國過去長期國際收支赤字的結果。一國如果收支赤字龐大，且時間持久，常導致其黃金與外匯準備的耗損，也損害其貨幣的對外價值。英國在戰後國力大受創傷，國際收支困難，引起多次英鎊貶值，故英鎊價值之不穩固由來已久，且非單純信心問題。自一九六〇年代以來世界各國對美元的信心亦逐漸減弱。持有美元者紛紛要求兌換黃金，造成美國大量黃金外流現象，更加深人們對美元價值能否保持穩定的疑懼心理。學者或政府官員多認爲美元價值之維持有賴於美國改善其國際收支，但是果眞美國減少

收支赤字，或轉變爲收支盈餘，則國際準備來源枯竭。故國際金融專家均感進退維谷，要求對當時制度作重大改革。

六〇年代末期美國之國際收支赤字在西歐國家指責聲中，非但未有改善趨向，且愈來愈大。西歐各國持有累增無已的美元，面臨國內日益嚴重的通貨膨脹問題，怨聲載道卻又不能不與美國協力維持現行制度，以免美元貶值遭致損失，更擔心美元貶值引起國際金融體系之崩潰。美國國內固然有不少專家敦促政府注意平衡國際收支之紀律，以減輕歐洲各國調整之困難；但也有一派人士持完全相反之意見，認爲美元價值之穩定不容懷疑，「美國富強甲天下」此卽美元價值之最佳保證。美國對外收支赤字乃供應世界準備之必然途徑，不足爲憂慮。此派中更激進之意見爲取消黃金作爲世界準備之功能，改革金匯本位制爲美元本位制。

然而，國際經濟關係已愈來愈密切，國際金融市場也愈來愈複雜而敏感。短期資金流動形成的投機性浪潮也愈來愈險惡。一九七一年五月爆發的國際金融危機終於迫使西德政府停止按官方匯率以馬克收購美元，讓馬克與美元之匯率憑自由市場決定，稱爲浮動匯率。不久英鎊、日圓、法郎等國際主要貨幣也都將對美元匯率憑市場浮動。戰後維持了近三十年的布列敦森林制度終於在一九七三年宣告崩潰。從這年開始國際貨幣制度進入了浮動匯率的新紀元。然而由最近十年浮動匯率的歷史觀察，國際貨幣制度仍然有許多困難問題存在，短期內不易妥善解決。

本章及下面一章旨在對第二次世界大戰以後國際貨幣制度的演變作一較詳細的敍述，使讀者在明瞭國際收支的基本概念以後，能對現實制度的發展脈絡有清楚的認識。第一節說明布列敦森林制度的建立與其特色；第二節敍述西歐貿易自由化的歷程與美元在國際金融體系內地位的變化；第三節介紹國際貨幣基金的因應，包括特別提款權的創立以及西方列強應付美元危機的各項國際合作方案；第四節討論改革國際貨幣制度

的各種呼聲,並評論浮動匯率制度與固定匯率制度之優劣;第五節敍述布
列敦森林制度崩潰的經過;最後一節說明試圖改革國際貨幣制度的努力
過程與制度之現狀。由於係歷史性題材所佔篇幅較長,特分上下兩章述
之。

第一節　布列敦森林國際貨幣制度

§1. The Bretton Woods International Monetary System

當一九四一年世界大戰戰火熾烈之際,英美兩國卽已著手擬訂戰後
國際貨幣方案。英國由當時任財政部顧問之凱因斯 (J. M. Keynes)
草擬計劃,美國主其事者爲懷特 (H. D. White)。一九四二年雙方各
提出計劃,經過雙方協議商談,最後定案的是從一九四七年起維繫國際
金融體制二十餘年的國際貨幣基金制度。二國專家會議地點爲布列敦森
林 (Bretton Woods) 故又稱爲布列敦森林國際貨幣制度。

一九四四年英美共同發佈國際貨幣基金建立宣言,基金於一九四六
年成立。基金目的、會員國之權利義務及基金組織皆詳列於國際貨幣基
金協議條款中。

第一條開宗明義宣告基金之目的如下:

Ⅰ)透過一永久性組織,提供對國際貨幣問題之磋商與協調機能,
促進國際貨幣性合作。

Ⅱ)便利國際貿易之平衡成長與擴張,並藉此促進及維持高水準之
就業與眞實所得,開發會員國之生產資源,俾符合其經濟政策之主要目
標。

Ⅲ)促進外匯穩定,維持會員國之間外匯秩序以避免競爭性外匯貶
値。

Ⅳ)扶助會員國間經常賬交易之多邊支付制度之建立,及對妨害世
界貿易成長之外匯限制之撤除。

Ⅴ）在適當安全條件下以基金資源暫時提供會員國使用，以給予信心及機會校正其國際收支之失衡，而不必採行有害其本國或國際繁榮之措施。

Ⅵ）依據以上所述，縮短及減輕會員國國際收支失衡之期間及程度。

世界上絕大部份非共產國家皆已加入基金爲會員國，共產國家中南斯拉夫亦屬會員國。每一會員國皆分攤一特定配額，配額之決定大體是依據一國國民所得、貿易總額及國際儲備。配額百分之二十五須以黃金或美元繳納，其餘以其本國貨幣繳納。章程第三條第二款並規定每五年得檢討修改配額一次。理事會之表決權係根據配額計算。在成立之初英美兩國共計享有總表決票數百分之四十。

基金之主要功能可歸納爲兩類規章中。其一涉及調整機能，其二涉及對會員國信用之提供。條款四、七、八及十四皆對校正國際收支失衡之調整機能列明規定。原條款第四條規定每一會員國爲其貨幣建立一以美元或黃金表值之平價，後來此條曾修改爲平價得以其他主要貨幣表值。會員國之間貨幣之匯率最高最低之變動範圍不得超過平價百分之一。同時平價一經確定不能任意改變。僅能爲校正國際收支之基本失衡改變平價，但對「基本失衡」一詞基金條款中未另給準確定義。假如擬議中之改變不超過原定平價百分之十，基金可不持異議，但更大的改變必須得到基金同意。然而第四款註明平價之改變不得經常爲之，一國有義務促進外匯之穩定，維持與其他會員國之間有秩序的匯兌。第四條並允許基金提議對所有會員國平價按同一百分比調整，藉此改變黃金對所有貨幣之兌換比率。

第八條規定，非經基金同意，會員國不得對經常國際交易加以支付限制，俾達成多邊無歧視之自由貿易及貨幣兌換目標。然而爲顧及戰後

初期反常之情勢，第十四條特以五年爲過渡時期，讓會員國在此期間逐漸撤除其對經常交易之各種管制。值得一提的是基金條款並不禁止會員國對國際資本流動加以管制。 並註明當一國面臨巨額持久之資本 外 流時，基金得要求該國採行管制。

對於貿易盈餘國與赤字國在調整過程中相對的義務問題，第七條允許基金宣佈某一持久大量盈餘國之貨幣爲「稀少貨幣」，其他國家得對該國貿易採取各種歧視限制。在此情況下多邊自由貿易之原則可暫且違背，此款主要目的是對盈餘國施以壓力，促其採取調整措施。

會員國既然有義務維持其匯率平價在上下百分之一的範圍內，則勢須經常介入外匯市場利用其國際儲備資產買入或賣出本國貨幣。當收支發生盈餘時，外匯市場上對本國貨幣求過於供，金融當局須增加本國貨幣之供給，以維持匯率水平。同理，當收支出現赤字時，必須吸收外匯市場上過剩的國幣供給，其以黃金或美元等形式持有的國際儲備乃有等值的反向變化。然而一赤字甚大的會員國往往累積之儲備資產不足，需要按基金章程第五條之規定，在某些條件下向基金申請融資援助。

凡會員國皆有權利向基金隨時借入其配額百分之二十五之金額而存入等值之本國貨幣作抵押。 在此限度外， 仍可有條件增加其借款額至等於配額爲止。 換言之， 基金持有一會員國之貨幣額等於配額之兩倍爲該國借款最高限度。第一個可借配額的百分之二十五稱爲儲備額度（reserve tranche），剩餘的可借款額稱爲信用額度（credit tranche）分爲四筆，第一筆借款亦頗容易取得，但此後欲再增加借款就要受到基金當局愈來愈苛的限制，利息與手續費之計算亦愈往後愈高。基金很可能要求其採行若干「穩定方案」作爲貸款條件。

基金會員國「在基金之儲備狀況」可定義爲一國配額減去基金持有該國的貨幣額，故可爲正值也可爲負值。又會員國對基金之借貸行爲能

影響整個國際金融體系的儲備資產總額及其成份。關於世界儲備資產總額應如何擴增，在基金原有條款中未見列示，或許當時參予計劃人士認為：黃金供給量之增加連同國際貨幣基金之貸款卽可應付世界流動性的需要。

附帶值得一述的是國際貨幣基金章程大體係根據美國的懷特方案，英國凱因斯方案雖然當年未被採用，但其構想對日後國際貨幣制度之改革計劃很有影響。故摘要總述如次。

凱因斯構想中的國際貨幣機構為一清算聯盟，加盟之會員國持有以「斑柯」（Bancor）為名之新國際貨幣單位存款，其單位價值與黃金固定聯繫，各國貨幣平價以「斑柯」定之。此項存款僅得用以向他國中央銀行清償債務，需要「斑柯」償債之會員國可用黃金交換「斑柯」存款，但持有「斑柯」存款者不可換取黃金。會員國貿易總額若干年之平均值決定其配額，配額確定該國從聯盟的提款限額。國際收支發生赤字的會員國可向聯盟提款償債，但每年因赤字提款而超過其配額的四分之一者，需付年息一分，超過配額一半者利息再加一分。發生盈餘的債權國亦按其盈餘數額超過其配額程度，須支付相應之罰金。清算聯盟為促進國際收支之均衡，得要求赤字國採行下列校正措施：(1)通貨貶值，(2)管制資本外流，(3)以黃金或其他儲備資產清償債務。對收支盈餘國則要求(1)通貨升值，(2)擴張信用刺激需求，(3)減低關稅或其他貿易障礙，(4)開發貸款。此外，會員國為了避免利息負擔及罰款，與聯盟商議後能互相直接借貸，故資金得以順暢流通。

凱因斯方案與國際貨幣基金章程有幾點顯著不同之處。第一，凱因斯方案僅包含一種國際貨幣，在行政處理上非常單純，不牽涉多種通貨彙具國際貨幣功能的複雜問題。第二，凱因斯方案允許匯率作更機動的調整，不論赤字國或盈餘國皆能藉改變匯率以達到均衡。第三，此方案

對赤字國與盈餘國維持較公平待遇，不似國際貨幣基金制度下僅有「稀少貨幣」之條款以制裁長期大量收支盈餘的會員國，而且礙於國際資本投資性流動之顧慮，此一條款極少實施，於是收支失衡的調整負擔幾乎全部由赤字國承當。第四，黃金此種外匯資產在凱因斯方案中不占中心地位，「班柯」而非黃金才是國際儲備資產及支付工具。第五，此方案鼓勵資金在國際金融體系中之循環川流，有人認為實具日後發展蓬勃之歐洲美元市場之雛形。綜合言之，此方案中之清算聯盟具有較國際貨幣基金更為積極主動之角色，匯率調整亦更為機動。但相對言之，各國中央銀行或財政當局在財經政策上的獨立自主權也受到更大的束縛與限制。

第二節　固定匯率制度下國際收支失衡的三類對策
§2. Policies to Cope with Disequilibrium under the System

一國國際收支失衡，表現於外匯市場上便是外匯供求不平衡。如果外匯匯率可以自由變化，則供求不平衡必引起匯率漲跌。如果政府管制外匯，可重新改訂匯率。匯率變化後，通常可使外匯供求達到平衡。匯率上升或本國貨幣對外價值降低時，能使輸入品在國內市場價格提高，輸出品在國際市場價格下跌。此種價格的相對變化，通常會減少輸入總額，增加輸出總額，使國際收支的赤字減少。反之，在國際收支有盈餘時，降低匯率通常能增加輸入總額及減少輸出總額，以恢復收支平衡。但是在某些情況下，匯率的變化可能反而使外匯供求的差額愈形擴大。原因主要有兩點：第一，外匯供給與外匯需求二曲線相交處之斜率，使交點具有不安定的性質。學者曾證明：如商品的供給彈性極大，則在本國對輸入品需求彈性與外國對本國輸出品需求彈性之和小於一的情況下，外匯市場是不安定的；且需求彈性愈小，不安定性愈顯著。在不安定的外匯市場，外匯升值或本國貨幣貶值非但不能降低本國的貿易赤

字，反而會使赤字擴大，外匯的超額需求增加。第二，由於外匯市場上投機風氣很盛，外匯供給與需求曲線很容易變動。假如市場上投機者認為匯率下跌的變化是短暫的，則他們購進外匯的行為可阻止匯率的繼續下跌，故投機有助於匯率的穩定；反之，假如投機者視目前匯率的下跌為未來繼續下跌的開端，則他們拋售外匯的結果會真正促使匯率進一步降低，故投機也可能加劇外匯市場的波動。外匯市場的不安定性有很多情況是由投機風潮造成的。

除了自由市場可能呈現不安定性以外，在政府管制外匯的場合也曾因為各國競爭性貶值而導至匯率的巨幅波動，結果徒然妨害世界貿易與投資的擴張。第二次世界大戰戰後國際金融制度的設計者，為了擔心外匯市場的不安定性及預防競爭性貶值歷史的重演，在布列敦森林會議確立的重要原則之一，便是實行固定匯率制度。

在固定匯率制度下，一國中央銀行必須持有外匯準備，藉以在外匯市場上釘住匯率，使其變化不超過平價上下各百分之一的範圍。當外匯需求超過供給有升值壓力時，即拋售外匯吸收本國貨幣；在外匯供給超過需求時，即購入外匯放出本國貨幣。此種穩定匯率的措施雖未直接涉及改善國際收支失衡的政策。卻透過國內信用的伸縮有間接調整國際收支的機能。這種調整作用仍須依靠價格的變動，與古典派經濟學家所強調的金本位制度下自動調節概念相符。

按古典派國際貿易理論，假定一國產量與就業量不受國際貨幣變動的影響，在固定匯率之金本位制度下，收支赤字引起黃金外流，結果使赤字國貨幣量減少而收支盈餘國貨幣量增加。因為產量與所得不變，故決定於所得之實值貨幣需求亦不變，於是由貨幣數量學說推論可知，貨幣供給的增加必引起價格水準等比例升高，貨幣供給減少則物價比例下降。由此可知，收支盈餘國物價上漲，其輸出品價格亦增高，故輸出減

少而輸入則增加；收支赤字國則物價下降，其輸出品更易於爭取市場且輸入減少。經由此種兩國價格的相對變動，在正常情況下有助於恢復國際收支的平衡。

除了價格變動的調整外，兩國所得水準的變化也能產生一部份訓整作用。事實上，古典派充分就業之假定常不合經濟現實。一國在貿易賬呈現出超之時，就業與所得水準均升高。在貿易赤字增加時，就業與所得均降低。並且透過國際貿易乘數效應，所得的變動額往往是赤字額或盈餘額的若干倍。假如貿易盈餘國在所得上升經濟繁榮之時，增加輸入貿易，赤字國在所得下降經濟蕭條之時減縮輸入，自有助於恢復國際收支的平衡。唯純靠所得的變化以達成國際收支的調整，非現代國家所能容忍，因爲赤字國家之財經當局不願坐視其經濟陷入蕭條而不謀挽救，盈餘國家當局亦不欲繁榮演變爲通貨膨脹以造成大量輸入。因此，不論價格調整作用或所得調整作用均有賴於赤字國或盈餘國當局採取主動，以政策校正收支失衡。

改善國際收支的政策按其直接施行範圍區別，可分作兩大類，卽對內政策與對外政策。對內政策包括政府一般財經政策，例如貨幣信用的調節，財政收支的增減，工資物價管制等。對外政策則泛指與外匯及貿易活動直接有關係的管理措施。此兩大類政策加上國際流動性的增加以延緩收支失衡的政策性調整，構成固定匯率制度下國際收支失衡的三類對策。此三類對策可用下圖等邊三角形的三個頂點代表。三角形內任何一點表示三種對策同時採用，此點到某頂點的距離愈近，表示當局愈偏重此頂點代表之對策。落在三角形邊界上之點表示當局僅採用兩端代表之對策。茲以收支赤字國當局之處境爲例說明如下。

假定在傳統金本位制度下，赤字之調整主要靠緊縮國內支出及少量依賴短期借款，則該國處於G點之地位。又如在第二次大戰期間，各國

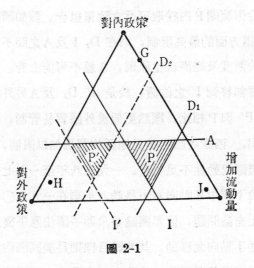

圖 2-1

盛行外匯及貿易管制，國際流動性缺乏，該赤字國之政策組合當如H點
之位置。如果此國為準備貨幣發行國，或已累積大量外匯資產，不必採
取任何政策也能應付收支赤字，則其處境當如J點。

　　通常一國不會完全倚靠一種或兩種方式應付收支赤字，而是三種對
策同時採用。至於三者所占之比重，視時代不同環境變化而異，也因決
策當局所受不同思潮影響之程度而有差別。例如銀行家們多數希望當局
以對內政策防止通貨膨脹而謀減少貿易入超，不欲增加對外負債及減少
本國外匯資產。　自由派學者常堅決反對對外政策，　認為直接管制降低
資源配置之效率及妨害國際分工。醉心權勢之政府官員及要求保護之工
業生產者均強調直接管制的重要，反對以內部政策作為調整國際收支之
工具。因此，當局真正採取的政策組合要受許多因素限制，必須在可行
範圍內作折衷調和。假定 D_1 為國際流動性限制，I 為恐懼外國報復行
為，及自由派人士允許貿易管制之最大限度，A為政府官員允許國內政
策受收支失衡調整目的影響之最高限度，則當局僅能在 D_1，I 及 A 三

界限形成的陰影範圍 P 內採取可行之政策組合。假如國際流動性不夠充裕，D_2 代表這方面的最高限制，則在 D_2 I 及 A 之間不可能產生政策協調。如果限於制度及經濟自主原則，A 線不可能上升，則唯有讓 I 線向左方移動，譬如移到 I′ 之位置，於是 I′ D_2 及 A 另外構成新的政策組合範圍 P′。P′ 與 P 相比，顯然更偏重外匯貿易管制。一九四七年至一九五八年期間， 西歐各國對美元地區的貿易加以限制， 是由於美元缺乏，亦即因國際流動性不足所致。一九五八年至一九七一年國際流動性顯著增加，故下圖中 E 點向右方移動。美國在一九六〇年代收支赤字擴大，造成美元充溢問題，世界輿論要求赤字國注意平衡國際收支紀律，即促使美國從 J 點向北移動。其具體目標則為美國國內之金融政策必須配合國際金融市場狀況調整；其強大工會造成之膨脹壓力應予以節制；大量海外直接投資引起資本賬項之赤字亦應謀求彌補。

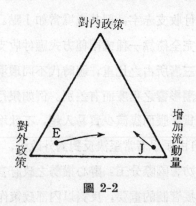

圖 2-2

　　對外政策方面調整失衡的措施大多屬於直接管制。管制的基本精神為政府排除價格機能，以行政力量對外匯之來源與運用加以直接控制。管制的工具有多種， 如輸入限額、 外匯審核分配、 輸出津貼、 複式匯率、國營貿易等皆屬常見者。關稅亦屬於對外政策，但因其對貿易之影

響藉助於價格機能者較多，故性質不同於管制。以管制減少收支赤字的效果最快，但對經濟資源配置的扭曲作用也最強。蓋商品相對成本的調整祗能在長期內達成，關稅稅率之改變固能影響相對價格，但需先經過立法程序，亦甚耗費時日。管制可用行政命令為之，所受牽制又較全面變更匯率為少，所以最為行政當局樂於採用，但也最易被濫用，造成資源配置不當經濟福利降低的惡劣後果。

在各種管制措施中，利用最為廣泛者首推輸入限額。一國如有失業問題而其對外收支赤字又頻於耗竭其國際準備，則不妨在短時期內實施此種限制。由於已有失業問題，故原支用於輸入品上的購買力得移轉支用於國內商品而不致引起通貨膨脹；又因實施時間短暫，故有下面兩點有利因素：㈠已建立的貿易關係不允許輸入許可證的轉讓圖利；㈡不久未來自由進口的恢復及限制的撤銷，可嚇阻對輸入代替品工業的過份投資與資源的誤用。但管制進口如時間過久，必然造成經濟社會的損失。其最明顯者有五點：㈠政府的干涉妨害價格機能，故降低生產與分配的效率；㈡被管制貨品之國內生產者因享受過份保護，往往不求進步，物劣而價昂，使社會消費福利降低；㈢管制本身使本國貨幣用途受限制因而降低價值，人民更樂於持有外幣，故對改善國際收支有反效果；㈣減少關稅及其他政府稅收；㈤易於引起國際報復，對輸出業不利。此外，為防止逃避管制之違法行為而採取之措施與對違法者之懲處，均為實施管制耗用之人力物力，也形成社會資源的另一項損失。

第三節　西歐貿易自由化與美元地位的變化
§3. Trade Liberalization in Western Europe, From Dollar Shortage to Dollar Glut

從一九四七年基金開業到一九六一年西歐成立經濟合作與發展組織（Organization for Economic Cooperation and Development 簡

稱 OECD)，這十四年之內，國際貿易與投資未曾按照基金理想正常化，
只能算是戰後過渡時期。然而在此期間，歐洲各國在戰後廢墟上重建其
生產力，經濟不斷發展，達到高度繁榮。其對外貿易與支付亦由嚴加管
制而逐漸自由放任。此種過程中國際金融方面表現的一大特色則是由美
元短絀轉變爲美元充溢。

先是一九四六年之英美貸款協定以英鎊恢復自由兌換爲條件。次年
英國履行約定，結果卻迅卽導致準備耗竭之困境。基於此一敎訓，英國
及其他西歐國家皆對基金之通貨自由兌換義務，抱審愼保留態度。又因
積極推動戰後重建，出口微少而輸入浩繁，對外貿易經常入超，不得不
對國際交易加以限制。

一九四八年歐洲各國爲分配馬歇爾計劃 (Marshall Plan) 之經
援，成立歐洲經濟合作組織 (Organization for European Economic
Cooperation 簡稱 OEEC)，因已體認互惠之國際貿易對於促進經濟發
展之重要性，會員國同意在一九四九年底以前取消加於歐洲內部貿易額
數量限制之百分之五十。一九五一年自由貿易項目增至百分之七十五；
一九五五年要求歐洲內部貿易額百分之九十不受數量限制。唯國際收支
有嚴重赤字之會員國，仍得保留限制權利，收支盈餘國則率先實施貿易
自由化。一九五〇年歐洲內部貿易自由化運動更因歐洲支付同盟 (Eu-
ropean Payments Union, EPU) 之成立而加速。透過支付同盟，西
歐各國內部淸算極爲便利，而且因按月淸算一次，等於同盟之盈餘國無
限制向赤字國給予短期貸款，亦無異於增加國際流動性，緩和了部份外
匯準備不足的困難。

歐洲經濟合作組織成立後十年內，歐洲普遍缺乏美元。其貿易自由
化僅限於歐洲內部各國間之貿易，對美元地區之貿易仍受重重管制。例
如一九五三年 OEEC 西歐各國自美元地區輸入總值中僅百分之十一不

受數量限制，而西歐各國之間貿易額則有百分之七十一無數量限制。因各國皆珍惜美元，國際金融論著稱此段時期爲「美元短絀」（dollar shortage）時期。

一九五八年歐洲支付同盟清算解散，代替它的歐洲貨幣協定（European Monetary Agreement, EMA）在融通信用方面已不若前者積極主動，但同時也喪失了前者歧視美元地區的特色。EMA 之成立可說是美元短絀時期宣告結束，因爲此後大多數貨幣，包括美元在內，均在外匯市場上自由兌換。此種轉變與美國自一九五八年起長期出現巨額國際收支赤字有密切關聯。一九五八年美國收支赤字高30達億美元，以後十餘年中多數年份皆有巨額赤字，此反映西歐諸國及其他國家美元外匯積存額顯著增加。由於美元外匯充裕，歐洲貿易自由化運動自然擴充到對美元地區之貿易。當一九六一年 OEEC 改組爲 OECD 時，歐洲從美元地區進口值之百分之八十九及歐洲內部貿易額之百分之九十四皆無數量管制。此時歐洲各國中倘有國際收支困難者，也都是由於通貨膨脹引起，故不論爲求國內經濟穩定，抑求壓制過份入超，均應緊縮國內需求，不必倚靠對外限制措施，基金所定會員國之一般義務，乃逐漸被各國接受。

美國長期大量收支赤字使國際金融在一九六〇年代初期卽呈現「美元充溢」（dollar glut）特色。由於此種轉變意義極爲深遠，自然是學者熱烈討論的主題。他們提出了許多種解釋理由，而不能斷言何種原因最爲重要。大體言之，美國國際收支平衡表在一九五〇年代下半期起，巨額赤字均呈現在資本賬項下。經常賬的貿易出超被大量政府外援及民間海外投資形成的資本外流抵銷後，使全盤收支發生赤字。所以有人解釋美國資本賬戶的赤字以外援過多爲主要原因。也有人指出美國外援常附帶採購地區之限制，如其中大部份限於向美國採購物資，則外援之增

加必引起輸出之擴張，故眞正造成赤字的原因應該是國內外利潤差距引起的大量民間資金外流 （見附表）。如進一步要分析國內外利潤差距的成因，則勢必要探討美國相對於其他地區之經濟成長速率、租稅制度及投資環境等。 另有許多學者強調， 美國貿易賬項出超太小才是問題癥結，假如出超够大則資本賬之赤字不必憂慮，所以應該重視美國輸出競爭能力長期減弱之事實。解釋美國經常賬項輸出競爭力衰落之學說更是紛歧，雖各能言之成理，但亦無法確定何者具有決定性。茲扼要引述幾種觀點如下：

通貨貶值與生產設備限量說： 此說認爲美元充溢之遠因應溯及一九四九年之歐洲各國貨幣大貶值。多數通貨相對美元貶值約百分之三十。此舉已削弱了美國輸出競爭之有利條件，唯一九五〇年代前半期，西歐及日本等地生產設備尚未擴充，限於設備故無力大量輸出產品。迨一九五〇年代下半期及一九六〇年代此等地區生產設備大量擴充後，立刻成爲國際市場上美國之勁敵。故美國之貿易賬項在一九五〇年代後期，呈現出超相對減少之勢，一九六〇年代國際收支赤字持續擴大。

不均等及偏性生產力變化說： 此說創自黑克斯（ J. R. Hicks ）教授之長期美元問題一論文。他的分析重點是技術進步使生產成本降低後， 對於各種貿易條件及眞實所得之影響， 以及透過價格彈性與所得彈性一國貿易賬項可能發生何種變化。假定A國因技術進步生產力提高而B國生產力不變， A國的淨貿易條件將變爲不利，但其要素貿易條件則較前有利。A國所得隨生產力提高而增加之程度以及AB兩國的需求彈性，對兩國的國際收支有重大影響。價格效果固有利於A國之貿易盈餘，所得效果則有抵銷作用。如果A國所得增加程度不大，且其需求之所得彈性甚低，而B國價格需求彈性甚大,則A國貿易盈餘增加；反之，如果A國所得隨生產力之提高而比例上升，且所得效果甚強，而B國價

表 2-1　美國國際收支平衡表 (1957—1969)　　　　　　（單位：百萬美元）

目　　項	1957	1958	1959	1960	1961	1962	1963	1964	1965	1966	1967	1968	1969
貨品與勞務輸出(+)													
商品輸出	19,390	16,264	16,295	19,489	19,954	20,604	22,071	25,297	26,276	28,961	30,716	33,588	36,473
軍用品銷售	375	300	302	335	402	656	657	747	844	898	1,173	1,395	1,515
投資所得	2,817	2,845	3,043	3,350	3,941	4,425	4,654	5,392	5,901	6,276	6,612	7,687	8,838
其他服務	3,899	3,658	3,849	4,070	4,278	4,593	4,957	5,522	5,972	6,552	7,101	7,952	8,687
計	26,481	23,067	23,489	27,244	28,575	30,278	32,339	36,958	38,993	42,687	45,602	50,622	55,514
貨品與勞務輸入(-)（不包括軍事支出）													
商品輸入	13,291	12,952	15,310	14,732	14,510	16,187	16,992	18,621	21,488	25,233	26,367	32,964	35,835
其他服務	4,245	4,474	4,925	5,397	5,463	5,878	6,514	7,013	7,667	8,380	9,587	10,630	12,879
匯款及年金	729	745	815	698	732	757	867	879	994	1,000	1,364	1,121	1,190
計	18,265	18,171	21,050	20,827	20,705	22,822	24,373	26,513	30,149	34,613	37,318	44,715	49,904
臨常賬餘額（不包括軍事支出）													
軍事交易支出(-)	8,216	4,896	2,439	6,417	7,870	7,456	7,966	10,445	8,844	8,074	8,284	5,907	5,610
資本交易淨額(-)	3,216	3,435	3,107	3,069	2,981	3,083	2,936	2,834	2,881	3,587	4,249	4,535	4,850
美國政府贈與及貸款淨額(-)	2,574	2,587	1,986	2,769	2,780	3,013	3,581	3,560	3,375	3,608	4,249	3,975	3,828
本國民間長期資本流出淨額(-)	3,301	2,625	2,298	2,537	2,624	2,881	3,671	4,377	4,451	3,594	4,029	4,325	4,658
美國民間短期資本流出淨額(-)	276	311	77	1,348	1,556	544	785	2,146	761	53	1,023	1,087	575
國外資本流出淨額(-)	545	186	736	366	707	1,021	689	685	194	2,016	3,897	8,701	4,131
國外資本流入淨額(+)	5,606	5,337	3,625	6,288	6,253	5,417	7,348	9,398	8,393	5,239	6,404	686	4,930
誤差與遺漏	1,184	511	423	941	-1,006	-1,159	-352	-1,011	429	461	915	514	-2,841
清算差額基礎	578	-3,365	-3,870	-3,881	-2,370	-2,203	-2,670	-2,798	-1,337	-1,213	-2,283	1,641	-2,700
官方準備交易基礎				-3,402	-1,347	-2,706	-2,044	-1,546	-1,305	655	-2,897	171	-7,012

資料來源：P. T. Ellsworth *The Internation Economy* 4th edition 1969. P. 470; *Federal Reserve Bulletin* March 1971.

表 2-2 美國海外直接投資1960—1969（單位: 百萬美元）

年份	總　　計	加拿大	歐　洲	日　本	澳大利亞、紐西蘭及南非	拉丁美洲及其他西半球	其他地區
1960	31,865	11,179	6,691	254	1,195	8,365	4,181
1961	34,717	11,602	7,742	302	1,331	9,239	4,501
1962	37,276	12,133	8,930	373	1,539	9,524	4,777
1963	40,736	13,044	10,340	472	1,783	9,941	5,156
1964	44,480	13,855	12,129	598	2,053	10,254	5,591
1965	49,474	15,318	13,985	675	2,334	10,886	6,276
1966	54,799	17,017	16,234	756	2,655	11,498	6,640
1967	59,491	18,102	17,926	870	3,172	12,049	7,372
1968	64,983	19,535	19,407	,050	3,508	13,101	8,383
1969	70,763	21,075	21,554	1,218	3,854	13,810	9,250

資料來源: *Survey of Current Business*. Oct, 1970.

格需求彈性甚小，則A國貿易賬反會惡化。其次，技術進步可能只出現在輸出業部門，或祇出現在輸入代替品工業部門，或顯然偏於某部門。如果技術進步為輸入代替偏性，則A國有輸入減少趨勢，但其所得之擴張亦可能促使輸出品價格上升。此種輸出價格效果及一般性所得增加效果，會抵銷原先輸入減少對貿易賬之有利影響。同理，如輸出業生產力提高較多，亦會透過所得的上升與輸入代替品價格上漲之副作用，抵銷原先輸出擴張之有利影響。美國生產力進步甚為迅速，可能在一九五〇年代中葉以前技術進步之價格效果甚強而所得效果不顯著，或對輸入品之所得需求彈性較低，故貿易出超較大，世界其他地區均感美元短絀。一九六〇年代很可能因為技術進步之所得效果加強以及原有援近某種轉捩點之彈性值發生變化，以致技術進步反導致貿易賬項趨於不利，出超

減少，國際收支之龐大赤字造成美元充溢現象。

技術差距改變說：持此種觀念之人士認為，美國生產技術原領先西歐各國及日本甚多，故在世界市場上美國輸出品恆占競爭優勢；但自從一九五五年以後，歐洲及日本產業界由急起直追而迎頭趕上，使美國的領先差距縮小，於是美國逐漸喪失比較利益，歐洲各國從美國的輸入傾向亦大為降低。此種技術差距之縮小足以解釋由美元短絀到美元充溢的轉變。

經濟成長基礎說：　推動經濟成長之原動力有的國家主要靠國內投資，有的國家依賴技術革新，也有的國家憑藉外銷市場的爭取與開拓。靠國內投資為主要動力之經濟成長易於透過所得效果而引起輸入的增加，且足以抵銷原先擴充設備導致之輸出成長，以致貿易賬項終久會出現赤字。美國及英國的經濟成長皆屬此一類型。西德、法國、義大利及日本近十年來的經濟成長則主要憑藉技術進步、而且進步最迅速者又是其外銷產業。因此，在其經濟成長過程中，外銷暢旺，國際收支呈現盈餘。在一九五〇年代早期，上述諸國之經濟成長主要以戰後之重建投資為動力，故輸入傾向甚高，形成美元短絀現象。一九六〇年代其成長基礎改變，自然因國際收支盈餘導致美元充溢。

相對價格變化說：有的學者試圖從美國與西歐物價指數的相對變化，說明晚近美元氾濫的原因。但是在美國國際收支惡化期間，美國消費者物價指數並未相對升高。因此不能以一般需求性通貨膨脹理論解釋其收支赤字成因。然而，進一步分析可發現：此期間美國輸出品部門承受之國內需求壓力甚大，輸出品成本及售價皆有高漲現象。影響所及，國內其他部門縱然未有需求激增之壓力，亦難保價格之穩定，所以美國經濟之物價變化可用需求改變之通貨膨脹學說解釋。歐洲各國則不然，輸出品價格之上漲程度不及一般物價水準，故觀察歐美兩地輸出品價格

相對變化趨勢，亦有助於了解美國在六十年代國際收支惡化的原因。

示範作用說：所謂示範作用，原指經濟發展不足地區的人們在了解先進國家生活方式後，亟欲模仿享受此種高水準之消費。美國式之生活享樂誠然久爲世人所稱羨，西歐各國戰後追求此種生活水準，無疑構成美元不足原因之一。然而近十餘年來，美國企業家及消費者眼界擴大及於全世界。一方面企業家在海外發掘有利機會，大量進行直接投資，造成國際收支資本賬項的巨額赤字；他方面消費者也熱心追求新鮮享樂，或從世界各地引進大量奢侈性消費品，或作豪華出國旅行與環球遨遊。大凡美國輸入之消費品，多屬所得需求彈性較大者。美國輸入總值對其國民生產毛額之比率本屬甚低，故其國民支出總額中即令僅少許支出對象由國貨改爲舶來品，亦足以形成爲數可觀之貿易入超。因此美元短絀到美元充溢之轉變，亦可由國際示範效果解釋一部份原因。

美國從一九五八年起持續出現的收支赤字，在最初幾年完全不曾令人憂慮，且被多數人認爲是增加國際流動性以順應世界貿易與經濟成長之可喜現象。主要原因約有四點：第一，美國持有巨額黃金準備，一九五七年其黃金持有額占世界貨幣性黃金百分之五十九，其後各年之收支逆差雖不斷引起黃金外流，但因積存豐富，未受人嚴重關懷。第二，各國經歷十多年美元匱乏時期，都樂於持有美元，且美元已被公認爲國際準備，故持有美元之國家並不急於希望將美元兌換黃金。第三，美國在政治上仍高居自由世界領袖地位，西歐各國基於政治立場亦擁護美元作爲與黃金媲美之國際準備。第四，很多人誤認爲美國收支差額僅係短期現象，兩三年後必可轉變成收支盈餘，故目前增加美元之持有，可預防將來匱乏。

可是西歐諸國此種態度實對美國縱容過份，讓其財經當局不顧國際收支之巨額赤字，任意施行擴張性經濟政策。既未能防患工資與物價上

表 2-3　全世界國際準備及其組成 1958—1970（單位：億美元）

年　份	總　額		黃　金		IMF 貸款		外　　滙		SDR	
			數額	%	數額	%	數額	%	數額	%
1958	576	100%	380	65.97	26	4.42	170	29.51	—	
1959	574	100%	379	66.03	33	5.75	162	28.22	—	
1960	603	100%	381	63.18	36	5.97	186	30.85	—	
1961	623	100%	389	62.44	42	6.74	192	30.82	—	
1962	629	100%	393	62.48	38	6.04	198	31.48	—	
1963	661	100%	402	60.82	39	5.90	220	33.28	—	
1964	685	100%	409	59.71	42	6.13	234	34.16	—	
1965	708	100%	418	59.00	54	7.60	236	33.40	—	
1966	724	100%	409	56.50	63	8.70	252	34.80	—	
1967	741	100%	395	53.31	57	7.69	289	39.00	—	
1968	770	100%	389	50.52	65	8.44	316	41.04	—	
1969	777	100%	391	50.32	67	8.62	319	41.06	—	
1970	869	100%	386	44.42	67	7.71	384	44.19	32	3.68

資料來源: *International Financial Statistics*. 1972

表 2-4　美國準備資產 1957—1970　（單位：百萬美元）

年　份	總　計	黃　金　存　量		可兌換外幣	IMF 貸款	SRD
		總　額*	國　庫			
1957	24,832	22,857	22,781	—	1,975	—
1958	22,540	20,582	20,534	—	1,958	—
1959	21,504	19,507	19,456	—	1,997	—
1560	19,359	17,804	17,767	—	1,555	—
1961	18,753	16,947	16,889	116	1,690	—
1962	17,220	16,057	15,978	99	1,064	—
1963	16,843	15,596	15,513	212	1,035	—
1964	16,672	15,471	15,388	432	769	—
1965	15,450	13,806	13,733	781	863	—
1966	14,882	13,235	13,159	1,321	326	—
1967	14,830	12,065	11,982	2,345	420	—
1968	15,710	10,892	10,367	3,528	1,290	—
1969	16,964	11,859	10,367	2,781	2,324	—
1970	14,487	11,072	10,732	629	1,935	851

* 包括外滙平準基金持有者

資料來源: *Treasury Bulletin* March, 1971

表 2-5　美國對外短期負債及短期債權 1957—1970

(單位: 百萬美元)

年　份	短期負債總　　額	外　　　　國			國際及區域性組織	短期債權
		合　　計	政府機構	銀行及民間		
1957	14,383	13,641	7,917	5,724	742	2,199
1958	15,367	14,615	8,665	5,950	752	2,544
1959	17,261	16,231	9,154	7,076	1,031	2,599
1960	18,701	17,260	10,212	7,047	1,412	3,594
1961	20,098	18,781	10,940	7,841	1,317	4,777
1962	21,958	19,874	11,963	7,911	2,084	5,101
1963	22,877	21,330	12,467	8,863	1,547	5,887
1964	25,518	23,900	13,220	10,680	1,618	7,957
1965	25,551	24,072	13,066	11,006	1,618	7,735
1966	27,599	26,219	12,539	13,680	1,381	7,853
1967	30,505	26,232	14,027	15,205	1,273	8,606
1968	31,717	30,234	11,318	18,916	1,483	8,711
1969	40,164	38,752	11,056	27,696	1,413	9,667
1970	41,668	40,453	19,287	21,167	1,215	10,751

資料來源: *Treasury Bulletin*, March 1971

表 2-6　美國對外貨幣性黃金交易淨額 1959—1970

(單位: 百萬美元)

	總　計	西　歐	加拿大	拉丁美洲	亞　洲	非　洲	其他地區	國際及區域性組織
1959	− 1,041	− 827	—	19	− 186	− 5	—	− 44
1960	− 1,669	− 1,718	190	− 100	− 113	− 35	− 3	300
1961	− 820	− 754	—	− 109	− 101	− 5	− 1	150
1962	− 833	− 1,105	—	175	− 93	− 3	2	—
1963	− 392	− 399	—	32	12	− 36	—	—
1964	− 36	88	—	56	3	− 10	3	—
1965	− 1,547	− 1,299	—	17	− 24	− 8	− 8	− 225
1966	− 431	659	200	− 41	86	− 19	− 3	177
1967	− 1,009	980	150	9	− 44	− 157	− 9	22
1968	− 1,121	669	50	− 64	− 366	− 66	− 2	− 3
1969	967	969	—	− 54	42	− 9	9	10
1970	787	− 204	—	− 131	− 213	− 70	− 11	− 156

資料來源: *Treasury Bulletin*.　㈠代表賣出。

升造成出口不利之情勢，又沒有限制資本外流的嚴密措施。直到一九六
〇年代，其主政者才正視國際收支困難與黃金外流問題。這時歐洲盈餘
國也困於應付由於累積美元而造成之國內通貨膨脹局面，並且發現國際
資本的流動，嚴重妨害其採用貨幣政策作爲抑制通貨膨脹之對策。加上
各國對美國在政治上領導地位之不滿情緒，愈來愈不願累積美元。一九
六五年首次出現官方準備中美元不增加之現象。一九六六年以法國爲首
的歐洲盈餘國家，紛紛要求美國以黃金淸償美元債務。國際貨幣基金的
借款國家在一九六〇年代亦以美元償還舊欠，新借款國索借者均歐洲貨
幣。一九六四年基金持有各國償還之美元額竟多達美國在基金配額的百
分之七十五，迫使美國向基金借入法郎及馬克，出售給基金債務國，俾
後者能用以償債而基金持有之美元數額不至逾限。由此可見，學者以「
美元充溢」或「美元氾濫」作爲此時期國際金融之特色，誠不爲過份。

第四節　基金的因應與國際合作方案

§4. The Response of IMF and International Cooperation
    to Defend the System

　　在基金成立初期，其貸款條件甚爲嚴格，規定接受馬歇爾計劃美援
之國家一律不得申請借款。一九五一年馬歇爾計劃終止，基金仍強調貸
款用途限於融通暫時性收支差額。其後漸要求會員國採取減少赤字之對
內政策，基金隨時提供信用援助。故貸款政策變爲更積極，條件亦已從
寬。

　　在匯兌平價一點上，基金的態度也逐漸具有彈性。特別是一九五〇
年代低度開發之會員國屢次改訂匯率或採行複式匯率，均蒙基金同情默
允。基金在一九六〇年代早期且宣稱，平價制度並不排斥匯兌之調整，
唯主要通貨之間的匯率不宜輕率變更。對於眞實平價不易確立之會員
國，基金允許其採用浮動匯率。例如加拿大自一九五二年開始到一九六

〇年止匯率自由升降，並未發生破壞穩定之波動。

關於基金得運用的資金來源方面，除前文所述兩次增加配額外，在一九六二年基金與先進國家訂立一般借款協定 (General Agreement to Borrow)，於60億美元程度內，向工業先進國借入可兌換通貨，以沖淡美元氾濫現象。讓美國得向基金借入歐洲貨幣，防止美國黃金繼續大量外流，以緩和美元危機。此舉大為提高了美國以外其他工業先進國在國際金融事務中的影響力量。此後由美國、日本、加拿大、瑞典、英國及德、法、意、荷、比五個歐洲共同市場國家組成之十國集團(Croup of Ten)，形成了基金貸款政策的決策中心，往昔美國支配性的地位已相對下降。

特別提款權 (Special Drawing Rights，簡稱 SDR) 之創制，無疑是基金自成立以來重大的改革之一。此制度之有關條款已納入基金協定，並於一九七〇年起開始實施。前文已指出，舊有之國際金融制度經過二十餘年的歷史，已表現許多內部矛盾與缺點，不能適應日趨複雜的國際情勢。特別是國際準備不能配合世界經濟成長與貿易擴張而適當增加，造成國際流動性不足的問題，也聯帶影響到國際收支失衡時調整負擔有欠公平及調整方法易損害經濟福利，而且準備貨幣的國際信心不易維持。此類困難激起一九六〇年代晚期各方面要求改革的呼籲，專家學者提出多種改革方案，特別提款權可說是這些方案綜合形成的結果。

特別提款權本質上是基金創造的一種新的國際準備資產，它不須任何其他資產作價值保證，而且可無條件供應參加國使用。所有基金會員國，不管國際收支情況如何，皆可配給特別提款權，分配的標準則係依照基金目前配額。收支赤字國可利用特別提款權向盈餘國換取通貨，盈餘國必須接受此提款權作交換其貨幣之代價。持有特別提款權有利息收益，但利率僅年息百分之一至百分之一點五。因此，特別提款權實為有

系統增加之國際流動性，讓自由世界不必再倚賴美國創造國際收支赤字作爲增加國際準備之來源。使美國注意改善其國際收支情況，以避免兌換黃金之危機。並且由於國際準備之增加，可減輕收支赤字國的調整負擔，及給予較充裕的時間採取合宜的調整，並同時加重收支盈餘國的調整責任。在世界流動性偏低之時，赤字國必須兢兢業業注意改善其收支逆差，否則有面臨準備耗竭的危險。盈餘國既無準備貶值之憂慮，往往任憑其準備累積而不作任何調整。在國際準備充裕的世界，通貨膨脹壓力較大，盈餘國爲擔心世界物價上漲導致其準備實值的減低，並維持國內價格之穩定，乃勢必主動校正其國際收支的失衡，於是收支赤字國之調整負擔得以減輕。特別提款權之創立，具有使失衡調整之負擔公平化的作用。

　　此外，自一九六〇年代初期以來，諸工業先進國喜在基金以外另作公開或幕後協商，決定國際金融事務。這些基金以外的重要發展，特別值得人們注意者有三項：第一，美國與其他工業國實施一連串雙邊貨幣互換安排（swap arrangement），其效果等於雙方均取得三個月至一年期之短期貸款，一九六八年互換額曾高達71億美元，主要用於抵銷民間投機性資本流動。第二，美國及歐洲各國中央銀行在瑞士巴塞爾（Basel）訂立協定，多次以短期貸款支持英鎊，希望防止英鎊貶值，附帶鞏固美元作爲準備資產的地位。第三，透過位於巴塞爾的國際清算銀行（Bank for International Settlement），各工業先進國家中央銀行總裁按月會商，討論工業國的國際貿易與資本移動問題，以及長期改善國際支付制度與增加國際流動性的方法。這種方式有其優點，即若干問題不宜在公開場合討論者，皆在基金以外協調解決。但是另一方面也使基金重要性有減退之勢，僅能靠向開發中國家提供中期或短期貸款而在這些國家建立威望；　先進國家與基金之聯繫則減少。　自從特別提款權辦法實施

後，因不論先進國家或開發中國家皆可能透過基金作中介運用特別提款權，故特別提款權之創制在這一方面可說是基金重振聲威的關鍵。爲了維持美元信心，美國在一九六〇年代曾與西歐諸國合作，以下列方案維持美元信心：

一、黃金兩價制：美元與黃金同列爲國際準備，故美國必須力求減少世界上民間對黃金的需求，俾增加黃金新供給可用於國際準備的部份，這樣有助於減少外國貨幣當局用美元兌換黃金之要求。單憑禁止美國國民私有黃金自不足以達到此目的。從一九六一年起美國與歐洲七國合作，在倫敦成立一黃金平價基金，由英格蘭銀行代爲執行買賣黃金行爲。八國貨幣當局協調維持黃金價格，限制其變化範圍，藉以扼殺民間黃金投機者的興趣。一九六八年三月再進一步實施黃金兩價制，各國貨幣當局不再在民間黃金市場上參與買賣，但官方黃金交易仍按每盎司35美元價格進行。各國政府明知美國目前僅餘不足 110 億美元之黃金存量，無法兌換 440 餘億外國人持有之美元，所以祇好與美國合作，暫不作兌換黃金之要求。可惜官方聲明中未明白表示：當黃金價格下跌至35美元一盎司以下時，是否支持黃金價格，抑聽其繼續下跌。因此，民間投機者多數仍樂於抱定收購黃金的立場。

二、美國正式保證美元價值：在甘迺迪總統（J.F. Kennedy）主政時，曾公開保證美國決心維持黃金平價，萬一美元貶值，美國自願對持有美元者補償損失。這種作風有助於加強世人對美元的信心。但是尼克森（R. M. Nixon）政府沒有採取同樣的策略，人們懷疑美元貶值的心理依然存在。假如美國政府公開表明支持美元之決心，可能誘使其他國家中央銀行出售黃金，換取美元資產，藉以賺取利息收益，美國或可乘機彌補一部份黃金的流失。

三、美國發行外幣計值之證券：此種對策爲前美國財政次長羅沙（

Robert Roosa）所擬訂。一九六二年秋美國開始向西歐發行十五個月至二年期之債券，面值是以承購國之貨幣表示，且有利息收益，規定不可轉讓。外國中央銀行持有此種債券，不必擔心美元貶值之風險，且較持有黃金多利息收益，所以凡國際準備過多之收支盈餘國家，皆樂於承購。結果等於西歐以過多之國際準備貸放給美國，而不必向美國兌換黃金。

四、通貨互易協定：一九六二年春美國聯邦準備銀行曾與外國中央銀行協商互換貨幣之安排。當美國聯邦準備銀行累積了若干外國貨幣後，即安排贖回美元，或在最大限額內，與外國銀行相互創造短期信用，以利清算。到協定限期日，如有需要，可予展期。此類貨幣與信用之互換，係按原有官定匯率交易，故即令在協定期間匯率有變化，亦可不受影響。

五、國際貨幣基金借款協定：一九六二年十月，美國聯合其他九個工業先進國家，在國際貨幣基金成立一般借款協定，向基金提供總額值60億美元之貸款，主要以歐洲貨幣及日元融通。目的在使美國能在必要時向基金借入這些貨幣，用以贖回美元，沖淡美元充溢的現象。

六、利率政策之運用與對外協調：美國在一九六〇年代初期，很多學者注意到利率結構應配合國內經濟成長與平衡國際收支的需要，主張當局應力求降低長期利率以助進經濟成長，但維持適當高度的短期利率，以免資本外流。他們同時呼籲西德日本等國降低利率，希望在貨幣政策方面加強國際協調。但證諸史實，此項希望已告落空。一九七一年的美元危機，遠因即在於利率調整之失當。

七、遠期外匯市場之干涉：美國與西歐各國貨幣當局，如果增加對遠期外匯市場之積極干預，可以局部沖銷投機性短期資本流動之動機，也有助於維護美元信心。

除以上所述國際合作性質之方案以外，美國單方面採取的措施還有下述各項行政命令與立法：㈠指定援外款項限支用於美元採購地區；㈡縮減海外駐軍；㈢對歐洲美元流回本國之部份適用特定之準備率；㈣對國外發行證券及貸款給國外之利息徵課利率平衡稅；以及㈤勸告人民減少出國旅行與鼓勵外國人赴美國遊歷。這些措施雖以減少其國際收支赤字爲直接目標，亦間援有助於維護美元信心。

本章參考文獻

1. *Articles of Agreement of the International Monetary Fund*.

2. Cooper, R.N. (1968) *The Economics of Interdependence: Economic Policy in the Atlantic Commuuuty*, ch.2.

3. Clement, Pfister and Rothwell, (1967) *Theoretical Issues in International Economics*, ch. 8.

4. Harris S. E. (1961) *The Dollar Crisis*.

5. Yeager L. B. (1976) *International Monetary Relations*, Part Ⅱ.

6. Hicks, J. R. "The Long-Run Dollar Problem" in Caves R. and Johnson H. G. (ed), (1968) *Readings in International Economics*, ch. 26.

7. Root F. R. (1978) *International Trade and Investment*, 4th ed, ch. 16.

8. Salvatore D. (1990) *International Economics*, 3rd ed., ch. 20.

9. Argy V. (1981) *The Postwar International Money Crisis-An Analysis*, Part one.

第三章 戰後國際貨幣制度的
演變（下）
CH. 3 THE POSTWAR INTERNATIONAL
MONETARY SYSTEM Ⅱ

第五節 徹底改革的呼聲
§ 5. Proposals of Monetary Reform

上節所述之各類方案，均屬爲配合當時國際金融制度而作之調整，沒有包含對當時制度提出的改革建議。事實上，自從美元信心問題發生以來，即有不少學者倡議徹底改革，以圖完全消弭世界所面臨之國際準備不足、美元信心動搖、失衡調整不當及國際貨幣關係互相倚賴這四大國際金融問題。這些改革呼聲，在今日看來固已成爲歷史陳跡，然而對當時西方各國應付貨幣危機的態度，仍有其深遠影響；並且浮動匯率制度與固定匯率制度之優劣比較，爲普通人們甚爲關切而學者專家津津樂道的課題， 值得深入討論。 現在歸納倡議改革者的主張爲三種外匯制度，即㈠美元本位制，㈡浮動匯率制及㈢有限浮動匯率制，分別闡述如下：

一、美元本位制：馬鏗若（R. I. McKinnon）教授可作持此派主張人士之代表。他認爲最理想的國際金融制度，是以美元作唯一國際準備貨幣之制度，黃金完全喪失國際準備之地位。如果切斷黃金與貨幣的

關聯，讓黃金僅成爲一種商品，則美元價值與黃金價格之關係也就微不足道，黃金價格可聽其自由漲落。美元價值全由其一般購買力決定。只要美國全力維持美元對內及對外購買力的穩定，便足以保障人們對美元的信心。因美國之富強居世界第一，有充分能力償付其對外負債，持有美元之外國人士實不必杞人憂天，恐懼美元貶值，或擔心美國賴債。

以作爲世界性貨幣之功能而論，美元實較黃金爲優。無論爲交易之媒介，抑貯藏價值之工具，美元皆比黃金方便。何況利用美元能賺取利息收益，故美國倘能避免通貨膨脹，世人卽理應樂於持有美元。目前歐洲美元之激增與以美元計值公債數量之增加，皆證明世人對美元之熱烈需求。美國作爲世界貨幣之供給國，必須保持高度之供給彈性，在長期內應配合世界眞實所得的潛在增加趨勢而擴張。短期內則應力求顧及各個國家的國際收支及資產偏好。外國在取得美元時，可以憑藉其貿易賬的盈餘，亦可透過其資本賬的變化。所以美元供求量係由美國經常賬的變化、美國對外國之資產交易以及美國與外國人之流動資產偏好共同決定。美國在供給國際貨幣之過程中，不應受到人爲的干涉及管制，現行種種改善美國對外收支赤字的措施，均應取銷，因爲其赤字之產生正是供給國際準備的手段。

在此種美元準備制度之下，美國不僅完全免除收支失衡的調整負擔，而且獨享國際貨幣的發行權益。其他各國爲換取國際準備，必須力求出超，也就是要放棄運用經濟資源之生產成果。這種貨幣發行權益問題，也顯示現行國際貨幣制度，對準備貨幣國特別優惠，激起改革派人士的不滿。所以馬鏗若敎授主張，要使貨幣發行權益不由美國獨享，應該規定持有美元者卽可享有利息，且利率由競爭性市場決定。像歐洲美元市場上持有美元者因銀行提高美元存款利率，得以享有適當收益，又沒有法定準備率之限制以妨害歐洲美元之運用，所以利率可說是由競爭

性市場決定。既然美國負有保持美元價值穩定之義務，又須對持有美元之外國中央銀行支付競爭性利息，則其能享受貨幣發行權之淨利益當屬有限。在這一點上，也是由美國發行世界貨幣較由超然國際機構發行世界貨幣更為合宜之理由。因為超然國際機構無實力及專司維持貨幣價值之穩定，其貨幣也不可能如美元一般廣泛被人接受。特別提款權係由國際機構發行，但作為世界性貨幣之功能亦不如美元。第一，它不能用於私人交易，流動性太低；第二，其利率僅百分之一或百分之一點五，故凡收支盈餘國從收支赤字國取得特別提款權，等於讓赤字國享受貨幣發行權益，第三，特別提款權名義上與黃金聯繫，但金價仍照35美元一盎司折算，事實上等於以美元計值，所以它只是附屬於美元的世界準備資產，不能代替美元的世界貨幣之地位。

再就一般均衡體系觀察，假定世界上共有 n 國，則當 n－1 國達成其國際收支目標時，第 n 國唯有被動接受此種後果，第 n 國不能有本身的政策目標，因為在一般均衡體系下的自由度為 n－1，否則必定發生政策衝突。同理，如世界上除美國以外的其他國家，皆希望增加收支盈餘，自然必須讓美國長久處於赤字狀況，藉以供應各國國際準備。這正是配合以美元為基準的 n－1 種匯率制度，美元為穩定匯率所需之國際準備。即令在浮動匯率制度下，其他各國可以有變動匯率之政策，獨美國不能有匯率政策，如果美國也有匯率政策，則必定難免匯率的混亂。

事實上，假如美國堅欲改善國際收支，或採取一定的國際收支政策，則有下面兩種後果：㈠對國際商品與證券交易加以干涉，此違背自由貿易與自由兌換的基本原則，導致世界經濟福利的降低。㈡對內的貨幣政策與財政政策必須受國際收支的牽制。這對美國而言是不適當的，因為美國的對外貿易部門占國民經濟之比重甚輕，其輸出總值僅占國民所得百分之五而已，所以不值得為了對外貿易此一小部門之目標而捨棄

貨幣政策與財政政策的重大功能。馬鏗若觀點顯然有強烈的國家主義色彩，在六十年代末期影響到若干美國政客與學者對美元信心問題及美國國際收支赤字抱定善意的漠視態度。但是，美國在西方世界經濟中支配性的地位已逐漸衰落，西歐共同市場的發展與日本經濟力量的上升早已形成對美國的抗衡力量，這些國家人士自然不願接受美元本位制作為國際貨幣制度的改革藍圖。

二、浮動滙率制：主張讓匯率自由浮動的經濟學家甚多，最著名者有傅里德曼 (M. Friedman)、米德等教授。在浮動匯率制度下，各國中央銀行不必累積很多的國際準備，僅需要少量準備充緊急用途。因此，各國的經濟資源得以更充分發揮用途，經濟成長速度可以提高，且一舉消弭收支調整問題與美元信心問題。

浮動匯率制與固定匯率制比較，尚有下面四種優點：㈠收支失衡的調整簡單：各國不必依靠貨幣數量增減引起的價格變化或所得與就業量的改變以調整貿易賬的失衡，祇要讓匯率自由升降，卽可消除外匯市場的過剩需求。同時達成調整的目標。㈡變化連續：固定匯率制度下，匯率的變更是不連續性的，也常是突發性的。因此對經濟社會常有不良的衝擊效果。而且因為匯率之調整時常是經過長久收支失衡，壓力累積甚大之後，調整之方向亦已十分明確，故極易導致投機者破壞安定的投機風潮；反之，浮動匯率制度下，匯率之變化是連續性的，經濟社會容易適應調整的變化，且由於遠期外匯市場之發展以及目前匯率變化方向之難於確定，可避免投機風潮而幫助現匯市場的穩定。㈢國內政策不受牽制：上文已說明在固定匯率制度下一國對內的經濟政策常受國際收支失衡問題的牽制。如果匯率自由浮動，則當局能自由運用經濟政策，以追求物價穩定、充分就業及快速成長之目標，讓匯率成為調整收支失衡的工具。而且透過匯率的變化，外界不當政策或突發因素造成的不良影

響，可以將其隔絕。例如一國如有通貨膨脹，則其幣值必定下降，不致於引起大量入超而讓通貨膨脹傳染給其貿易對象國家。㈣加強貨幣政策之功效：浮動匯率制度的另一優點是能加強貨幣政策的功效。如果一國欲壓制通貨膨脹，自然宜提高利率，緊縮信用。提高利率會引起資本流入，於是外匯供給增加，既然匯率為浮動，本國貨幣升值而外匯貶值，結果出口減少進口增加，故有助於充裕國內物資的供給及抑制所得與物價的上揚。

反對浮動匯率之人士則常列舉下列數點理由，認為浮動匯率非可行之制度，但所舉之理由亦有可商榷之處：㈠外匯需求彈性過低，不足以保證市場的穩定。此即彈性悲觀論，曾一度頗受人重視。唯後來學者指出此類實證分析之缺點，主張其屬危言聳聽，不足採信。且有學者提出不穩定範圍說，指出縱然某一均衡點非穩定，在其上下必有兩個穩定之均衡點存在，故某一特定均衡匯率之不穩定，不能證明整個外匯市場的不穩定。㈡匯率波動會增加貿易與投資之風險，以致減少貿易與投資。但擁護浮動匯率派人士反駁稱：固定匯率下也常有外匯與貿易管制之風險，且匯兌變化之風險可藉遠期外匯之買賣避免。㈢投機者會推波助瀾，破壞市場穩定。此點也有商榷餘地，因投機者的行為也可能有助於市場穩定。假如投機者消息靈通，對當局恢復市場均衡的政策有信心，則他們在匯率上升到最高前拋售外匯，在匯率下降到最低前買進外匯，必可減低匯率波動的幅度。故外匯市場之是否穩定，主要取決於經濟政策是否適當，與投機行為並無必然關聯。㈣浮動匯率下本國貨幣貶值會導致通貨膨脹。如果一國糧食與原料大量仰給於國外，則貶值將使工資與一般成本上升，通貨膨脹又使出口不利，勢必迫使匯率再繼續變化，通貨膨脹繼續惡化下去。也有人指出，在浮動匯率下財經當局較易忽略通貨膨脹的壓力，因為他們不必擔心在固定匯率制度下通貨膨脹表現的外

匯準備耗竭現象。反駁者則主張工資受匯率變化之影響輕微，國貨貶值促成通貨膨脹僅屬特殊情況；而且匯率變化之作爲通貨膨脹指標，較外匯準備之變化更是明確公開，故更能刺激當局改變政策以抑制通貨膨脹。

由兩種匯率制度之比較，可知二者互有利弊。對一個已成功維持充分就業與物價穩定的國家，浮動匯率可助其隔離外界通貨膨脹或通貨緊縮之不良影響。至於正處於經濟蕭條或通貨膨脹的國家，因需要貿易盈餘或貿易赤字，則固定匯率制度較有利於產生反循環調整作用，且讓外國分攤一部份調整負擔。其次，在資本流動性甚高之國際經濟，固定匯率制度便於以利率政策調整國際收支，不必改變貿易條件；但是在資本流動受到限制或對利率之反應不敏銳的情況下，則宜以利率政策維持國內平衡，藉匯率的變化影響貿易條件，俾改善國際收支。

靠匯率變動以維持內部穩定及對外收支平衡的觀點與區域性經濟組織的發展相結合，在晚近又產生一新興課題，便是所謂最適通貨區域的問題。一個經濟上的通貨區域爲對內匯率宜固定或用統一幣制而對外匯率應可變的地理範疇。通貨區域的劃定是根據外匯匯率變化所產生的調整功效。如果一國國內生產要素不易移動，單憑貨幣政策以應付內部平衡是不够的，很可能某一地區已有通貨膨脹而另一地區卻仍呈現大量失業。這種情況下最好是將兩地劃分爲兩個通貨區域，藉匯率的變化來調整兩地間的收支，讓兩地均能達到物價穩定而充分就業的目標。同理，如果兩國之間生產要素能自由流動，則兩國間的收支無須求助於匯率調整，應該合併爲一個通貨區域，採用固定匯率或同種貨幣。因此，一個疆土廣大的國家可能宜劃分爲數個通貨區域。或者幾個國家宜組成一個通貨區域。

關於最適通貨區域理論，在本書第九章尚有更詳細介紹。不同匯率制度下，貨幣政策及財政政策的功效比較，則是第十三章的主題。此處

祇是略述結論，顯示兩種匯率制度各有優劣，研究國際金融學理與政策者應當審視時空環境，方能決定何種匯率制度較爲有利。

三、有限浮動滙率制：固定匯率制旣已發生幾種嚴重困難，難以克服，而浮動匯率制又牽涉的改變太大， 一時不易普遍採行， 自然專家們想到調和折衷的制度。他們提議讓匯率在平價的上下某一定的範圍內可以自由漲落，而且其範圍必須大於目前國際貨幣基金所允許的狹窄限度。假定各貨幣當局仍以美元作爲調節匯率的工具，在範圍內的匯率變化應不加干涉，一旦當上升到最高限度，當局卽應無限制供給美元，防止本國貨幣的繼續貶值；同理，當匯率到達其最低限度，當局卽應盡量購入美元，阻止本國貨幣繼續升值。假如由於經濟結構的變化，原訂的匯兌平價導致基本失衡，則貨幣當局會被迫長久維持上限或下限匯率，引起外匯準備耗竭或不斷累積準備的現象。爲了防患此點，專家們連帶建議讓匯兌平價能徐緩移動，以經常有的小幅度變化代替目前固定匯率制度下不常發生之大幅度調整。因此，有限浮動匯率制的改革實包含擴大變動範圍與徐緩調整平價兩個建議。

擴大浮動幅度的匯率，一方面能讓市場機能充分發揮，以校正收支失衡，他方面又因有限制存在，能誘使投機性資本的流動方向有助於建立穩定的均衡平價。這種匯率自由升降促成的貿易調整，是平滑而連續的，不像固定匯率制度下改變匯率往往是延遲很久而後突然發生，常難免有不良的衝擊影響。又當匯率的變化有時常接近上限或下限傾向時，當局可及時獲得警告，以貨幣政策輔助收支的調整。此外，由於匯率變化引起的貿易調整常須經過一段滯延時間，故起初匯率的變化幅度往往超過建立長期均衡點所需之調整程度。於是促使民間外匯投機者從事反方面交易，購入赤字國的貶值通貨，拋售盈餘國的升值通貨，結果這種投機資本正好幫助融通暫時的赤字，讓貿易眼的調整不必過份急促。

專家們建議擴大匯率變化的範圍大約為匯兌平價上下各百分之四或百分之五。故變化的幅度有百分之八或百分之十。在此一匯率變化程度內，市場的價格機能足以發揮校正收支失衡的功效，因此各國貨幣當局可大量減少所需持有的外匯資產。況且，短期資本的移動又有助於融通赤字及恢復穩定，更減少各國對準備資產的需求。

徐緩移動匯兌平價可使匯率配合經濟結構的長期變化，因匯兌平價的改變是經常發生的少許調整，不致於引起大規模外匯投機，並且即令會破壞均衡的資本流動趨勢，也可利用短期利率的調整予以沖銷。至於外匯浮動對貿易與投資可能發生的風險，則可憑藉遠期匯兌市場的發展以減輕程度。

因為美元是各國貨幣當局表現匯率的基準，所以美元對其他貨幣匯率之浮動範圍僅及任何兩種非美元貨幣匯率浮動範圍之一半。例如法國與德國之間的貿易失衡假定可由法郎對馬克匯率變動百分之十的範圍加以調整，則美國對德國或美國對法國之間的貿易赤字，只能有百分之五的匯率變化可資利用為調整工具。所以作為準備貨幣發行者的美國，對匯率此一工具能利用的程度不及其他國家。

有限制的浮動匯率制度在一九七一年爆發美元危機後，曾一度頗為國際金融專家推許，例如擴大匯率變化範圍的主張即曾被納入史密松寧貨幣協定 (Smithsonian Monetary Agreement) 中。可是，小幅度變化的匯率調整祇有在風平浪靜的國際貨幣環境中才有實施的可能。一旦貨幣投機形成了強烈的風暴，則基準匯率根本不能維持。加以自從歐洲美元市場在一九六〇年代迅速成長以來，國際流動性大為增加，數以億計的短期資金在各大金融中心形成洶湧澎湃的投機浪潮，非任何一國貨幣當局所能抗拒。有限浮動匯率制面臨此種險惡的環境，自然步上夭折之途。一九七一年五月以後國際貨幣制度的演變正說明了此種必然結

果。

第六節　布列敦森林制度的崩潰
§6. The Collapse of the Bretton Woods System

一九七一年五月三日，國際金融市場的投機者預料西德馬克近將升值，以大量美元向西德銀行購買馬克。次日在三小時內西德中央銀行吸收之美元高達38億。五月五日西德當局宣佈停止收購美元，在作此項宣佈以前短短40分鐘內，其中央銀行拋售之馬克值10億美元。投機風潮之險惡，爲國際金融史上所罕見。西德被迫放棄原訂每三點六六馬克兌換美金一元之平價，任憑自由市場決定匯率後，馬克立卽升值百分之三，同時在西歐主要金融市場上黃金的價格亦普遍上漲，達每盎司41美元以上，結果等於美元局部貶值。

此次美元危機之遠因，實早已在一年前形成。主要可歸咎於美國與西德貨幣政策之未能協調，皆冀圖以貨幣政策解決國內經濟問題，以致忽略其對國際收支之不良影響。美國自一九六九年以來，經濟陷於呆滯的通貨膨脹，失業率亦逐漸升高。美國財經決策人士希望以低利率刺激投資，減少失業人數，故從一九七〇年起，陸續降低利率。西德近數年經濟仍呈現過度繁榮，通貨膨脹壓力甚強，一九七〇年消費者物價指數上升百分之四，西德政府爲緊縮信用以平抑物價，自一九六九年起至一九七〇年下半年止，曾多次提高利率。就官方貼現率與短期國庫券利率觀察，一九七〇年以前美國利率高於西德，但到了一九七〇年，西德利率反較美國爲高。在國際資本流動性極高的環境裏，此種利率水準的反方向調整以及兩國利率水準的差異，自然促使美國資本大量流向西德。西德貿易盈餘本已龐大，現在加上資本流入，更顯得國際準備累積過分。西德爲了收購外匯而拋售馬克，無異火上加油，通貨膨脹在這年春

表 3-1 美國與西德利率之比較 (1968—1970)

	1968				1969				1970			
	3月	6月	9月	12月	3月	6月	9月	12月	3月	6月	9月	12月
官方貼現率: 美國	5.00	5.50	5.25	5.50	5.50	6.00	6.00	6.00	5.75	5.75	5.75	5.50
西德	—		—	3.00	4.00	5.00	5.00	6.00	7.50	7.00	6.00
貸款利息: 美國(Call)	5.41	6.42	6.22	6.40	7.02	9.28	9.48	9.55	7.75	7.60	6.29	4.90
西德 (day to day)	2.69	2.68	2.66	1.84	3.63	5.02	4.03	8.35	9.55	8.76	9.15	7.52
國庫券利率（三個月）美國	5.16	5.52	5.20	5.94	6.01	6.43	7.08	7.81	6.63	6.67	6.12	4.87
西德	2.75	2.75	2.75	2.75	2.75	4.75	5.75	5.75	7.00	7.00	6.75	5.75
政府公債: 美國(3-5年)	5.77	5.71	5.30	5.99	6.33	6.64	7.58	7.98	7.20	7.86	7.24	5.86
西德（舊有）	6.70	6.40	6.30	6.30	6.40	6.70	7.20	7.60	8.10	8.70	8.50	8.26

資料來源: OECD *Financial Statistics Supplement* 2A 1971.

季已相當嚴重。所以利率的提高在西德並未收到預期的效果，徒然令通貨膨脹惡化。美國降低利率對解決失業問題的效果，也頗令人失望，而國際收支之赤字在一九七〇年竟高達98億美元，一九七一年第一季估計為50億美元。此種空前龐大的收支赤字，使人們嚴重懷疑美國是否有誠意及能力維護美元的價值。

西德長期貿易盈餘曾引起貨幣學家關切，多數主張馬克價值應該提高，方能校正其基本失衡。但西德財經當局因受歐洲共同市場的牽制及政治因素的考慮，卻遲遲不肯將馬克升值。這一年春西德五個經濟研究單位發表報告，亦主張馬克升值，投機者認為此係官方正式聲明之前兆，立刻觸發大規模搶購馬克的風潮。歐洲美元的持有者為防美元貶值遭受損失，紛紛拋售美元爭取馬克，於是演成一九七一年五月的美元危機。

一九七一年八月十五日，美國總統尼克森未經與盟國磋商而片面宣

佈了他的新經濟政策。其內容主要有三點：㈠對內凍結國內物價；㈡正式終止美元對黃金的兌換；㈢對所有輸往美國的應課稅商品加征百分之十的附加稅。第一點措施是為了壓制國內漸趨嚴重的通貨膨脹；第二點旨在防止美國黃金的繼續外流並便於重建新的匯率結構；第三點措施則目的是想迫使西德與日本等強勢貨幣的國家將其貨幣升值。國際收支保持盈餘的西方國家一直不願意貨幣升值，他們要求美國將美元貶值，而美國則不願美元貶值而希望其他貨幣升值。除了政治因素以外，貨幣對黃金價位的變化也涉及一國的經濟利益。譬如美元相對於其他國家貨幣貶低百分之十，如藉他國貨幣升值方式達成，則美元對黃金價格不必改變；反之，如果藉美元貶值方式達成則不僅美元相對於其他貨幣價值降低百分之十而已，美國對黃金的交易也要吃虧。兩方為這個問題爭執了數月，同年十二月在美京華盛頓的史密松寧貨幣協定中，終於達成匯率結構重調整的協議：美元相對於黃金貶值了百分之七點九（卽黃金價格上升到每盎斯三十八美元），其他國家的貨幣有的維持其對黃金的原來平價（譬如英磅與法郎）；有的相對於黃金升值，幅度最大的是日圓，其次是馬克。平均言之，美元相對於其他國家貨幣貶值了百分之七左右。此一協定另有三項決定：第一，允許匯率自由升降的範圍由原先平價的上下百分之一幅度擴大為上下百分之二點二五的幅度；第二，允許各國除平價外另訂中心匯率，後者是藉黃金或特別提款權或其他會員國的貨幣表示其匯率，凡採用中心匯率國家得不經過基金同意而改變其中心匯率，但必須通知基金，而且基金可質難之。第三，會員國均贊成在基金構架之下迅速討論國際貨幣制度的長期改革。事實上大多數工業化國家皆很快採用了中心匯率而放棄了黃金平價，並且利用這個方便之門逃避了第一點的限制。尼克森曾誇張地讚揚這個史密松寧協定為「世界歷史上最偉大的貨幣協定」。

可笑的是這個協定維持祇有一年就全面崩潰了。美國貿易與資本賬的繼續惡化令人們懷疑新匯率的不易維持，一九七二年二月資金又大量流入西德。不久英鎊危機重現，英國在喪失大量國際準備後在六月二十三日宣佈讓英鎊浮動。次年一月尼克森宣佈第三期工資物價管制，但通貨膨脹率使別的西方國家擔心，義大利與法國旋建立兩元匯率制，接著瑞士採用浮動匯率。二月初新的外匯危機迫使美國宣佈美元再度貶值百分之十（黃金官方價格提高爲每盎斯四十二美元），於是三月份所有主要貨幣均開始浮動。戰後維持了近三十年的布列敦森林制度終於正式崩潰，代之而起的是被管制的浮動匯率制度。

布列敦森林制度最後崩潰的原因何在？從以上各節的討論可以歸納出五點：

第一，缺乏匯率調整機能：從一九四九年到一九七〇年代初期，多次國際貨幣危機皆是由於匯率僵固，不能隨著一國國際收支的失衡而自由升降。以消弭潛在的失衡勢力。國際貨幣基金的章程中雖然允許在一國收支呈現基本失衡時可以調整匯率，但對於「基本失衡」此一曖昧名詞從未給予準確定義。事實上，凡國際收支有盈餘的國家也從未從基金感受到必須讓貨幣升值的壓力，只有收支逆差嚴重的國家才在情勢危急時將貨幣貶值，而在此以前往往因爲貶值之大勢已定，鼓勵外匯投機，造成資金流出及國際準備耗竭的惡果，更加速貶值的時機與擴大貶值的幅度。譬如日本及西德基於其輸出領導經濟成長的政策，任憑國際準備累積也不肯輕言升值。英國則歷經英鎊貶值之風暴使英鎊成爲國際不願持有的外匯資產。美國因爲其貨幣已公認爲國際準備樞紐地位，更不能輕言貶值以校正其國際收支赤字，並且美國的收支赤字在一九六〇年代上半期以前還是人們期待以增加國際流動性的重要途徑。因爲缺乏匯率調整機能以化解收支失衡現象，使得國際貨幣危機更易於累積，終於導

致整個制度的崩潰。

第二，整個體制不平衡對稱：體制不對稱的型態表現在好幾方面。
㈠國際收支盈餘國與赤字國對失衡調整的責任不相稱，負荷主要由赤字
國承擔。因此，赤字國必須採取緊縮性的經濟政策，以求縮減輸入與藉
提高利率以防止資金外流。在經濟不景氣時則難免使失業增加，讓國內
經濟情勢惡化。如果不願採行緊縮政策，唯有增加對貿易與投資的直接
管制，於是降低世界貿易額與資源運用的效率。倘若收支盈餘國能多
承擔些失衡調整的責任，藉膨脹性政策以擴增輸入及低利率遏止資金流
入，則不僅赤字國的困難得以局部紓解，世界貿易額與福利水準均可提
高。但是，在布列敦森林體制下盈餘國沒有感受任何壓力使他們多承擔
些調整責任，於是更易於導致赤字國的貨幣危機，增加體系的不安定
性。㈡美國由於美元成為國際準備，不僅不便以匯率的調整作校正國際
收支失衡的工具，而且在匯率允許變化的範圍內，美元對其他任何貨幣
的相對變化幅度，祇能達到任何其他兩種貨幣之相對變化率之一半。這
使得美國的收支失衡調整更為困難。可是另一方面，由於美國獨享供應
國際準備資產的鈔票發行權，等於向其他國家賺取了豐厚的利息收益，
因為其他持有美元作國際準備的國家，其能從美元獲得之利息通常低於
以其實質經濟資源貸放作長期投資所能獲得者。美國與其他國家同為基
金會員國，但單獨享受便利與特權，自難免引起某些會員國的怨尤，減
低會員國共同合作維護國際貨幣制度的誠意。

第三，對全球性準備資產缺乏有系統的方式調節其供給：如前文所
述，黃金產量不足以配合全世界對準備資產需求之長期增長，美元外匯
增加時又引起持有者對美元信心的懷疑，並且自從一九七一年以後，美
國停止黃金的兌換更連帶使國際貨幣制度失去對美元擴增的約束影響。
特別提款權雖然有代替黃金與美元的功用，但其本身增加率不高，不能

僅靠特別提款權來控制全球性準備資產增加率，況且其計價方式與利率
偏低亦影響各國接受它作爲主要準備資產的意願。 在匯率彊固的 制 度
下，國際準備資產如果供給過多，必易導致全球性通貨膨脹；如果供給
不足，則又助長經濟衰退。供給既不能由國際貨幣基金或其他超然機構
有系統地控制， 則國際準備的供給與需求不易保持平衡， 自屬意料之
中。

　　第四，不易控制的投機性國際資本流動常形成嚴重貨幣危機：自從
一九五八年以後國際資本的自由流動固然促進了不少投資與經濟成長，
但是也爲原本脆弱的國際貨幣體系帶來重重危機。中央銀行對匯率的調
整稍一遲緩，即能觸發大量投機性資本流動，迫使匯率調整的幅度超過
原本需要的範圍。 並且， 在國際資本流動對利率差距反應敏銳的世界
上，一國不能自由運用貨幣政策，以維持國內經濟穩定。譬如，如果一
國想藉提高利率抑制通貨膨脹，必定導致資本流入反而增加貨幣供給的
後果。在一九六八至六九年時及一九八〇至八一年美國利率甚高，從歐
洲吸去了大量資本，使歐洲國家無法實行降低利率以刺激經濟復甦的擴
張性貨幣政策。一九七〇至七一年則情況相反，美國利率相對於歐洲及
澳大利亞利率較低，促使資金流向歐洲及澳大利亞，令後者貨幣供給率
居高不下，反通貨膨脹政策不能見效。縱然其後諸國實施了限制國際資
本流動的一些措施，但事實上國際資本流動仍不易完全控制。

　　第五，全球性的不穩定是貨幣制度以外的因素：關於這點可列舉下
面各項：一九七〇年初準備資產以空前速率擴增；一九六〇年代後期各
國利率差距擴大；同時期工業國家的工資開始暴漲；一九七二至七三年
農產品價格上升；還有最重要的一項，這就是一九七四年石油價格激增
引起的全世界膨脹性停滯。

　　這些事項的發展，終於使得「百病叢生」的布列敦森林體制在一九

七三年壽終正寢。

第七節　改革之努力過程與現狀
§7. Efforts of Monetary Reform and the Present Situation

　　史密松寧協定包含的一項決議，是由國際貨幣基金主持國際貨幣制度的長期改革討論會。爲貫徹此項決議，基金的理事在一九七二年七月創立了一個二十員委員會，容納一部分低度開發國會員在內，共同研討國際貨幣制度的改革。在二十員委員會中，很顯然發展成了三個立場不同而互相對抗的集團。第一個是美國爲首的集團，它主張收支失衡的調整責任必須公平對稱；提議實行一種準備指標制度。凡盈餘國累積的準備超過某一指標，則須受到國際制裁。譬如其他會員國可對其輸出品給予歧視待遇，或損失特別提款權的配額，或對超額準備課稅。至於赤字國所負擔失衡調整的責任，則不必另作規定。因爲當一國準備資產瀕於耗竭時，其財經當局莫不憂慮而亟謀補救之策。美國並主張其本身也應該具備改變匯率平價的權利。至於黃金與美元的兌換關係，美國不反對可以兌換，但須待美國國際收支顯著改善後方有可能。美國並堅拒以美元以外其他準備資產清償收支赤字。也反對排除美元爲國際準備的任何計劃。最後，關於特別提款權的分攤，美國反對將其與對落後國家的援助相聯繫。有趣的是，當戰後布列敦森林制度協議之時，美國處處辯護盈餘國的利益，反對凱因斯計劃所顯示的調整責任對稱化及較大的匯率自由變化幅度。現在處於二十員委員會中則立場成一百八十度轉變，鼓吹與當年凱因斯計劃相吻合的若干構想，並極力辯護收支經常有赤字之國家的利益。

　　歐洲國家與日本採取的基本立場頗爲一致，僅觀點強弱稍有不同，因此可視爲第二個集團。他們均不贊成擴大匯率伸縮性的提議，法國與

日本反對尤力。前者仍迷戀金本位制度下的調整方式，後者則希望能抱定將日圓低估的固定匯率制度繼續擴張輸出。歐洲國家中以法國最不滿意美元享受的特殊地位，想將美元排除於國際準備資產之外，他們都主張迅速恢復美元與其他外匯對黃金的兌換，允許各國自由變更其準備資產的組成以便終於讓特別提款權取代美元。 大體言之， 第二集團注重透過財經政策對需求的調節以改善國際收支，而不重視藉匯率的變動以校正失衡。 此外， 他們不熱衷於準備指標制度， 但是卻多數（除德國以外）贊成將特別提款權的分配問題與對低度開發國的援助問題併案討論。

低度開發國家因為處境相同， 利害關係一致， 自然團結為一個集團。他們極力爭取分配與援助的併案計劃，主張將來新的特別提款權不按基金配額分攤給各國，而是讓貧窮的低度開發國家比例上多分享些配額。對於匯率問題上，他們偏袒歐洲與日本的主張，贊成伸縮性較小的匯率制度，但在準備資產的問題上，則支持美國的觀點。

三個集團之間主要歧見不能調和，僅在一些空疏的大原則方面建立了共識，包括下面幾點：㈠共同協商與多邊合作終必有利於全體；㈡在未來國際貨幣秩序中，特別提款權必將扮演更重要的準備資產角色，以確保全球性對準備需求之成長能有足夠供給相配合；㈢巨額短期資本在國際流竄，是破壞穩定的因素，必須設法控制或抵銷；㈣貿易應高度自由，競爭性外匯貶值政策必須避免；㈤在匯率有較大伸縮性的國家應力求匯率的波動不「反常」而且「過分」。

正當二十委員會成員各國仍在商討階段， 國際局勢又有了新 的 變化。農產品歉收與工資激增觸發了幾個國家的高度通貨膨脹。在各國通貨膨脹率不同的情況下，根本不可能維持穩定的匯率，物價上漲率較低的國家皆欲藉匯率的浮動把外界通貨膨脹因素隔離。一九七三年十月中

東戰火導致石油價格的猛漲，波斯海灣油由一九七三年初期的每桶美元兩元五角漲到一九七四年的每桶十一元六角五分。結果巨額資金從石油消費國一下轉移到石油生產國手中，這筆石油美元巨款（一九七四年估計即已高達七百億美元）如果不能靠石油生產國增加貨品的輸入以重新投入國際資金川流中，便會立刻引起國際流動性不足及全球性的經濟衰退。事實上，如何促進石油美元的回流確曾構成國際經濟的重大課題。石油美元回流不足也是助長一九七〇年代下半期開始全球性經濟不景氣的重要原因。從一九七四年至一九七九年這五年內，石油生產國家共同累積的經常賬盈餘高達兩千億美元，可說明問題的嚴重性。許多石油消費國不能藉輸出的增加以賺取外匯支付昂貴的石油賬單，又不能立刻減少石油的進口，於是國際收支迅速呈現巨額赤字，唯有向國際貨幣基金或石油出口盈餘國借款，尤其以透過私營銀行融資者占多數。私營銀行固然有助於石油美元的回流，但是卻無力承擔對若干低度開發國貸款的風險，於是使國際金融市場呈現更不穩定的局面。

　　通貨膨脹、匯率浮動、石油危機帶來的貨幣性後果這一連串的新困難問題，使得原本意見紛歧的二十員委員會更失去了主見，終於在一九七四年承認他們不可能提出全面性貨幣改革方案。基於其建議，基金成立了一個常務委員會 (Interim Committee)，以應付短期內產生的問題，並繼續進行二十員委員會未竟的工作。在其報告中正式建議對匯率的浮動採用準則，以及對特別提款權以新方式訂價，不再單獨以美元計值，改以十六種貨幣構成的通貨籃表示（籃中權數則以美元為最大，馬克及英鎊次之，法郎及日圓又次之）。特別提款權的利息也照這些國家的短期利率，加權平均計算後再向低調整之。

　　常務委員會又以近兩年時間討論貨幣制度的改革，在一九七六年元月牙買加協定中，提出了擬議的改革方案，對國際貨幣基金條文有相當重

大的修改，通常稱此次改革爲第二次修正條款(Second Amendment)。

一九七八年三月生效的第二次修正條款對匯率制度有切合實情的規定，會員國可以自由選擇。他們可以讓貨幣自由浮動，也可以按特別提款權或其他國家貨幣價值表示出本國貨幣的一定關係，但是不能以黃金計算幣值。從此，黃金作爲國際貨幣價值尺度的舊條款宣告廢止。會員國有義務藉財政、金融與經濟的良好秩序促進匯率的穩定。在新規定下基金有權監視會員國的外匯政策，並發佈匯率政策原則供會員國共同遵守。原則有三項：原則甲是會員國不得爲了阻止國際收支的有效調整，或爲獲取對其他會員國非分不公的競爭利益而操縱匯率或改變國際貨幣制度；原則乙是會員國爲了防止其貨幣匯價的短期激烈波動導致之外匯市場混亂狀況，得在必要時干預外匯市場；原則丙是在遂行此種干預措施時，應該顧及其他會員的利益。基金而且還列舉出五種不適當匯率政策的指標，要求會員國共同避免：在外匯市場作長時間單方向的干預；官方或半官方不當的借款；對資本賬及經常賬交易加以限制或鼓勵；利用貨幣政策或財政政策刺激或遏阻資本流動，以及其他影響長期資本流動及競爭地位的匯率變化。

在新規章之下，黃金的官價取消，會員國皆可在民間市場自由出售黃金。 基金本身黃金儲量的六分之一在自由市場出售， 所得價款供低度開發國家利用，另外六分之一則按配額之比例照原定官價賣還給會員國。會員國對基金用黃金交易的一些規定皆予廢止。這些新規定顯然是取消了黃金在國際貨幣制度中的冠冕地位。可是另一方面，黃金公開自由交易以及金價在自由市場的巨幅上漲，使持有黃金者的國際準備價值大爲增高，卻又彷彿加重了黃金實質的地位。

第二次修正條款要旨之一是建立特別提款權在國際貨幣制度中主要準備資產的地位。特別提款權的計價方式可經由百分之八十五多數決重

表 3-2 1949—1988年國際準備（單位: 十億 SDR 年底數字）

	1949	1950	1951
1.外滙	11.0	13.3	13.5
2.特別提款權 SDR	—	—	—
3.IMF 準備狀況	1.7	1.7	1.7
4.黃金以外準備總額	12.7	15.0	15.2
5.以每盎司 35SDR 計價黃金值	32.9	33.2	33.5
6.包括黃金準備總額	45.6	48.2	48.7
7.以市價 SDR 表示黃金值	32.6	33.0	33.2
8.包括黃金準備總額	45.3	48.0	48.4
9.每單位 SDR 值美元	1.0000	1.0000	1.0000

	1952	1953	1954	1955	1956	1957	1958	1959	1960	1961
1.	14.0	15.4	16.5	16.7	17.8	17.1	17.1	16.1	18.5	19.1
2.	—	—	—	—	—	—	—	—	—	—
3.	1.8	1.9	1.8	1.9	2.3	2.3	2.6	3.3	3.6	4.2
4.	15.8	17.3	18.3	18.6	20.0	19.4	19.7	19.4	22.1	23.3
5.	33.5	33.9	34.6	35.0	35.9	37.1	37.8	37.8	37.9	38.9
6.	49.3	51.2	52.9	53.6	55.9	56.4	57.5	57.1	60.0	62.0
7.	33.3	33.6	34.6	35.0	35.8	37.1	37.9	37.8	38.6	38.9
8.	49.1	50.9	52.9	53.6	55.8	56.5	57.6	57.2	60.7	62.2
9.	1.0000	1.0000	1.0000	1.0000	1.0000	1.0000	1.0000	1.0000	1.0000	1.000

	1962	1963	1964	1965	1966	1967	1968	1969	1970	1971
1.	19.9	22.7	24.2	24.0	25.7	29.4	32.6	33.0	45.4	75.0
2.	—	—	—	—	—	—	—	—	3.1	5.9
3.	3.8	3.9	4.2	5.4	6.3	5.7	6.5	6.7	7.7	6.4
4.	23.7	26.6	28.4	29.4	32.0	35.1	39.1	39.8	56.3	87.2
5.	39.2	40.2	40.7	41.8	40.8	39.4	38.8	39.0	37.0	35.9
6.	62.9	66.8	69.1	71.2	72.8	74.6	77.8	78.7	93.3	123.1
7.	39.2	40.3	40.9	41.9	41.0	39.6	46.4	39.2	39.5	41.3
8.	62.9	66.9	69.3	71.3	73.0	74.7	85.5	79.0	95.8	128.5
9.	1.0000	1.0000	1.0000	1.0000	1.0000	1.0000	1.0000	1.0000	1.0000	1.0857

表 3-2 （續）

	1972	1973	1974	1975	1976	1977	1978	1979	1980	1981
1.	96.0	101.7	126.5	137.4	160.3	202.2	222.4	248.0	294.9	301.9
2.	8.7	8.8	8.9	8.8	8.7	8.1	8.1	12.5	11.8	16.4
3.	6.3	6.2	8.8	12.6	17.7	18.1	14.8	11.8	16.8	21.3
4.	111.1	116.7	144.2	158.8	186.7	228.4	245.3	272.3	323.5	339.6
5.	35.6	35.7	35.7	35.6	35.5	36.0	36.2	33.0	33.3	33.2
6.	146.6	152.4	179.9	194.4	222.2	264.4	281.5	305.3	356.8	372.8
7.	60.9	95.0	155.2	121.9	117.5	139.6	179.5	366.4	439.2	324.3
8.	172.0	211.7	299.4	280.7	304.2	368.0	424.8	638.7	762.7	663.9
9.	1.0857	1.2064	1.2244	1.1707	1.1618	1.2147	1.3028	1.3173	1.2754	1.1640

	1982	1983	1984	1985	1986	1987	1988	(1988%組成)
1.	285.0	308.3	348.9	348.3	363.8	456.0	493.2	59.44
2.	17.7	14.4	16.5	18.2	19.5	20.2	20.2	2.43
3.	25.4	39.1	41.6	38.7	35.3	31.5	28.3	3.41
4.	328.2	361.8	407.0	405.2	418.6	506.7	541.6	65.28
5.	33.2	33.2	33.1	33.2	33.2	33.1	33.1	
6.	361.4	395.0	440.1	438.4	451.8	539.7	594.7	
7.	393.2	345.4	297.8	282.7	303.3	322.2	288.1	34.72
8.	721.4	707.2	704.8	687.9	721.9	828.9	829.7	100.00
9.	1.1031	1.0470	0.9802	1.0984	1.2232	1.4187	1.3457	

資料來源: IMF, *International Financial Statistics*, 1979 and 1989 *Yearbook*.

新改訂，一九八二年後特別提款權之價值又改用美元、英鎊、馬克、法郎及日圓五種世界主要通貨之加權平均值計算。會員國可自由轉讓其特別提款權，以充官方交易之籌碼。然而，由於特別提款權的利率遠低於正常之市場利率，其受會員國金融當局歡迎程度，增加得很有限，又因爲在世人擔心通貨膨脹壓力太高之顧慮下，特別提款權之創造總額增加

甚爲緩慢，由一九七八年到一九八八年十年期間，僅增加爲二點五倍，略高於同一期間黃金以外準備總額之增加倍數（二點二倍）。黃金市價漲跌幅度甚高，其占全世界準備總額之比重在一九七八年爲百分之四十二點三，最高時曾達四十八點八（一九八三年），一九八八年下降爲百分之三十四點七。由附表可知，目前世界準備之主要組成分子仍然是外匯與黃金，特別提款權能代替美元成爲國際準備之程度甚爲有限。

第二次修正條款對於國際流動性擴增太迅速，且不受控制，以致於助長世界通貨膨脹的老毛病，沒有提出任何有效的防止辦法。從一九七一年至一九七九年這九年內世界準備資產除黃金以外的總額增加率是百分之三百，其中有百分之七十是由於美元的增加。尤其嚴重的問題似乎是歐洲通貨的爆炸性猛增，已充斥國際金融市場而不受任何一國貨幣政策節制。估計在一九七〇年代歐洲美元激增十倍，在一九七九年已高達美元八千億。一九八〇年代受國際金融市場自由化及利率長期高漲的刺激，繼續呈高速率之增加，一九八五年估計達二兆一千億美元。固然歐洲通貨市場之發展促成石油美元的回流，有助於能源危機後緩和石油消費國流動性不足的困難，但另一方面卻構成能嚴重影響國際金融安定性的變數。

這次修正條款的最主要特色，是正式承認浮動匯率制度。事實上從七〇年代下半期起世界上主要通貨皆彼此相對浮動，僅在世界貿易與投資額中占微小數量的附庸貨幣則維持其對某種主要貨幣的固定匯率。爲了讓讀者有個較明顯概念，特引錄以下兩圖。圖A是布列敦森林制度下各國仍維持固定匯率關係，其與美元的官方匯率可由每單位貨幣兌換美元的分單位數表示，例如每單位馬克值美元二角七分點三二，每單位日圓值零點二八分。美元則與黃金維持每盎司黃金值三十五美元的官價，並且得自由兌換。

圖Ｂ為一九七八年第二次修正條款後匯率制度，凡屬浮動者皆以虛線表示，固定匯率則仍以實線表示：該年共計有三十九種貨幣浮動，七十九種貨幣與浮動的主要貨幣維持固定的釘住關係。西歐及北歐諸國在西德領導下建立了歐洲通貨單位 (European Currency Unit) (ECU) 加盟的會員彼此在經濟政策上力求協調，藉以維持彼此間貨幣匯率的固定，但是對外則共同讓歐洲通貨單位相對於美元及日圓等貨幣浮動。歐洲通貨單位為九種歐洲國家貨幣組成的綜合貨幣單位，性質頗類似特別提款權，在早期其主要用途為歐洲貨幣體系會員國中央銀行之間的清算單位及交易媒介。但近幾年歐洲民間金融界用 ECU 作信用與外匯交易者成長甚速。由於以圖形繪出通貨單位對美元的匯率浮動範圍頗似一條長蛇在洞中起伏，故人們戲稱此種貨幣協定為洞中長蛇。

匯率的浮動可望透過有助穩定的投機性資本流動，建立較平穩的外匯市場。並且一國對外收支的失衡既可藉匯率的自由升降為調整工具，則當局得享有更大的自主權運用財政政策與貨幣政策以追求國內經濟穩定的目標。何況在通貨膨脹率差異頗大的世界經濟，浮動的匯率也是使外界不良影響與本國經濟隔離的手段。因此，在一九七〇年代後半期許多人都對浮動匯率制度寄以莫大期望。

然而，事實上發展並未盡如理想。浮動匯率依然帶給人們新的困難。首先，匯率的變化對本國的物價水準有很強的影響。通貨升值的國家常常收獲反通貨膨脹效果，使得生產成本降低，在國際市場上競爭力更強；譬如西德與日本，其原來巨大的貿易盈餘並未因馬克與日圓的升值而減退。反之，外匯浮動後貨幣貶值的國家，像英國、美國及澳大利亞。其通貨膨脹率反因貶值而提高，造成物價高漲出口萎縮的惡性循環。有人批評說，實際上一九七五年以後的匯率浮動制度根本不能算純粹的自由浮動，乃隱含了很大的政府干預成份。日本與西德皆曾積極干

圖 3-1A　一九七一年八月十五日的滙率平價

（以每單位其他貨幣兌換美元分單位數表示）

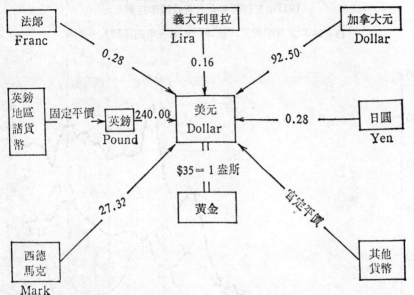

圖 3-1B　一九七八年的滙率制度

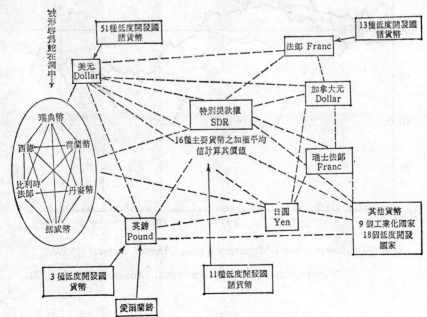

圖 3-2 浮動匯率時期各主要貨幣價值的變化

1975年至1980年 6 月有效匯率指數

（每日匯率之月平均值，以1973年第一季爲基期）

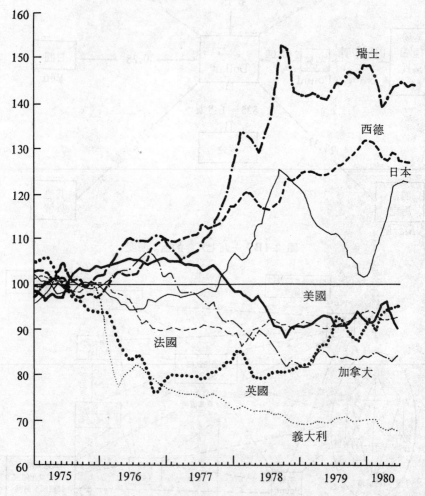

資料來源：International Monetary Fund, *Annual Report*, 1979.

(Washington, D.C.; International Monetary Fund, 1981.)

圖 3-3　主要工業國貨幣對美元匯率及實值有效匯率

（1978年至1989年 4 月，1980爲基期）

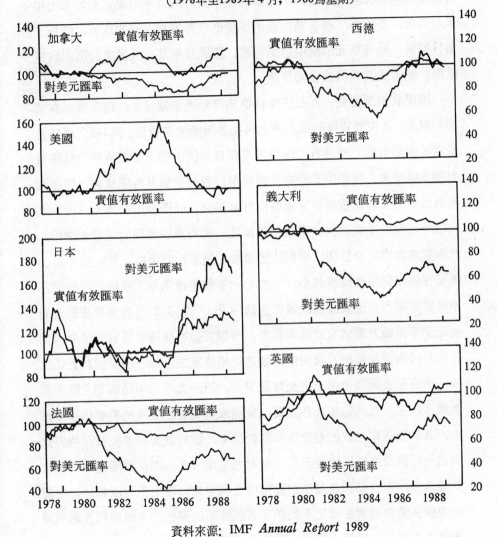

資料來源: IMF *Annual Report* 1989

預外匯市場，遏阻其幣值升高過多的趨勢。日本且廣泛利用各種貿易障礙以補其關稅保護之不足，令外國商品不易打入日本市場。一九七七年至七八年，美國爲了擴張國內經濟而壓低利率增加支出的政策，助長了通貨膨脹，也使美元的匯價急劇滑落。國際貨幣基金所揭櫫的匯率政策原則，並未受到經濟強權的尊重。

國際貨幣制度從一九七三年轉換爲浮動匯率制以來，迄今將近有二十年歷史，各主要貨幣的匯率變化可從各附圖清楚看出。圖3-2之縱軸表示有效匯率指數。所謂有效匯率乃是衡量外匯市場上某種貨幣全盤購買力的多邊匯率。例如美元的有效匯率是以對美國貿易各國貨幣之雙邊匯率乘以各國貿易比重構成之權數而計算得之。此圖顯示一九七三至一九八〇年期間各主要貨幣匯率的變化幅度，相對漲幅最高的是瑞士法郎，其次爲西德馬克及日圓；相對跌幅最慘的是義大利里拉，其次爲英鎊。美元在此期間變化幅度甚小，一九七七年起連續兩年下跌後，由於聯邦準備當局厲行反通貨膨脹政策而止跌回升。 圖 3-3 爲各主要貨幣之對美元匯率指數及實值有效匯率指數。所謂實值有效匯率爲有效匯率再用平均外國物價指數對本國物價指數之比率修正之。此一匯率指數更能反映一國商品在國際市場上之全盤競爭力。以一九八〇年爲基期之匯率指數顯示，在一九八〇年代各主要工業國家對美元之雙邊匯率變化幅度雖大，其各別貨幣之實值有效匯率則較穩定。譬如義大利里拉及西德馬克對美元貶值程度恰反映美元在一九七九年至一九八四年期間連續五年之長期升漲，但此兩國商品在國際市場之競爭力則僅有小幅度起落，主要原因便是國際通貨膨脹比率抵銷了名義匯率的變化。各國幣值及名義匯率變化之所以呈現巨大差別，最重要原因是各主要工業國家基本上皆各自爲政，所推行的經濟政策包括金融財稅等各種措施未能充分顧及其對別國或本身國際收支之不良影響。在世界性經濟不景氣的環境下， 日本

與西德為重視國內物價的穩定，堅持不願實施強勁的擴張性政策，反而坐視其貿易盈餘繼續擴大以獨享繁榮。反之，英國與義大利等失業率嚴重的國家，則靠擴張性政策以緩和國內危機，但任憑國際收支惡化及幣值低沉。在國際貨幣會議場合，各強國多習於推諉責任，要別人擔負國際收支失衡之責，競尚追求短期自利，不願坦誠合作，謀求經濟政策的協調與長期互惠。其次，預期心理助長的投機性資本流動，也增加了匯率變動的幅度，抵銷了一部分貿易賬調整後對匯率的反響。短期內貨幣貶值非徒不能立竿見影的改善貿易赤字，反而因助長物價而令赤字擴大，這種所謂「Ｊ」字形貿易賬反應與時差的複雜因素，也是造成匯率變化難以預測的另一個原因。

有關匯率之決定因素、匯率變化的影響及其他國際金融體系之重要問題均將在本書有關章節中詳加闡述，除理論分析之外並佐以少量實際資料，期使讀者對國際金融運作有正確的了解，並對現代國家的經濟政策能作深入評估。

第八節 歐洲貨幣統一運動 ^(註)
§8 The European Monetary Integration

上節提及由歐洲通貨單位 (ECU) 代表之洞中長蛇，原為歐洲貨幣統一運動的第一個階段。在此所謂歐洲乃指曾長期受共產制度支配的國家以外的歐洲地區。歐洲貨幣統一運動又是歐洲經濟統一與政治統一的前奏曲。早在一九五三年英國首相邱吉爾 (Winston Churchill) 首先提出歐洲合眾國(United States of Europe)的名詞與構想時，雖得到不少有遠見的西歐政壇名人如莫納(Jean Monnet)、史柏克 (Henri Spaak) 及許爾曼 (Robert Schuman) 等的支持，但大多數人們皆能體會到，這

(註)：本節曾發表於經濟前瞻 第26期

個代表未來人類政治經濟發展史上重要里程碑的偉大憧憬，絕非短時期內所能實現。歐洲統一運動是要靠增進歐洲各國經濟利益的若干結合組織，逐步推動來化解政治方面的歧見與歷史的恩怨，由和諧互惠的協議漸漸培養統一基礎，並擴充與統一事務有關的各種機構。

一九五〇年代初期的歐洲煤鐵聯營首先揭開歐洲國際經濟合作的序幕。一九五七年羅馬條約建立了歐洲經濟共同體 (European Economic Community, EEC)，將西德、法國、義大利、荷蘭、比利時、盧森堡六國成員國結合成為共同市場，消除貿易障礙及促進共同體內勞動、資本和企業精神的自由流通; 協調運輸系統、農業政策及一般經濟政策, 並建立對非成員國的統一的商業政策。一九七三年英國、丹麥和愛爾蘭也加入。共同市場成員國到一九八〇年代擴增到十國以上, 包括希臘、西班牙、葡萄牙。一九六七年由歐洲經濟共同體, 歐洲煤鐵聯營以及歐洲原子能聯營三個執行委員會合併成立歐洲共同體 (European Communities, EC 簡稱歐市)，設有歐洲共同體委員會與歐洲共同體部長理事會（可簡稱歐市委員會與歐市部長理事會）作為各項協議與條約的執行機構。此外還有歐洲議會為一九七九年選出由四百三十四名議員合組的立法機構，以及歐洲法院與審計院，負責理事會各項法案的複審與共同體經費的稽核。這許多機構的演變，充分表現歐洲正朝向經濟統一之長程目標邁進。下文擬就歐洲貨幣統一運動作一較詳細介紹以為本章之結尾。

羅馬條約中並未將貨幣聯盟列為共同市場的目標。一九六九年二月海格層峯(Hague Summit) 會議中首次出現貨幣聯盟的構想，一九七〇年十月華格報告 (Werner Report)提出了詳細規劃。洞中長蛇卽其鼓吹之歐洲貨幣統一運動的第一個階段。在此階段加盟會員國得利用歐洲貨幣合作基金 (European Monetary Cooperation Fund. EMCF) 融通歐洲內部的國際收支赤字，使本國貨幣對歐洲通貨單位 (ECU) 的匯率不

超過 ±1.125% 之變化幅度，藉以配合當時國際貨幣基金的規定。華納報告規劃的第二階段原希望在一九八〇年卽建立歐洲共同體的貨幣聯盟 (European Monetary Union, EMU)，加盟地區有共同的中央銀行，使用同一種貨幣 (ECU)，各國政府能推行統一協調的財政政策與貨幣政策。此觀點顯然操之過急，也過分簡化了各國政治背景與經濟現實帶來的許多困難問題。因此，第二階段計畫經過二十年的醞釀迄未能付諸實施。

一九七〇年代世界陷入停滯性膨脹，歐洲甚多政壇名人對於美國貨幣政策當局未能爲西方世界提供穩定的金融基礎，以致助長匯率波動及經濟衰退而極感不滿，故在一九七九年成立歐洲貨幣體系 (European Monetary System, EMS)，宣稱旨在締造「一個貨幣性穩定區域」，並降低美元的國際地位。其具體願望爲一九八一年建立具有中央銀行功能的歐洲貨幣基金 (European Monetary Fund, EMF) 以代替功能極受限制的歐洲貨幣合作基金。近十年來這個願望也因各國政府不願放棄財經政策自主權而落空。

經濟學界對貨幣聯盟的學術討論，在一九六〇年代一度曾甚爲熱烈。最適通貨區域理論就是從調整匯率功效的觀點討論一個國家是否宜劃分爲兩個以上的通貨區域，抑數個國家是否宜合併爲一個通貨區域。孟德爾 (R. Mandell)、馬鏗若 (R. McKinnon) 及甘肯南 (P. Kenen) 等皆有創見性論文發表。但各人重視的「最適」標準並不一致。孟德爾以勞動的流動性及生產型態之地域齊一性作爲最適通貨區域的標準，指出歐洲共同市場各國之間生產要素趨於自由流動，故宜合併爲一個通貨區域。馬鏗若從一國經濟對外開放程度考慮匯率變化的影響，指出開放程度高的國家不可能靠調整匯率以改善國際收支，匯率變化反使國內物價波動，防害經濟穩定與資本累積。故就小國利害分析，應使其貨幣對外價值緊緊依附在世界主要通貨之上，形成主要貨幣構成之通貨區域內

一分子。此種理論顯然適合西歐諸小國的情況，鼓勵其支持歐洲貨幣統一運動。本書第九章第五節對最適通貨區域理論尚有詳細介紹。

一國是否宜加入貨幣聯盟最直接的經濟利益與代價常是首要考慮因素。從利益面看，最主要的共有四點：（一）生產與貿易的效率必大為提高。原因是在同一貨幣區域內的工商業消除了匯率變化等交易風險；貨幣作為交易媒介、記賬單位及價值儲藏的功能也更能充分發揮，生產的專業化與地區性分工或產業結合都比較容易達成。（二）區域內原有的外匯投機與資本流動皆從此消弭，金融當局免去一部分這些問題引起的憂慮。（三）由於區域內各國之間的收支盈餘或赤字皆一律用共同的貨幣清算結賬，各國金融當局必須持有的外匯存底必因而減少。譬如歐洲的共用通貨為ECU，使所有歐市國家中央銀行所須持有美元及日幣的總額大為降低，連帶也使匯率變化導致的外匯損失減輕。（四）經濟循環帶來的風險與損失會因為貨幣區域的擴大而有更多的補償與抵消機會。

加入貨幣聯盟的代價更是一國政府官員及一般選民最表關切的。最明顯的一點為一旦加入後，該國從此失去區域內匯率調節功能。如果區域內各國原先各別選定的失業率與通貨膨脹率組合互不相同，在未形成貨幣聯盟前可藉助匯率的調整以維持區內國際收支的均衡。通貨膨脹率較高的國家，其貨幣對外價值將貶低，通貨膨脹率較低的國家則幣值升高。故匯率的調整有益於建立及維持國際收支的均衡，同時可能有助於穩定其國內生產與就業。在各國皆加入貨幣聯盟以後，此種匯率調節功能喪失。其次，因區域內使用同一種貨幣譬如歐市的 ECU，ECU 對美元（或任何別種主要貨幣）匯率如何才算最恰當，極難在成員國間建立共識。倘若 ECU 對美元的匯率偏高，即每單位 ECU 值較多美元，則此一匯率雖有利於貿易盈餘太多及注意防止通貨膨脹的成員國，卻同時必不利於貿易常有大量赤字及失業率較高的成員國。前者如西德，後者如

英國、義大利。這點顧慮一直是英國保守黨政府不肯積極參加歐洲貨幣聯盟的重要理由之一。第三，加入貨幣聯盟後，成員國金融當局不可能再享有貨幣政策的自主權。既不能控制國內貨幣數量，亦不能改變國內利率。因此政策當局喪失爲謀求國內經濟穩定與成長的一項重要工具。第四，如果貨幣聯盟內全盤的財政政策趨勢是注重對外收支均衡，則成員國追求本國經濟穩定目標的財政政策也要受到很大的牽制。最後還有一項考慮，若成員國之間經濟結構與一般經濟發展程度有頗大差距，則形成貨幣聯盟後，發展程度較落後、勞工失業率較高的國家，很可能會陷入人才流失及資本外流的困境，結果使產業空洞，失業率更高。基於以上分析可知，對一個經濟表現不甚理想，政府很需要強有力的政策以解決當前迫切問題的國家，加入貨幣聯盟的代價可能高於所期待的利益。

　　歐洲通貨單位（ECU）在創制之初祇是綜合九種歐洲國家貨幣構成的通貨籃或加權平均值。各種貨幣所佔比重大致決定於各國在歐洲共同體區內貿易的權數。其功用主要有兩點，一是作爲成員國中央銀行之間的清算工具，很類似國際貨幣基金創設的特別提款權，但使用範圍受更大限制。第二是作爲成員國貨幣偏離中心匯率平價的一項指標。每一成員國貨幣皆對 ECU 維持一中心匯率，例如一九八七年一月十二日爲每單位 ECU 值 2.0585 西德馬克、6.9040 法國法郎、1,483.6 義大利里拉。這些中心匯率亦同時規定了任何兩種歐市會員國貨幣之間的雙邊匯率，像方格子的縱橫行列一般，故又稱爲方格子平價（Grid Parity）。爲了維持對 ECU 的匯率實際變化不超過±1.125%的範圍（英國與西班牙例外享有較大的匯率變幅），中央銀行可以向歐洲貨幣合作基金借貸 ECU。後者創造 ECU 的方式又是透過歐洲貨幣體系內所有會員國以其黃金及美元外匯 20% 交換 ECU。因此，ECU 的總供給是依會員國外匯存底數額增減而決定。EMS 成立那年 ECU 總額爲 230 億美

元，一九八六年九月增加爲430億。一九八九年增至500億美元以上，每一單位 ECU 約值1.17美元。表3-3列出 ECU 的組成與對馬克匯率平價，顯示馬克所占比重最高，不同年份 ECU 之組成變化不大。

馬克在 ECU 中占的比重高，反映出西德在歐洲貨幣統一運動中扮演主角地位。西德防止通貨膨脹及降低失業率的總體經濟政策一直成效卓著；其雄厚的工業生產力足以傲視羣邦。因此，以馬克爲支柱的 ECU 亦連帶享有國際信譽，並鼓勵了歐美大企業逐漸推廣利用 ECU 作爲貨幣，從事國際貿易與投資。一九八〇年代私人部門利用 ECU 以充記賬單位與價值儲藏者日益普遍，歐洲國際銀行界以 ECU 爲貨幣單位之資產與負債額在一九八五年底已排名第五，僅次於美元、馬克、瑞士法郎及日圓（見表 3-4），人們以 ECU 代替美元作外匯持有的行爲，近幾年更是方興未艾。

表 3-3　歐洲通貨單位 ECU 之組成與匯率

貨　幣　別	1984年2月22日				1987年9月19日
	每 ECU 含各種貨幣量	對馬克匯率	以馬克表示每 ECU 中各種貨幣含量	百分比組成	百分比組成
德 國 馬 克	0.828	1.00	0.828	36.9	34.9
英　　　鎊	0.0885	3.905	0.346	15.4	11.9
法 國 法 郎	1.15	0.324	0.373	16.6	19.0
義 大 利 里 拉	109.00	0.0016	0.177	7.9	9.4
荷 蘭 基 爾 德	0.286	0.887	0.254	11.3	11.0
比 利 時 法 郎	3.66	0.0488	0.179	8.0	9.1
丹 麥 柯 朗	0.217	0.274	0.059	2.6	2.8
愛 爾 蘭 鎊	0.0076	3.076	0.023	1.1	1.1
盧 森 堡 法 郎	0.14	0.049	0.007	0.3	0.1

1 ECU＝DM 2.246

資料來源: *The Financial Times* 22 Feb. 1984, *Economists* Sept. 1987

表 3-4　ECU 金融市場之發展　　　　　　（單位：十億美元）

貨幣別	1982年底		1983年底		1984年底		1985年底	
	資產	負債	資產	負債	資產	負債	資產	負債
美　元	832.4	869.5	869.2	908.5	893.4	943.9	924.8	978.6
馬　克	155.9	141.6	150.0	135.6	142.9	132.6	204.1	191.2
瑞士法郎	79.0	71.5	77.0	70.7	67.6	62.1	103.1	92.8
日　圓	30.6	31.8	28.9	33.4	32.6	32.0	71.6	68.3
ECU	6.5e	5.5e	11.9	10.0	28.2	22.3	53.8	47.8
英　鎊	15.5	18.0	14.8	16.4	16.6	17.6	26.1	29.1
其　他	63.8	67.4	70.2	69.8	69.9	64.7	88.5	95.3
總　計	1183.7	1205.3	1222.0	1244.4	1245.2	1275.2	1472.0	1503.1

資料來源：Fair D.E. and Boissieu C de (ed.) (1988), *International Monetary and Financial Integration-The European Dimension.* p. 132.

　　學術界討論歐洲貨幣體系之論著，在一九八〇年代末期眞如雨後春筍之勢，甚多爲檢討 EMS 成員國的經濟計量分析。幾項經濟指標皆顯示在一九八〇年成立 EMS 後各國間的政策協調頗爲成功，向心趨勢很明顯。成員國平均通貨膨脹率由一九八〇年的11％下降爲一九八六年的2％，最高與最低之間的差距由十六個百分點縮小爲六個百分點。五個成員國貨幣對馬克的名義匯率及實值匯率月資料皆減少了波動幅度。貨幣供給增加率亦反映成員國之間的差距縮小，並且在法、荷、義及西德四國，國內金融市場的短期利率在此期間減少了波動幅度。這些學術論文對於熱中歐洲貨幣統一運動的政治領袖們，亦產生相當大的鼓舞作用。

　　一九九一年世界政治形勢發生驚天動地的巨變。東西德統一後，蘇聯領導的共產制度迅速冰消瓦解，蘇聯在各邦獨立的民意浪潮中分裂覆亡。東歐國家亦走向市場經濟制度。此種劃時代的變化促使歐洲貨幣統

一運動加速發展， 期使歐洲合眾國的構想早日實現。 在這種時代背景下， 十二月中歐市十二個國家（包括德、法、義、荷、比、盧六個共同市場核心國、希臘、英國、愛爾蘭、丹麥、西班牙、葡萄牙）的政府首長在荷蘭南部中古城市馬斯特瑞希(Maastricht) 密集會商了兩天， 簽訂自從羅馬條約以來代表歐洲統一運動里程碑的馬斯特瑞希條約。 各國達成的協議主要包括下述諸點： (1)一九九九年以前採用共同貨幣 ECU; (2)締造歐洲防禦支柱， 納入新的外交政策協調方案以作爲北大西洋公約與歐市之「橋樑」; (3)歐市所有成員國以共同勞工政策訂立社會安全條例， 英國不參加此項條例之簽署。 (4)聲明在更緊密結合的歐洲聯盟內， 不論住居國別， 每個歐洲公民有平等的投票權。 其中最顯著成就爲實行單一貨幣的貨幣聯盟合約。 以時間表訂下具體步驟有在一九九三年一月完成歐洲單一市場， 資本與勞動完全自由流動； 一九九四年一月進入貨幣聯盟第二階段， 將設立歐洲貨幣機構以協調共同體區內貨幣政策， 並漸賦以中央銀行之功能； 一九九四年六月將選舉下一任歐洲議院， 賦以更大政權； 一九九七年一月成員國將檢討貨幣聯盟之進展， 如果有七個以上國家符合經濟向心條件 (criteria on economic convergence)， 則將設立歐洲中央銀行， 採用單一貨幣。 英國有選擇退出之權利， 丹麥在加入前以公民投票決定去留。 如果一九九七年符合條件的成員國數目不足七個， 則延後到一九九九年採用單一貨幣， 凡合格加盟國家均視 ECU 爲法定通貨， 接受歐洲貨幣機構決定之金融政策。

鑑於以往貨幣統一運動之經驗， 如果成員國經濟表現差距太大則各自爲政， 難以合作。 因此， 合約中特別明確規定經濟向心條件， 要求成員國達到這個嚴格標準後， 才有資格談貨幣聯盟。大多數成員符合標準後， 歐洲貨幣統一運動也就水到渠成。 這個標準包含以下五點條件： （一） 全國公債總額占其國內生產毛額的比率低於 60%; （二） 政府

預算赤字不超過國內生產毛額 3 ％；（三）採用 ECU 為貨幣以前至少兩年其貨幣匯率變化幅度符合歐洲貨幣體系所訂的狹窄範圍；（四）該國長期利率必須在三個最低通貨膨脹率成員國平均值的兩個百分點之內，（五）該國通貨膨脹率不超過三個最低通貨膨脹率成員國平均值的1.5％。以這樣嚴格的標準觀察，連當年德國都沒有完全符合條件（其通貨膨脹率為4.1％，稍高於標準3.8％），十二個成員國中只有法國、盧森堡及丹麥三國合格。如就歐市十二個國家一九九一年底的實情判斷，除西班牙、葡萄牙、希臘、義大利以外，大多數成員國如果注意整頓財政減少預算赤字，再以適當措施降低通貨膨脹率，不難在三五年內完全符合標準（見表3-5）。可見歐洲貨幣聯盟之構想確有在本世紀內實現的可能。

英國對歐洲統一運動的發展一直是既羨慕又妒嫉，抱著想參加又怕

表 3-5　1991年歐市諸國向心指標

成員國	通貨膨脹率%		長 期 公 債 利率　　　%		預算赤字(一)占 GDP%		公債占 GDP%		匯率條件
法　　國	2.5	√	8.8	√	− 1.5	√	47	√	√
盧森堡	2.4	√	8.1	√	＋ 2.0	√	7	√	√
丹　　麥	1.8	√	8.8	√	− 1.7	√	67		√
英　　國	3.7	√	9.7	√	− 1.9	√	44		
德　　國	4.1		8.1	√	− 3.6		46		
比利時	2.8	√	8.9	√	− 6.4		129		√
愛爾蘭	3.5	√	9.3	√	− 4.1		103		√
荷　　蘭	4.8		8.6	√	− 4.4		78		√
義大利	6.2		12.6		− 9.9		101		√
西班牙	5.5		11.7		− 3.9		46	√	
希　　臘	17.6		20.8		−17.9		96		
葡萄牙	9.8		14.1		− 5.4		65		

註：（√）符號表示已符合成立歐洲貨幣聯盟之條件
資料來源: The Economist Dec 14-20, 1991 p. 52

參加的尷尬態度。早期曾一度加入洞中長蛇，不久即因不堪外匯賠累而退出。這次會議英國不願參加歐市勞工與社會福利立法之簽署，是擔心歐市議決的勞工福利標準太高，以本國條件高攀不上，怕加入以後英國企業界將不勝負擔而導致大量勞工失業。至於對貨幣聯盟之所以採取消極態度，除了本身匯率條件不易符合以及對貨幣政策自主權的堅持外，在緬懷往昔英鎊的歷史光榮後，難堪與無奈交織心情產生的抗拒性，可能也是個重要原因。

至於表 3-5 中排名在後的幾個成員國，顯然經濟體質較弱，短期內無法脫胎換骨，要靠外來經援以改善交通運輸及環境保護。在此次會議中有的甚至揚言將行使否決權以爭取更多援款。一九九〇年歐市理事會已編列一百八十億美元資助這幾個「窮弟兄」。近幾年數額未定的款項還要撥入一項所謂團結基金來幫助解決他們的困難。另一方面，奧地利與瑞典等經濟較富裕國家近來已表示願積極參加歐市的願望。未來二、三十年內歐洲經濟統一運動必將是個極度引人關切的課題，歐洲貨幣聯盟的成敗則是決定歐洲經濟統一運動的關鍵。如果發展順利，「歐洲合眾國」在二十一世紀是有可能創立的。

本章參考文獻

1. Yeager, L. (1976) *International Monetary Relations*, Part II.

2. Root F.R. (1990) *International Trade and Investment*, 6th ed. ch. 18. 19.

3. Salvatore D. (1990) *International Economics*. third ed. ch. 20.

4. McKinnon R. I. (1969), "Private and Official International Money: The Case for the Dollar," *Princeton Essays in International Finance* No. 74.

5. Friedman M. "The Case for Flexible Exchange Rates," in Friedman M. (1955) *Essays in Positive Economics.*

6. Johnson H. G. (1969) "The Case for flexible Exchange Rates" in Baldwin R. and Richardson J. D. (ed.) (1974) *International Trade and Finance, Readings* 22.

7. Guth W. (1977) "The Working of the International Monetary System" in Guth W. and A Lewis, *The International Monetary System in Operation.*

8. Argy v. (1981) *The Postwar International Money Crisis: An Analysis.*, part one.

9. Spero J. E. (1981) *The Politics of International Economic Relations* 2nd ed. ch. 2.

10. Hollwood. P. and MacDonald R. (1988), *International Money: Theory. Evidence and Institutions.* 13.

11. Russo M. and Tullio G. "Monetary Policy Coordination Within the European Monetary System: Is there a Rule?" in Giavazzi F, Micossi S. and Miller M. (ed.) (1988) *The European Monetary System.*

12. Padoa-Schioppa T. "The European Monetary System: A longrun View" in *The European Monetary System.*

13. Allen P. R. "The Ecu and Monetary Management in Europe" in Grauwe P. D. and Peeters T. (ed.) (1990),

The ECU and European Monetary Integration.

14. Fair D. E. and Boissien C de. (ed.)(1988) *International Monetary and Financial Integration-The European Dimension.*

15. IMF, Annual Reports of 1980s.

16. The Economists Dec 14th-20th 1991.

第四章　外滙市場及其均衡
CH. 4 THE FOREIGN EXCHANGE MARKET AND ITS STABILITY

　　不同的國家使用不同的貨幣。當一國居民對外國居民從事任何交易時，必然要涉及貨幣的交換。此種交換稱爲外滙交易；兩種貨幣的交換比率稱爲外滙滙率或簡稱滙率，外滙交易的場所便是外滙市場。此市場是由全球各地銀行等金融機構組成。市場上有許多種貨幣互相交易，因此也有許多種滙率。例如美元對英鎊的滙率、美元對日圓的滙率、馬克對法郎的滙率等是。這許多種滙率構成當時的滙率結構，顯示出任何兩種貨幣間的交換比率不論是直接交易或透過第三種貨幣間接交易皆是一致的。因爲在任何短時期內，如果兩種貨幣直接交換的比率在兩地不一致，或此種直接交易比率不同於透過第三種貨幣間接交易的比率，那麼人們追求利潤的行爲，必定迅速消除此種差異，在外滙市場上建立一致的滙率結構。譬如一英鎊在紐約值三美元，而在倫敦一英鎊值兩美元七角，則人們必用美元在倫敦購進英鎊，而後在紐約出售換回美元以賺取利潤。於是增加倫敦外滙市場上美元的供給及對英鎊的需求，同時增加在紐約外滙市場上英鎊的供給及對美元的需求。故在倫敦英鎊對美元的滙率將上升，而在紐約則將下降。迅速建立一致的滙率（譬如）每鎊值

二點八五美元。同理，如果三個以上金融中心三種貨幣間匯率有不一致現象，則貨幣仲裁交易（arbitrage）必有利可圖。譬如倫敦及紐約兩地之英鎊對美元匯率雖同為每鎊三元，而在倫敦每鎊值一千日圓，在東京每美元僅值三百日圓，則三點間的外匯仲裁將有利可圖。人們以一單位英鎊在倫敦購入一千日圓，而後用九百日圓在東京購入美金三元，再在紐約以美元換回一單位英鎊，結果淨賺日幣一百圓。現代外匯交易均透過銀行，而各地銀行之間聯繫密切。外匯報價稍有差異，立刻導致仲裁作用，在瞬間引起匯率變化，重新建立一致的匯率結構。

由於匯率結構在各地一致，任何兩種貨幣間的交換比率透過第三種貨幣表示結果均相同，故我們研究外匯市場時可大膽選取某一種外國貨幣作為其他所有各種外國貨幣的代表，專看此種外幣對本國貨幣的兌換價格比率，視為本國貨幣的對外匯率。

外匯市場的基本功能是便於國際資金的兌換與移轉，俾各項涉及不同幣制的支付行為及借貸契約得以履行。在匯率不變的情況下，工商業者對成本與價格的計算與國內營業沒有重大差別。倘匯率非固定不變，則人們還要負擔未來匯率變化的風險。如果他們希望避免這種風險，可以利用外匯市場的現貨交易或期貨交易以獲取保障。凡外匯交易按當時匯率進行，而且買賣雙方的貨幣交割亦立即完成者，稱為現貨交易市場。交易的匯率為現貨匯率或即期匯率。例如某進口商自英國購入衣料一批，預計在三個月後必須付英鎊一千。如果他擔心最近國幣可能貶值，則他可在現貨市場按即期匯率購買英鎊一千，以備三個月後清償貨款所需。假如下月英鎊升值國幣貶值，他將慶幸自己因事先買進現貨英鎊而免遭損失。與現貨交易併立而且同為人們廣泛利用的另一種外匯交易為期貨交易。如屬期貨交易，則買賣雙方約定在契約簽訂後若干天內交割一定數額之貨幣，其外匯兌換價格則在簽約時已經雙方同意。此種

事先同意之匯率稱爲遠期匯率，或稱期貨匯率。因此，期貨市場上的外匯交易是人們對未來一定日期按某一特定匯率買賣貨幣的承諾。期貨交易通常議定爲簽約後一個月、三個月或六個月交割。亦有視貿易商個別需要而另行議定者。上例英國衣料進口商爲恐英鎊升值，亦可在期貨市場購入三個月之期貨英鎊一千以求保障。下文將說明期貨市場與現貨市場之密切關係，顯示期貨匯率與現貨匯率係彼此互相影響共同決定。

第一節　市場均衡的概念及其穩定性
§1. Concepts of Equilibrium and Stability

一國商品價格相對於外國舶來品價格的高低，顯然受匯率支配。輸入品的相對價格可定義爲該貨品按匯率換算成國幣價格後對國產貨品價格的比率。例如 P* 爲英國製衣料按英鎊計算的價格，P 爲國產衣料按本國貨幣計算的價格，英鎊匯率爲每鎊值國幣 R 元，則英國製衣料的相對價格爲 RP*/P。此相對價格上升係表示進口貨比國貨更加昂貴，人們將減少對進口貨的需求。反之，如果進口貨的相對價格降低，通常進口數量必增加。在此 R 代表匯率，亦卽換取每單位外國貨幣所需國幣的數額。R 值上升係表示國幣對外幣貶值；反之，R 值下降則反映國幣對外升值。因輸入品相對價格隨匯率升降而增減，故本國貨幣貶值將產生輸入品相對價格增加及輸入量減少的後果，同時國產輸入代替品的需求量及產量均將增加。同理可知，本國輸出品在國際市場上的相對價格，爲該貨品以外幣表示價格對外國所產同類貨品按外幣訂價之比率。以 R 代表匯率，P 爲國產輸出品價格，P* 爲外國貨價格，則輸出品的相對價格爲 $\frac{P}{R}$/P*，卽 P/RP*。因此，本國貨幣貶值（R 增加）將產生輸出品相對價格減少及輸出量增加的後果。同時外國所產輸出品之代替品的產量及需求量均將減少。因此，貨幣貶值一方面可減少輸入品的數量及提

高輸入代替品的產量，另一方面又可增加輸出品數量。就擴充生產與增加就業的效果而言，貨幣貶值不失爲短期內有效的政策工具。但就長期而論，匯率變動後不少靠進口原料或半製品加工的產業其成本必然上漲。並且如果生活必需品例如糧食也仰賴進口，則工資水準也會隨通貨貶值而提高，於是貶值國難免發生成本性通貨膨脹，結果令 P 值上升，局部抵銷貨幣貶值對相對價格的影響。

以下我們分析短期外匯市場。爲研究外匯匯率的調整對一國貿易賬的影響，我們假定該國資本賬項不變，並一直維持資本賬收支平衡。並且我們專看外匯現貨市場的供給與需求在短期內如何因匯率改變而受影響。由於我們已設立的假定，外匯供給的來源唯有靠輸出貨品與勞務，而外匯需求的原因則純粹是爲了輸入貨品與勞務。因此，一國外匯的供給曲線及需求曲線可從該國對輸入品的需求曲線與輸出品的供給曲線以及貿易對象國對輸出品的需求曲線與輸入品的供給曲線推求出來。假定本國輸出羊毛而輸入自行車，外國輸入羊毛輸出自行車，兩國同時都能生產這兩種貨品。本國國內市場羊毛價格在 $\$P^0_w$ 時達到均衡，價格在

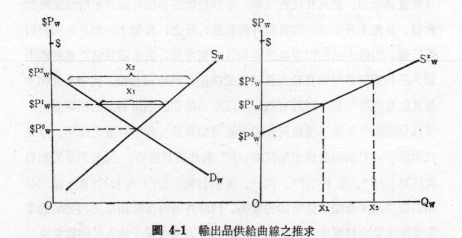

圖 4-1 輸出品供給曲線之推求

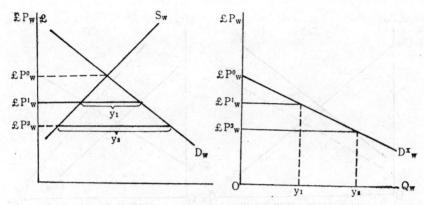

圖 4-2 輸出品需求曲線之推求

P^0_w以上凡供過於求的數量都可供輸出。圖4-1當價格爲 P^1_w 時輸出量爲 x_1，價格上升爲 P^2_w 時輸出量亦增至 x_2，故作出本國輸出品供給曲線 S^x_w。外國（設爲英國）對羊毛輸入的需求曲線亦可由同法描繪。當倫敦羊毛價格爲 £P^0_w 時，英國所需羊毛全由國內供給。當羊毛價格爲 £P^1_w 時，國內供給不足之量 y_1 須自外輸入，當價格爲 £P^2_w 時，輸入量增至 y_2。於是可繪出英國對輸入羊毛的需求曲線 D^x_w。今將圖4-1中之供給曲線 S^x_w 按某一固定匯率 R_0 折算成以英鎊表示之價格 £P_w，卽得在英國市場上本國輸出品羊毛的供給曲線 S_w。顯然，如匯率改變則S_w的位置亦將移動，英鎊升值或國幣貶值會使供給曲線 S_w 向下移動。 £P_w=\$$P_w$/R， 如R增加則對應於每一種數量的輸出價格按英鎊表示均一律降低。至於英國市場上對輸入羊毛的需求曲線，則不受匯率變化影響。圖 4-3a 顯示本國輸出品在外國的供求曲線以及貨幣貶值後供給曲線移動而需求曲線不變。同一輸出品按本國貨幣計價的供求曲線則如圖 4-3b 所示， 當英鎊升值則英國對本國羊毛輸出品的需求曲線向上移動。\$$P_w$=£$P_w$×R， 如R增加則對應於每一種需求量的輸出品價格按國幣 \$ 表示均一律升高。以國幣計價的羊毛輸出供給曲線則不

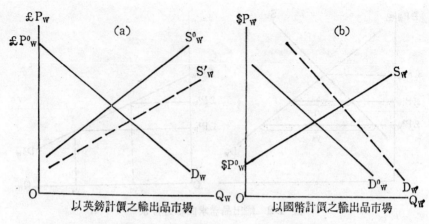

圖 4-3 貶值與輸出品市場供求曲線

受英鎊升值影響。

　　同理用於輸入品供求曲線之導求，可作出 4-4，4-5 諸圖。輸入自
行車的需求曲線原來是按國幣計價，其供給曲線是按英鎊計價。當匯率
固定為某一水準，本國對輸入自行車的需求曲線可折算成按英鎊計價，
與原按英鎊計價之供給曲線一併觀察如圖 4-6a 也可將原按英鎊計價的
供給曲線，折算成以國幣計價，與原照國貨計價的需求曲線一併觀察如

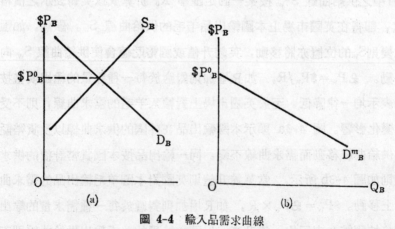

圖 4-4 輸入品需求曲線

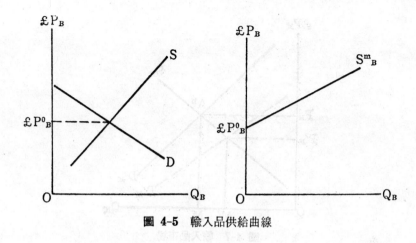

圖 4-5 輸入品供給曲線

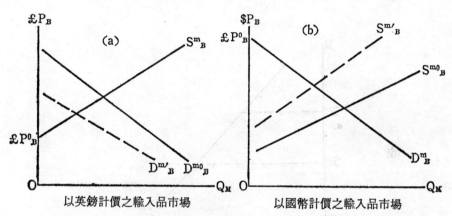

以英鎊計價之輸入品市場　　　　　以國幣計價之輸入品市場

圖 4-6 貶值與輸入品供求曲線

圖 4-6b。假定英鎊升值或國幣貶值， 則圖 4-4a 中的需求曲線必向下移動，而圖 4-4b 中的供給曲線則必向上移動。

　　現在我們可利用以上的分析作基礎，推求外匯的供給曲線與需求曲線。外匯的需求是由於貨品的輸入，故在某一定匯率下外匯需求額等於輸入量乘以按外幣計算的輸入品價格，亦即圖4-7中 $OM \times OP_M$，爲均衡點 A^M 代表之外匯需求額。如果匯率改變， 外匯升值， 則輸入品市

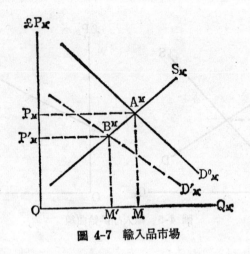

圖 4-7　輸入品市場

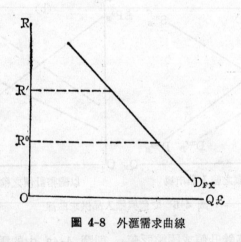

圖 4-8　外滙需求曲線

場均衡爲 B^M 點，B^M 代表之外滙需求額爲 $OM' \times OP'_M$。顯然，外滙需
求較國幣貶值前減少。如外滙進一步升值，輸入品需求曲線將繼續向下
滑動，令外滙需求額再度減少。於是我們可以用縱軸代表外滙價格 R，
橫軸代表對外滙需求額，作出一條向下傾斜的曲線，如圖 4-8。至於外
滙的供給，係由輸出品成交價值決定，即在某一定滙率下輸出量乘以按

外幣計算的輸出品價格，圖 4-9 中 $OX \times OP_x$ 為在原均衡點 A^x 代表之外匯供給額。倘匯率上升國幣貶值，輸出品市場均衡改變成 B^x 點，此點代表之外匯供給額為 $OX' \times OP'_x$。然而我們不能斷言外匯供給較國幣貶值前是否增加。由基本的需求彈性概念，我們知道交易總額是否隨貨品價格降低而增加，完全取決於該貨品的需求彈性。如需求彈性大

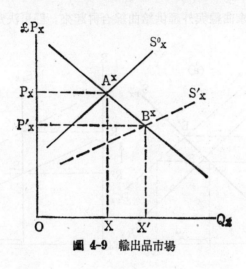

圖 4-9　輸出品市場

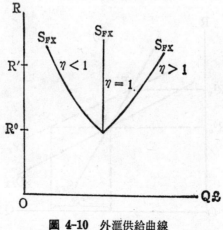

圖 4-10　外滙供給曲線

於一，則交易總額將增加，如小於一則將減少，如恰等於一則交易總額
不變。同理，如果外國對本國輸出品的需求彈性大於一，則國幣貶值能
增加外匯供給， 如小於一則減少外匯供給， 如恰等於一則外匯供給不
變。因此，外匯供給曲線的斜度視輸出品需求彈性不同而有三種形態。
如圖 4-10所示。

　　將外匯需求曲線與外匯供給曲線合併起來，即可決定外匯市場的均

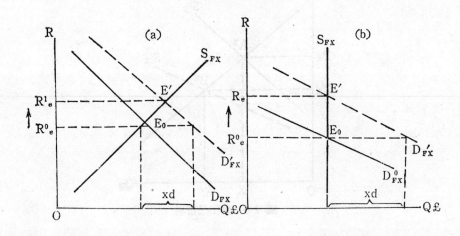

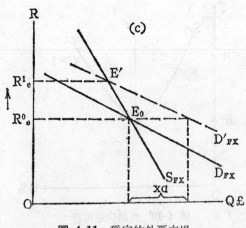

圖 4-11　穩定的外滙市場

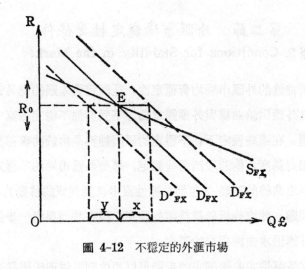

圖 4-12　不穩定的外匯市場

衡。如果外匯供給曲線係向上傾斜或垂直，或雖然向下傾斜但斜度小於外匯需求曲線，那麼外匯市場的均衡是屬於穩定型的。正如同一般正常的商品市場，價格上升可以消除超額需求，價格下降可以消除超額供給，外匯市場上的供求不平衡亦可藉匯率的正常調整而校正。圖4-11中三種情況下的超額需求 x_d（由於外匯需求曲線向外移動而發生），皆形成匯率上升的壓力，透過匯率的上升，必能建立新均衡點 E'。還有一種情況，是外匯供給曲線向下傾斜而且斜度大於外匯需求曲線。這種情況下兩條曲線交會而建立的市場均衡乃是不穩定的。任何稍許破壞均衡的擾亂因素均能導致匯率的持續變動，而且變化方向與常情相反。如圖4-12所示，E點為不穩定均衡。需求曲線向右移動形成的超額需求 x 會使匯率繼續上升，而且匯率愈高，超額需求愈大，迫使匯率成漫無止境的升高。同樣，需求曲線向左移動形成的超額供給 y 能使匯率漫無止境的下降。外匯市場上如果供求曲線相交的型態像圖中的E點，則顯然是個非常不穩定的外匯市場。

第二節 外匯市場穩定性之條件
§2. Conditions for Stability in the Market

以上所描述的外匯市場均衡穩定性，是假定資本賬的交易完全可以忽略，而且外匯供給曲線與外匯需求曲線不受其他不穩定因素支配而持續移動位置。在這些假定下，不穩定的原因純粹是由於曲線相交的型態或曲線的相對斜度。倘若取消這些假定，那麼外匯市場的不穩定性誠然可歸咎於供求曲線的移動（包括投機性資本流動促成的移動），但這是另外一個問題。此處分析仍維持這些假定。現在我們要進一步追究什麼條件決定外匯供求曲線相交的斜度。

由上文外匯供求曲線導求的步驟可以想像到，這與輸出品及輸入品的供給彈性及需求彈性有關。既然外匯需求曲線導自輸入品市場的供給與需求曲線交會點，外匯供給曲線導自輸出品市場的供求均衡，因此，外匯市場本身的均衡狀況係由輸入品供給彈性及其需求彈性與輸出品供給彈性及其需求彈性共同決定之。比較上面關於外匯市場的圖解，我們可獲致一個結論：從均衡點 E 出發，凡匯率升值（卽國幣貶值）能增加外匯的超額供給，使該國貿易賬呈現出超者，爲穩定的外匯市場；反之，凡匯率升值卻增加外匯的超額需求，使貿易賬變爲入超者，爲不穩定的外匯市場。我們將利用這個結論推求外匯市場穩定性的判別條件。

X＝輸出品數量　　M＝輸入品數量

P_x＝按國幣計算輸出品價格；P^*_x＝按外幣計算輸出品價格。

P_M＝按國幣計算輸入品價格；P^*_M＝按外幣計算輸入品價格。

R＝外匯匯率，卽每單位外幣值國幣數額。

e_x＝輸出品供給彈性；η_x＝輸出品需求彈性

e_M＝輸入品供給彈性；η_M＝輸入品需求彈性

T_h＝以國幣表示之貿易賬盈餘（輸出額減輸入額）

T_f＝以外幣表示之貿易賬盈餘

依習用符號及定義，各項彈性及價格與匯率關係可得：

$$e_x = \frac{\dfrac{dX}{X}}{\dfrac{dP_x}{P_x}} = \frac{\hat{X}}{\hat{P_x}} \tag{4-1}$$

$$\eta_x = -\frac{\dfrac{dX}{X}}{\dfrac{dP^*_x}{P^*_x}} = \frac{-\hat{X}}{\hat{P_x^*}} \tag{4-2}$$

$$P_x = P^*_x \cdot R, \quad \hat{P_x} = \hat{P^*_x} + \hat{R} \tag{4-3}$$

以 (4-3) (4-1) 代入 (4-2)

$$\eta_x = \frac{-\hat{X}}{\hat{P_x} - \hat{R}} = \frac{-e_x \hat{P_x}}{\hat{P_x} - \hat{R}}, \quad \eta_x \hat{P_x} - \eta_x \hat{R} + e_x \hat{P_x} = 0$$

$$\hat{P_x} = \frac{\eta_x \hat{R}}{\eta_x + e_x}, \qquad \hat{P^*_x} = \hat{P_x} - \hat{R} = \frac{-e_x \hat{R}}{\eta_x + e_x} \tag{4-4}$$

$$e_M = \frac{\dfrac{dM}{M}}{\dfrac{dP^*_M}{P^*_M}} = \frac{\hat{M}}{\hat{P^*_M}} \tag{4-5}$$

$$\eta_M = -\frac{\dfrac{dM}{M}}{\dfrac{dP_M}{P_M}} = -\frac{\hat{M}}{\hat{P_M}} \tag{4-6}$$

以 $P_M = P^*_M \cdot R, \quad \hat{P_M} = \hat{P^*_M} + \hat{R}$ \hfill (4-7)

代入得

$$e_M(\widehat{P_M} - \widehat{R}) = \widehat{M}, \quad \eta_M = \frac{-e_M(\widehat{P_M} - \widehat{R})}{\widehat{P_M}},$$

$$\eta_M\widehat{P_M} + e_M\widehat{P_M} = e_M\widehat{R}$$

$$\widehat{P_M} = \frac{e_M\widehat{R}}{\eta_M + e_M}, \quad \widehat{P^*_M} = \widehat{P_M} - \widehat{R} = \frac{-\eta_M\widehat{R}}{e_M + \eta_M} \tag{4-8}$$

依貿易賬盈餘之定義微分之，並假定從均衡點出發，盈餘爲零（$P_xX = P_MM$）

$$T_h = P_xX - P_MM$$

$$dT_h = P_xdX + XdP_x - P_MdM - MdP_M$$

$$= P_xX\left[\widehat{P_x} + \widehat{X} - \frac{M}{XP_x}P_M\frac{dM}{M} - \frac{MP_M}{XP_x}\frac{dP_M}{P_M}\right]$$

$$= P_xX[\widehat{P_x} + \widehat{P_x}e_x + \eta_M\widehat{P_M} - \widehat{P_M}]$$

$$= P_xX[(1 + e_x)\widehat{P_x} - \widehat{P_M}(1 - \eta_M)]$$

$$dT_h = P_xX\left[\frac{\eta_x(1 + e_x)\widehat{R}}{\eta_x + e_x} - \frac{e_M(1 - \eta_M)\widehat{R}}{e_M + \eta_M}\right] \tag{4-9}$$

由 (4-9) 可知，祇要是 $\dfrac{\eta_x(1 + e_x)}{\eta_x + e_x} - \dfrac{e_M(1 - \eta_M)}{e_M + \eta_M} > 0$，

則 $\dfrac{dT_h}{dR} > 0$ (4-10)（A）

換一方式以外幣表示貿易賬盈餘

$$T_f = P^*_xX - P^*_MM$$

$$dT_f = P^*_xdX + XdP^*_x - P^*_MdM - MdP^*_M$$

$$=P^*_xX\left[\hat{X}+\hat{P}^*_x-\frac{P^*_mM}{P^*_xX}\hat{M}-\frac{MP^*_m}{P^*_xX}\hat{P}^*_m\right]$$

$$=P^*_xX[(1-\eta_x)\hat{P}^*_x-\hat{P}^*_m(e_m+1)]$$

$$=P^*_xX\left[\frac{e_x(\eta_x-1)}{e_x+\eta_x}+\frac{\eta_m(e_m+1)}{e_m+\eta_m}\right]\hat{R}$$

故祇要是 $\dfrac{e_x(\eta_x-1)}{e_x+\eta_x}+\dfrac{\eta_m(e_m+1)}{e_m+\eta_m}>0$ ，則 $\dfrac{dT_f}{d\hat{R}}>0$ 　　　（4–10B）

4–10(A)或(B)皆可視爲外匯市場穩定性的判別條件。現在取4–10B說明。

此式表示：如果 $\dfrac{e_x(\eta_x-1)}{e_x+\eta_x}+\dfrac{\eta_m(e_m+1)}{e_m+\eta_m}>0$ 則國幣貶值必能產生

貿易出超，增加外匯的超額供給，顯示外匯市場屬穩定型。換言之，倘

$\dfrac{e_x(\eta_x-1)}{e_x+\eta_x}+\dfrac{\eta_m(e_m+1)}{e_m+\eta_m}<0$ ，則國幣貶值反令貿易賬增加赤字，增加

外匯超額需求，外匯市場屬不穩定型。又倘若不等式改爲等式，則外匯
匯率的變動不能影響貿易賬，這是介於兩者間的特別情況。

此判別式第二項恆爲正值，故倘若 $\eta_x>1$ ，令第一項亦爲正值，則
自然符合穩定條件。這是外匯供給曲線呈向上傾斜的情形，顯然外匯市
場必然穩定。唯有 $\eta_x<1$ ，使供給曲線呈向下傾斜時，外匯市場可能呈
現不穩定，但也可能穩定。因爲縱使 $\eta_x<1$ ，但兩項之和仍爲正值，那
麼外匯升值仍有助於改善國際收支，外匯市場仍屬穩定。這種 $\eta_x<1$ 而
外匯市場仍具穩定性爲圖4–11C的情況。最後一種情況就是 $\eta_x<1$ 而且
η_x 數值很小，判別式不僅第一項爲負值，而且兩項之和亦爲負值。這時
外匯市場上供給曲線不僅向下傾斜，而且斜度超過外匯需求曲線，顯然
形成不穩定市場，如圖4–12。由此可見，一國貿易賬或其國際收支對貨
幣貶值呈正向反應，證明外匯市場均衡係穩定型；如對貨幣貶值呈逆轉
反應，則是外匯市場均衡不穩定之表現。

假如我們討論的某一國，屬小國寡民經濟，其輸出品必須按既定之國際價格供應，故輸出品供給曲線為水平線，其輸出品供給彈性近似無限大 ($e_x \doteq \infty$)。同時該國必須按既定國際價格進口貨品，所面臨之輸入品供給曲線亦為水平，故其輸入品供給彈性亦近似無限大，那麼上述市場穩定性判別式尚可加以簡化：

$$\frac{e_x(\eta_x - 1)}{e_x + \eta_x} + \frac{\eta_m(e_m + 1)}{e_m + \eta_m} > 0$$

$$\frac{\eta_x - 1}{1 + \dfrac{\eta_x}{e_x}} + \frac{\eta_m + \dfrac{\eta_m}{e_m}}{1 + \dfrac{\eta_m}{e_m}} > 0$$

因 $e_x \doteq e_m \doteq \infty$　故此式簡化為　$\eta_x - 1 + \eta_m > 0$　　　　　**(4-11)**

或 $\eta_x + \eta_m > 1$。倘輸入品需求彈性與外國對本國輸出品需求彈性之和大於一，則貨幣貶值能改善貿易賬，外匯市場屬穩定型；反之，如二者之和小於一，則市場不穩定。這項簡化後的判別條件 (4-11)，稱為馬歇爾──婁納條件 (Marshall-Lerner Condition, 簡稱馬婁條件)。而原形式的判別條件 (4-10) 稱為羅賓遜 ── 麥資勒條件 (Robinson-Metzler Condition)，也有的文獻稱之為畢肯戴克公式 (Bickerdike Formula)。

關於馬歇爾──婁納定理的意義，我們還可用一個簡明的圖解加以說明。圖 4-13 縱軸為以本國貨幣表示之輸入品及輸出品價格，橫軸為商品數量，故輸出入總值皆可用兩軸之間構成的長方形面積表示。RH 為一條直角雙曲線，線上角一點向原點構成的長方形面積恆為相等。DX 為外國對本國輸出品的需求曲線，而 DM 為本國對輸入品的需求曲線，二者皆呈現正常的向下傾斜形狀。SX 及 SM 分別代表輸出品及輸入品的供給曲線，假定供給彈性值為無限大，故二者皆呈水平線形狀。

現在假設本國貨幣貶值某一百分比，按國幣計算的輸出品價格顯然在外國購買者心目中較前便宜，因此 DX 曲線必定向右方移動到 DX′之位置。輸出品均衡點原為 RH 線上之 B 點，現在則移往 DX′ 與不變的SX交於D點。由於我們假定輸出品生產成本不受貶值影響，故 SX 維持不變。新均衡點 D 必定在 B 之右方，這表示輸出總值必定較前增加（唯一例外是假如輸出品需求彈性為零，這種情況下輸出品需求曲線當為 $\overline{DX}$）。輸入品的國外生產成本不受國幣貶值影響，但是貶值後按國幣計算之價格較前上漲，因此 SM′ 向上平行移動；至於國人對輸入品的需求曲線則不改變，因為價格在貶值前後皆一律是以國幣計算。在貶值前，原來輸入額由 DM 與 SM 之交點A代表。貶值後，輸入值由 E點代表，只要輸入品需求彈性不是極小，DM 呈正常向右下方傾斜，則E點必定在A之左上方，也就是在直角雙曲線 RH 的左內側，此顯示輸入總值必較前減少。我們假定貶值前本國貿易賬處於均衡狀態，輸入總值等於輸出總值，故A、B 兩點同在 RH 曲線上面。

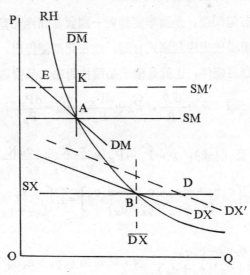

圖4-13　馬婁條件

現在我們分三種情況來討論本國貨幣貶值後對貿易賬的影響。(1)假定輸入品需求曲線及輸出品需求曲線皆有頗大彈性（像圖中所示者），則貶值之後果為輸入值減少而輸出值增加，故貶值造成該國貿易出超。(2)假定輸出品需求彈性恰為零，但是輸入品需求彈性大於一，則 DX 為垂直線而且 DX′ 當與之重合，DM 呈現較RH為平坦之斜率（如圖中之 $\overline{DX}$ 及 DM），此顯示貶值後輸出總值不變而輸入總值減少，因此貶值亦有助於貿易出超。(3)假定輸入品需求彈性為零，則貶值後輸入總值由 $\overline{DM}$ 與 SM′ 之交點K代表，將K點與A點比較，可看出輸入總值係按照國幣貶值之同一百分比增加了。唯倘若外國對本國輸出品之需求彈性大於一，則DX線必甚平坦而且 DX′ 與 SX 之交點D所決定之輸出總值，必定比B點代表之輸出總值大得多，增加程度至少在國幣貶值的百分比以上。這第三種情況也顯示貶值能增加貿易出超。由此可知，以上三種情況都是符合馬歇爾──婁納條件，即 $\eta_x + \eta_M > 1$，這三種情況均得到貶值能增加貿易出超之共同結論。

附帶一項有趣問題，是匯率變動對一國貿易條件究竟有利或有害？因答案與外匯市場穩定性判別式有關，故在此順便提出。此所謂貿易條件 p 即指商品貿易條件，也就是輸出品價格對輸入品價格之比率。

設　$p = \dfrac{P_x}{P_M}$　因　$\widehat{p} = \dfrac{dp}{p}$, $\widehat{P}_x = \dfrac{dP_x}{P_x}$, $\widehat{P}_M = \dfrac{dP_M}{P_M}$

由以上 (4-4) 及 (4-8)，$\widehat{p} = \widehat{P}_x - \widehat{P}_M = \dfrac{\eta_x \widehat{R}}{\eta_x + e_x} - \dfrac{e_M \widehat{R}}{\eta_M + e_M}$

$$\widehat{p} = \widehat{R}\left[\frac{\eta_x \eta_M + \eta_x e_M - e_M \eta_x - e_x e_M}{(\eta_x + e_x)(\eta_M + e_M)}\right] = \widehat{R}\left[\frac{\eta_x \eta_M - e_M e_x}{(\eta_x + e_x)(\eta_M + e_M)}\right]$$

$$\frac{\widehat{p}}{\widehat{R}} = \frac{\eta_x \eta_M - e_x e_M}{(\eta_x + e_x)(\eta_M + e_M)} > 0 \text{，祇要是 } \eta_x \eta_M > e_x e_M \qquad (4\text{-}12)$$

此式表示：祇要兩個輸出入需求彈性之乘積大於兩個輸出入供給彈性之乘積，則貨幣貶值能改善貿易條件。在小國寡民經濟，由於e_x及e_M皆接近無限大，$e_x e_M > \eta_M \eta_x$，故貨幣貶值必令貿易條件惡化。

又倘若外匯市場係不穩定型，則貨幣貶值亦必令貿易條件惡化，證明如下：

外匯市場均衡如不穩定，則下面不等式成立：

$$\frac{dT_f}{dR} < 0 \ , \ \frac{e_x(\eta_x - 1)}{e_x + \eta_x} + \frac{\eta_M(e_M + 1)}{e_M + \eta_M} < 0$$

$$\frac{e_x e_M(\eta_M + \eta_x - 1) + \eta_M \eta_x(e_M + e_x + 1)}{(e_x + \eta_x)(e_M + \eta_M)} < 0$$

$$e_x e_M(\eta_M + \eta_x - 1) + \eta_M \eta_x(e_M + e_x + 1) < 0$$

$$\frac{\eta_M \eta_x}{e_x e_M} < \frac{1 - \eta_x - \eta_M}{e_M + e_x + 1}$$

但η_x、η_M皆為正值，故$\dfrac{1 - \eta_x - \eta_M}{e_M + e_x + 1}$必小於一。因此$\dfrac{dT_f}{dR} < 0$即暗示$\dfrac{\eta_M \eta_x}{e_x e_M}$ < 1，或$\eta_M \eta_x < e_x e_M$。

此不等式為貿易條件必因貨幣貶值而惡化之判別式。

唯須留意者，外匯升值（或國幣貶值）如改善貿易賬，外匯市場均衡係穩定型，但不能斷言貿易條件必因而改善。在穩定的外匯市場貨幣貶值可能使貿易條件改善，也可能令其惡化。將上面不等式方向改換：

$$\frac{\eta_M \eta_x}{e_x e_M} > \frac{1 - \eta_x - \eta_M}{e_M + e_x + 1}$$

此式無助於判定 $\eta_M \eta_x$ 係大於抑小於$e_x e_M$，故亦不能斷言貿易條件的變化方向。

　　由以上的討論可知,就小型開放經濟而言,輸出品與輸入品需求彈性值的大小是決定外匯市場對匯率變化反應方向的主要關鍵。也可以說彈性值愈大,愈能發揮匯率政策的功效。我們現在進一步對 η_x 及 η_M 這兩個需求彈性概念分析,可發現在通常情況 η_x 與 η_M 之值皆相當大,馬歇爾——勒納條件很容易符合,外匯市場的均衡在正常情況是穩定的。

　　某國一種貨品的輸出數量爲該貨品在世界市場上總需求量減同類貨品競爭者供給量之差。譬如澳洲羊毛輸出量爲世界羊毛需求量減紐西蘭或阿根廷等其他羊毛輸出國供給量之差。以W代表世界羊毛總需求量,C代表競爭者供給量,則對澳洲羊毛需求量X爲W−C。以 P^*_x 代表羊毛在世界市場價格,我們依據需求彈性定義可得:

$$\eta_x = \frac{-P^*_x}{X}\ \frac{dX}{dP^*_x} = \frac{-P^*_x}{W-C}\ \frac{d(W-C)}{dP^*_x}$$

$$= \frac{\dfrac{-P^*_x}{W}\ \dfrac{dW}{dP^*_x}W + \dfrac{P^*_x}{C}\ \dfrac{dC}{dP^*_x}C}{W-C}$$

因　$\eta_w = -\dfrac{P^*_x}{W}\ \dfrac{dW}{dP^*_x}$ 爲世界市場對羊毛需求彈性

　　$e_o = \dfrac{P^*_x}{C}\ \dfrac{dC}{dP^*_x}$ 爲競爭者羊毛供給彈性

故　$\eta_x = \left(\dfrac{W}{W-C}\right)\eta_w + \left(\dfrac{C}{W-C}\right)e_o$

以S代表澳洲羊毛在世界羊毛市場所占比重。

$$S = \frac{W-C}{W}, \qquad \frac{1-S}{S} = \frac{C}{W-C}$$

$$\eta_x = \frac{1}{S}\eta_w + \frac{1-S}{S}e_a \tag{4-13}$$

由上式可知，即令世界對羊毛需求彈性甚小，如果澳洲羊毛占世界羊毛市場比重很低，而其他競爭者供給彈性甚大，則澳洲羊毛的需求彈性仍可能甚大。

同理，一國對輸入品的需求彈性也是由該國對同類貨品需求彈性η_D及國內貨品生產者供給彈性e_h綜合決定。以 S 代表輸入品佔國內市場之比重，則輸入品需求彈性為

$$\eta_M = \frac{1}{S}\eta_D + \frac{1-S}{S}e_h \tag{4-14}$$

因此，縱然該貨品本身的需求彈性甚低，倘輸入品僅佔國內市場甚小比重，而且國內輸入代替品生產者有頗高之供給彈性，則對該輸入品之需求彈性仍舊會甚大。

此外，價格因匯率調整而改變後，不僅原屬國際貿易的產品在數量上會受影響，而且貿易內容也受影響。國幣貶值後，不但原有輸出品的數量增加，而且很可能有很多原先因價格過高不能輸出的貨品，變為新的輸出項目；不但原有輸入品的數量減少，很可能因匯率上升後價格過高以致完全停止輸入。因此，僅對原屬國際貿易項目的商品作需求彈性的統計分析，總會低估包含實際輸出入及可能輸出入商品的廣義需求彈性，而在理論上決定外匯市場穩定性的卻正是後者。

第三節　外滙供求的複式均衡及貶值逆反應
§3. Multiple Equilibria and Perversive Response to Devaluation

上文的討論皆是從輸出入貿易着眼導求外匯供求曲線。另一條討論

途徑是專從貨幣交易着眼導求外匯供求曲線。不論基於何種交易目的，不管屬於經常賬交易或資本賬交易，一國如欲購買外匯必須供給本國貨幣，別的國家供給外匯時也必定是對國幣有需求。因此，對外匯的需求卽反映出國幣的供給，外匯的供給卽反映對國幣的需求。今假定外匯爲英鎊（£）國幣爲元（$），這兩種貨幣間的供求關係可藉下面的圖解說明。

對英鎊外匯的需求曲線可用匯率 R 爲縱軸及英鎊數額爲橫軸作向下方傾斜的曲線表示。但外匯的供給旣反映對國幣的需求，如圖4-14所示，我們可用匯率之倒數 (1/R) 作縱軸國幣數額爲橫軸亦作出向下傾斜的國幣需求曲線。在直線型的國幣需求線上，每一點的需求彈性皆不相同，直線中點M需求彈性爲一，對應的國幣價格爲OC。在此價格對國幣的需求數量爲 OA。OC×OA之積代表以英鎊計值的國幣需求總額，也就是國幣價格爲 OC 時的英鎊供給。因爲M點彈性爲一，故英鎊供給達到極大

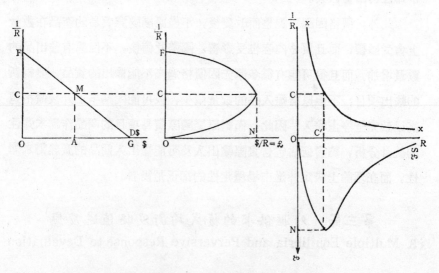

圖 4-14　外滙供給曲線

值 ON。如國幣價格在 CF 範圍內，國幣需求線上的各處彈性皆大於一，而且隨價格之降低而下降，此反映以價格乘數量之積隨價格之下降而遞增，故在此價格範圍內英鎊供給亦逐漸增加。當國幣價格降至 OC 以下，需求彈性由一繼續減小，價格乘數量之積亦逐漸減小，反映出英鎊供給減少。由此得到圖4-14中以 $\frac{1}{R}$ 為縱軸作出之英鎊供給曲線。下一步利用一條直角雙曲線 xx 將 1/R 改換成以 R 為縱軸指標，卽求出在各種匯率下的英鎊供給曲線 OS£。

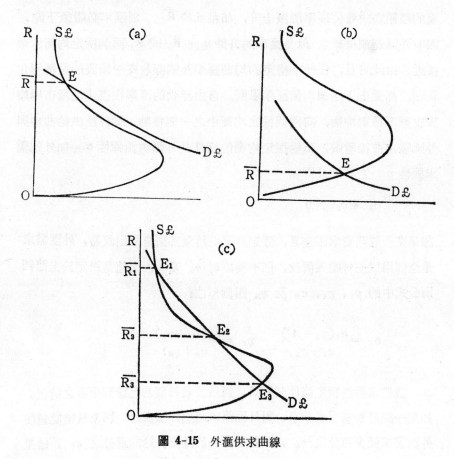

圖 **4-15** 外滙供求曲線

OS£ 這條外匯供給曲線與外匯需求曲線 $D_£$ 的交點 E，代表外匯市場達到均衡，這點決定的匯率為均衡匯率 $\overline{R}$。 圖 4-15(a),(b) 的外匯需求曲線斜度甚大， 或供給曲線為向上傾斜， 故外匯市場僅有一個均衡點 E。 而且 E 點必為穩定的均衡點。 如需求超過供給則匯率必上升，供給超過需求則匯率必下降，匯率的變化有趨向均衡匯率 $\overline{R}$ 接近的趨勢。圖 4-15(c) 中外匯供給曲線與外匯需求曲線相交三次，建立三個均衡點 $E_1 E_2 E_3$。其中 E_2 為不穩定均衡點。 匯率稍高於 $\overline{R}_2$， 則外匯市場的超額需求會使匯率繼續上升，如稍低於 $\overline{R}_2$， 則匯率必繼續下降，因有外匯超額供給。 但是匯率的升降是向 $\overline{R}_1$ 或 $\overline{R}_3$ 兩個穩定均衡水準接近。由此可見，任何不穩定的均衡匯率及國際收支平衡表的逆轉變化範圍，都受上下兩個均衡匯率限制。自由浮動的匯率在複式均衡市場趨於脫離不穩定均衡，向兩個穩定均衡中之一個移動。從外匯供給曲線與外匯需求曲線着眼，市場穩定均衡的條件是外匯供給彈性 $e_£$ 加外匯需求彈性 $\eta_£$ 之和大於零。

$$e_£ + \eta_£ > 0$$

如果完全忽略資本賬交易，假定外匯供給全部來自輸出貿易，外匯需求是全部用以支付輸入價款，則不難證明 $e_£$ 及 $\eta_£$ 之值是決定於上節判別公式中的 e_x, η_x, e_M 及 η_M 四個彈性：

$$e_£ = \frac{e_x(\eta_x - 1)}{e_x + \eta_x} \qquad \eta_£ = \frac{\eta_M(1 + e_M)}{e_M + \eta_M}$$

我們求得的穩定條件判別式，適用於最初貿易已達到平衡之情況。如果一國最初有貿易赤字，對外匯需求超過外匯供給，那末貨幣貶值使外匯需求減少百分之 $\eta_£$， 其數額必多於外匯供給的百分之 $\eta_£$， 結果

每貶值百分之一必使外匯超額需求降低的數額，大於按原有外匯供給額的百分之 (η_z +e_z)。因此，即令 η_z +e_z 之和恰等於零， 貶值還是能使外匯超額需求減少一點。換言之，在原先貿易呈現入超的情況下貶低國幣幣值，其改善貿易賬的條件會比在原先貿易維持平衡的情況下更易於達成。而且原先貿易入超愈大，愈易於利用貶值改善國際收支。

在本章上節我們已經說明，由於國際貿易的商品通常有很多競爭性供給國，而且每一國分享的市場比重都很小（巴西之供給咖啡或中國之供給鎢鑛皆稀有例外），使輸出品需求彈性很大。輸入品的代替品在很多國家都能生產，使輸入品在國內市場所占比重亦甚微少，故對輸入品的需求亦富有彈性。既然 η_x 及 η_M 之值通常甚大，外匯市場均衡的穩定條件能輕易符合。況且在原先有貿易赤字情況下，以貶值爲策略改善貿易收支的目的更容易達成。本節我們又進一步顯示，縱然外匯市場出現不穩定均衡點，它卻被兩個穩定均衡點包圍住，使匯率在正常情況不致於爆漲爆跌。無怪乎很多學者將這個均衡穩定性的問題視爲學理上好奇性的研討而已，不具備實際重大意義。

然而，經濟學界還是有一批喜歡搞數字的人利用貿易統計資料對商品需求彈性作實證測定， 他們發現輸出入需求彈性竟異常微小， 違背穩定性判別條件，這些言論多發表於一九四〇年代末期及一九五〇年代初， 形成危言聳聽的彈性悲觀論。 引起不少學者著文批評， 有的從統計學與經濟計量學的立場指出其處理資料的方法過份草率；有的從經濟史觀念強調其所用資料乃戰時經濟處於重重管制下的情況，例如關稅壁壘、輸出入配給制、外匯管制等皆削弱價格制度的運行，令輸出入數量不隨價格變化而作正常反應。還有更深思的一羣學者則進一層指出傳統重視彈性的分析方法，犯了以偏概全的毛病。所採用的分析法是將外匯市場或輸出入品市場孤立起來作局部均衡分析，並且假定所得水準與分

配型態及其他貨品價格均不受匯率變動影響。但實際上其他貨品價格也常受匯率變化影響，再透過貨品之間互代或互輔之關係及成本結構之關係，影響輸出品及輸入品的需求與供給。所得水準及分配型態也不能視為固定，匯率改變經常能直接或間接影響所得，透過國內所得的變化，輸入品需求曲線必定移動位置，輸出品供給曲線也可能波動。因此，傳統的彈性探討方法最多只能視為外匯市場對匯率調整的初步直接反應，其實用性受很大的限制。

在七十年代文獻中常有所謂「J曲線效應」，描述匯率升高及國幣貶值後本國貿易賬的反應歷程。以縱軸衡量貿易賬盈餘，橫軸代表貶值後經歷的時間，假設某國在時間為 t_0 處讓國幣貶值某一百分率，則在 t_0 至 t_1 的一段期間，本國貿易賬不是由最初的平衡狀況轉變為出現盈餘，反而會顯示相當大的貿易赤字，這種赤字在 t_1 處達到最大額，經過一段時間才逐漸縮小而使貿易賬在 t_2 處恢復平衡，以後的期間貿易盈餘逐漸增加，以達到 t_3 處的最高峯。此種時序變化圖形就像英文大寫字體的J字，因此，通常稱之為J曲線效應。很多學者對J曲線效應的解釋是在短期內（t_0 至 t_1）需求彈性之值較低，因消費習慣一時不易改變，對價格變化引起購買數量的調整程度小。長時期後則易於選擇代替品或改變消費習慣，故長期後（t_1 至 t_3）需求彈性值顯著增大。貿易賬之反應歷程本質上代表需求彈性值的變化。唯進一步討論，我們發現通貨貶值會影響商品價格以及國民所得，所得效應也可能導致J曲線反應。

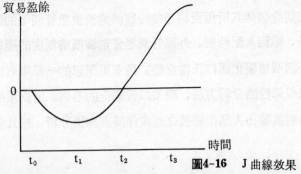

圖4-16 J曲線效果

　　現在我們舉出一國貨幣貶值後三種可能發生的所得效應，說明為何貨幣貶值非但不能立即改善貿易賬反而使貿易赤字擴大。首先假定該國為力求平衡國際收支而實行了緊縮性財政政策與貨幣政策。現在以通貨貶值刺激輸出減少輸入後，該國可能因國際收支暫時改善而改變財經政策。 擴張性的政策將導致生產與所得增加， 於是對輸入 需求亦隨之增加，此種所得效應很可能強於貶值產生的相對價格變化之影響。其次，通貨貶值如促進輸出縮減輸入，則透過國際貿易乘數效應，所得水準必定上升。輸入亦必隨所得之增加而增加，於是通貨貶值的初步出超效果被所得增加後引起輸入增加的次級效果抵消了一部份；最不利的情況下甚至會被全部抵消。第三，貶值會令國內生產要素的價格相對於國際貿易商品的價格降低， 於是從所得 賺取者觀點看其實值 所得比貶值前為低。 假如儲蓄率是隨實值所得水準而變， 實值所得降低則儲 蓄率亦降低，這表示相對於任何一個貨幣所得水準的消費支出一律提高，這種現象又稱為羅爾森——麥資勒效應 (Laursen-Metzler Effect)。 消費率提升的影響自然又使輸入增加輸出減少。 由此可知， 縱然從局部均衡分析得到的結果是價格彈性能使貿易收支對匯率調整呈正常反應（即彈性值大到足以符合市場穩定的判別條件）， 但因為有上面三種所得效應，卻使實際表現的貿易 數字呈現逆轉反應， 讓人們誤以 為各項彈性值太低，外匯市場本性上不穩定。

　　既然傳統的彈性分析途徑受局部均衡分析法的限制，不能對匯率調整的綜合效果提出正確答案，學者遂提倡用支用分析途徑或吞納分析途徑 (absorption approach) 來改正彈性分析法見樹不見林的缺點，並且從各個角度試圖將這兩種分析途徑融匯結合起來。本書將在匯率調整的後果專章中討論。

第四節　晚近有關理論的新發展[*]
§ 4. Recent Refinements in the Theory

　　儘管傳統的局部均衡分析法及其結論彈性判別式對匯率變化影響貿易賬項的問題，不能提出綜合肯定答覆，但作為探討貿易賬對匯率改變的直接初步反應，仍不失其實用價值。在晚近國際經濟學文獻中，仍有學者對它作新的詮釋。本節先介紹蔣雍斯教授 (Ronald Jones) 對馬歇爾——婁納條件的引伸，其次討論董布希教授 (Rudiger Dornbusch) 的詮釋。蔣雍斯將馬歇爾——婁納條件 $(\eta_x + \eta_M - 1)$ 分解成代表消費者行為及生產者行為的邊際消費傾向、輸入品代替彈性及生產彈性三個概念，使人們對於此條件的基本決定因素有更深一層的認識。

　　設本國生產 X 及 Y 兩種貨品，產量為 X 及 Y；外國亦生產此兩種貨品，產量為 X* 及 Y*。本國輸出 X 輸入 Y，最初貿易維持平衡而貨品之單位恰選定為使價格均等於一。X 的價格為 P，Y 的價格為 Q，本國輸出 X 之數量為 X_{12}，輸入 Y 的數量為 Y_{21}，在外國這兩種貨品價格分別為 P* 及 Q*，　本國貿易盈餘或資本賬不存在時之國際收支餘額 $T = P^* X_{12} - Q^* Y_{21}$，假定輸入品需求函數為 $Y_{21} = Y_{21}(Q/P)$ 及 $X_{12} = X_{12}(P^*/Q^*)$，則本國及外國對輸入品需求彈性依照定義分別為：

$$\eta = \frac{-dY_{21}}{Y_{21}} \Big/ \frac{d(Q/P)}{Q/P} = -\frac{y_{21}}{q-p}\,\frac{1}{Y_{21}}$$

$$\eta^* = \frac{-dX_{12}}{X_{12}} \Big/ \frac{d(P^*/Q^*)}{P^*/Q^*} = -\frac{x_{12}}{p^*-q^*}\,\frac{1}{X_{12}} = -\frac{x_{12}}{p-q}\,\frac{1}{Y_{21}}$$

在此以小寫字體代表增量（如 $y_{21} = dY_{21}$，$q^* = dQ^*$），並利用已設立之假定 $Y_{21} = X_{12}$，$P^*/Q^* = P/Q = 1$，$d(P^*/Q^*) = dP^* - dQ^* = p^* - q^* = p - q$

因此　$y_{21} = -\eta(q-p)Y_{21}$,　$x_{12} = -\eta^*(p-q)Y_{21}$

$$dT = t = P^*dX_{12} + X_{12}dP^* - Q^*dY_{21} - Y_{21}dQ^*$$

$$= x_{12} - y_{21} + (p^* - q^*)Y_{21} = x_{12} - y_{21} + (p-q)Y_{21}$$

$$= -\eta^*(p-q)Y_{21} - \eta(p-q)Y_{21} + (p-q)Y_{21}$$

$$= Y_{21}(p-q)[1 - \eta - \eta^*]$$

市場均衡的穩定條件是輸入品價格的相對上漲能增進貿易盈餘，即

$$\frac{dT}{d(Q/P)} > 0 \text{ 或 } \frac{dT}{d(P/Q)} < 0 。$$

今已證得　$\dfrac{dT}{d(P/Q)} = \dfrac{t}{p-q} = Y_{21}[1 - \eta - \eta^*]$

故　$\dfrac{dT}{p-q} < 0$，祇要是 $\eta + \eta^* > 1$，此為馬夏爾——婁納條件。

　　蔣雍斯從兩國之消費行為及生產與貿易行為導求市場均衡的穩定條件如下：

將兩國輸入品消費量視為貿易條件與眞實所得 U（或 U*）的函數：

$$C_y = Y_1 + Y_{21} = \phi(Q/P, U),\ C^*_x = X^* + X_{12} = \phi(P/Q,\ U^*)$$

其增量分別為：

$$dC_y = c_y = y + y_{21} = \frac{\partial\phi}{\partial(Q/P)}d(Q/P) + \frac{\partial\phi}{\partial U}dU$$

$$= \frac{\partial\phi}{\partial(Q/P)}(q-p) + \frac{\partial\phi}{\partial U}dU \tag{4-15a}$$

$$dC^*_x = c_x = x^* + x_{12} = \frac{\partial\psi}{\partial(P/Q)}d(P/Q) + \frac{\partial\psi}{\partial U^*}dU^*$$

$$= \frac{\partial\psi}{\partial(P/Q)}(p-q) + \frac{\partial\psi}{\partial U^*}dU^* \tag{4-15b}$$

眞實所得的變化不能來自產量的變化，因爲兩國皆處於充分就業，dX
+dY＝0　dX*＋dY*＝0，但貿易條件改變則透過輸入數量使眞實所
得改變。

故　$dU = u = (p-q)Y_{21}$　$dU^* = (q-P)Y_{21}$　　　　　(4-16)

現在令 η 及 η^* 爲眞實所得固定之情況下對輸入類商品需求彈性；m及m*
爲支用眞實所得於輸入品之邊際消費傾向，(4-15) 可改寫成

$$c_y = \frac{(Y_1+Y_{21})}{Q/P} \frac{\partial\phi}{\partial(Q/P)} \frac{Q/P}{(Y+Y_{21})}(q-p) + m(p-q)Y_{21}$$

$$y + y_{21} = -(Y+Y_{21})(q-p)\eta + m(p-q)Y_{21} \quad (4\text{-}17)$$

$$c_x = \frac{X^*+X_{12}}{P/Q} \frac{\partial\psi}{\partial(P/Q)} \frac{(P/Q)}{(X^*+X_{12})}(p-q) + m^*(q-p)Y_{21}$$

$$x^* + x_{12} = -(X^*+X_{12})(p-q)\eta^* + m^*(q-p)Y_{21} \quad (4\text{-}18)$$

再定義 η' 及 $\eta^{*\prime}$ 爲以輸入量佔總消費量比重平減 η 及 η^* 後之修正輸
入品代替彈性，

$$\eta' = \frac{\eta}{\dfrac{Y_{21}}{Y+Y_{21}}} = (Y+Y_{21})\eta/Y_{21},$$

$$\eta^{*\prime} = \frac{\eta^*}{\dfrac{X_{12}}{X^*+X_{12}}} = (X^*+X_{12})\eta^*/X_{12}$$

$$\begin{aligned}
y + y_{21} = c_y &= -\eta'Y_{21}(q-p) + m(p-q)Y_{21} \\
&= (p-q)(\eta'+m)Y_{21}
\end{aligned} \quad (4\text{-}19)$$

$$x^* + x_{12} = c_x = -\eta^* X_{12}(p - q) \doteq m^*(q - p)Y_{21}$$

$$= (q - p)(\eta^{*\prime} + m^*)Y_{21} \tag{4-20}$$

按產品供給彈性的定義，

$$e_y = \frac{dY}{Y} \bigg/ \frac{d(P/Q)}{(P/Q)} = \frac{y}{Y}\frac{1}{p - q}, \quad e_x = \frac{x}{X}\frac{1}{q - p}$$

今定義 ϵ 及 ϵ^* 為以輸出量佔總產量比重平減 e_y 及 e_x 後之修正輸出品供給彈性，

$$\epsilon = \frac{e_x}{\dfrac{X_{12}}{X}} = e_x X / X_{12} \qquad \epsilon^* = \frac{e_y}{\dfrac{Y_{21}}{Y^*}} = e_y Y^* / Y_{21}$$

再利用充分就業之假定: $x + y = 0$ $x^* + y^* = 0$ 及期初貿易平衡之假定 $X_{12} = Y_{21}$ 代入以上彈性定義公式中，

可得 $\quad x = (p - q)\epsilon X_{12} = (p - q)\epsilon Y_{21}$

$$y^* = (q - p)\epsilon^* Y_{21}$$

由 (4-19) 及 (4-20) 之結果，並代入以上關係可得:

$$y_{21} = (p - q)(\eta^\prime + m)Y_{21} + x$$

$$= (p - q)(\eta^\prime + m)Y_{21} + (p - q)\epsilon Y_{21}$$

$$x_{12} = (q - p)(\eta^{*\prime} + m^*)Y_{21} + y^*$$

$$= (q - p)(\eta^{*\prime} + m^*)Y_{21} + (q - p)\epsilon^* Y_{21}$$

$$y_{21} = (p - q)Y_{21}(\eta^\prime + m + \epsilon) \tag{4-21a}$$

$$x_{12} = (q - p)Y_{21}(\eta^{*\prime} + m^* + \epsilon^*) \tag{4-21b}$$

現在我們回過來將上列關係代入貿易盈餘方程式中:

$$T = P*X_{12} - Q*Y_{21}$$

$$dT = t = P*dX_{12} + X_{12}dP* - Q*dY_{21} - Y_{21}dQ*$$

$$= x_{12} - y_{21} + (p - q)Y_{21}$$

$$= (q - p)Y_{21}(\eta*' + m* + \epsilon*) + (q - p)Y_{21}$$

$$(\eta' + m + \epsilon) - (q - p)Y_{21}$$

$$= [(\eta' + m + \epsilon) + (\eta*' + m* + \epsilon*) - 1]Y_{21}(q - p)$$

$$\frac{dT}{q - p} = [(\eta' + m + \epsilon) + (\eta*' + m* + \epsilon*) - 1]Y_{21} \quad (4\text{-}22)$$

因此 $\dfrac{dT}{q - p} > 0$,祇要是 $(\eta' + m + \epsilon) + (\eta*' + m* + \epsilon*) > 1$

故 $(\eta' + m + \epsilon) + (\eta*' + m* + \epsilon*) > 1$ 為市場均衡穩定性的判別條件。其中 $\eta + m$ (或 $\eta*' + m*$) 係由消費者行為決定之, ϵ (或 $\epsilon*$) 則取決於生產者的供給。此種分解後之歐夏爾——婁納條件顯示了更深一層的經濟意義。

董布希的論文對畢肯戴克公式另有深一層的詮釋,茲摘要敍述之。當本國貨幣貶值後,按國幣表示的輸出品或輸入品價格皆上漲,而在國外以外幣表示的輸出品或輸入品價格皆下跌,因為商品的供給或需求曲線會因國幣貶值移動位置如下圖 4-17 所示。假定價格水準受輸出入商品價格的影響很大,那麼本國物價必上升而在外國則必下降。

根據國民所得的基本概念, 在一個有進出口貿易的開放經濟, 國民所得減國民支出的差額便是貿易盈餘,如支出大於所得則構成貿易赤字。這種淺顯的關係便是由支用途徑或吞納途徑研究匯率變化對貿易影響的基本構架。現在假如貨幣貶值後,透過彈性判別式的正常反應,改善國際收支的話,我們不免要追問:貶值究竟如何影響生產與支出,達

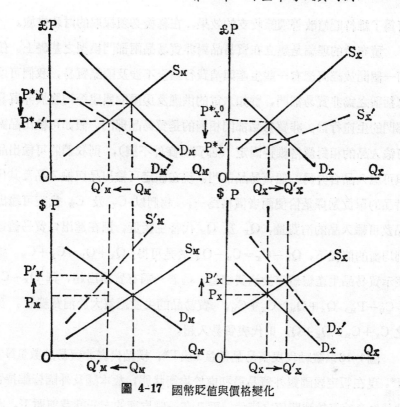

圖 4-17 國幣貶值與價格變化

成貿易盈餘？

　　董布希認爲有兩種解釋能自圓其說，但都是畢肯戴克公式未能明白表現的幕後因素。一種解釋是著重現金餘額效應。假定兩國貨幣供給額皆固定不變，當貶值使本國物價上升後，實值現金餘額較前減少，本國總支出額因而減少，同時外國物價下跌令外國的實值餘額增加，故外國的總支出增加，倘兩國均維持充分就業使國民所得不變，那麼總支出的相對變化自然形成本國的貿易出超及外國的貿易入超。這種解釋是依據貨幣理論中的現金餘額效應分析通貨貶值的後果。本書第九章還有更詳細的討論。董布希伸論的是第二種解釋，不必涉及貨幣因素，但指出政

府爲了維持貶值改善國際收支的效果，在幕後必須採取的財政措施。

董布希的理論是建立在貿易品對非貿易品兩部門模型之基礎上。任何一個開放經濟總有一些生產與消費行爲全不涉及國際貿易，我們可以總括稱之爲非貿易部門，譬如水電的供應及房屋的興建等均屬於非貿易部門的生產行爲。非貿易品部門相對的是貿易品部門。假如可輸出品對可輸入品的相對價格維持固定（即貿易條件不變），則我們將可輸出品與可輸入品合併爲一個貿易品部門。現在假定可輸出品與輸入品及其代替品的單位選擇是恰使兩者價格爲一，我們以 C_X 及 C_M 代表可輸出品及可輸入品的消費量，Q_X 及 Q_M 代替生產量，則在進出口貿易值達到均衡的情況下，$Q_X - C_X = C_M - Q_M$ 於是可得：$Q_X + Q_M = C_X + C_M$。這表示貿易品生產總值等於消費總值。倘若一國有貿易出超，則 $Q_X - C_X > C_M - P_M$，$Q_X + Q_M > C_X + C_M$，貿易品的生產總值大於消費總值。反之 $C_X + C_M > Q_X + Q_M$ 則代表貿易入超。

圖4-18以縱軸代表貿易品數量T或T*，橫軸代表非貿易品數量N或N*。現在假定該國對外貿易最初處於均衡狀態，故本國及外國皆維持貿易品生產值等於消費值之條件。而且在一般均衡的充分就業前題下，非貿易品的生產值亦必須等於消費值。我們將利用此圖說明本國貨幣貶值的後果。在貶值之前兩國的生產及消費可由E及 E* 點代表，此爲無異曲線與變換曲線相切之處。切線的斜率代表貿易品對非貿易品的相對價格，由 P_0 及 P^*_0 標註之。國幣貶值後，在本國貿易品的相對價格上升，在外國則下降（此由圖4-17可看出：不論輸出品或輸入品，以國幣$表示之價格皆上漲，以外幣£表示之價格皆下降）。因此在本國生產點將沿變換曲線向上移動，表示增加貿易品的產量同時減少非貿易品的產量；在外國則有反方向的變化，非貿易品產量增加而貿易品產量減少。在新的相對價格 P_1 及 P^*_1，本國的生產點爲A，消費點爲C，

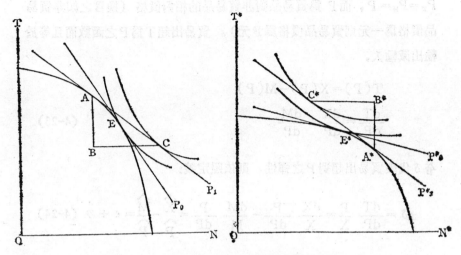

圖 4-18　貿易品對非貿易品模型之貶值分析

外國的生產點為 A*，消費點為 C*，本國對貿易品的產量超過消費量，AB 代表貿易品之出超，外國則貿易品消費量超過生產量，A*B* 代表貿易品之入超。同時在本國對非貿易品生產低於消費，在外國非貿易品消費低於生產，二者之差額由 BC 及B*C* 衡量。

　　董布希指出：如貶值真能造成本國貿易出超，必須財經當局在幕後採取財政措施以抵消本國對非貿易品的超額需求及外國對非貿易品的超額供給，否則本國非貿易品的價格必上升而在外國必下降，使貿易品對非貿易品的相對價格發生逆轉變化，終於令本國貿易出超亦隨之消失。因此，貶值後必須維持非貿易品市場均衡，才能改善貿易賬，董布希提出的一項對策是本國政府課征所得稅而外國政府則須對民間給予移轉支付，並且還要假定對非貿易品的邊際支出傾向在兩國皆等於一，使所得稅及移轉支出恰能抵消非貿易品的超額供求。下面以數學證明在此種情況下貨幣貶值對改善國際收支的效果。

　　假定貿易條件固定（設固定為一），而且商品單位之選定恰使價格

$P_X = P_M = P$，而 P 爲貿易品對非貿易品的相對價格（換言之如非貿易品價格爲一元則貿易品價格爲P元）。貿易出超T爲P之函數而且等於輸出減輸入，

$$T(P) = X(P) - M(P)$$

$$\frac{dT}{dP} = \frac{dX}{dP} - \frac{dM}{dP} \tag{4-23}$$

令 δ 代表貿易出超對P之彈性，則依照定義：

$$\delta = \frac{dT}{dP}\frac{P}{X} = \frac{dX}{X}\frac{P}{dP} - \frac{dM}{M}\frac{P}{dP} = \frac{\hat{X}}{\hat{P}} - \frac{\hat{M}}{\hat{P}} = \epsilon + \eta \tag{4-24}$$

在此 ϵ 及 η 分別爲輸出品供給彈性與輸入品需求彈性。外國的貿易入超對 P* 之彈性可仿此定義之。

$$\delta^* = \epsilon^* + \eta^* = \frac{P^*}{M^*}\frac{dT^*}{dP^*} \tag{4-25}$$

以R代表匯率，則 $P^* = P/R$，$T(P) = -T^*(P/R)$

$$\frac{dT}{dP}\left(\frac{P}{X}\right) = \frac{P}{M^*}\left\{\frac{-dT^*}{dP^*}\right\}\frac{dP^*}{dP}$$

$$= \frac{-P}{M^*}\frac{dT^*}{dP^*}\left[\frac{1}{R}\frac{dP}{dP} - \frac{P}{R^2}\frac{dR}{dP}\right]$$

$$= \left[-\frac{dT^*}{dP^*}\frac{P}{M^*}\right]\frac{1}{R}\left[1 - \frac{dR}{R}\frac{P}{dP}\right] \tag{4-26}$$

故得：$\delta = -\delta^*[1 - \hat{R}/\hat{P}]$，$\hat{P} = \dfrac{\delta^*}{\delta + \delta^*}\hat{R} > 0$ \qquad (4-27)

又因 $\hat{P}^* = \hat{P} - \hat{R}$，$\hat{P}^* = -\dfrac{\delta}{\delta + \delta^*}\hat{R} < 0$ \qquad (4-28)

$\widehat{P}$及 $\widehat{P^*}$ 分別代表在本國及在外國貿易品對非貿易品價格的變化率，上式顯示通貨貶值必令貿易品價格在本國上升而在外國則下降。其升降程度係取決於 δ 及 δ^* 數值。本國貿易賬改善程度

$$dT = X\delta\ \widehat{P} = X\frac{\delta\delta^*}{\delta+\delta^*}\widehat{R} > 0 \tag{4-29}$$

　　如果明顯考慮所得稅對貿易賬之影響，則貿易盈餘$\widetilde{T}$爲貿易品價格及可支配所得的函數，令 I 代表稅收，Y 代表國民所得，π 代表對非貿易品之邊際消費傾向（ $1-\pi$ 爲對貿易品的邊際消費傾向）
對 $\widetilde{T}=\widetilde{T}(P，Y-I)$ 微分之可得

$$d\widetilde{T} = \frac{\partial\widetilde{T}}{\partial P}dP - \frac{\partial\widetilde{T}}{\partial Y_d}\cdot d(Y-I)$$

$$= \frac{\partial\widetilde{T}}{\partial P}\ \frac{P}{X}\ \frac{dP}{P}X - (1-\pi)d(-I)$$

$$= \delta\ \widehat{P}\ X + (1-\pi)dI \tag{4-30}$$

設貿易盈餘等於支出額的變動，也正是政府以課稅方式吸去的民間購買力，則 $d\widetilde{T}=dI$，於是得到下式：

$$\frac{d\widetilde{T}}{X} = \left(\frac{\delta}{\pi}\right)\widehat{P}\ \text{或}\ \frac{d\widetilde{T}}{\widehat{P}} = \frac{\delta}{\pi}X \tag{4-31}$$

依 4-24 式 $\frac{dT}{\widehat{P}}=\delta X$，而且 $0<\pi<1$ 由4-31式可見在明顯課稅的情況下相對價格的變化改善貿易賬的效果更強。至於通貨貶值透過相對價格的改變以影響貿易賬，則可仿照4-31式利用修正之彈性概念 $\widetilde{\delta}=\delta/\pi$，$\widehat{\delta^*}=\delta^*/\pi^*$ 寫出：

$$d\widetilde{T} = X \frac{\widetilde{\delta}\ \widetilde{\delta}^*}{\widetilde{\delta}+\widetilde{\delta}^*}\widehat{R} = \frac{X\left(\frac{\delta}{\pi}\right)\left(\frac{\delta^*}{\pi^*}\right)\widehat{R}}{\delta/\pi+\delta^*/\pi^*} = \frac{X\ \delta\ \delta^*}{\pi^*\delta+\pi\delta^*}\widehat{R} \qquad (4\text{-}32)$$

(4-32) 顯示，兩國支用所得於非貿易品之邊際傾向愈小（π 及 π^* 值愈小），則貶值的功效愈大。

　　董布希並指明本國另一可能對策是在貿易品的名義價格上升時讓非貿易品名義價格下降，但名義所得維持不變。以 H 及 F 代表非貿易品及貿易品產量，P_H 及 P_F 代表其各別名義價格，則名義所得按定義爲

$$Y = P_H H + P_F F$$

假定名義所得維持不變，P_F 之上升恰爲 P_H 之下降而冲消，

$$\frac{dY}{Y} = \frac{HP_H}{Y}\frac{dP_H}{P_H} + \frac{FP_F}{Y}\frac{dP_F}{P_F} = \theta\ \widehat{P_H} + (1-\theta)\widehat{P_F} = 0 \qquad (4\text{-}33)$$

(4-33) 式中 θ 爲所得支用於非貿易品之比率，（$1-\theta$）爲所得支用於貿易品之比率。由此式可得

$$\widehat{P_H} = -\frac{1-\theta}{\theta}\widehat{P_F} \qquad (4\text{-}34)$$

按貿易品相對價格之定義，$P = P_F/P_H$，以 $\widehat{P} = \widehat{P_F} - \widehat{P_H}$ 代入 (4-31)

$$\frac{d\widetilde{T}}{X} = \frac{\delta}{\pi}(\widehat{P_F} - \widehat{P_H}) = \frac{\delta}{\pi}\left[\widehat{P_F} + \frac{1-\theta}{\theta}\widehat{P_F}\right] = \frac{\delta}{\pi\theta}\widehat{P_F} \qquad (4\text{-}35)$$

因此，如果財經當局用財稅措施讓非貿易品市場一直保持均衡（沒有超額供求）名義所得亦固定不變，則通貨貶值後透過貿易品名義價格的上升能獲致貿易賬之改善可藉總彈性概念 λ 及 λ^* 表示：

$$\lambda = \delta/\pi\theta \qquad \lambda^* = \frac{\delta^*}{\pi^*\theta^*}$$

$$d\widetilde{T} = X\left(\frac{\lambda\,\lambda^*}{\lambda+\lambda^*}\right)\widehat{R}$$

$$d\widetilde{T} = \frac{X\left(\frac{\delta}{\pi\theta}\right)\left(\frac{\delta^*}{\pi^*\theta^*}\right)}{\frac{\delta}{\pi\theta}+\frac{\delta^*}{\pi^*\theta^*}}\widehat{R} = \frac{X\,\delta\,\delta^*}{\theta\pi\delta+\theta^*\pi^*\delta^*}\widehat{R} \qquad (4\text{-}36)$$

既然 $0 < \theta < 1$ 且 $0 < \pi < 1$，我們比較(4-36)，(4-32) 及 (4-29) 後可得結論：維持名義所得固定不變的政策比靠財政措施維持非貿易品名義價格不變的政策，更能增進貶值的貿易效果，而傳統模型中讓貿易品相對價格上升，但維持非貿易品市場均衡之政策，獲致之貶值功效最弱。

董布希指出，如果貿易條件可改變，輸出品對輸入品價格非固定，則我們可以得到畢肯戴克公式。它顯示貿易賬的改變與貿易條件的變化有密切關聯。如果貿易條件不變，則如上文分析指出，貶值必改善國際收支。這是因貿易品對非貿易品的相對價格變化所產生的代替效應。如果貿易條件在貶值後變得對本國更為有利，則本國真實所得提高，產生正的所得效應，增加非貿易品的需求及貿易品的供給（在外國負的所得效應增加對貿易品的需求及非貿易品的供給）， 所得效應與代替效應兩者互相加強，使貿易盈餘繼續擴大。但是，貶值也可能使本國的貿易條件惡化。這時本國真實所得因此而降低，外國的真實所得則升高，於是所得效應與代替效應兩者作用相反。在極端情況所得效應可能壓制代替效應，於是本國貿易反會出現赤字。董布希以所得效應與代替效應來解釋貿易賬對貨幣貶值之可能出現逆轉反應，也是對傳統公式所作的新詮釋。

本章參考文獻

1. Stern, R. (1973) *The Balance of Payments: Theory and Economic Policy*. ch 2.

2. Haberler, G.(1949) "The Market for Foreign Exchange and The Stability of the Balance of Payments." Reprinted in R. N. Cooper (ed.) (1969) *International Finance: Selected Readings*, 5.

3. Machlup. F. (1940) "The Theory of Foreign Exchanges," in Machlup F. (1964) *International Payments, Debts and Gold*.

4. Cohen, B.J.(1969) *Balance-of-Payments Policy*, ch.2.

5. Jones R. W. (1961) "Stability Conditions in International Trade: A General Equilibrium Analysis." *International Economic Review*.

6. Takayama, A., (1972) *International Trade: an Approach to the Theory*, ch. 8.

7. Dornbusch, R. (1975) "Exchange Rates and Fiscal Policy in a Popular Model of International Trade", *American Economic Review*.

8. Chacholiades M. (1990) *International Economics*, ch. 14.

第五章　遠期外滙理論
CH. 5 THEORY OF FORWARD EXCHANGE

上一章我們討論的外滙市場是現貨市場。現貨市場上外幣的交易在
價格（即滙率）議定後立卽轉手。與此種現貨市場有密切關係的是外滙
期貨市場，買賣雙方同意按約定之價格在未來一定期限日交割外幣。此種
承諾的外幣交易稱爲遠期外滙交易，期貨市場上約定之價格便是遠期滙
率。在滙率可能發生變動的情況下，人們能利用遠期外滙的交易以避免
風險。主要參加遠期外滙市場的也是冀圖避免滙率變化風險的國際證券
交易者及貿易商。但遠期外滙市場上還有純粹以投機爲目的從事買空賣
空行爲的商人。他們預料外幣卽將升值（或貶值）時，故意事先買進（
或拋售）外幣，等到交割日期到達時如果他們的預測正確，他們就能由
買進及賣出時期貨滙率與現貨滙率之差異，獲取投機利潤。例如紐約市
場上投機者預料英鎊外滙在三個月內卽將由目前的每鎊 2 美元升值爲每
鎊 2.4 美元，他將樂於簽訂遠期外滙交易契約，承諾按每鎊 2.2 美元價
格買進一萬鎊，三個月後付對方二萬二千美元換取一萬鎊英鎊。假定他
的預測正確，三個月後英鎊果眞升值爲每鎊 2.4 美元，則他可立卽在現
貨市場出售英鎊換回二萬四千美元，他的投機利潤爲二千美元。當然，

萬一他預測錯誤，三個月後英鎊仍然是每鎊值 2 美元，那麼他便要承擔
二千美元的虧損。除了國際證券交易者、貿易商及投機者以外，政府亦
可介入遠期外匯市場從事買賣行為。如果現貨匯率是由政府固定，但因
受國際收支因素影響而形成貨幣貶值（或升值）壓力時，金融決策當局
常可很技巧地透過對遠期外匯市場的干預，化解此類壓力，維持匯率的
穩定。遠期匯率係如何決定？有兩種理論解釋。先介紹傳統的利率平準
理論。

第一節　傳統的利率平準學說
§1. The Traditional Interest Rate Parity Theory

假設英鎊與美元兩種貨幣之間的匯率非永恒不變。如果倫敦的年利
率為 $i^y{}_b$，高於紐約的年利率 $i^y{}_a$，那麼在紐約持有資金的人們都會想
將資金從紐約調到倫敦以追求較高的利息收益。但是他們這種行為也會
招致未來英鎊貶值的匯率變化風險，很可能貶值結果使他們得不償失。
為了事前防患此種損失，他們可以在遠期外匯市場將他們預期在倫敦投
資期滿後可望獲得的英鎊本利和出售為美元，這種行為叫做利率仲裁。

假如某投資者的本金為 $A（美元），投資於紐約三個月後可獲之美
元本利和為 $A(1+i^y{}_a/4)$。假如他將同額本金按現貨匯率 R_s 兌換成
英鎊後在倫敦投資，則三個月後可獲英鎊本利和為 $A/R_s(1+i^y{}_b/4)$。
如他利用外匯仲裁在遠期外匯市場將英鎊事先出售為美元，遠期匯率為
R_f，那麼他排除匯率變化風險後，在倫敦投資的美元本利和當為 A/R_s
$(1+i^y{}_b/4)R_f$。倘若後者仍大於投資於紐約之本利和，則顯然資金將
從紐約流向倫敦。反之，若小於在紐約投資之本利，則在倫敦持有英鎊
資金者將以英鎊兌換成美元在紐約投資，故資金將從倫敦流向紐約。因
此，我們可寫出下面的資金流向條件式：

如果　$\$A\left(1+\dfrac{i^y_a}{4}\right)>\$A\left(1+\dfrac{i^y_b}{4}\right)\dfrac{R_f}{R_s}$　$\Bigg\}$ 則資金由倫敦流向紐約。

或　$(1+i_a)>(1+i_b)R_f/R_s$,

i 為三個月期利率

如果　$(1+i_a)<(1+i_b)\dfrac{R_f}{R_s}$, 則資金由紐約流向倫敦。

如果　$(1+i_a)=(1+i_b)\dfrac{R_f}{R_s}$

或　$\dfrac{(1+i_a)}{(1+i_b)}=\dfrac{R_f}{R_s}$, 則資金持有者達到均衡狀態。

在均衡狀態，資金的流動將無利可圖，故資金停止流動。這時的遠期匯率也達到其均衡水準 $\overline{R}_f$

$$\frac{\overline{R}_f}{R_s}-1=\frac{1+i_a}{1+i_b}-1$$

$$\frac{\overline{R}_f-R_s}{R_s}=\frac{1+i_a-1-i_b}{1+i_b}=\frac{i_a-i_b}{1+i_b}$$

$$\left[\frac{\overline{R}_f-R_s}{R_s}\right]+i_b\left[\frac{\overline{R}_f-R_s}{R_s}\right]=i_a-i_b \tag{5-1}$$

上式第二項數值極小，可以省略，故得下一等式，顯示在均衡狀態遠期匯率、即期匯率與兩個金融市場上利率之關係：

$$\overline{R}_f \doteq R_s+R_s(i_a-i_b) \tag{5-2}$$

又　$i_a-i_b \doteq \dfrac{\overline{R}_f-R_s}{R_s}$　如為正值則是遠期英鎊之溢價

如為負值則為遠期英鎊之折價

現在用數字為例說明上式的意義。假如英鎊對美元的即期匯率或現貨匯

率爲 \$1.70 兌換£1；倫敦市場的年利率爲10%，紐約市場的年利率爲
6%，則均衡狀態英鎊的遠期匯率當爲 \$1.683 兌換£1：

$$\overline{R}_f = \$1.70 + \$1.70\left(\frac{0.06}{4} - \frac{0.10}{4}\right) = \$1.683$$

倫敦三個月的短期利率比紐約的利率高1%，此種利率優勢恰好被三個
月遠期英鎊匯率的折價抵銷（因$\frac{1.683-1.700}{1.700} = -1\%$），因此遠期匯率
係決定於利率平準。如英國利率低於美國利率（譬如上例中英國年利率
仍爲10%而美國年利率爲12%），則遠期英鎊必有溢價（其遠期匯率應
爲\$1.70+\$1.70(0.03-0.025)=\$1.7085)。

利率平準學說可藉下圖說明：圖5-1中直線IP與橫軸成 45° 角相交
於原點。依照此學說,遠期匯率會趨向均衡水準調整,建立的遠期匯率溢
價或折價恰等於兩地利率的差距。故溢價或折價必落在IP直線上。倘美英

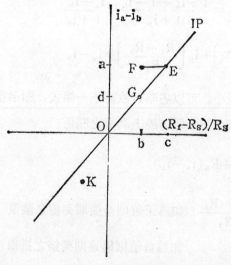

圖 5-1 利率平準線

兩國利率差距爲 Oa，則 F 點所反映的遠期匯率顯然非均衡狀態下之匯率。因爲 Oa＞Ob，資金將從倫敦流向紐約，人們競相出售英鎊，購買美元，增加現貨市場上英鎊的供給及對美元的需求，必促使英鎊現貨匯率下跌；同時人們爲防患風險，出售遠期美元，購買遠期英鎊，必令遠期英鎊匯率上升，於是 F 點必將向 E 點移動，當 Oa＝Oc 時市場供求達到均衡狀態，資金亦將停止移動。事實上，在未達均衡以前，不僅兩種匯率會發生變化，兩地利率水準也可能會受資金流動的影響而有漲落。當資金從倫敦流向紐約時，倫敦資金供給減少，利率i_b趨於上升，紐約則因資金加多而利率下降，結果兩地間利率差距 $(i_a - i_b)$ 將減少，F 點向 G 點移動。當 Ob＝Od 時，利率差距等於遠期英鎊溢價，市場達到均衡，資金停止移動，利率亦恢復穩定。如果匯率與利率同時變動，則 F 點當向 IP 直線移動。同理可知，倘最初倫敦利率高於紐約，而匯率亦未達均衡關係，譬如圖中 K 點，則透過資金的流動，K 點也會移向 IP 直線。靠這種利率仲裁作用說明遠期匯率之決定，就是傳統的利率平準學說。

第二節　現代遠期匯率理論
§2. The Modern Theory of Forward Exchange

然而讀者如果查閱金融統計資料，他會發現上節的利率平準學說不盡符合現實。英國與美國國庫卷的利率差距並不常常接近英鎊對美元匯率顯示的遠期溢價或折價。而且兩者之間常出現頗大的差異。最主要原因是傳統利率平準理論完全忽略了投機者對市場的影響力，並且政府在遠期外匯市場的干預行爲也排除在討論之外。現代遠期匯率理論則彌補了這兩點缺憾。依照現代理論，假定沒有政府對外匯市場的干預行爲，遠期匯率是決定於利率仲裁者、貿易商及投機者的遠期外匯供給曲

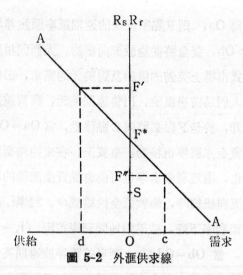

圖 5-2 外匯供求線

線與需求曲線相會處。以下依次說明這三類交易者對遠期外匯的供給與需求。

先看利率仲裁者的供求線是如何作出。橫軸零點的左邊標示對遠期外匯的出售額，右邊標示購買額。假定即期匯率為OS(R_s = OS)，如果遠期匯率為 OF′(R_F = OF′) 時，利率仲裁者願出售遠期英鎊額為 Od，如果遠期匯率為 OF″(R_F = OF″)時，他們願購買遠期英鎊額為Oc，當遠期匯率為OF*時，他們退出市場。圖中AA為利率仲裁者的供求線，AA與縱軸相交於F*處。OF*>OS其差距代表遠期英鎊有溢價，亦反映當時紐約利率高於倫敦利率。因$\left(\frac{F^*-S}{S}\right)=i_a-i_b$，故 F*> S 則 $i_a>i_b$。同理，假如 5-2 圖中之 S 高於 F*，則倫敦利率必高於紐約利率。

其次再看貿易商的外匯供求。貿易商既可利用現貨外匯市場亦可利用期貨外匯市場作收付貨款前之外匯交易，以預防匯率變動導致損失。例如某一美國出口商預計三個月後可收到英鎊外匯一萬鎊(£10,000)當時即期匯率是每鎊值 1.8 美元，但他預料三個月內英鎊將貶值到每鎊不足1.70。如果欲藉遠期外匯市場預防英鎊貶值的風險，則可簽約按£ 1 =

$1.75之遠期匯率出售英鎊,三個月到期時他可穩得$17,500。那時如果英鎊眞已貶值到每鎊1.6美元,他就因此而避免了$1,500美元的損失。但是假設他預料不準,即期匯率沒有變化,在三個月後仍爲每鎊值1.80美元,那麼他自然因爲這張合約而損失$500。此一出口商亦可選擇現貨外匯市場以防患英鎊貶值風險。在此情況他將在倫敦借款一萬鎊,約定三個月後償還借款,然後立即兌換成美元$18,000,投資於紐約短期債券以賺取利息。假定倫敦的三個月利率爲2%,紐約的三個月債券利率爲 1.5%,即期匯率爲1.80,那麼他在三個月後的美元本利和爲$\left(\dfrac{£\,10,000}{1+0.02}\right)\times 1.80$ (1 +0.015)=$17,910 大於他利用遠期外匯市場預防風險的結果$17,500。 因此, 在此例中出口商應該在即期外匯市場從事利率仲裁。在均衡情況下, 他利用遠期外匯市場預售英鎊的結果, 必定同他在即期外匯市場操作所得結果相同。如以A代表英鎊本金, R^*_f代表均衡狀態下遠期匯率, R_s 代表即期匯率, i_a 及 i_b 分別爲紐約及倫敦的短期利率,在均衡情況下式必定成立:

$$AR^*_f = A \times R_s(1+i_a)/(1+i_b)$$

或　　　　$$R^*_f = R_s(1+i_a)/(1+i_b) \qquad (5\text{-}3)$$

上式與資金持有者之利率仲裁行爲所建立的均衡遠期匯率完全相符。同理可說明進口商預購外匯之防止風險與他利用即期外匯市場從事利率仲裁操作所獲結果, 在均衡狀態下亦必建立上面的關係式。 由此可知,貿易商如果可以自由選擇現貨外匯市場或期貨外匯市場預防匯率變動風險, 那麼他們的行爲實與資金持有者從事利率仲裁行爲相似,兩類交易者決定的均衡遠期匯率是一致的。 因此, 我們可以把他們的供求線相加, 得到 AT-AT 線, 代表這兩類交易者合併的供求線如下圖

　　市場上的第三類人是投機者,他們唯一買賣外匯的動機是從匯率的變化賺取投機利潤。 投機者如果在現貨市場買進外匯 (譬如英鎊),他

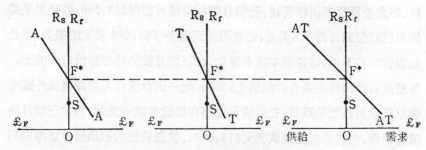

圖 5-3 利率仲裁者及貿易商外滙供求線

是預料英鎊不久將升值，在他持有英鎊的這段日期內縱然他必須支付利息（或損失他原有的利息收益），但是他預期不久英鎊升值後必定能淨賺一筆。同理，預料英鎊貶值（美元升值）的投機者在現貨市場賣出英鎊買進美元，也是希圖他們的投機行爲能夠獲利。在現貨市場上投機總免不了資金的利息成本，因此老練的投機者更偏好利用遠期外滙市場「買空賣空」，根本不必支付利息費用。投機者心目中未來的即期滙率以 $E(R_s)$ 表示，如果遠期滙率 R_f 恰等於 $E(R_s)$，則投機者當退出市場，因他們預期無利可圖。假如 $E(R_s) < R_f$，他們就會賣出遠期英鎊。如果他們預測準確，$E(R_s) \doteq R^t_s$（R^t_s 爲未來實際滙率）則每一鎊的投機利潤爲 $(R_f - R^t_s)$。反之，假如 $E(R_s) > R_f$，他們就會買進遠期英鎊。投機者的供求線由圖 5-4 中的 SS 代表。橫軸原點右方標示遠期英鎊的供給額（出售額），左方代表需求額（購買額）。當 $E(R_s) = E_s = R_f$ 處（卽 F 點）SS 與縱軸相交。如遠期滙率低於 F 點，投機者將買進，且滙率愈低，買進額愈大。如高於此點，則將賣出遠期外滙。譬如在 OF_1 之遠期滙率下，投機者的淨供給額爲 OC。

圖5-5中遠期滙率決定於 AT-AT 線與 SS 線相交處。圖中卽期滙率 OS 高於 OF*，可推知 $i_a < i_b$。$OE_s = OF$ 低於 OS，顯示投機者預料英鎊貶值。兩條供求線相交於 Q 點，遠期外滙市場達到均衡，在 OF′ 的

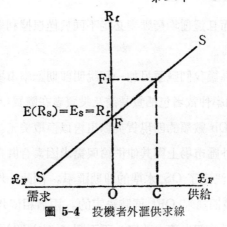

圖 5-4 投機者外滙供求線

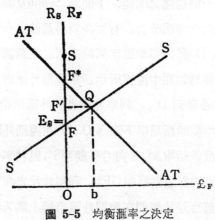

圖 5-5 均衡滙率之決定

遠期匯率之下，投機者所出售的 Ob 數額遠期英鎊恰等於貿易商與投資者願購買的數額。因此依據現代遠期匯率理論，在沒有政府干預的情況下，OF′ 便是均衡遠期匯率。

唯需注意者，AT-AT 線的位置是取決於已知的即期匯率與紐約倫敦兩地的固定利率。倘 S，i_a 及 i_b 三者中任何一項改變，F* 點也必定改變，換言之 AT-AT 線必向上或向下移動。SS 線的位置則係基於投機者對未來即期匯率的預期水準，若此預期水準改變，則 SS 線也會相應移動。因此，AT-AT 與 SS 所決定的均衡遠期匯率實在只能在很

短時間內有效，而且這種均衡匯率必定不同於僅根據利率平準學說決定之遠期匯率 OF*。

在圖 5-5 之幕後我們應該另加一圖說明即期匯率市場決定的即期匯率爲 OS。並且利率仲裁者包括貿易商及投資者在購買 Ob 數額的遠期英鎊時，他們也有 Ob 數額的即現貨英鎊出售以換取美元。這一筆外匯供給在英鎊的現貨外匯市場上與其他供給與需求因素合併在一起（由 D。需求曲線所代表），決定了 OS 水準的即期匯率。因此，均衡的即期匯率 OS 是與均衡的遠期匯率 OF′ 同時決定的。兩者相依共存，任何一個匯率改變立刻使另一個也隨之改變。下面圖 5-6(a)及(b)顯示即期匯率之決定。倘本國國際收支情況改善，有更多貿易盈餘，令英鎊外匯跌價，則遠期匯率（如圖(c)）將與即期匯率同時降低。在新匯率的建立過程必涉及各條供求線的移動如圖中虛線所示。在即期外匯市場上，對英鎊需求減少，D。向左方移動到 D′。，利率仲裁者的外匯供給則增加，AT 移動到 AT′，故新的均衡即期匯率下降爲 OS′。在遠期外匯市場上，因投機者預料英鎊貶值故供給增加，S 向右移動到 S′，與利率仲裁者的需求線 AT′ 相交而決定新的均衡遠期匯率 OF″。利率仲裁者在即期英鎊市場上拋售的英鎊數額仍舊恰等於他們在遠期外匯市場上購入的數額（Oa）。

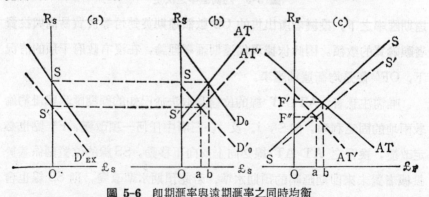

圖 5-6 即期匯率與遠期匯率之同時均衡

第三節　政府對外滙市場的干預
§3. Government Interventions in Foreign Exchange Markets

純粹自由的外匯市場極爲罕見。現代國家的中央銀行均或多或少對外匯市場加以干預。本節討論的政府干預行爲仍屬於價格機能的運用，卽中央銀行加入市場的供給一方或需求一方，影響匯率的變化，或限制其變化的範圍。我們現在以英國的英格蘭銀行爲例，說明它如何干預英鎊對美元的現貨匯率及期貨匯率。

在現貨外匯市場，美元外匯對英鎊的匯率係決定於美元供給曲線與美元需求曲線相交處。在可調整的固定匯率制度下，英格蘭銀行有義務維持匯率於某一固定水準，僅允許它在水準上下極小的範圍內波動。仍以 R 代表每鎊值美元數，則 $1/R$ 爲美元之價格。如果國際收支的自主性交易所決定的外匯供給曲線 S 與外匯需求曲線 D 交點正在匯率允許變動的範圍之內，則英格蘭銀行不必介入外匯市場。圖 5-7(a) 以供給曲線及需求曲線表現均衡匯率 $1/R_0$ 之決定。圖 5-7(b) 利用過剩需求（或超額需求）曲線 D_{EX} 決定同一均衡匯率。因 $1/R^0$ 在 OV 上限及 OM 下限的範圍內，故不涉及政府干預。倘英國國際收支某年出現赤字，對美元需求增加，DD 向右移動至 D′，其與供給曲線決定的美元匯率將爲 $1/R_1$，高於匯率變化的上限，因此當匯率援近 OV 時，英格蘭銀行必須動用所儲存的美元外匯，以補市場上供給之不足。圖(a)中 GB 代表英格蘭銀行爲釘住匯率於 OV 水準而減少的外匯儲備額，並且當英格蘭銀行出售美元外匯時，英國的貨幣流通數額必定減少。由於中央銀行所吸收的貨幣可供普通商業銀行作爲存款準備，故整個經濟內貨幣減少的總額常數倍於英格蘭銀行兌換美元時收回的英鎊數額 $(GB \times \frac{1}{R})$。如果某年

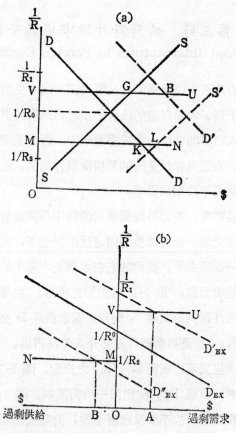

圖 5-7 政府對即期外匯市場之干預

國際收支有盈餘,美元供給增加,SS 向右移動與 DD 之交點決定之匯率為 $1/R_2$,低於匯率變化的下限 OM。英格蘭銀行為維持美元價格使匯率停留在 OM 之下限,必須從外匯市場買進美元,其數額由 KL 表示。同理,此種為釘住匯率而吸收外匯的行為必讓中央銀行外匯儲備與國內貨幣供給額同時增加,而且後者常數倍於外匯資產的增加額。圖5-7(b)則以超額供求曲線說明同樣現象。故在國際收支有盈餘時,英格蘭銀行外匯資產的增加額為 OB (等於圖 5-7(a) 圖中之 KL);有收支赤字時,外匯資

產的減少額爲 OA（等於 (a) 圖中之 GB）。

　　值得我們注意的，是在這種固定匯率制度下中央銀行不能自主的控制國內的貨幣存量。國際收支情況決定了該國貨幣供給額的變化。除非中央銀行能藉公開市場操作，買賣政府債券以抵銷國際收支對貨幣供給額的影響，固定匯率制度對中央銀行的貨幣政策是個嚴重的限制因素。對於這項事實，本書還有詳細的討論。

　　政府對外匯匯率的干預，並不限於現貨外匯市場。中央銀行亦可加入期貨外匯市場，藉對期貨外匯的供求影響以改變匯率。舉例如下：假如英國的國際收支出現巨額赤字，使投機者預料英鎊將在未來短期內貶值，於是他們紛紛出售期貨英鎊，英鎊期貨匯率必定下跌。如果原來遠期匯率、卽期匯率及兩地利率水準下有防護的利率仲裁者不計劃將資金移轉，現在在新的（較低的）遠期匯率 R'_f 下，他們必定切望將資金從倫敦移向紐約。因爲依照我們上節利率平準學說，在均衡時 $(R_f - R_s)/R_s = i_a - i_b$；今 $R_f' < R_f$，則 $i_a - i_b > (R'_f - R_s)/R_s$，顯然投資於紐約更爲有利。假如防護性利率仲裁者紛紛出售英鎊換取美元以移轉其資金，則勢必對英鎊現貨市場增加英鎊貶值壓力，結果英鎊的匯率在期貨市場及現貨市場均一概下降，譬如由下圖之 OF 及 OS 下降爲 OF′ 及 OS′。

　　此時英格蘭銀行如果想支持英鎊的卽期匯率於 OS 水準，則勢必耗用其外匯資產（美元），以吸收現貨市場上 AB 數額的英鎊超額供給。D_G 代表政府介入現貨市場上時英鎊增加需求。英格蘭銀行也可以介入期貨市場，以維持遠期英鎊的匯價。這時必須按 OF 的遠期匯率吸收 CD 數額的遠期英鎊。甚至於在英鎊呈現弱勢之時，故意增加對遠期英鎊的需求，以提高遠期匯率至 OF 之上，刺激防護性利率仲裁者將資金從紐約移往倫敦。因爲如果遠期匯率升高至 OF″，則很可能

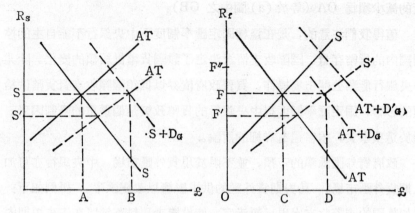

圖 5-8 英鎊貶值傾向下政府之干預

$i_a - i_b < (R''_f - R_s)/R_s$，投資者將資金移往倫敦更爲有利。於是會造成英鎊現貨市場上的購買熱潮，促使英鎊再度挺堅。

第三種策略是靠利率之提高以吸收資金。上面均衡狀態等式中如果 i_a、R_f 及 R_s 三者不變，則 i_b 之增加至 i'_b 造成不等式 $i_a - i_b' < (R_f - R_s)/R_s$，或 $i_b' - i_a > (R_s - R_f)/R_s$，顯然利率仲裁者投資於倫敦更爲有利。故英鎊的匯率亦能藉高利率政策而維持強勢。

這三種策略各有利弊。現貨市場的干預必須立即耗用外匯資產，而且令英國貨幣供給額作被動的變化。當英國國內正逢經濟繁榮而有通貨膨脹壓力時，英格蘭銀行讓國內貨幣數量減少，不失爲合宜對策。而且貨幣數量減少後產生的影響將有助於校正國際收支的失衡。可是，如果英國國內正逢經濟衰退，則英格蘭銀行的拋售外匯，勢必造成更嚴重的通貨緊縮。其次，靠提高利率以支持英鎊的策略，也只有在繁榮時期才能適當採用。利率本身是一項極重要的政策工具，如果國內經濟不景氣，高利率更能助長蕭條，降低經濟成長率。至於遠期匯率的干預策略，也有不可忽略的代價。假如英鎊之貶值確無必要，國際收支本質上

沒有長期赤字之勢，則英格蘭銀行可放心運用遠期匯率的干預，以鞏固英鎊價值。但是，如果英國的國際收支有基本失衡或長期赤字之勢，則英鎊的貶值終必是無可避免的措施。在後面這種情況下，英格蘭銀行利用對遠期市場的干預在短期內雖勉強維持英鎊的價值，但必須負擔日後英鎊實際貶值時遭致的虧損。而且其干預程度愈大，時間愈久及貶值幅度愈多，所遭受的虧損也愈重。因此，對於國際收支失衡的性質，必須有慎重的研判，也要盱衡國內外一般經濟情勢包括國際利率的變化趨勢等，方能避免匯率政策的錯誤與其帶來的不良後果。

第四節　幾點補充
§4. Some Supplementary Comments

在上面三節中討論了遠期匯率的基本理論後，本節擬提出有關利率平準學說的幾點技術性的補充說明。第一點是交易費用的影響，第二點是政治風險的影響，第三點是租稅的影響。

交易費用的影響：在買賣外匯或證券時，通常經紀人會收取若干手續費。因此，投資者或借款人在決定其資金運用計劃時，必須比較一切費用扣除以後的淨收益。假定銀行買賣外匯的價格與中心匯率略有不同，以 R_s（買英鎊）及 R_F（買英鎊）代表在外匯市場上買進英鎊一單位的即期匯率與遠期匯率，R_s 及 R_F 仍代表中心匯率，則 R_s（買英鎊）$> R_s$，R_F（買英鎊）$> R_F$。以 R_s（賣英鎊）及 R_F（賣英鎊）代表在市場上賣出英鎊買進美元的匯率，則 R_s（賣英鎊）$< R_s$，R_F（賣英鎊）$< R_F$。於是持有美金欲在倫敦投資者，在排除匯率變化風險後每元美金可得本利和為：R_F（賣英鎊）$\div R_s$（買英鎊）$\times (1 + i_b)$；此本利和如果大於在紐約投資每元美金之本利和 $(1 + i_a)$，則此人必在倫敦投資。故資金將從紐約流向倫敦，如果下一不等式成立：

$$\frac{R_F \text{（賣英鎊）}}{R_S \text{（買英鎊）}}(1+i_b)>(1+i_a)$$

但是由於 R_F（賣英鎊）$<R_F$；R_S（買英鎊）$>R_S$ 故滿足上面不等式的條件，比不收取外匯交易費用時（即僅有中心匯率時）實更為嚴格，僅有中心匯率時，資金由紐約流向倫敦的條件為：

$$\frac{R_F}{R_S}(1+i_b)>(1+i_a)$$

同理，在僅有中心匯率時，資金由倫敦流向紐約的條件，按利率平準學說為 $R_S/R_F\times(1+i_a)>(1+i_b)$，在收取外匯交易費用時，則條件為

$$\frac{R_S \text{（賣英鎊）}}{R_F \text{（買英鎊）}}(1+i_a)>(1+i_b)$$

因 R_S（賣英鎊）$<R_S$，R_F（買英鎊）$>R_F$，顯然上面的不等式較不易滿足。由於外匯交易費的存在，縱然倫敦與紐約兩地的利率差距稍高於或稍低於英鎊的遠期溢價或折價，利率仲裁者也不會調動資金。因此，在 IP 直線上下一定範圍內，利率的差距不致引起資金流動；在此範圍之外，利率平準學說才發生作用，可預測資金的流向及遠期匯率與現貨匯率之間的關係。在圖5-9中 IP 的上限 OM 及下限 ON 範圍內，投資者對於選擇紐約或倫敦兩地貸放其資金，沒有利害差異。也可以說在此程度利率平準學說似乎不精確有效。

至於買賣證券時，經紀人收取交易手續費對資金流動的影響，與外匯交易費用的影響相似，圖中 OM 及 ON 可以概括此兩項因素的影響。此外，對非英美兩國居民而言，其資本持有者欲在紐約或倫敦投資，又多一次外匯交易的手續。例如墨西哥財主如欲在倫敦投資，必須

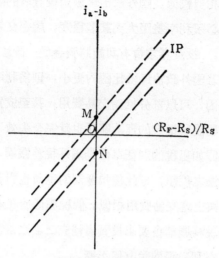

圖 5-9　利率仲裁區

買進現貨英鎊及賣出期貨英鎊，因這筆交易是以美元進行，因此他又必須用墨西哥幣比索購買現貨美元及簽約出售期貨美元換回墨西哥幣。此種多一次外匯交易費用，是遏止資金從美國流出的原因之一。因此對於非英美兩國居民而言，利率平準線上下限的幅度又較上圖的 MN 更寬。換言之，英美兩國利率的差距必須更大，方能誘使他們根據利率平準學說從事有利的資金移轉活動。

　　政治風險的影響：另一項使利率平準學說不能精確測定遠期匯率的原因是外國證券通常具有較大的政治風險。例如投資於國外的資金可能被凍結，或不能兌換成其他貨幣，甚至可能被沒收。卽令這些極不利的事例不致於發生，投資者仍常會擔心他們的紅利或利息收益可能因外國稅制的突然改變或稅率提高而蒙受損失。資金投於本國市場終歸風險性較小，因資金持有者對本國情勢有更清楚的認識。當然這也有例外，假如本國政治不安定則資金將逃往國外。瑞士之所以吸收大量外國資金，

主要是其政治風險相對較低。國外政治風險對投資者的阻礙很像交易費用的影響，因此，必須利率差距大到某個程度，超過交易費用加上風險貼水形成的上下限，投資者才會有興趣將資金從一國移往另一國。但是，另一方面，倘若國外政治風險比國內更小，則爲利率差距以外的另一項資金流動的誘因，可以部分抵銷交易費用，甚至成爲資金流動的主因，於是利率平準學說所推定的理論關係也就完全失效了。

租稅的影響：假如租稅的課征單位是國外稅務機構，而且其稅額高於在本國投資應負擔之稅額，則此種扣繳制的稅負也對資金的流出構成一種阻因，其影響與上述交易費用相似。倘稅額低於在本國投資應負擔之稅額，通常本國稅務機構會要求投資者補充二者之差額，故就此種扣繳稅制而言，並不對利率平準說有何影響。

若課稅單位是本國稅捐局，而且除了利息所得稅以外尚有資本利得稅征課於外匯交易的利潤上，則對資金的流動能構成重大影響。假定美國的資金持有者不論投資美國國內或購買英國證券，皆必須負擔 t_y 稅率的利息所得稅，如從外匯交易獲得利潤則尚有 t_K 稅率的資本利得稅，則每投資美金一元於紐約證券上，其淨得本金及利息當爲 $1+(1-t_y)i_a$。假如此人投資於倫敦，則排除匯率變化風險後，未被課稅前的本利和當爲 $(R_F/R_S)\times(1+i_b)$。後者又可改寫爲兩項之和：

$$(R_F/R_S)(1+i_b)=\left(\frac{R_F-R_S}{R_S}\right)(1+i_b)+(1+i_b) \quad (5-4)$$

在美國稅務局課征所得稅及資本利得稅後，其淨得本金與利息爲：

$$1+(1-t_y)i_b+(1-t_K)\left(\frac{R_F-R_S}{R_S}\right)(1+i_b) \quad (5-5)$$

當倫敦與紐約兩地對投資者的吸引力相同時，資金停止流動，故利率仲

裁者的均衡條件爲：

$$1+(1-t_y)i_a=1+(1-t_y)i_b+(1-t_K)\left(\frac{R_F-R_S}{R_S}\right)(1+i_b)$$

化簡後可得：

$$(i_a-i_b)=\frac{(1-t_K)}{(1-t_y)}\left(\frac{R_F-R_S}{R_S}\right)(1+i_b) \qquad (5\text{-}6)$$

由前文可知，在沒有所得稅及資本利得稅的情況下，利率仲裁者的均衡條件原爲 (5-1) 式，卽

$$(i_a-i_b)=(R_F-R_S)/R_S\times(1+i_b)$$

與 (5-6) 式相比，可看出 (5-6) 式更爲一般化，當 $t_y=t_K=0$ 時卽與 (5-1) 式相同。

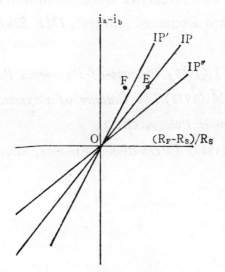

圖 5-10　利息稅對仲裁線之影響

由此可知，(5-6) 式所增加的相乘因子 $(1-t_K)/(1-t_y)$ 實際上能改變利率平準線 IP 的斜率。如果 $t_K > t_y$，則使此線斜率變得更陡俏，如上圖的 IP$'$；反之，如果 $t_K < t_y$，則該線當更平坦，如圖中的 IP$''$。此線斜率的改變，可以影響投資者的資金調動計劃，譬如在利率平準線爲 IP$'$ 的場合，F 點所表現資金從倫敦流向紐約的強度，顯然不及在利率平準線爲 IP 的場合。這表示，美國稅務局可藉降低利息所得稅率及提高資本利得稅率的策略，阻止資金外流。

本章參考文獻

1. Root, F. R. (1990) *International Trade and Investment*, 6th ed. ch. 12 ch. 13.

2. Tsiang, S. C. (1959) "The Theory of Forward Exchange and Effects of Government Intervention on the Forward Exchange Market", *IMF Staff Papers*, Vol. VII

3. Cohen B. J. (1969) *Balance-of-Payments Policy*, ch2.3

4. Stern R. M. (1973) *The Balance of Payments: Theory and Economic Policy*, ch. 2

5. Levi M. (1983) *International Finance*, ch. 7

第六章　境外金融市場
CH. 6　OFFSHORE FINANCIAL MARKET

一九六〇及七〇年代國際金融在市場結構方面有一項意義重大的新發展，這就是歐洲通貨市場（Eurocurrency Market）的興起。歐洲通貨的主要成員為歐洲美元，其在短期內的迅速增長使國際金融交易的性質與數量皆發生顯著的改變，亦對國際貨幣制度與開放經濟社會的貨幣政策產生深遠的影響。在一九六〇年代歐洲美元成長的初期，人們只以市場的地理位置與傳統美元借貸市場有別而冠以「歐洲」（Euro）之名，其毛數額估計約為二百多億美元。不久「歐洲美元」市場即以遠超過美國國內金融市場之成長率發展。到一九七〇年代末期其毛數額估計已高達八千億，並分化出「歐洲日圓」、「歐洲馬克」、「歐洲英鎊」等其他通貨市場。一九八五年歐洲美元毛額估計為二點一兆，淨額估計為一點七兆，在歐洲以外其他地區的金融中心，也有性質類似的市場發展，例如新加坡與香港的亞洲美元市場或亞洲通貨市場等等。學者對此類市場乃就其特色正名為「境外金融市場」（Offshore Financial Market），以涵蓋全球各地各種貨幣在貨幣發行國境外所形成的信用借貸場所。譬如馬克在西德境外的其他歐洲地區被用為信用授受工具，則稱為

歐洲馬克; 日圓在新加坡成爲借貸標的物, 則形成亞洲日圓。

　　境外金融市場的交易數額雖甚爲龐大, 卻不易精確估計。 下面表6-2 所列者爲國際清算銀行及紐約摩根保證信託公司對歐洲通貨市場成長率之估計。可看出其成長率遠超過世界貨幣供給增加率。表 6-3爲一九八〇年代中期之國際金融市場規模。表 6-4 爲國際清算銀行對一九七〇年代市場資金來源與用途的估計, 由此表可看出其分布地區是全世界性的。表 6-5 及 6-6 分別爲一九八五年歐洲通貨市場上各類貨幣所占比重及一九八一年債權與債務期限之組成, 此二表顯示歐洲通貨市場是以歐洲美元爲交易之大宗, 占百分之六十七, 借貸期限則多屬三個月以下之短期信用交易。既然境外金融中心可用歐洲通貨市場爲代表, 而歐洲通貨市場又以美元之短期借貸爲大宗, 因此我們對境外金融市場的討論可以集中注意於歐洲美元市場。

表 6-1 一九八〇年代主要境外金融中心城市

歐　洲	西半球	亞　洲
London	New York	Tokyo
Paris	San Francisco	Singapore
Zurich	Los Angeles	Hong Kong
Geneva	Miami	Manila
Luxembourg	Toronto	Taipei
Brussels	Nassau	Vanuatu
Amsterdam	Cayman	Bahrain
Channel Island	Panama	
	Bermuda	
	Netherland Antilles	
	Barbados	
	Antigua	

表 6-2A *歐洲通貨市場成長之估計一*

（國際清算銀行之估計）　　　　　　　　（單位: 十億美元）

年份	歐洲通貨毛額	歐洲美元部分	歐洲通貨淨額	歐洲通貨淨額增加率 %	歐洲美元增加率 %	世界貨幣供給增加率 %
1964	12		9			
1965	14		12	33.3		9.0
1966	18		15	25.0		8.1
1967	23		18	20.0		7.7
1968	34	27	25	38.9		9.7
1969	57	46	44	76.0	70.4	8.8
1970	75	59	57	29.5	28.2	7.6
1971	98	71	71	24.6	20.3	12.1
1972	132	97	92	29.6	36.6	13.3
1973	191	131	132	43.4	35.1	14.0
1974	221	156	177	34.1	19.1	10.5
1975	259	189	205	15.8	21.2	12.9
1976	305	224	247	20.5	18.5	15.0
1977	385	268	300	21.4	19.6	13.2
1978	502	340	375	25.0	26.9	14.1

資料來源: Bank for International Settlements, *Annual Reports.*

Morgan Guaranty Trust Company of New York, *World Financial Markets.*

International Monetary Fund, *International Financial Statistics (World money supply).*

表 6-2B 歐洲通貨市場成長之估計二
（紐約Morgan 保證信託公司之估計） （單位: 十億美元）

年份	歐洲通貨毛額	歐洲美元占毛額百分比	歐洲通貨淨額	歐洲美元部分	歐洲通貨淨額率%	歐洲美元率%
1964	20	83	14	17		
1965	24	84	17	20	21.4	17.8
1966	29	83	21	24	23.5	20.0
1967	36	84	25	30	19.0	25.0
1968	50	82	34	41	36.0	36.7
1969	85	84	50	71	47.1	73.2
1970	110	81	65	89	30.0	25.3
1971	145	76	85	110	30.1	23.6
1972	200	78	110	156	29.4	41.8
1973	305	73	160	223	45.5	42.9
1974	375	77	215	289	34.4	29.6
1975	460	78	250	359	16.3	24.2
1976	565	79	310	446	24.0	24.2
1977	695	76	380	528	22.6	18.4
1978	835	74	475	618	25.0	17.0
1979	1,111	72	600	800	26.3	29.4
1980	1,515	74	755	1,121	25.8	40.1
1981	1,954	79	1,155	1,544	29.0	37.7
1982	2,168	80	1,285	1,734	11.3	12.3
1983	2,278	81	1,377	1,845	7.2	6.4
1984	2,386	82	1,415	1,954	2.8	5.9
1985	2,796	75	1,668	2,097	17.9	7.3

資料來源: *World Financial Markets*, Quoted from Eugene Sarver, *The Eurocurrency Market Handbook*, 1988.

表 6-3　國際金融市場規模

（單位：十億美元）

債權毛額	1981	1982	1983	1984 九月	1984 十二月	1985 三月	1985 六月	1985 九月	1985 十二月
對居民及非住民歐洲通貨債權	1,929	2,146	2,253	2,322	2,359	2,473	2,459	2,622	2,764
對非銀行	557	634	665	676	694	722	735	761	789
對銀行	1,372	1,512	1,588	1,646	1,665	1,751	1,724	1,861	1,975
美元類	1,504	1,694	1,797	1,857	1,894	1,960	1,924	2,002	2,039
其他通貨類	425	452	456	465	465	513	535	620	725
對非住民國內通貨債權	365	398	398	397	402	409	422	451	503
對非銀行	128	132	136	142	142	147	150	165	185
對銀行	237	266	262	255	260	262	272	286	318
美元類	188	211	217	208	215	208	209	205	215
其他通貨類	177	187	181	185	187	201	213	246	288
共　計	2,294	2,544	2,651	2,719	2,761	2,882	2,881	3,073	3,267
對非銀行	685	766	801	818	836	869	885	926	974
對銀行	1,609	1,778	1,850	1,901	1,925	2,013	1,996	2,147	2,293
美元類	1,692	1,905	2,014	2,069	2,109	2,168	2,133	2,207	2,254
其他通貨類	602	639	637	650	652	714	748	866	1,013

表 6-3 國際金融市場規模（續）

	1981	1982	1983	1984		1985			
				九月	十二月	三月	六月	九月	十二月
債務毛額									
對居民及非住民歐洲通貨債務	1,954	2,168	2,278	2,349	2,386	2,489	2,471	2,641	2,796
對非銀行	372	432	479	492	497	508	520	546	572
對官方金融機構	112	91	88	94	96	96	106	109	112
對其他銀行	1,470	1,645	1,711	1,763	1,793	1,885	1,845	1,986	2,112
美元類	1,539	1,741	1,846	1,912	1,950	2,010	1,969	2,045	2,099
其他通貨類	415	427	432	437	436	479	502	596	697
對非住民國內通貨債務	263	250	260	277	280	293	310	341	377
對非銀行	74	70	73	75	80	82	89	103	109
對銀行	189	180	187	202	200	211	221	238	268
美元類	126	116	135	143	146	147	154	159	169
其他通貨類	137	134	125	134	134	146	156	182	206
共計	2,217	2,418	2,538	2,626	2,666	2,782	2,781	2,982	3,173
對非銀行	446	502	552	567	577	590	609	649	681
對銀行及官方機構	1,771	1,916	1,986	2,059	2,089	2,192	2,172	2,333	2,492
美元類	1,665	1,857	1,981	2,055	2,096	2,157	2,123	2,204	2,268
其他通貨類	552	561	557	571	570	625	658	778	905
淨市場規模	1,155	1,285	1,382	1,411	1,430	1,470	1,497	1,578	1,668

資料來源: *World Financial Markets* (June/July 1986). Reprinted with permission of the Morgan Guaranty Trust Company of New York.

表 6-4 歐洲通貨資金的估計來源與用途

(單位: 十億美元)

	西歐各國	美國	世界其他地區						未歸類數	總額
			加拿大日本	其他已開發國	東歐	境外金融中心	石油輸出國	開發中國家		
用途:										
1969	15.0	16.8	(…			12.0		…)	0.2	44.0
1970	24.0	13.1	(…			19.0		…)	0.9	57.0
1971	32.8	8.3	(…			28.9		…)	1.0	71.0
1972	38.9	9.6	(…			43.1		…)	0.4	92.0
1973	49.0	13.5	12.7	14.7	7.4	18.7	3.3	11.0	1.7	132.0
1974	61.5	18.2	18.2	20.4	10.1	26.7	3.5	15.7	2.7	177.0
1975	63.0	16.6	20.2	25.8	15.9	35.5	5.3	19.5	3.2	205.0
1976	75.1	18.3	21.6	33.0	20.8	40.7	9.6	24.7	3.2	247.0
來源:										
1969	21.7	4.1	(…			17.6		…)	0.6	44.0
1970	27.7	4.5	(…			24.0		…)	0.8	57.0
1971	32.4	6.1	(…			31.4		…)	1.1	71.0
1972	35.2	6.9	(…			47.9		…)	2.0	92.0
1973	50.8	9.5	9.8	17.7	3.7	12.5	10.0	14.6	3.4	132.0
1974	67.8	11.9	8.7	18.5	5.1	17.8	29.1	15.5	2.6	177.0
1975	79.5	15.4	8.3	19.9	5.4	21.8	34.6	16.2	3.9	205.0
1976	87.6	18.8	10.5	21.3	6.4	30.1	45.2	21.3	5.8	247.0

資料來源: Bank for International Settlements, *Annual Roports*.

表 6-5 歐洲通貨市場貨幣別組成

（一九八五年底銀行之外國通貨債務）

歐洲通貨 （美元等值十億元）		佔歐洲通貨市場 百分比%
美元	$1,287.3	67.5%
西德馬克	208.3	10.9%
瑞士法郎	101.5	5.3%
日圓	97.0	5.1%
英鎊	77.5	4.1%
歐洲通貨單位	34.3	1.8%
其他通貨*	101.8	5.3%
共計	$1,907.7	100.0%

*法國法郎、荷蘭幣、比利時法郎、義大利里拉等

資料來源: Bank for International Settlements, *Fifty-Sixth Annual Report, 1 April 1985-31 March 1986* (Basle, 10 June 1986).

表 6-6 歐洲通貨債權債務期限別組成

(百分比 一九八一年年底)

債權

期限	倫敦	新加坡
一個月	31.2	35.0
一至三個月	23.0	27.0
三個月至一年	21.8	21.0
一年以上至三年	7.4	4.0
三年及三年以上	16.6	13.0

債務

期限	倫敦	新加坡
一個月	42.9	46.5
一至三個月	28.9	30.0
三個月至一年	24.5	20.0
一年以上至三年	2.3	2.0
三年及三年以上	1.6	1.0

資料來源: Federal Reserve Bank of San Francisco, *Economic Review* (Winter 1983).

　　歐洲美元由於增長迅速數額龐大，廣泛被各國政府及民間企業利用為支付媒介與信用授受工具，一方面使得國際資金的川流特別活絡，對利率差距的反應特別敏銳，另一方面也增加各國政府對運用其貨幣政策以謀求國內經濟穩定的困難。經濟學界對於歐洲美元及境外金融市場的功過禍福仍多意見紛歧，時有爭論；此外，他們對美國國際收支與商業銀行在歐洲美元的成長過程中所扮演的角色，以及歐洲美元的信用創造乘數等問題，亦常有不同的看法。

　　本章旨在介紹境外金融市場的特色與成因，並以歐洲美元市場作其

代表，討論市場上借貸利率之影響因素及其與匯率的關係、歐洲美元信用創造乘數的計算、學者對是否應管制該市場所持的政策性見解。均於下列各節討論。

第一節　境外金融市場的成長背景
§1. The Historical Background of Offshore Banking

歐洲通貨市場包括歐洲美元市場在內，就文義而言好像是交換各種貨幣的外匯市場。其實這是不正確的命名，它祇是一個信用市場，專從事借貸活動，但借貸的資金卻必定為非市場所在國發行的貨幣。因此，正確的命名應該是歐洲地區境外通貨信用市場，或簡稱境外金融市場。

絕大部份儲蓄與投資的管道都是在一國的境內金融市場，但是很多金融交易涉及國外資金的移轉及外國的金融機構。傳統的國外借貸活動，其共同特色是所有的資金交易必須符合貨幣發行國的法規與制度。例如凡利用英鎊的借貸活動，必須遵守英國的英格蘭銀行之規定。所有以英鎊計值的證券交易，凡是在英國境內完成者皆無例外。對於美國投資者而言，這種在倫敦買賣英鎊證券的市場，或在福蘭克福買賣馬克證券的市場，都算是外國金融市場。同理，凡以美元計值的證券交易，在紐約市場必須遵守美國聯邦儲備銀行的法規。此類市場對於英國的投資者而言，也算是外國金融市場。

在近三十幾年金融市場的新發展，是將國際借貸活動的地點或市場，移向計值貨幣的發行國家境外，以避免受該國金融法規的限制。譬如，以美金計值的借款、貸款或債券，如果是在歐洲城市進行交易，便不受美國聯邦儲備銀行的管轄，毋須遵守美國的法令規章。因此，美國的利率限制與存款準備率等規定，皆約束不到從事歐洲美元借貸活動的歐洲銀行。這種歐洲美元市場發展延伸到其他多種貨幣，形成西德英鎊

市場，倫敦馬克市場或香港日圓市場等等。以習用的名字，可概括稱之
爲歐洲通貨市場，或更準確地命名爲「境外金融市場」。

　　信用市場有直接與間接之分。前者係資金供給者直接將資金貸放給
使用者，不經過金融機構作中間媒介，例如家庭購買生產企業發行的證
劵。此種直接融資絕大部分均在國內進行。比直接融資更經濟有效的是
透過金融機構的間接融資。資金供給者將資金貸放給金融機構，取得後
者發行的債劵或存款證明，金融機構再將資金轉貸給最終使用者如生產
企業，向生產企業取得後者發行的債劵。由於金融機構的介入，使儲蓄
投資的管道更爲流暢，資金的來源與去路也不以國內爲限，於是間接信
用市場又可再劃分成三類：卽國內金融市場，外國金融市場與境外金融
市場。與信用市場平行，以交易媒介之買賣爲主體的市場是外匯市場。
在信用市場內，透過金融媒介之境外信用市場便是本章所討論的歐洲通
貨市場，或歐洲美元市場。二者的關係可用下圖表示。

圖 6-1　外匯市場與信用市場

交　易　媒　介　市　場：外　匯　市　場			
信　　用　　市　　場			
	國　內	外　國	境　　　　　外
直接融資			
金融媒介 間接融資			歐洲通貨市場 屬此類

　　通常國際貨幣市場一詞就是指境外信用市場（或稱歐洲通貨市場）
與其他信用市場的關聯。境外金融交易皆透過歐洲銀行完成。在此「歐
洲」兩字並非指位於歐洲的銀行，乃是泛指所接受之定期存款及所爲放
款皆以駐在國貨幣以外的其他貨幣計値的金融機構，不論該機構爲某銀

行的分支行或國外部，皆算是歐洲銀行。故歐洲美元存款（或貸款）卽美國境外任何金融機構所收受之美元存款（或貸放的美元）。

歐洲通貨市場及多數境外金融市場皆以歐洲美元爲大宗交易。下文將用歐洲美元市場作代表，說明此種境外金融市場發展的歷史，並以歐洲銀行的操作爲例，解釋歐洲美元的創造以及歐洲美元市場利率與美國國內利率之關係。

最早的歐洲美元賬戶是蘇聯建立的。在一九五〇年代蘇聯出售黃金與其他產品得到的美元外匯資產，最初大都是存入紐約或芝加哥等地大銀行的存款帳戶。隨著美蘇兩國之間冷戰的發展，蘇聯擔心一旦情勢惡化，其在美國的美金存款可能被凍結，因此把美金移轉到歐洲地區的銀行，但仍維持美金帳戶以便向西方國家採購物資。英國及法國的歐洲美元銀行，收到美元存款後，卽利用其購買美國的商業票券，以取得利息收益，並以較低的存款利息償付蘇聯，就其差額賺取利潤。蘇聯保有了美元資金的所有權，且有存款利息之收益，故亦樂於讓歐洲美元銀行投資放款，免得自身介入資本主義的貸款「剝削行爲」。歐洲美元卽濫觴於此。一九五七年英國政府感到英鎊貶值壓力甚強，遂禁止英國銀行以英鎊融通第三國之間的貿易，但倫敦的銀行體系殊不欲中斷已建立之營業關係，乃改用以短期存款方式吸收之美元融通此類交易。一九五八年西歐開始實施外匯自由兌換，刺激金融市場的蓬勃發展。敏銳的銀行家卽利用美國存款利率的法定限制，吸收美元資金貸放取利。

到一九六〇及七〇年代，美國聯邦儲備銀行有Ｑ條款之頒佈，限制美國一般銀行及收受存款之金融機構不准擅自提高存款利率。此時期內歐洲銀行的存款利率高於美國，立卽促使大量美元資金移轉往歐洲銀行。也有許多美國銀行在歐洲開設分支行，按較美國境內爲高的利率吸收美元存款，不受美國聯邦儲備當局的利率限制。一九七五年以後雖然

有的利率限制已被取消，但在此以前它無疑是促進歐洲美元存款供給的重要原因。另一項原因則是美國聯邦儲備當局的M條款。它規定一般銀行必須為其存款提存準備金，在一九六九年以前此條款不實用於歐洲地區的美國銀行分行，因此鼓勵美國境內銀行紛紛到歐洲設立分行，吸收美元存款後，不必呆存一部份為法定準備，而能全額運用以賺取更高利潤。到一九七〇年代，很多歐洲貿易商及企業家皆發現持有歐洲美元比持有美元更為方便。他們手中的美元收帳及付帳餘額如果經常兌換成本國貨幣，往往須負擔更多的外匯風險與手續費，倒不如一直以美元形式持有。而且存放在歐洲的銀行又比存在美國銀行更為便利，因前者近在咫尺，隨時可接受委託代為調查客戶信用及提供其他服務，而後者遠在數千里外，人際關係疏遠。於是歐洲美元存款增加極為迅速。等到石油危機爆發後，石油輸出國家新近賺入的巨額外匯，在沒有想到適當支用途徑以前，也都紛紛暫時存入歐洲美元存戶帳下，藉以賺取稍高的利息。

假如市場上只有供給不斷增加而沒有需求配合成長，則市場亦不會蓬勃發展。現在再談歐洲美元貸款需求的增長因素。一九六〇年代及七〇年代美國對國內銀行限制貸款的措施，助長了對歐洲美元放款的需求。一九六五年美國為了減少國際收支赤字，有自願約束海外投資方案，藉以縮減對國外貸款。到一九六八年更進一步以立法管制資金的外流。這些管制促使美元資金需求者轉向歐洲，透過美國銀行在歐洲的往來行或分行取得融資。另一項影響外國對美元貸款需求的因素是美國在一九六三年實行的利息平等稅。此稅課於美國持有外國證券者的利息收益上，旨在抵銷外國較高利率對美國形成的資金外流影響力。但是，不少歐洲企業仍藉提高利率以爭取貸款。在歐洲美元市場發展初期，這些企業家一發現有更低廉的資金來源，立刻趨之若鶩，踴躍吸收歐洲美元貸款。等一九七四年利息平等稅及投資管制撤銷時，歐洲美元市場已經

成長茁壯了。況且在歐洲當地取得美元貸款又比在美國銀行取得貸款更是方便，歐洲當地的銀行總比美國境內銀行更熟悉顧客的營業實績與信用狀況。因此，借款人都不喜從紐約借美金或倫敦借英鎊，反而在盧森堡或阿姆斯特登這些歐洲銀行彙集的城市取得所需的資金。

還有一點重要因素就是資金供求雙方對借款利率與貸款利率的彈性值甚高，亦有利於歐洲美元市場的發展。因為缺乏利率的管制及法定存款準備的約束，歐洲銀行可以將其美元存款利率提高到美國一般銀行的存款利率以上，同時將其美元放款利率降低至美國一般銀行的放款利率以下。由於資金對利率差距的彈性甚高，故歐洲銀行經手資金進出的數額龐大，加以不受法規限制而稅負又輕，故營業成本低廉。因此，歐洲銀行在狹窄的存放款利率差距中，仍然有利可圖而且蓬勃發展。

在歐洲美元市場發展初期，有些人誤認為美國的國際收支赤字是其主要成因。其實美國的收支赤字祇能使更多非美國人持有更多美元資產而已，卻不能保證他們將美元存入歐洲銀行。如果他們的美元資產皆存入美國銀行，則美國的收支赤字即令再大，也不會助長歐洲美元市場。並且當美國國際收支有盈餘的年份，歐洲資金持有者仍可能增加其在歐洲銀行的美元存款（同時大幅減少原存於美國銀行的存款），使歐洲美元呈現增加。由此可見，美國國際收支赤字與歐洲美元市場之發展沒有直接因果關係。倒是因為美國當局為了減少赤字而採行的若干管制措施，促成了這個市場有利的發展環境。其次，由於美國的巨額收支赤字，使西歐各工業國家累積了大量外匯資產，在固定匯率制度下也形成各國貨幣供給額的增加。倘人們持有歐洲美元資產的數額與貨幣供給額之間，維持某種比例關係，則對歐洲美元的需求量也必隨之增加。此外，當西歐各國累積外匯時，其貨幣當局自然放鬆對外匯與資金流動的干涉與管制，於是在自由放任的環境裏更易於促進歐洲美元市場的成長與發展。所以美國的國際收支赤字祇間接有助於該市場的發展。

第二節 歐洲通貨市場上銀行的操作
§2. The Operation of "Euro" Banks

如前文所述，歐洲銀行乃從事以非駐在國所發行貨幣計值之借貸活動。其操作可藉一簡單實例說明如次。

設最初情況爲美國某企業家詹森在紐約之花旗銀行有存款一百萬元。在詹森將此一百萬元轉存入倫敦的第一歐洲銀行後，花旗銀行的資產負債表上在貸方必有相應的改變。原有之對詹森定期存款負債，改變爲對倫敦第一歐銀卽期存款負債。第一歐銀的資產負債表亦有改變。資產一方增加了紐約花旗銀行的卽期存款一百萬，負債一方則增加了詹森存入之歐洲美元一百萬元。以帳戶表示交易結果如下：

最初情況

Cr	紐約花旗銀行	Dr	Cr	倫敦第一歐洲銀行	Dr
	詹森定期存款$1m				

詹森轉移資金到歐洲美元市場後

Cr	紐約花旗銀行	Dr	Cr	倫敦第一歐洲銀行	Dr
	倫敦第一歐洲銀行卽期存款$1m		紐約花旗銀行卽期存款 $1m	詹森定期存款歐洲美元 E$1m	

第一歐洲銀行如本身沒有可以放款的顧客，則將此一百萬元轉存另一家歐洲銀行，設爲第二歐洲銀行，故當此兩家歐洲銀行之間資金移轉後，交易結果如下：

歐洲銀行之間資金移轉後

Cr	紐約花旗銀行	Dr		Cr	倫敦第一歐洲銀行	Dr
	第二歐洲銀行 卽期存款 $1m			第二歐洲銀行 定期存款 E$1m	詹森定期存款 歐洲美元 E$1m	

Cr	第二歐洲銀行	Dr
紐約花旗銀行 卽期存款 $1m	倫敦第一歐洲 銀行定期存款 E$1m	

　　如果第二歐洲銀行仍未有放款顧客，則亦可將此一百萬美元另存入別家歐洲銀行，其結果與上例相似。假定第二歐洲銀行有顧客洛桑公司申請貸款一百萬美元，則交易完成後，各方帳戶當如以下所示。

第二歐洲銀行放款給洛桑公司後

Cr	紐約花旗銀行	Dr		Cr	倫敦第一歐洲銀行	Dr
	洛桑公司 卽期存款 $1m			第二歐洲銀行 定期存款 E$1m	詹森定期存款 歐洲美元 E$1m	

Cr	第二歐洲銀行	Dr		Cr	洛桑公司	Dr
洛桑公司歐洲 美元放款 E$1m	倫敦第一歐洲 銀行歐洲美元 定期存款 E$1m			紐約花旗銀行 卽期存款 $1m	第二歐洲銀行 歐洲美元 放款 E$1m	

　　上列帳戶中凡歐洲美元之交易皆以 E$ 符號表示，以別於美元交易 $。此一串交易存在的條件有四：第一，歐洲美元存款的利率必須比美國國內存款利率爲高，否則詹森不會將資金從紐約移往倫敦；第二，歐洲銀行的美元貸款利率必須比美國國內放款利率爲低，洛桑公司才有興趣向第二歐洲銀行申請貸款，否則該公司寧可申請美國境內銀行的貸款；第三，歐洲美元的放款利率高於存款利率的差距，必須足夠讓歐洲銀行抵償其營業成本而有利可圖，最後一點是銀行與顧客皆有充份自由進出市場，不受外匯管制限制。

　　歐洲美元存款利率及放款利率與美國一般銀行利率之關係，可由下圖表現。圖中 DD 及 SS 分別代表對美元貸款的需求曲線與美元存款的供給曲線。在存款利率與放款利率差距爲 MN 時，美國國內信用市場達到均衡，而市場上成交量爲 $OQ_D$$。在 OM 之貸款利率水準，歐洲美元貸款需求線有無限大的彈性；在 ON 之存款利率水準，歐洲美元存款供給彈性亦無限大。但歐洲美元市場的貸款利率必須低於 OM，其存款利率必須高於 ON。如果存放款利率差距爲 AB 時，歐洲美元市

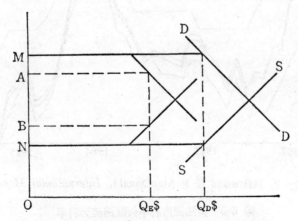

圖 6-2　美國國內利率與歐洲美元市場利率

場達到均衡，則歐洲美元市場的成交金額爲 $OQ_E\$$。

此種歐洲美元市場與美國國內信用市場利率之間的關係乃是正常現象。 但在特殊情況， 歐洲美元市場的放款利率也可能超過美國國內放款利率。其原因是資本管制使歐洲美元市場與美國國內信用市場暫時隔絕，而人們對外匯匯兌變化的預期心理以及外國的信用狀況，構成了歐洲美元市場利率的主要決定因素。譬如一九七三年七月至九月因美國一連串對資本流出的嚴加管制措施，卽曾形成歐洲美元放款利率高於美國國內放款利率的反常現象。下面引用的利率變化圖，皆可說明兩市場上正常的利率關係。

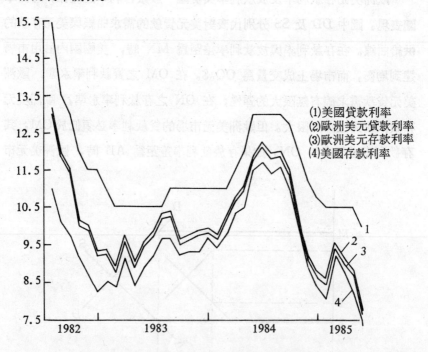

(1)美國貸款利率
(2)歐洲美元貸款利率
(3)歐洲美元存款利率
(4)美國存款利率

資料來源: P. Hallwood & R MacDonald, *International Money* 1988. p. 181.

圖 6-3 美國國內利率與歐洲美元利率

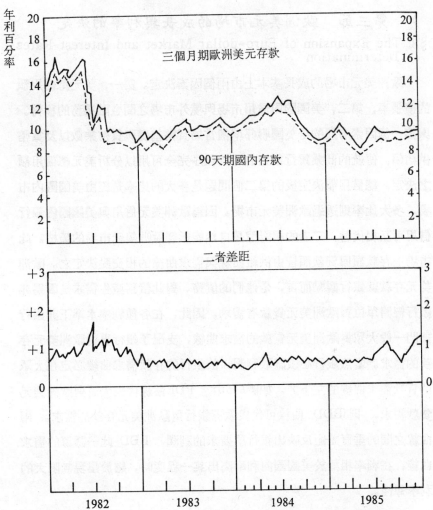

資料來源: From Selected Interest Rates and Exchange Rates, Weekly
Series of Charts, Board of Governors, Federal Reserve
System, 1986.

圖 6-4 歐洲美元利率對美國利率之比較

第三節　歐洲美元市場的成長與利率的決定

§3. The Expansion of Euro-dollar Market and Interest-Rates Determination

　　歐洲美元市場的成長基本上由兩個因素決定。第一，美元總信用額的擴張率；第二，美國國內信用市場與境外市場之間金融業務的移轉。與第一個因素有關的是美國聯邦準備當局貨幣基礎與貨幣乘數以及貨幣供給額。傳統的商業銀行創造信用的程序完全可用以分析美元總信用額之決定。總信用額決定後的第二個問題是多大的比率是經由美國國內市場，多大比率則透過歐洲美元市場。因爲歐洲美元信用與美國國內銀行信用可互相代替，二者的相對消長自然能影響歐洲美元市場的榮枯。此市場上存款額與貸款額皆由供給曲線與需求曲線的相交點決定之。歐洲美元存款就銀行觀點而言，是他們的債務，對此債務產生需求是因爲非銀行經濟單位對歐洲美元貸款有需求。因此，在各種利率水準下非銀行部門一般大眾對歐洲美元貸款的需求曲線，支配了銀行界對歐洲美元存款的需求。當然銀行必須賺取利潤，故銀行的存款需求曲線必定在大眾的貸款需求曲線的左下方。如圖6-5中之 PDL曲線代表大眾對歐洲美元貸款需求，則 BDD 曲線可代表歐洲銀行對歐洲美元存款的需求。兩曲線之間的垂直差距反映出銀行所要求的利潤，BDD 此一誘導的需求曲線，在利率相對於美國國內利率高出某一程度時，趨於呈現無限大的利率彈性。

　　大眾或非銀行單位對歐洲美元存款之供給，乃隨市場利率之上升而提高。在存款利率恰等於美國國內存款利率時，大眾毋須將資金存入歐洲美元市場，故存款供給額爲零。圖中PSD曲線可代表大眾對歐洲美元存款之供給。在 PSD 曲線上面的另一條供給曲線，則反映歐洲銀行對歐洲美元貸款的供給。此兩曲線間的差距也代表銀行要求的利潤。因利

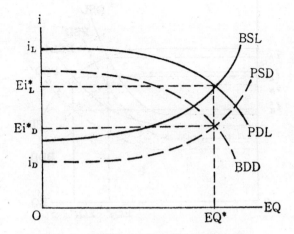

圖 6-5 歐洲美元市場存放款利率之決定

率愈高則歐洲銀行愈願意增加貸款額，故 BSL 曲線係向上傾斜。在歐洲美元市場達到均衡時，一方面大眾對歐洲美元存款的供給，恰等於銀行對歐洲美元存款的需求，他方面銀行對歐洲美元貸款的供給，又恰等於大眾對歐洲美元貸款的需求。因此，圖中兩組供給與需求曲線同時相交於某一資金均衡數額處 EQ*。所決定的均衡貸款利率爲 Ei^*_L，存款利率則爲 Ei^*_D。顯然 Ei^*_L 必低於美國國內美元貸款利率 i_L，而 Ei^*_D 則高於美國國內美元存款利率 i_D。在貸款利率與存款利率之間的差距 $Ei^*_L - Ei^*_D$ 則代表歐洲銀行的營業成本及利潤。

下圖中不論供給曲線或需求曲線的向右方移動，或兩方面同時向右方移動，均能導致歐洲美元市場的成長。譬如當美國貨幣當局推行擴張性貨幣政策，導致大眾對美元存款供給的增加及存款利率下降後（PSD 移到PSD′的位置），歐洲美元市場上會立刻有所反應。歐洲銀行的貸款供線也會相應增加，而要求的貸款利率則下降 （BSL 移向 BSL′ 的位置）。結果，新的均衡數額應該是 EQ*₁，貸款利率由 i_A 降低到 i'_A，

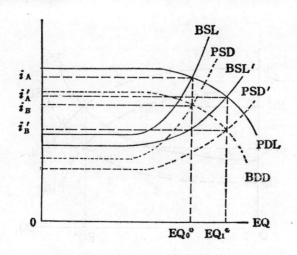

圖 6-6 利率之變化與數量之變化㈠

存款利率由 i_B 降低到 i'_B。同理可知，倘若大眾對美元貸款需求增加
（卽 PDL 曲線向右上方移動），會使歐洲美元市場上的利率提高，均
衡數額亦增加（移動後的 PDL 及 BDD 與原來的 BSL 及 PSD 必
相交於較高的利率水準）。

其次，假如大家對美元存款供給不變，並且大眾對美元貸款的需求
亦不變，但是，由於金融機構效率的進步與成本的降低，或歐洲銀行之
間競爭更趨激烈而使得利潤降低，以致於歐洲銀行願意降低其貸款利率
（BSL 曲線移動到 BSL'），同時提高其存款利率（BDD 曲線移動到
BDD'），其後果如下圖所示，將使歐洲美元市場上的均衡利率差距縮
小（由$i_A - i_B$縮小至$i'_A - i'_B$），信用成交額擴增（EQ*₀增至EQ*₁）。

由在近二十多年歐洲美元成長歷史觀察，此上所論的三種因素都有
相當明顯的貢獻。美國的國際收支赤字有助於增加早期大家所持有的美
元存款，間接也擴張了歐洲銀行對歐洲美元貸款的供給。石油危機發生
後，石油輸出國在短期內累積的巨額外匯，有很大比例是流入歐洲美元

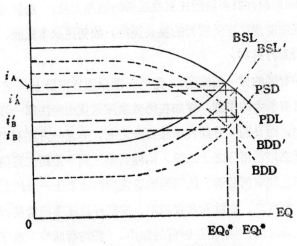

圖 6-7　利率之變化與數量之變化㈠

市場，擴大了歐洲銀行的貸款供給。另一方面，愈來愈多的民間及政府
了解從歐洲美元市場借款的方便及較低的利率成本，紛紛離開傳統的資
金市場而轉向歐洲美元市場吸收貸款，使得對歐洲美元貸款需求激增。
加上金融界競爭激烈，歐洲銀行漸漸縮小存放款利率的差距，亦有助於
歐洲美元市場蓬勃的發展。

　　歐洲銀行何以能在比美國國內銀行較狹小的存放款利率差距中發展
業績？主要原因有下面數點：㈠美國國內銀行必須為存款債務提存法定
準備，而歐洲銀行沒有此種限制，可運用全部存款賺取利潤。㈡美國國內
銀行的放款與投資受金融當局若干限制，有的必須被迫購買政府公債，
故銀行的利潤受到影響。 歐洲銀行則享受充分自由， 沒有信用最高限
制，資金的調配也完全以追求利潤為目的，放款利率雖較低，但因數額
龐大仍有豐厚利潤。㈢美國對國內銀行的限制條款 Q，不適用於歐洲銀
行，故後者能自由適應市場情況調整其利率。㈣歐洲銀行較不受外匯管
制法規的束縛，又能自由進出市場。活潑的競爭環境有助於提高其營業

效率。㈤歐洲銀行很多設置在租稅甚低的通都大邑，由於通訊設備完善，市場組織進步又享受較低的稅負優待，故營運成本低廉，效率比美國一般國內銀行爲高。

與利率有關的另一個問題，是同一歐洲通貨市場上，不同貨幣之間，利率常有很大的差別，譬如在倫敦歐洲通貨市場法郎一月期利率爲百分之十七，而日圓一月期利率僅百分之七，美元一月期利率亦爲百分之十七，馬克則爲百分之十二等。兩種貨幣之利率差距究竟與兩種貨幣的外匯匯率之間有何關聯？此問題的答案顯然涉及上一章所討論的利率平準學說。簡言之，在歐洲通貨利率、遠期外匯匯率與當前對匯率之預期變化率三者之間，有相互影響的作用。在均衡狀態下有下面三種關係：㈠透過已預防匯率變化風險的利率仲裁作用，兩種貨幣的利率差距，趨於與遠期外匯之溢價或折價相等；㈡透過套匯投機活動，遠期外匯溢價或折價，趨於與預期之匯率變化率相等，㈢透過外匯投機，匯率預期變化率趨於與兩種貨幣利率差距相等。譬如，歐洲美元利率 $i_E\$$ 與歐洲馬克利率 i_{EDM} 之差別，應按近外匯市場上美元對馬克的遠期外匯溢價或折價 $(R^f\$/DM-R^s\$/DM)/R^s\$/DM$

$$i_E\$=i_{EDM}+(R^f\$/DM-R^s\$/DM)/R^s\$/DM$$

遠期外匯溢價或折價又等於外匯匯率的預期變化率

$$(R^f\$/DM-R^s\$/DM)/R^s\$/DM=(R^e\$/DM-R^s\$/DM)/R^s\$/DM$$

此種關係又與美國國內利率及西德國內利率有所關聯，因爲美國或西德的貨幣政策及信用鬆緊情況，一方面能影響到歐洲通貨市場上的美元利率與馬克利率，另一方面也能影響馬克與美元的匯率。因此，馬克與美元市場上共有六個基本變數，彼此能互相影響：即兩個國內利率（美國

國內利率與西德國內利率)、兩個境外利率 (歐洲美元利率與歐洲馬克利率) 及兩個外匯匯率 (每單位馬克換取多少美元的現貨匯率與期貨匯率)。就歐洲通貨利率而言，共有兩種外生變動或自變數，這就是㈠美國與西德的國內信用鬆緊情況，㈡外匯匯率之預期，後者又由通貨膨脹率、外貿狀況及政府政策決定之。其他變數則可視爲倚變數或內生變數。現在用兩個簡單的例子，說明利率與匯率之間的關係以及自變數如何影響倚變數。

〔情況一〕: 信用情況改變的影響

假定最初狀態是國內利率與境外利率僅有很小差距，外匯匯率與歐洲通貨利率恰能符合利率平準學說推論的關係。

美國三個月利率＝7.5%；西德三個月利率＝3.5%

歐洲美元年利率＝8%；歐洲馬克年利率＝4%

現貨市場匯率每馬克值 0.400 美元

期貨市場匯率每馬克值 0.404 美元

　　由此可算出馬克的遠期匯率溢價恰等於利率差距:

$$遠期外匯溢價 = \frac{0.404 - 0.400}{0.400} \times \frac{360}{90} \times 100$$

$$= 4\% 年利率$$

$$= 歐洲通貨市場上美元超過馬克之利率差距$$

現在假定美國聯邦準備銀行提高美國利率至 9.5%，市場上利率仲裁作用及匯率預期因素將使歐洲通貨市場利率及匯率均調整改變，以恢復均衡關係。

　　首先，美元借款者必轉向歐洲美元市場借取資金，而存款者則將資金存入美國國內貨幣市場。由於美國國內市場遠比歐洲美元市場大，而且直接受美國貨幣政策控制，資金流動僅能影響歐洲美元利率，故可預見歐

洲美元利率將立刻上升到10%。其次，歐洲通貨市場的利率還要與匯率（包括卽期與遠期）一同調整，以符合利率平準學說描述的均衡條件。

(1)歐洲馬克利率將會上升，因爲利率仲裁者將資金自歐洲馬克市場轉移到歐洲美元市場， 但上升幅度仍在西德國內利率的上限之內。 可是，西德國內市場規模甚小，故西德利率也有上漲可能。

(2)現貨匯率將因仲裁者競售馬克以買美元投資在歐洲美元市場的行爲而下降，除非西德金融當局採取支持馬克的措施，現貨馬克的匯價當有顯著跌落。

(3)當利率仲裁者爲預防投資在美元的風險，紛紛簽訂購買遠期馬克的契約，馬克的遠期匯價必定上升。特別是由於金融當局很少干預期貨市場，遠期匯率將負擔主要調整部份。但是，由於市場上人們對未來現貨匯率的預期，對遠期匯率有影響力量，使遠期匯價的變化也受限制。結果遠期馬克溢價的調整，反而主要靠現貨匯率的變化以達成。

在新的均衡狀況，很可能利率與匯率的變化是這樣的：

歐洲美元利率由 8 ％上升爲10%

歐洲馬克利率由 4 ％上升爲4.5%

西德三個月利率由3.5%上升爲3.75%

現貨馬克匯率由0.400美元下降爲0.399美元

遠期匯率則由0.404美元上升爲0.4045美元

$$新的遠期外匯溢價 = \frac{0.4045 - 0.399}{0.399} \times \frac{360}{90} \times 100$$

$$= 5.5\%年利率$$

$$= 歐洲通貨市場上美元超過馬克之利率差距$$

〔情況二〕：匯率預期改變的影響

現在假設外匯市場與歐洲通貨市場的匯率與利率之關係如上例之新

均衡狀況，馬克遠期外匯溢價恰等於歐洲通貨市場上美元超過馬克的利率差距（5.5%）。西德通貨膨脹率突然上升，令西德出口呈萎縮趨勢，人們預期市場對馬克需求減少，未來馬克匯率將是0.4020而非0.4045。結果外匯投機者將紛紛按現貨匯率0.402買進馬克而按0.4045的期貨匯率出售馬克，馬克期貨供給增加後，期貨匯率將下降至人們預期之未來現貨匯率水準，即每馬克值0.402美元。其次，當遠期匯率下降後，馬克的遠期溢價不足以彌補歐洲馬克較低之利率（因3%＜5.5%），故利息仲裁者必棄馬克而取美元。結果歐洲馬克的利率勢必上升。另一方面，資金紛紛流向歐洲美元市場後，歐洲美元的利率趨於下降。但是受美國貨幣政策與美國國利率不變的限制，美元利率不變，將迫使馬克的現貨匯率下降，並且人們對西德貿易前途的預測也有此影響。最後調整的結果很可能是下面的情況：

遠期匯率：由0.4045美元下降爲0.402美元

歐洲馬克利率由4.5%上升爲5%

西德三個月利率由3.75%上升爲4.25%

歐洲美元利率維持10%不變。

美國國內利率維持9.5%不變。

現貨馬克匯率由0.399美元下跌爲0.397美元。

$$於是新的遠期外匯溢價 = \frac{0.402 - 0.397}{0.397} \times \frac{360}{90} \times 100$$

$$= 5\%年利率$$

$$= 歐洲通貨市場上美元高於馬克的利率差距$$

由以上兩個例子，可以明顯看出匯率與利率之交互影響作用。其調整的方向，總是趨於建立利率平準學說所揭示的均衡關係。

第四節 歐洲美元市場上流動性的創造問題
§4. The Issue of Liquidity Creation in the Market

　　許多有關歐洲美元的理論文獻皆討論到此市場對全世界流動性擴張的影響。有的用傳統的乘數概念來說明歐洲美元市場信用創造的程序。也有的學者反對固定乘數的分析方法，提出更有伸縮性的資產組成平衡理論來探討這個問題。茲分別簡單介紹於本節。

㈠乘數分析

　　假定中央銀行採取措施抵銷國際收支帳的流動性效果，並且一律不將美元準備金存入歐洲通貨市場，我們要分析民間部門一百萬資金由美國銀行轉存入歐洲銀行後，對世界貨幣供給的影響。美元部份的世界貨幣供給，照定義應包括民間持有的歐洲美元存款，但剔除歐洲銀行在美國銀行體系中保有的現金。上面存款轉帳後歐洲銀行的資產負債表爲

Cr	歐洲銀行		Dr
美國銀行現金	100萬	歐洲美元存款	100萬

如果歐洲銀行以現金形式保留 5 萬，其餘95萬放款給美元借款人，則其資產負債表如下

Cr	歐洲銀行		Dr
庫存現金	5萬	歐洲美元存款	100萬
放款	95萬		

於是世界貨幣供給額增加了95萬。然而下面的程序卻是引起各方爭論的
焦點。 放款有三種可能去路： (1)可能流入美國銀行而終止貨幣供給的
擴張； (2)可能被轉換成另一種貨幣， 於是美元存款由某一中央銀行持
有。基於我們的假定，該中央銀行抵銷貨幣擴張效果，並不再將美元轉
存歐洲，因此，世界貨幣供給亦不可能再擴張下去。(3)可能又被轉存入
另一歐洲銀行。只有在第三種情況下，又再度引起另一回合的貨幣創造
過程，使世界流動性增加下去。如果以 r 代表歐洲銀行體系保留現金占
存款的比率，以 d 代表放款回流，再被存入歐洲美元市場之比率，則貨
幣供給之增加額 ΔM_0。與最初存入歐洲銀行美元數A之關係為：

$$\Delta M_0 = (1-r)A + d(1-r)^2 A + d^2(1-r)^3 A$$
$$+ d^3(1-r)^4 A + \cdots\cdots\cdots\cdots$$

$$\frac{\Delta M_0}{A} = \frac{1-r}{1-d(1-r)}$$

如果取銷有關中央銀行的假定當如何？顯然，如果中央銀行持有美元外
匯增加時，不採取抵銷措施則其國內貨幣供給必定增加。又假如中央銀
行也把部份美元轉存歐洲銀行，則 d 值必定加大，使 ΔM_0 對A之比率
亦增加。換言之，乘數之值取決於我們對 r 與 d 所作之假定。令 d = 0，
則乘數變為 1 - r，必定較 1 小。另一極端是假定 d = 1，（歐洲美元
有百分之百回流），則乘數變為 (1 - r)/r。此情況下，設 r = 5% 則
乘數可高達19。很多學者認為歐洲美元市場逐漸普遍為各界接受，則 d
值可能逐年增加，故該市場對世界貨幣供給額的擴張影響很強大。但也
有不少人持相反看法，他們認為歐洲美元不能像商業銀行的活期存款一
般作為共同接受的交易媒介，貸放出去以後回流的比率非常小。因此，
歐洲美元不致於顯著擴張世界流動性。

(二)資產組成分析

侯尤森（J. Hewson）與沙卡凱巴熱（E. Sakakibara）等人的著作皆反對以固定的乘數分析將銀行理論套用到歐洲美元市場。他們指出，歐洲美元市場是個競爭環境極爲自由的市場，一般國內銀行則在制度固定而有法規重重管制之下經營。傳統乘數分析導出之公式中，那些 r、d 比率之數值在國內銀行體系或可視爲短期內固定，但是在歐洲美元市場則是極不穩定的變數，也許受利率結構影響，主要是取決於歐洲銀行的資產選擇過程。假定有筆資金從紐約銀行流向倫敦成爲歐洲美元，則在原先存款利率 r_b 下，歐洲美元市場的資金流入額如圖 6-8 所示爲 bf。但資金流入後會令歐洲美元市場利率下降。放款利率從 r_a 降至 r_c，存款利率從 r_b 降至 r_d。並且利率的變化又使其他地區對歐洲美元之存款供給減少（沿供給曲線向下移動），對貸款需求增加。圖中

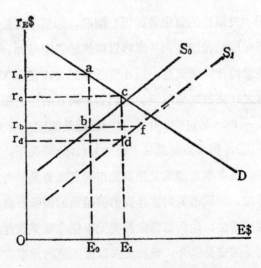

圖 6-8 歐洲美元市場流動性之創造

顯示歐洲美元數額最後將增加 E_0E_1。 如果我們將乘數定義爲歐洲美元增加額對最初資金流入額之比率， 則顯然乘數之值必定小於一 （因 $E_0E_1/bf < 1$）。唯有當供給曲線對利率之彈性爲零時，或需求曲線有無限大的利率彈性時，乘數之值才可能等於一。

侯尤森等並認爲銀行存款之增加對非銀行部門流動性之影響，不能祇看非銀行部門的資產面。必須將資產與負債合併考慮，計算其對淨流動性之影響才屬正確。一般銀行如從大眾吸收短期資金而後對大眾作長期放款，則算是增加了非銀行部門的流動性。國內銀行體系通常皆表現此種資產到期日與負債到期日不必長短配合一致的特性。也就是借入短期資金從事長期貸放的正常營業特色。因此，國內銀行體系的擴張，對非銀行部門流動性的貢獻很大。可是歐洲美元市場上，銀行資產到期日之長短往往與其負債到期日之長短密切配合。由此一觀點考慮，則歐洲美元市場之擴張實未必有助於非銀行部門淨流動性之增加。照侯尤森等的看法，歐洲美元市場只能扮演非銀行金融媒介之角色，既不能創造存款貨幣，又不能對一般大眾增加淨流動性。僅將現存的流動性作不同的分配而已。

侯尤森等強調以到期日之轉換 (transformation of maturity) 作爲能否增益流動性的主要判別標準，是對歐洲美元市場與世界通貨膨脹關係此問題最保守的看法。晚近又有人利用英國的歐洲銀行之資產與負債資料作分析，證明歐洲銀行也能部分轉換到期日，因此對世界流動性之增加仍有相當貢獻。

第五節　管制的必要性與可行性
§5. Desirability and Feasibility of Controls

最後一節我們簡單討論歐洲美元市場是否應予以管制的問題。政府

對金融機構的管制或干預，都是基於下面這五種目的：㈠總體經濟政策的需要：政府的貨幣政策為促進經濟成長，謀求經濟穩定及平衡國際收支的重要工具。貨幣政策功效的傳佈，首賴健全的金融制度與市場與之配合。政府調節信用或改變匯率與利率，皆透過金融機構執行政策。㈡金融體系的安定：投資人或存款人必須對金融機構的償債能力有充分信心，方肯付託以資金。金融機構如完全放任自由，則增加倒閉的風險。因此其業務須受中央銀行或財政部門檢查與管制。㈢社會性目標：為對社會特定階層給予援助，或為改變金融機構所有權的分配，政府常對金融機構加以干預。譬如對低收入階層的低利貸款；以法規限制金融機構股權的轉讓等。㈣競爭的中立：政府在履行其職責時，無可避免會對金融體系有影響作用，為對資金的川流維持中立影響，政府的若干管制是為達成負擔公平之原則。㈤擴大選擇的自由：最後政府為了擴大投資者對資金運用的自由，得積極參與證券市場，提供風險低而報酬率亦較低的政府債券，或透過金融機構代為銷售。

以下我們將檢討，基於上面這些目的之政府管制，是否適用於歐洲美元市場。我們可以提出這樣一個問題：在何種程度內，政府對於境外金融市場活動之管制，構成達到這些目的之先決條件？最受人們重視的問題，顯然是前面兩個目的是否因境外金融市場的興起而難於達成。根據前文的討論可知，歐洲美元雖增加世界總流動性，但對淨流動性的增加卻不如人們想像之大。美國提高利率的反膨脹政策也能反映到歐洲美元市場上，使歐洲通貨市場的利率隨之上升，反之亦然。因此，歐洲通貨市場對美國貨幣政策的反應很像美國國內非銀行金融機構的反應，雖不如國內銀行體系之直接迅速，但不致於抵銷其影響。其實歐洲通貨市場最深遠的影響，是使世界各國在金融關係上更緊密地結合在一起，國際資本流動對利率變化的反應更是敏銳。任何國家單獨對其本國銀行體

系施加管制法規，必定會因為境外金融市場的存在而有漏洞，並因為管制而助長境外金融業的發展。這種新的國際金融環境，自然增加了一國貨幣管理的複雜性，也影響一國單獨採用貨幣政策的功效。譬如一國單獨提高利率以壓制通貨膨脹的政策，會透過歐洲美元市場而引起巨額資本流入，在固定匯率制度下造成貨幣供給增加之反效果。但是在浮動匯率制度下，則因本國幣值之上升而格外有效。其次，就金融體系之安定觀點而言，歐洲銀行皆各有其隸屬的母銀行，從事普通銀行業務。母銀行皆受政府金融檢查制度與法令規章限制與保障。因此，歐洲銀行本身之營業即使無法定存款準備，也不致於過度冒險以致損害到母銀行之信譽與安全，故甚多學者主張沒有必要對境外金融市場加以官方的管制。唯一九七〇年代中期的第一次石油危機曾導致美德兩國兩家商業銀行倒閉，促使不少中央銀行的總裁們提出要求，主張透過國際清算銀行制定「銀行業規章及監督實務」。於一九七五年之報告及一九八三年之修訂準則中，認定國際銀行業規章應注重償債能力、流動性及外匯操作與狀況這三個容易發生問題的領域，地主國與母銀行國的金融主管機構宜就地主國設立之外國銀行對母銀行關係性質作一區別，再確定監督責任與事權之歸屬。性質可分為分支行、附屬機構及關係企業三種關係。國際清算銀行認為分支行之償債能力問題全是母銀行之職責；附屬機構之償債能力則由母銀行及地主國之金融當局共同負責，母國當局基於團結監督之精神應行使監督權；至於關係企業之償債能力則全由地主國承擔責任，母國銀行只受商譽影響。關於分支行的流動性問題主要責任歸屬於地主國當局，因為流動性涉及當地的金融法規、貨幣市場功能等，唯母銀行國當局亦應隨時留意查考分行之業務。附屬機構之流動性問題亦復如此，母國當局應注意母銀行之融資保證便利，至於關係企業之流動性自然由地主國負主要責任。在外匯操作及資產負債外匯組成狀況方面，

地主國與母國對各類型之關係皆應共同負責。地主國當局更應隨時監視其領土內外商銀行的大筆外匯交易，並與母國當局密切協調。國際清算銀行在一九八三年報告中一再強調爲健全歐洲通貨市場之發展，母國及地主國必須本諸團結監督之基本原則，充分溝通及迅速發佈金融市場之統計資料； 對經濟及金融方面之政 策應力求協調配合， 以發揮最大功效。

綜括上文可知學者與銀行官員皆不敢奢言對境外金融活動予以管制。非經濟目的之政府管制縱然有人主張，但在事實上卻不易施行。良以境外金融市場之活動涉及一個以上主權國家，除非走向極權專政及孤立於世界經濟之外，不能靠一國政府行使其統治權而達到管制目的，必須聯合所有境外金融中心駐在地之政府，共同在法規制度上通力合作，才可能有管制成效。但是，已經成爲歐洲通貨市場中心之地主國家，皆不願意放棄既得之利益。譬如外匯銀行專業人才之培訓、就業機會之擴大、外匯來源供給之便利、銀行的利潤與向政府繳納之租稅，皆地主國政府重視之利益，誰也不肯輕易放棄，各國只會熱中助長境外金融市場在本國的發展，當然不會採取管制與遏阻方案。況且就資源運用效率之長遠利益觀點言之，境外金融市場能縮小存放款利率之差距，對存款者及放款者都有好處， 這種好處正 代表資金運 用的效率因 爲有它而提高了，資金的借貸數額也因爲有它而增大了。無怪乎提倡管制之論者，難免會被譏爲開倒車了。

第六節　歐洲公債市場簡介
§6. An Introduction to the Euro-bond Market

　　包括歐洲美元在內的歐洲通貨市場主要業務為短期存放款，國際長期資金的借貸則需仰賴國際公債市場。此類市場可分為兩大類，即外國公債與歐洲公債。所謂外國公債是由外國借款人在本國國內資本市場上發行以本國貨幣計值之債券。外國債券與一般國內債券主要不同處是前者由外國人發行，因此，在稅法處理上及管理法規上也有所不同，當今最主要外國公債市場有紐約、東京、法蘭克福、倫敦、阿姆斯特登、表6-7 所列示者為貨幣別之外國公債新發行額。

表 6-7　貨幣別之外國公債發行額

(單位: 十億美元)

	1976	1977	1978	1979	1980	1981	1982	1983	1984
瑞 士 法 郎	5.36	4.97	5.70	9.78	7.62	8.29	11.43	14.30	12.63
美　　　元	10.60	7.43	5.80	4.51	3,43	7.55	5.95	4.54	5.49
日　　　圓	0.23	1.27	3.83	1.83	1.09	2.46	3.42	3.77	4.63
馬　　　克	1.29	2.18	3.78	5.38	4.84	1.31	2.95	2.67	2.24
荷 蘭 幣	0.60	0.21	0.38	0.08	0.26	0.48	0.96	1.05	—
英　　　鎊					0.17	0.75	1.21	0.81	1.29
全部公債共計	18.19	16.20	20.15	22.26	17.95	21.37	26.40	27.83	27.95

資料來源: J. Orlin Grabbe, *International Financial Markets* (1986), ch. 16.

　　歐洲公債市場與國外公債主要不同處在於所發行公債計值之貨幣，

均非公債出售地之貨幣，並且沒有扣繳之租稅與註冊等法規限制。歐洲公債利息通常免扣租稅，或縱使扣繳利息稅，其發行慣例常註明利息支付必比照稅額增加，使淨利息收益不受扣稅影響。歐洲公債另一方面又與歐洲長期信用不同，公債購買者不必過問借款人的財務狀況，歐洲信用貸款協定常要求借款人維持某一定的資本對資產比率，或者遵守國際貨幣基金協定，這表示歐洲公債發行者之信用風險皆很低微。

一九六三年美國課徵美元計值之外國公債利息平衡稅，首次促使一家義大利國營企業靠國際銀行團爲中介，發行美元計值之公債，在倫敦股票交易所上市。一九七〇年代後歐洲公債發行額迅速增加，每年高達一百七十億美元以上。在八〇年代初期更增至五百億，一九八四年爲七百九十億，一九八五年躍增爲一千二百九十億美元，其中九百四十億係以美元計值，一百一十億以西德馬克計值，此外尚有英鎊、加拿大幣、荷蘭幣、日幣、法朗等貨幣之歐洲公債。期限通常在五年至十五年內。一九八五年公債發行者以國別區分，美國之三百六十億佔首位，其次爲英國（一百六十億），日本（一百四十億），另外還有世界銀行、歐洲投資公司、歐洲煤鐵共同體、亞洲開發銀行等國際性機構。歐洲公債市場上的投資者大部份爲民間企業及個人。近幾年來，保險公司、慈善機構、信託基金、中央銀行及大規模商業銀行對歐洲公債之購買亦甚爲踴躍。歐洲公債市場第三類組成分子則爲投資中介，包括美國投資公司、歐洲環球銀行、日本證券交易所、美國商業銀行在歐洲之附屬機構及英國外商銀行。發行公債者多屬於信用良好之產業公司、民間金融企業及

西方國家政府機構。公債發行方式又分固定利率、浮動利率及可轉換利率三類，以第一類恆占市場發行額一半以上。

　　新的公債之能順利發行上市，其先決條件是要有交易活潑法規健全之舊的債券市場。過去發行之公債不斷地在現行次級市場上轉手買賣，投資者能保持高度流動性，他們才有興趣吸收新的債券。估計歐洲公債次級市場在一九八五年交易額有五千六百億。次級市場最初由外商銀行及股票公司創設於倫敦。一九六八年正式組成國際公債經紀商協會（AIBD），會員不斷增加，使此協會功能得以發揮，對於市場交易法規之健全化、投資人及經紀商權益之保障均有很大的貢獻。據報一九八六年協會會員遍佈世界三十餘國約有八百多家機構。

表 6-8 歐洲公債市場組成 1984-1985

(單位: 十億美元)

歐洲公債發行方式別

	1984	%	1985	%
固定利率	43.62	54.9%	75.23	55.5%
浮動利率	31.70	39.9%	55.67	41.1%
可轉換	4.15	5.2%	4.64	3.4%
總　　計	79.47	100.0%	135.54	100.0%

歐洲公債貨幣別

	1984	%	1985	%
美元	62.04	79.3%	94.40	73.2%
西德馬克	6.06	7.8%	11.18	8.7%
日　圓	1.10	1.4%	6.89	5.4%
英　鎊	4.27	5.5%	6.48	5.0%
歐洲通貨單位	2.74	2.5%	6.88	5.3%
加拿大元	1.98	2.5%	3.12	2.4%
總　　計	78.19	100.0%	128.95	100.0%

主要發行者國別

	1984	%	1985	%
美　國	21.06	40.2%	35.99	38.0%
英　國	4.20	8.0%	15.63	16.5%
日　本	9.62	18.4%	14.05	14.8%
法　國	6.70	12.8%	11.10	11.7%
超國家機構	6.25	11.9%	10.69	11.3%
加拿大	4.54	8.7%	7.31	7.7%
總　　計	52.37	100.0%	94.67	100.0%

資料來源: Eugene Sarver, *The Eurocurrency Market Handbook* (1988), ch.9.

本章參考文獻

1. Eugene Sarver (1988), *The Eurocurrency Market Handbook*.
2. J. Orlin Grabbe (1988), *International Financial Markets*.
3. Dufey, G. and Giddy I. H.(1978), *The International Money Market*.
4. Klopstock F. (1968),The Euro-Dollar Market: Some Unresolved Issues, *Princeton Essays in International Finance*, No 65.
5. Hewson, J. and Sakakibara, E.(1974),The Euro-Dollar Deposit Multiplier: a Portfolio Approach, *IMF Staff Papers*, Vol. XXI.
6. Argy V. (1981) *The Postwar International Money Crisis: An Analysis*, Part one.
7. Hewson, J.(1976) "Credit Creation in the Euro currency Markets: Is there a Case for Control?" in W. Kasper (ed.) *International Money Experiments and Experience*, 2.
8. Swoboda, A.K. (1968), "The Euro-Dollar Market: An Interpretation," *Princeton Essays in International Finance*.

9. Friedman M.(1969), "The Euro-Dollar Market: Some First Principles" in Baldwin R. E. and Richardson J. D.,(Ed.) (1974), *International Trade and Finance: Readings.*

10. Hallwood p. and MacDonald R.(1988), *International Money: Theory, Evidence and Institutions,* 10.

第七章 國際收支失衡的本質 及其調整

CH. 7 BALANCE-OF-PAYMENTS DISEQUI-LIBRIUM AND ADJUSTMENTS

　　一國的國際收支如果長期出現盈餘或赤字，則在當前的匯率結構及經濟政策之下，該國的國際收支呈現了不平衡，簡稱收支失衡。收支有盈餘的國家外匯資產不斷增加，赤字國家則外匯資產逐年減少；如果外匯匯率自由浮動，則其收支失衡必將以另一形式表現，就是在趨向赤字時其本國貨幣將繼續貶值，在趨向盈餘時其本國貨幣不斷升值。國際收支失衡的根源可來自資本賬亦可能出現在經常賬。資本賬的收支失衡往往只是一個資產組成改變時發生的短期現象，並不一定代表經濟情況的惡化。但經常賬的失衡則往往是較長期的現象，當局對此種流量的逆差或盈餘，必須設計妥善政策加以調整。

　　在本章中我們先模仿柴可萊德斯 (M. Chacholiades) 教授的著作，用個體經濟學上常見的分析工具——方格圖解說明生產專業化假定下國際貿易失衡的本質及其調整途徑。第二節採用貿易品對非貿易品的模型，討論撙節支出政策與移轉支出政策應如何配合以改正貿易逆差。第三節則討論在一般充分就業狀況下貨幣因素如何促成價格水準的變化及國際收支的調整。最後一節考慮充分就業之假定下利率與價格的變化

及包括資本賬項的調整。

第一節 生產專業化模型的貿易失衡及調整

§ 1. Trade Disequilibrium and Adjustments in a Model of Complete Specialization

假定A、 B兩國根據比較生產費利益完全分工， A國專生產並輸出產品A， 而B國則生產並輸出產品B。 工資為唯一的生產成本， 以W_A、W_B代表兩國工資率。 利用單位的適當選擇， 可規定每單位勞動生產一單位產品，因此產品價格完全反映勞動者工資。在此簡單的模型中，沒有任何貿易障礙及運輸費用，各國的消費習慣與嗜好則由其社會無異曲線代表。我們並假定兩國之間沒有資本賬的交易項目，因此每一國的輸出總值即為其外匯供給，而其輸入總值即為外匯需求。

以方格圖圖7-1之長 O_aO 代表A的總生產量，此圖之寬 O_bO 代表B的總生產。A國的社會無異曲線以 O_a 為原點，B國的社會無異曲

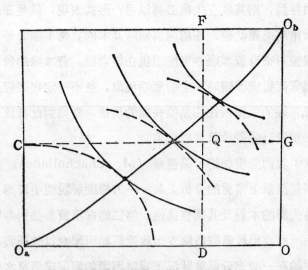

圖 7-1 交易的均衡：契約曲線

線以 O_b 爲原點，這兩套無異曲線的切點構成契約曲線的軌跡。因此沿着這條契約曲線移動，每一點所代表的兩種商品價格比率皆不相同，但兩國面臨的ＡＢ兩者邊際代替率則一致。在方格圖中任何一點到兩邊的直線距離，也就是從原點 O_a 及 O_b 出發所測量出的商品分配量。例如在Q點，A國消費商品A及B之數量分別爲 O_aD 及 O_aC；而同時B國對兩種商品的消費量爲 O_bF 及 O_bG。

由O點輻射出的五條直線代表五種不同的價格比率。這些價格線與A國無異曲線 I^1_a，I^2_a，I^3_a…等的切點形成A國的價格消費曲線OF_a，同樣B國也有一條自O點作出的價格消費曲線 OF_b。 此兩條價格消費曲線必相交於契約線O_aO_b上， 交點爲E， 這時兩國同時達交易的均衡。 這兩條相交的價格消費曲線也就是貿易理論中的提供曲線 (Offer Curve)，而這時的價格比率由OP_3所代表者，即是均衡的貿易條件。我

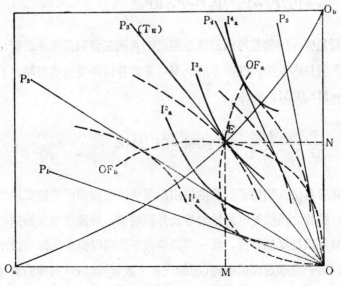

圖 7-2　提供曲線之導求

們稱此一特定的均衡貿易條件為 OT_E。唯有在此一價格比率下， A B 兩國的消費與貿易計劃能完全配合。如圖所示，A國本身將消費 O_aM 數量的本國產品A，向B國輸出 OM 數量之A，按 OT_E 之貿易條件換取 ON 數量的商品B。這時B國對商品B的消費量為 O_bN，向A國輸出 ON 數量的B換取 OM 數量之A。在其他任何貿易條件下 A B 兩國的消費與貿易計劃都不能互相配合，會出現某一商品需求不足而另一商品則需求過多的現象。因此，除 OT_E 以外的任何貿易條件，都是失衡的貿易條件。

E點代表兩國貿易處於均衡狀態，同時也反映外匯市場的平衡。如以 P_A，P_B 代表按A國貨幣計算的AB兩商品之價格，P_A^*, P_B^* 為按B國貨幣計算之價格，R為A國的外匯匯率，則A國的貿易條件可寫成：

$$p = P_A/P_B = P_A^*/P_B^* = P_A/RP_B^*$$

故A國貿易條件的調整可循三條途徑：(1)A國工資與價格的改變；(2)B國工資與價格的改變；(3)匯率的改變。當貿易條件達到均衡時，$p = p_o$ $= OT_E = ME/OM$，故得

$$\frac{P_A}{RP_B^*} = \frac{ME}{OM} \quad 或 \ P_AOM = RP_B^*ME$$

上式的意義為按A國幣值計算的輸出品價值等於按相同幣值表示的輸入品價值，換言之兩國外匯供給恰等於外匯需求，外匯市場也達到均衡。

照柴可萊德斯的分析，此一理論模式下的國際貿易失衡可由兩種型態表現：第一型態是國民所得（即國民總生產值）雖與計劃吞納值（即計劃總支出）維持相等，但在偏差的貿易條件下，計劃吞納值並不等於實

際吞納值。此時外匯市場的失衡與其他市場的失衡同時出現，並且前者可反映出其他市場（商品市場及勞働市場）的失衡。要校正這種型態的失衡，祇須調整貿易條件。第二種型態的失衡則更爲複雜，外匯市場的失衡並不一定與其他市場的失衡同時出現，當商品市場及勞働市場維持均衡狀況時，外匯供求卻不能平衡，這是由於國民總生產與計劃總支出之間有差距，總支出大於國民所得的國家其貿易賬必出現赤字，而貿易盈餘國則計劃吞納總值低於國民總生產值。這種型態的失衡包含了貿易條件的偏差與總支出過量（或不足）兩種病態，因此其校正方法要從調整貿易條件與控制支出總額兩方面着手。換言之，爲校正第二種型態的貿易失衡，當局必須實施以改變支出水準爲目的的需求調節政策（demand management policy）與轉移支出方向的價格政策。

　　現在以圖解法說明第一種型態的失衡及其調整步驟。假定某年度A B兩商品間的相對價格由 OT 之斜率代表，顯然A的實際價格比由 OT_E 代表的均衡價格爲高，B的實際價格則低於均衡價格。於是A國將選擇其

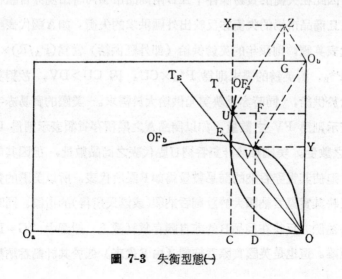

圖 7-3 失衡型態㈠

提供曲線上的U點代表其消費與貿易型態，B國則取V點代表所願望的消費與貿易。如將 VO_b 用虛線連接，再自 O_b 及U兩點作平行四邊形 $ZUVO_b$，則Z點距 O_a 之水平距離及垂直距離分別代表AB兩國合併起來對A及B兩種商品的總需求量。讀者由簡單的幾何學可看出，直角三角形 O_bVY 係全等於直角三角形 UZX，故 XU 等於 O_bY；又直角三角形 ZGO_b 係全等於直角三角形 VFU，故 UF 等於 O_bG。今 O_bY 代表B國願消費商品B之數量，CU 代表A國願消費商品B之數量，故知 CU 加上 UX 的全長恰可衡量 AB 兩國對商品B的需求總量。又圖中U點表示 O_aC 爲A國願消費商品A的數量，V點表示 DO 爲B國願消費商品A之數量，因 $OD=VY=XZ$，故Z點到 O_a 之水平距離恰可衡量A、B兩國對商品A的需求總量。

既然當年A及B二商品的生產總量爲 O_aO 及 O_bO，顯然兩國合併之A商品總需求量低於總產量，A之過剩供給可由 GO_b 或 UF 代表。B商品的總需求量則超過總產量，B之超額需求可由 ZG 或 FV 代表。因此在失衡的貿易條件下AB兩商品市場同時出現非自願存貨變動，並且商品市場的失衡亦反映出外匯供求的失衡。如A國代表美國，B國代表英國，則該年的英鎊供給（即外匯供給）當爲$(P_A/R)×DO=DV×P^*_B$，對英鎊的需求則爲 $P^*_B×CU$。因 $CU>DV$，故對英鎊的需求大於供給，同時亦反映美元供給大於需求。美國的貿易赤字以商品B表示則爲 FV 之數量，如以商品A之累積存貨額表示則爲 UF 或 GO_b 之數量。美國雖然計劃吞納U點代表之商品數量，但因其商品A滯銷，迫使其實際吞納的商品數量爲如F點所代表。所以美國的貿易逆差亦反映其實際吞納額大於計劃吞納額（或國民所得）的指標。同時英國的貿易盈餘亦反映在商品B的非自願存貨耗減上，即圖中 $ZG=FV$ 這一段距離。這也是英國實際吞納額（由F代表）低於其計劃吞納額（由

Ｖ代表）的差距。由此可見，此時商品市場與外匯市場同時失衡，美國
要不斷耗用其外匯資產以換取銷售不完的存貨，而英國則任美元資產積
增以購買其耗減的存貨。

　　這種型態的失衡基本原因是商品Ａ售價太高，商品Ｂ售價太低，故
欲校正失衡必須調整貿易條件 p 到 OT_E。上文已指出 $p = P_A/P^*_B R$，
欲令 p 下降有三種途徑可循：第一是降低Ａ國的工資 W_A 及商品Ａ的售
價 P_A，第二是提高Ｂ國的工資 W_B 及商品Ｂ的售價 P^*_B，第三是不
改變商品價格，但讓Ａ國貨幣貶值，英鎊對美元的售價升高（Ｒ增加）
亦可令 p 值下降。在金本位制度及固定匯率制度下，Ｒ爲固定，則貿易
條件的調整唯有靠價格與工資的改變。如果Ｒ非固定，通常貨幣貶值的
確有助於校正貿易條件，使貿易逆差國的收支得以改善。但是，假如Ｒ
上升後輸入品價格上漲的趨勢蔓延到其他價格，Ａ國的工人堅持要維持
一定水準的眞實工資，則Ａ國的貨幣工資也會上漲，於是 P_A 亦上漲以
致於抵銷原來通貨貶值的效果。其次，倘若Ｒ固定不變，Ｂ國工人因見
貿易盈餘而提出加薪要求，則 P^*_B 上升將有助於校正失衡。又在固定
匯率之下如果 P^*_B 不變，Ａ國物價雖下跌而貨幣工資卻不降低，則
Ａ國的生產者勢必因成本上升而減少產量，於是國民所得水準亦必須降
低。當Ａ國國民所得與生產降低後，則方格圖的長度收縮，於是國際貿
易的新均衡得以重建。此時均衡貿易條件當比原先 OT_E 之斜度爲大，
但不及 OT 之斜度（因 P_A 已下降），新均衡點亦必同時爲兩國提供曲
線之交點 E'，並落在新的契約曲線 $O'_a O_b$ 上面。這時貿易均衡雖重
新建立，但Ａ國生產與所得水準皆已減少。這是因爲貿易條件不能充分
調整故偏差不能完全消除的代價。由此可知，只要一國肯忍受大量失業
及生產萎縮的嚴重代價，偏差的貿易條件也能被維持一段時間，並且在
其貿易賬上呈現收支平衡的可喜現象。總之，一國如幣值被高估，工資

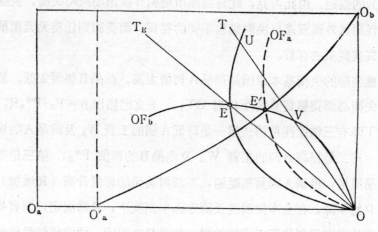

圖 7-4 失衡之校正

與物價水準相對較鄰國偏高，則國際收支的平衡與國內充分就業兩個目標是互相牴觸的。

第二種型態的失衡常是第一種型態失衡再加上政策錯誤的後果。倘若A國的政策決定當局發現其本國商品滯銷，以致生產減少國民所得降低時，採取擴張性的政策，以刺激需求增加消費，則其實際吞納額將等於計劃吞納額，但均大於其國民所得水準。同時B國當局倘感於存貨減少過速，爲恐懼通貨膨脹壓力而採取緊縮性的財政政策或貨幣政策，則其計劃吞納額與實際吞納額將低於其國民所得水準。於是在兩國商品市場將恢復均衡，但是所付出的代價卻是外匯市場失衡的惡化，A國的貿易赤字及B國的貿易盈餘將更見擴增。

圖7-5中OT仍代表期初失衡的貿易條件，AB兩國分別選擇U及V兩點消費貿易型態。今從U點向 O_a 作A國的所得消費曲線 ICC_a，從V點向 O_b 作B國的所得消費曲線 ICC_b，二者相交於K點。（所得消費曲線爲各條無異曲線上商品的邊際代替率恒等於固定價格比率處之軌

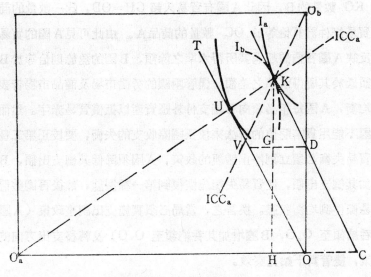

圖 7-5 失衡型態㈠

跡，也就是當價格比率不變而讓所得水準變化，諸預算線與無異曲線切點之軌跡）。自K點作 OT 之平行線與 O_aO 之延長線相交於C，與 O_bO 相交於D。

　　假如A國鑑於商品市場及勞働市場的失衡，欲消除失業而擴增總支出到 O_aC 之水準，則在價格比率為 OT 時，其預算線與無異曲線 I_a 之切點必為K。同理，倘B國欲避免通貨膨脹壓力而採取緊縮政策，使總支出減少到 O_bD 之水準，則在同一貿易條件下其預算線與無異曲線I_b之切點亦必為K，因為K點原來就是兩條所得消費曲線的交點。於是兩國的計劃支出額皆可由K點代表，而且AB兩商品均達到市場均衡（自然兩國的勞働市場亦恢復均衡）。但是，不幸的是外匯市場的失衡則將更為嚴重。這時A國吞納額超過其國民所得水準，如以A商品表示，此超出部份為 OC。A國向B國輸出 GD＝OH 數量的商品A，同時從B國輸入 KH 數量的商品B。但按貿易條件 OT 計算 GD 數量的A祇能

換取 KG 數量的B，因此A國有貿易入超 GH＝OD。此一數量的商品
B按貿易條件計算恰等於 OC 數量的商品A。由此可見A國的貿易賬
赤字反映A國吞納額超過其所得水準之餘額，B國的盈餘則恰等於B國
吞納額低於其所得水準之差額。儘管兩國的勞働市場及商品市場皆表面
維持均衡，A國每年必須向B國支付外匯資產以抵償貿易赤字。然而此
時A國不能用貨幣貶值的辦法來校正國際收支的失衡，要校正第二種型
態的貿易失衡必須立刻停止錯誤的政策，A國須降低其總支出額，B國
須增加其總支出額，使貿易失衡先恢復到第一種型態，然後再調整偏差
的貿易條件到均衡狀態。換言之，當局必須實施支出調整政策（A國降
低其吞納額至 O_aO，B國增加其吞納額至 O_bO）及轉移支出方向的匯
率政策，雙管齊下始克奏效。

第二節　貿易品對非貿易品模型
§2. Tradable Goods versus Non-tradable Goods Model

　　本節我們取消生產專業化的假定，讓AB兩國均同時生產A與B兩
種國際貿易商品，此外還有資源用以生產專供本國自行消費的非貿易
品。此種貿易品對非貿易品的理論模型有個特色，就是假定輸出入商品
之間的貿易條件不變，爲分析方便起見，我們可使商品A及商品B的單
位恰選定爲二者價格均爲一。令 C_A 及 C_B 代表本國對AB兩種貿易
品的消費量，Q_A 及 Q_B 代表其生產量，C^*_A，C^*_B 與 Q^*_A，Q^*_B 代
表B國對兩種商品的消費量與生產量。此外令C_N、Q_N、C^*_N及Q^*_N分別
代表兩國對非貿易品的消費量與生產量。假定A國輸出商品A，輸入商
品B，故 $Q_A > C_A$，$C_B > Q_B$，B國輸出B而輸入A，故 $Q^*_B > C^*_B$，
$C^*_A > Q^*_A$；因爲兩國互爲貿易對象，當貿易賬達到均衡時，下列關係
式必須成立：

$$Q_A - C_A = C_B - Q_B > 0$$
$$Q^*_B - C^*_B = C^*_A - Q^*_A > 0$$
$$C_B - Q_B = Q^*_B - C^*_B$$
$$C^*_A - Q^*_A = Q_A - C_A$$

由這些關係式可得 $Q_A + Q_B = C_A + C_B$；$Q^*_A + Q^*_B = C^*_A + C^*_B$。故知當貿易賬達到均衡時，無論A國或B國貿易品的生產總值必等於其消費總值。

現在考慮失衡的情況。假定A國有貿易赤字而B國有貿易盈餘，則下列各式成立：

$$Q_A - C_A < C_B - Q_B \quad 或 \quad Q_A + Q_B < C_A + C_B$$
$$Q^*_B - C^*_B > C^*_A - Q^*_A \quad 或 \quad Q^*_A + Q^*_B > C^*_A + C^*_B$$
$$C_B - Q_B = Q^*_B - C^*_B \quad 或 \quad C_B + C^*_B = Q^*_B + Q_B$$
$$C^*_A - Q^*_A = Q_A - C_A \quad 或 \quad C_A + C^*_A = Q^*_A + Q_A$$

這表示就兩國合併而言各種商品的總消費量必須等於其總生產量，A國貿易品的生產總值低於其消費總值，B國則相反，貿易品的生產總值大於其消費總值。現在假定A、B兩國期初對非貿易品的生產與消費皆能恰好維持平衡，祇是貿易失去平衡，我們可以利用無異曲線與變換曲線表示此種情況。

右圖 $T_T T_N$ 為A國的變換曲線，當貿易品對非貿易品之價格比率最初為 $\alpha\alpha'$ 之斜率時，A國的國民所得水準如以非貿易品表示當為OH，以貿易品表示當為 OJ（HJ 平行於 $\alpha\alpha$ 並與 $T_T T_N$ 相切），A國選擇無異曲線 I 上之C點之消費組合。這時A國生產點為 $T_T T_N$ 上之A點，正當C點向橫軸作垂直線 CG 與 $T_T T_N$ 之交點處。因此，A國的非貿易品雖達到產銷平衡（圖為 OG），其貿易賬卻呈現巨額入超，其貿易

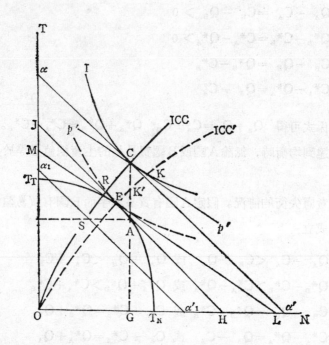

圖 7-6 非貿易品對貿易品模型之失衡

品之消費總值 CG 顯然大於生產總值 AG，二者的差額 CA(CA=αJ)
卽爲貿易赤字。 又由 C 點代表的總支出額如以貿易品表示的價值當爲
Oα，以非貿易品表示的價值則爲 Oα′。 旣然 CA 等於 αJ，貿易赤字
正反映總支出額超過那代表總生產額的國民所得。

要校正此種貿易失衡，祇靠減少總呑納額的緊縮性財政政策或貨幣
政策是不夠的。 如圖所示， 如果只有總呑納額減少而價格比率維持不
變，則A國將循其所得消費曲線 ICC 向原點移動， 於是對貿易品與非
貿易品的需求量同時減少，當總支出額大幅度降低到S點後，貿易賬的
赤字可以完全消除，但是由於對非貿易品的需求也大量減少，而非貿易

品的價格與工資皆具有向下的僵固性而不能自由降低，故對非貿易品的需求減少後，產量與就業量均將減少。圖中 S 點表示非貿易品部門有大量失業存在。由此可見，祇憑撙節支出的緊縮性財經政策雖可消除貿易逆差，但必須付出讓生產減少失業率增高的代價。

如果當局讓財經政策不變，靠貶低本國幣值的外匯匯率政策結果將如何？如果國幣貶值，則以本國幣值表示的輸入品及輸出品價格在正常情況下均會上漲（見第四章第一節圖 4-3b 圖 4-6b）。於是貿易品對非貿易品的相對價格提高，二者的價格比率由原先的 $\alpha\alpha'$ 變成 pp'。在此一新的價格比率下，A 國的所得消費曲線為 ICC'，如果總支出水準仍讓 A 國處於原先的無異曲線，則新的消費點為 K。但在通貨貶值後 A 國居民持有的實值現金餘額較原先減少，此種負的現金餘額效果可能使 A 國的總支出額下降至 K' 點，此時 A 國對貿易品的超額需求雖較前減少，但貿易赤字依然存在，而對非貿易品則需求超過供給，將使二者相對價格的變化有逆轉之勢。當貿易品對非貿易品的相對價格上升後，A 國的生產要素將從非貿易品部門移向貿易品部門，故 A 國的生產型態將由 A 點沿變換曲線向左上方移動。圖中 ML 與 pp' 平行而與變換曲線相切於 E 點，故 E 點代表 A 國新的生產型態。

如果 A 國同時採用緊縮性財政政策以適當降低總支出水準以及匯率政策以適當移轉支出方向，則 A 國可使貿易品及非貿易品的生產與消費同時達到均衡。這就是圖中的 E 點。E 點是新的所得消費曲線 ICC' 與變換曲線相交處。假如貶值的程度恰到好處，使新的價格比率正是無異曲線與變換曲線相切處切線的斜率（如圖所示之情況），則在 E 點處的 A 國同時達到貿易賬的平衡及國內非貿易品的產銷平衡，而且其國民福利水準也到了最高點。在其他的價格比率下，雖然 A 國亦能達成貿易品及非貿易品的產銷平衡，但 ICC' 與變換曲線相交處不一定是無異曲線

與變換曲線的相切處，這表示消費福利未必達到極大。此外，當A國藉兩種政策建立生產與消費的新均衡型態後，其吞納總值也自然與生產總值相一致，二者均恰等於國民所得水準。按貿易品價值計算當為 OM，按非貿易品價值計算則為 OL。

由以上的分析可知，A國從C點與A點的消費與生產失衡狀態向E點的均衡狀態調整，必須藉助於降低支出水準及移轉支出方向的兩種政策，且二者應適當配合。A國可先運用緊縮性財政或貨幣政策使總支出循 ICC 降低至R處，再接著實施貶低幣值的政策使生產型態由A點調整到E點，消費狀態由R也改變為E點。A國也可以先實施匯率政策使消費型態先改變到 K' 點，生產型態由A點改為E點，接著推行撙節支出水準的緊縮性政策，使消費額進一步降低，沿 ICC' 移向E點。A國從R點之移向E點及從C點之移向 K' 皆涉及通貨貶值所產生的實值餘額效果，有減少總支出的作用。倘若忽略此點，則當局施行以撙節支出為目的之緊縮性政策很可能效果太強，導致失業增加的不良後果。

在僅有兩國的理論模型內，一國的貿易均衡暗示另一國也維持貿易均衡，A國的貿易赤字暗示B國有貿易盈餘。以上各段的討論均假定B國不採取任何行動，專靠A國主動利用其財政政策與匯率政策以建立其內部及對外的雙重平衡。倘若A國不採取任何行動，則B國當局應採行增加總支出的擴張性財政政策及移轉支出方向於多買貿易品之匯率政策（讓B國的幣值升高）。二者應如何適當配合亦可仿照 7-6 圖說明，毋庸贅述。

第三節 古典派模型的自動調整機能
§3. The Automatic Adjustment Mechanism in the Classical Model

在金本位制度下，工資及價格水準不但能自由上升，而且能自由下

降。靠這種自由升降的價格機能，各國得以維持資源的充分就業，並且貿易賬也能自動調整，消除赤字或盈餘。從十九世紀後期到第一次世界大戰爆發這三十年金本位制的全盛時期，國際收支失衡的調整大體上便是依照此種理論模型運行。在固定匯率制度下，金融當局如果讓貨幣數量隨外匯資產的增減而比例改變，也同樣適用此種理論模型。

　　首先假定本國的貿易情勢因為某些實質因素（非貨幣因素）的擾亂而失去均衡。譬如外國生產技術進步或消費者嗜好改變，以致減少對本國輸出品的需求，本國原處於收支平衡的貿易賬現在將呈現赤字。赤字大到某一程度會使本國貨幣貶值到黃金輸出點，黃金的輸出則使本國外匯資產減少，結果貨幣準備及全國貨幣供給額也跟著減少。根據貨幣數量學說，人們對實值貨幣的需求量是與真實所得成正比例關係，當名義貨幣供給減少後，人們仍想維持與充分就業所得水準有一定比例關係的實值貨幣額，所以他們會減少支出，讓價格水準逐漸下降到恢復原先水準的實值貨幣額。貿易賬有盈餘的外國則有反方向的變化，黃金流入使貨幣準備及全國貨幣供給額增加，但在充分就業水準的所得及實值貨幣需求均不變，　人們希望花費掉手中過多的名義貨幣，　刺激物價上漲，讓實值貨幣額恢復到原先水準。現在本國物價既然相對於外國物價下跌了，原先正考慮購買進口貨或類似的國產貨之消費者必決定放棄進口貨而購買國貨。外國的消費者則將增加對本國貨品的需求，於是本國進口減少而出口增加，外國則出口減少而進口增加。此種因相對價格水準之變化而導致貿易賬之改善，稱為價格調整機能。這種反應的強弱程度，取決於兩國消費者心目中本國貨對外國貨的可代替性之高低，也要看各國生產要素是否很容易地從一種產業移轉到另一種產業。換句話說，即取決於兩國人民對輸入品及輸出品的價格需求彈性及供給彈性。如果在極端情況，本國對輸入品的需求彈性為零，外國對本國輸出品的需求彈性

亦爲零，則本國按國幣計算的進口總值必與外國物價上漲率成等比例增加，按國幣計算的出口總值亦與本國之物價下跌成等比例減少，於是貿易失衡更形惡化，導致更多的黃金流動與價格調整。然而，此種反常的極端情況也不可能持續很久，因爲本國不會讓黃金流出到那種使貨幣數量減少至極不方便的程度。本國的消費者終歸會提高其對輸入品的價格需求彈性，使上述之自動調整機能正常運行。

價格調整機能也可能出現在貿易品對非貿易品之理論模型。當本國因貿易赤字而喪失黃金及貨幣數量減少後，其非貿易品的價格下降程度通常會大於貿易品價格下降的程度，因貿易品的價格是決定於國際市場上的供給與需求情況，較不受個別國家貨幣供給額的影響。因此本國貨幣的收縮效果主要表現在生產要素價格及非貿易品價格上，結果在國內貿易品價格將相對於非貿易品價格上漲；反之，在外國貿易盈餘使黃金流入及貨幣供給增加後，其貿易品價格將相對於外國的非貿易品價格及外國生產要素價格下跌，因爲外國之通貨膨脹主要表現在其生產要素及非貿易品價格之上漲方面。於是本國人民將減少貿易品之購買，增加非貿易品之消費，結果使進口減少並有更多商品可供輸出；此外，生產者受貿易品價格上漲之鼓勵，將增加進口代替品及可輸出品之生產，更加強了消除貿易赤字的效果。外國亦同樣在消費方面及生產方面發生消除貿易盈餘的反應，貿易品的消費增加而生產減少，自然有助於重建貿易賬的均衡。

貿易失衡也可能是由於貨幣因素。當本國政府的預算赤字引起貨幣供給的擴增後，呑納過量也造成貿易賬的赤字。通常通貨膨脹抬高非貿易品價格及生產要素價格的壓力強於抬高貿易品價格的壓力，工人的眞實工資也因而上升，雖然其生產力並未提高。貿易赤字國如果任其外匯資產流失，即等於用國家的財力津貼民間部門，以維持超過生產水準的

消費，最後要等待外匯減少的貨幣收縮效果也讓貿易品相對價格上漲，自動調節功效才有助於恢復貿易均衡。

現在介紹柯勒瑞教授（Arnold Collery）的圖解說明，以顯示在二國模型中貨幣數量學說之應用與價格調整機能。

設本國及外國均生產 A B 兩種商品，以 P 代表價格，Q 代表產量，兩國國民所得分別為 $P_A(Q_A+pQ_B)$ 及 $P_A{}^*(Q_A{}^*+p^*Q_B{}^*)$。（p 及 p* 為二商品價格之比率）。設貨幣需求與國民所得維持一定之比例 K 及 K*，兩國貨幣供給為其黃金存量值之某一倍數，則兩國貨幣供給等於貨幣需求的均衡狀態，可用下面二式表示：

$$gP_G G = KP_A(Q_A+pQ_B) \tag{7-1}$$

$$g^*P_G{}^*G^* = K^*P_A{}^*(Q_A{}^*+p^*Q_B{}^*) \tag{7-2}$$

式中 P_G 為黃金價格，G 為黃金存量 g 代表此一倍數。外匯匯率 R 在金本位制度下即為黃金價格之比率，故以下各式必成立：

$$R = \frac{P_G}{P_G{}^*}$$

$$P_A = RP_A{}^*$$

$$P_B = RP_B{}^*$$

本國黃金存量即根據(1)式及上列關係決定：

$$G = \frac{K(Q_A+pQ_B)P_A}{gP_G} = \frac{K(Q_A+pQ_B)P_A{}^*}{gP_G{}^*} \tag{7-3}$$

如果本國為一小國，$P_A{}^*$ 及 $P_G{}^*$ 皆可視為固定，當 K 增加或 g 減少以致貨幣需求暫時超過貨幣供給時，本國的支用額將減少，於是輸出擴張，貿易出超使本國黃金存量增加。然而黃金增加後令本國貨幣供給增

加，卽可遏止黃金的繼續流動。兩國黃金存量之比率決定於下式：

$$\frac{G}{G^*} = \frac{g^*K(Q_A + pQ_B)}{gK^*(Q_A^* + p^*Q_B^*)} \tag{7-4}$$

設世界黃金總存量係固定於 $\overline{G}$ 水準，則其在均衡狀態下之分配情況可從下圖中長方形頂點 E 之位置顯示。圖中第一象限的 OD 直線代表本國價格水準與黃金存量之關係，第三象限之 OF 直線代表外國價格水準與其黃金存量之關係，由(1)及(2)式可知二者的斜度爲

$$\frac{dP_A}{dG} = \frac{gP_G}{K(Q_A + pQ_B)}$$

$$\frac{dP_A^*}{dG^*} = \frac{g^*P^*}{K^*(Q_A^* + p^*Q_B^*)}$$

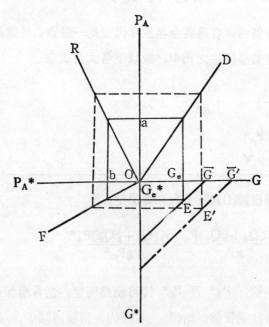

圖 7-7 黃金與價格水準㈠

第二象限 OR 代表匯率，因 $\dfrac{dP_A}{dP_A^*} = \dfrac{P_G}{P_G^*} = R$

當 OD、OF 及 OR 三直線畫定後，從 $O\overline{G}$ 之長度即可決定 E 點。 **圖 7-7** 中表示在期初均衡狀態 A 國當保有 OG_e 數量之黃金，而 B 國則保有 $OG_e^*(=O\overline{G}-OG_e)$ 數量之黃金。這時 A 國物價水準為 Oa，B 國物價水準為 Ob。如果世界黃金存量增加為 $O\overline{G'}$，則均衡的價格水準與黃金分配狀況當如 E′ 點所示，兩國的黃金量等比例增加，引起價格水準等比例上升。

現在考慮其他幾項擾亂原有均衡狀態 E 的諸因素以及新均衡 E′ 重建後的狀況。(1)設 A 國增加銀行信用，使貨幣供給額擴張。這表示 g 值

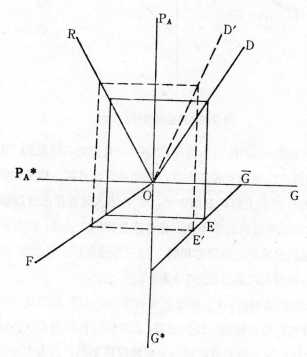

圖 7-8 黃金與價格水準㈠

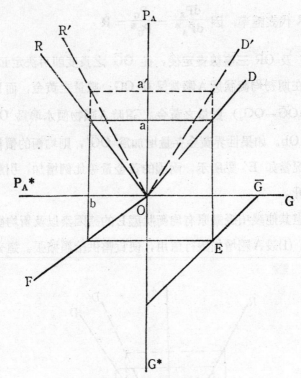

圖 7-9 黃金與價格水準㈢

增加至 g'。顯然 OD 的斜率提高，OD 逆時鐘方向移動到 OD' 的位置。A國因爲支出增加及貿易赤字，黃金將流向B國，結果在新均衡點E' A國的物價較前上漲，B國亦然。⑵A國人民支用慾望加強，願意保有現金占國民所得之比率下降，也會產生相同之後果。⑶A國生產萎縮，令貨幣需求減少之後果亦相同。這三種擾亂因素皆改變 OD 之斜率爲 OD'，故可利用同一圖形7-8表示。

⑷設A國貶低幣值，P_G 按貶值程度增加，OR 順時鐘方向移動到 OR' 但因貨幣數量也按同一比例擴張，OD 同時移動到 OD'，結果祇是A國物價水準按等比例升高，黃金分配狀況則不變。這由方程式⑷也可

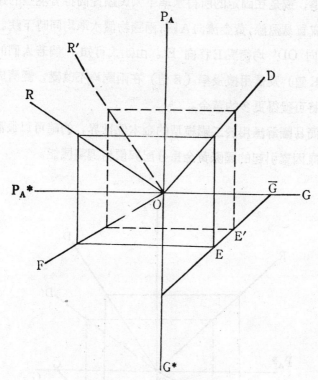

圖 7-10　黃金與價格水準㈣

看出，式中並不涉及金價 P_a 此因素，故 P_a 之增減，不影響G/G*之比率。

　　(5)倘若A國貶值之時緊縮銀行信用，令 g 值按 P_a 上升之同一比例減少，則其貨幣數量可維持不變，OD 之斜率亦不改變，結果A國的貿易盈餘引起黃金的重分配。在新均衡狀態A國物價上漲而B國物價下跌。由此亦可見，欲令外匯貶值達到改善國際收支的效果，必須配合緊縮信用的措施（見圖7-10）。

　　(6)如果A國增加貨幣需求，不論是由於所得水準提高引起人民持有

更多的貨幣，或是在固定的所得水準下人民願提高持有現金的比率，皆有助於達成貿易盈餘，黃金流向 A 國，兩國物價水準均同時下跌。圖7-11中 OD 移向 OD′ 均衡點 E 移向 E′。由(4)式可知，倘若人們的貨幣持有比率（K值）及信用擴張率（g值）在兩國均不改變，經濟成長率較高的國家將可獲得更多的黃金。

此種簡易圖解應用於二國模型的金本位世界，的確可以很清楚地表達這些擾亂因素引起的國際黃金重分配與價格調整機能。

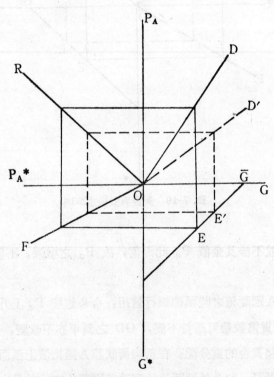

圖 7-11　黃金與價格水準㈤

第四節　充分就業下利率與價格的調整機能
§4.　Prices and Interest-Rates Adjustment Mechanisms under Full Employment

上一節的內容是依照古典學派的傳統，說明貨幣數量的變化與價格水準的消長在國際貿易賬的調整方面所扮演的角色。我們的討論一直沒有涉及利率這個因素，也沒有考慮到資本賬項的問題。本節我們將仍舊保留充分就業的假定，但是要利用儲蓄、投資及流動性偏好等凱因斯派的概念與分析工具，討論國際收支的調整。在這裏利率是個極重要的因素，它不但影響人們的儲蓄與投資以及貨幣需求，也支配國際資本流動的方向。我們討論的國際收支自然也必須包括貿易賬與資本賬的全面平衡概念。本節主要採自麥資勒教授 (Lloyd Metzler) 的一篇重要論文。

在充分就業所得水準之實值儲蓄為自然利率之函數，隨後者之上升而增加；實值淨投資則與自然利率成反方向變化，故自然利率之自由升降可使實值儲蓄等於實值淨投資。 自然利率一方面反映人們的時 間 偏

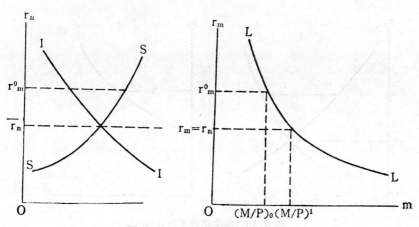

圖 7-12 利率與貨幣需求曲線

好，他方面也顯示投資者預期之資產報酬率。因此，當利率上升時，人
們願犧牲目前的享受，以更多的儲蓄去購買市場上新發行的證券。這時
投資者預期之報酬率也提高，適合的投資機會較少，故對資金的需求亦
較少。圖 7-12 中 SS 為儲蓄曲線代表新證券的需求，II 為投資曲線，
代表新證券的供給或資金的需求，二者在 $\bar{r}_n$ 之利率水準處相交，儲蓄
正等於投資，國內資金的供給恰等於資金的需求。LL曲線顯示在各種不
同的貨幣利率r_m下資產所有者願意持有實值現金的數量。在短期內因為
資產總額遠大於當期儲蓄或投資的數額，貨幣利率可以支配自然利率，
在長期內則貨幣利率有趨向均衡的自然利率調整的趨勢。這是因為在較
高的貨幣利率 r^0_m 下，儲蓄大於投資，市場上出現通貨緊縮形勢，促使
物價下降。因為名義貨幣供給量不變，較低的價格反映實值貨幣存量增
加，故貨幣利率必定下降。當它下降到 $r_m=r_n$ 處，儲蓄恰等於投資，
物價水準不再變動，故在長期內貨幣利率會朝向均衡的自然利率變動。

　　從國民所得分析的基本概念，可知商品市場的均衡條件為 S +IM=
I + X，卽以儲蓄與輸入構成之當期所得川流漏損額，恰等於投資與輸

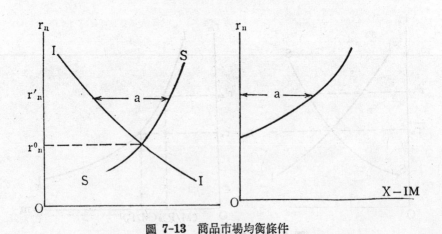

圖 7-13 商品市場均衡條件

出之和構成之當期所得川流注入額。此一均衡條件可寫成:

$$S - I = X - IM$$

對一個開放經濟而言,如果儲蓄大於投資,則通貨緊縮的壓力可藉貿易出超抵銷。因此在自然利率高於 r^0_n 的利率變化範圍內,只要貿易出超 $(X - IM)$ 恰等於 $(S - I)$,例如利率為 r'_n 之情形即可維持商品市場的均衡。貿易出超代表貨品與勞務的實值移轉,而儲蓄超過投資的部份則反映對外國所作金融的移轉,也就是從外國購入證券的數額,又可稱為對外投資。在一般均衡狀況,國內商品市場達到均衡,儲蓄大於投資之超額等於貿易出超,而後者又恰等於本國資本流出額,使外匯供求達到平衡。 在僅有兩國的理論模型內, 一國之貿易出超即另一國之入超,一國之資本流出額即另一國之資本流入額。國際收支盈餘國貨幣供給增加,另一國則貨幣供給減少,於是我們可以用圖形說明這種二國模型的一般均衡狀況。

　　假定A國利率低有貿易盈餘,B國利率高有貿易赤字。兩國之間的貿易差額反映各國的儲蓄與投資之差額,後者又取決於利率水準。因此在不同的利率差距下,可產生不同的貿易差額。圖中對應於 $\bar{r}_a$ 及 $\bar{r}_b$ 之差額 $(\bar{r}_a - \bar{r}_b)$,兩國均保持儲蓄與投資的相等, 故無貿易賬差額存在。當A國利率為r'_a,B國利率為r'_b時,A國之貿易出超等於B國的貿易入超,圖7-14(c)的 BB 曲線即由(a)(b)兩圖導出。可稱之為均衡貿易餘額曲線。沿此線上每一點所指示的貿易餘額,兩國利率必須達到特定水準,使國內能維持充分就業。同時在A國與B國的物價也保持一定的關係,讓此種物價結構恰好產生該點的貿易餘額。譬如在貿易餘額為OB_0時,A國的利率為 r'_a, B國的利率為 r'_b, A國的物價為 P^0_a,B國的物價為 P^0_b,兩國均同時維持充分就業。相當於另一不同貿易餘額,兩國

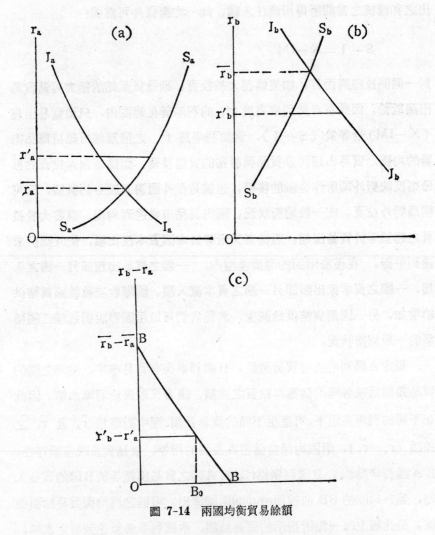

圖 7-14 兩國均衡貿易餘額

的利率及物價也必定改變到另一均衡結構，才能維持充分就業。

國際資本流動受兩國利率差距影響。差距愈大流動額亦愈大。既然
B國利率高於A國，故A國資本流向B國。B國的資本賬有盈餘，有助
於抵償其貿易賬的赤字，A國則相反，資本賬的赤字將冲銷其貿易賬的

盈餘。圖 7-15 中 CC 曲線稱爲資本賬曲線，隨利率差距之擴大而上升，當 CC 與 BB 相交於E點處，兩國的國際收支同時達到均衡，並且兩國的利率與暗示的物價水準也恰好使兩國同時保持充分就業。E點顯示A國的資本賬赤字 OC。恰好抵銷其貿易賬盈餘，B國則貿易赤字

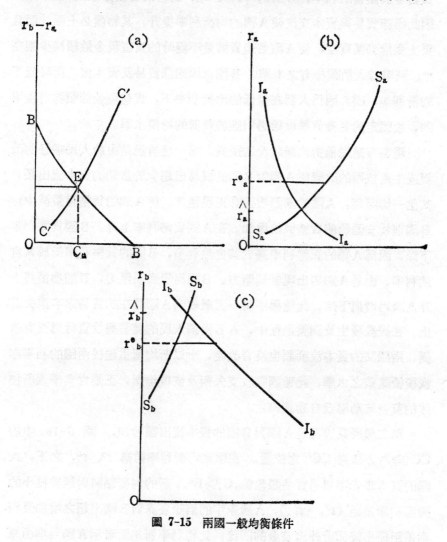

圖 7-15　兩國一般均衡條件

恰等於資本賬盈餘（$OC_a = OB_a$）。充分就業之利率水準在A國為r^e_a，在B國為 r^e_b，亦同時決定。此時A國物價當為 P^e_A， B國物價當為 P^e_B。如果A、B兩國均處於孤立狀態，其維持充分就業的利率是使投資恰等於儲蓄的利率，分別為 $\hat{r}_a$ 及 $\hat{r}_b$，對應的物價分別為$\hat{P}_A$及$\hat{P}_B$。因此國際貿易與資本交流使A國的均衡利率提升，其物價必上漲，而且要上漲恰到某程度，使A國名義貨幣量不變時的實值現金餘額減少到在 r^e_a 利率時人們願持有之水準。B國則因國際貿易及資本流入而降低了均衡利率，而且因為人們在較低的均衡利率下，實值現金餘額持有量增加，故固定的名義貨幣供給必對應於較低的物價水準。

現在考慮幾種對均衡狀況的擾亂。第一種情況是由於人民嗜好的改變或生產技術的改變使A國對B國的貿易出超少於當期的資本流出額，其他一切照舊。A國的國際收入必出現逆差，使A國的貨幣存量減少；B國則收支盈餘使貨幣供給增加。在A國貨幣利率上升，B國貨幣利率下降。因為A國的貨幣利率高於其自然利率，B國的貨幣利率低於其自然利率，由是A國將出現緊縮壓力，B國出現膨脹壓力。B國物價將上升A國物價則下降，此種程序將一直繼續到A國潛在的貿易赤字消失為止。在擾亂發生及調整過程中，AB兩國人民的儲蓄與投資行為沒有改變，兩國間的資本流動額也沒有改變，所以新均衡重建後兩國的利率亦恢復擾亂前之水準。此種國際收支失衡及恢復均衡，正是古典學派所描述的黃金流動導致自動調節。

第二種擾亂情況是A國對B國的資本流出額增加， 圖 7-16 中的 CC 向右方移到 CC' 之位置。在原來均衡利率結構 r^0_a r^0_b 之下，A國的資本賬赤字超過貿易賬盈餘，$C_a > B^0_a$。新的均衡點將對應於較小的國際利率差距 $(r'_b - r'_a)$，A國赤字的消除要靠對B國出超之增加及利率差距縮小後部份外流資金的回流。此種利率新差距暗示A國利率由原

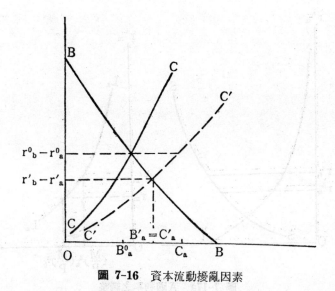

圖 7-16　資本流動擾亂因素

先的 r^0_a 上升為 r'_a，B國利率由原先的 r^0_b 下降為 r'_b。A國有了更大的貿易出超，對應於儲蓄減投資之超額擴大。在此時A國的物價水準必定相對下降以促進外銷。並且在較高的均衡自然利率 r'_a 之下，A國的實值現金餘額 （M/P） 必定較少。這表示A國名義貨幣供給額減少的程度要超過其物價下跌的程度。 同理可知， B國的新均衡自然利率 r'_b 顯示B國貿易入超增大， 投資減儲蓄的超額擴大。B國物價水準相對上升，但均衡的貨幣利率也已下降，故其名義貨幣供給額增加之程度必須超過物價上漲率，方能令B國的實值現金餘額亦有增加。A、B兩國新舊均衡利率與物價水準可以圖形顯示如圖 7-17。

　　第三種也是最後一種擾亂因素可能來自 BB 曲線的向左下方移動，它與CC的新交點也對應著較小的均衡利率差距。但是在新的均衡利率結構下，A國與B國之間的貿易數額與資本流量均已較前萎縮。至於 BB 向下移動之原因，則可能有下面數種：⑴B國無變化，A國人們興起較

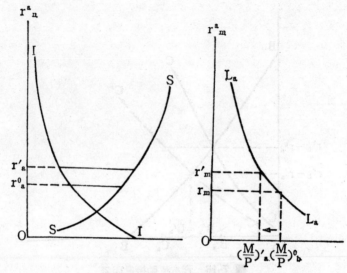

圖 7-17a　A國利率之調整

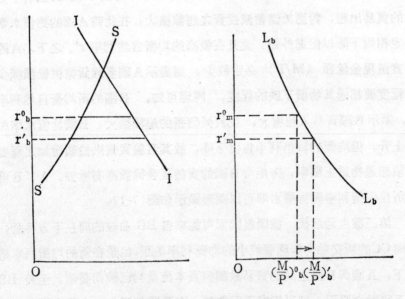

圖 7-17b　B國利率之調整

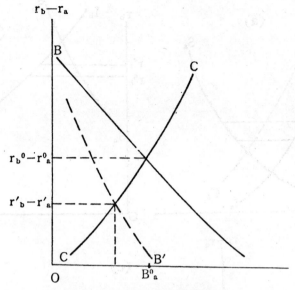

圖 7-18　ＢＢ移動之擾亂因素

高的投資慾望，　使得對應於每種自然利率下之儲蓄減投資超額一律減少，　也反映爲了維持國內充分就業Ａ國所需達成的貿易出超已一律減少。⑵Ｂ國無變化，Ａ國人們興起較高的消費慾望，同樣能令Ａ國爲維持國內充分就業在不同的自然利率下所需達成的貿易出超一律減少。此兩種原因導致ＢＢ曲線之向下移動與兩國利率之變化，如圖 7-19所示，在Ａ國新的均衡利率必定較高，在Ｂ國也較高。但因利率差距縮小，此反映Ａ國利率上升程度必須大於Ｂ國。此外，因爲在新均衡建立之過程中，Ａ國實值貨幣餘額的縮減程度大於Ｂ國，故Ａ國的物價下跌的速度不必太強卽可刺激足夠的貿易出超，並使因國際收支赤字（利率爲 r^0_a時）而減少的名義貨幣供給與Ａ國應縮減之實值貨幣餘額相稱。Ｂ國雖因國際收支盈餘取得更多的名義貨幣供給，但是因爲物價上漲迅速，反而使實值貨幣餘額略見減少。這正可讓Ｂ國貨幣利率配合其自然利率由

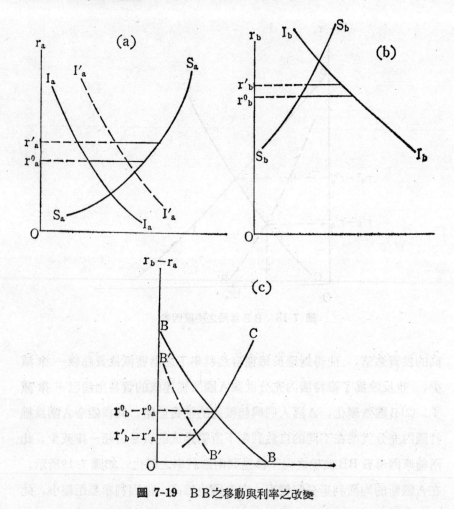

圖 7-19 ＢＢ之移動與利率之改變

r^0_b 向上調升至 r'_b 水準。

　　另外兩種移動 ＢＢ 曲線的原因則可能純源自Ｂ國。(3)Ａ國無變化，
Ｂ國人民對國內投資的信心減弱，$I_b I_b$ 向下移動，或(4)Ａ國無變化，Ｂ
國人民儲蓄增加，$S_b S_b$ 向右移動。其結果均能令Ｂ國爲維持國內充分
就業在不同的均衡利率下所需達成的貿易入超一律減少。由相似的推理

可知，在這兩種原因造成的新均衡利率與物價結構，將與上段所討論情況相反。在此情況兩國均衡利率均下跌，但B國的下跌程度較強。B國在利率為 $r^0{}_b$ 時因國際收支盈餘而增加的貨幣供給，會由於新均衡建立時物價的相對上漲而使實值貨幣餘額增加較緩。至於A國的物價相對下跌程度則較強，因為A國名義貨幣供給已減少，現在要使貨幣利率下降到新的較低的自然利率水準，其實值貨幣餘額反必須增加，換言之其物價下降之比率將超過名義貨幣額減少之比率。

由此種分析可得下述結論：倘貿易餘額曲線之下移是因原貿易出超國儲蓄與投資曲線之移動，則與原有均衡點比較，新均衡狀態兩國的自然利率皆永久性較高，兩國的實值貨幣餘額較少；但是如果原因來自貿易入超國儲蓄與投資曲線之移動，則兩國的新均衡利率皆永久性下降，兩國的實值貨幣餘額皆增多。

總而言之，　在充分就業假定下凱因斯理論體系的國際收支失衡調整，情況遠比古典學派的價格調整模式複雜。價格與工資的自由升降仍然是重要的調整機能，但是利率在此扮演了更為明顯的角色，資本賬項與貿易賬項的擾亂因素必須妥善區分，方能了解在均衡重建的過程中那些經濟變數會有何種正常的變化。

又古典派的模型中如欲引入利率這個變數，則貨幣需求函數必須修改，　貨幣需求對國民所得之比例（K及K*）不能視為常數，　應視作利率之函數 $K = K(r)$, $K^* = K^*(r^*)$，於是決定兩國均衡狀況下黃金分配比率之公式當變成：

$$\frac{G}{G^*} = \frac{g^* K(r)(Q_A + pQ_B)}{gK^*(r^*)(Q_A{}^* + p^* Q_B{}^*)}$$

現代新興的貨幣學派國際收支理論，大體上便是循此種路線討論在

經濟成長過程中的國外匯資產或匯率的演變（詳見本書第一章第四節及第十章第二節）。

本章參考文獻

1. Chacholiades, M.(1978) *International Monetary Theory and Policy*, ch. 9.

2. Collery A. (1971) "International Adjustment, Open Economies, and the Quantity Theory of Money," *Princeton Studies in International Finance, No,* 28.

3. Salter W. E. G. (1959) "Internal and External Balance: The Role of Price and Expenditure Effects" *Economic Record,* 35.

4. Corden W. M. (1977) *Inflation, Exchange Rates and the World Economy*, ch. 1.

5. Yeager L. (1976) *International Monetary Relations,* ch 5.

6. Metzler L. (1968) "The Process of International Adjustment under Conditions of Full-employment; A Keynesian View", in Caves R. and Johnson H. G.(ed) (1968) *Readings in International Economics,* 28.

第八章　國民所得與對外貿易
CH. 8 NATIONAL INCOME AND FOREIGN TRADE

　　國際貿易與國民所得之關係素爲經濟學上的重大課題。國際貿易與金融方面的敎科書多以專章討論，並且常假定價格水準爲固定不變，以便集中考慮眞實所得水準如何受貿易賬餘額變化影響，以及實值所得變化時又如何引起貿易賬的改變。至於價格水準變化導致名義所得水準與貿易賬之間關係的改變，則納入價格調整機能的專章討論。也有些作者將實值所得與就業之變化視爲國際收支失衡的調整方式看待，與價格調整、匯率調整等專題分別作類似處理。本書第七章在討論國際收支失衡的調整模型時，故意假定經濟處於充分就業狀態，因此實值所得水準不變，國際收支失衡的調整端賴貨幣與價格利率之變化以達成。現在討論所得調整機能以及均衡所得水準如何決定，則必須假定物價及利率爲固定不變，社會有足够資源可供雇用。我們在第一節討論沒有廻響效果的小國模型；第二節採用僅有二國之模型，明顯考慮具有廻響效果的國際貿易乘數；第三節討論移轉支付問題及二國模型的穩定性；最後一節說明貿易乘數在傳佈國際商業循環方面扮演的角色與各國經濟的高度相互依賴性。

第一節 簡單的小國模型
§1. A Simple Small-Country Model

開放經濟的所得均衡條件，以熟悉的符號表示便是：

$$I + X = S + IM \quad 或 \quad X - IM = S - I \tag{8-1}$$

卽貿易盈餘必須等於儲蓄大過投資的超額。從這個內部均衡條件出發，我們可導出開放經濟的乘數公式。以 Δ 代表增量，所得流程注入額之增量必等於漏損額之增量。通常出口及投資皆假定爲自發性，不受所得變化影響，進口與儲蓄則決定於所得水準。以 m 及 s 分別代表邊際輸入傾向及邊際儲蓄傾向，則可得下面的公式：

$$\Delta X + \Delta I = \Delta S + \Delta IM$$

$$\Delta X + \Delta I = s\Delta Y + m\Delta Y$$

$$\Delta I + \Delta X = (s + m)\Delta Y \tag{8-2}$$

當國內投資不變，則輸出的增加能引起所得擴增之乘數爲

$$\frac{\Delta Y}{\Delta X} = \frac{1}{s + m} \tag{8-3}$$

顯然，在輸出不變時， 投資的乘數亦相同。 此式卽一般所謂開發經濟乘數之最簡單形式。 因此， 所得因輸出之擴張而增加的數額卽 $\Delta Y = \frac{1}{s + m}\Delta X$。

倘若一國最初維持貿易平衡，那末經過輸出的自發性擴增後，其貿易賬將有何改變呢？ 所得增加必引起輸入增加， 但是後者的增加額必

定小於輸出的自發擴增額。 因此貿易賬將呈現淨出超 ΔT，　並且 s 對
（s＋m）之比率決定了淨出超額占輸出擴張額之比率。如果該國邊際
儲蓄傾向極低，則貿易賬不會有顯著改善。

$$\Delta T = \Delta X - \Delta IM$$

$$= \Delta X - m\Delta Y = \Delta X - \left(\frac{m}{s+m}\right)\Delta X$$

$$= \left(\frac{s}{s+m}\right)\Delta X \tag{8-4}$$

由上式可知，簡單的乘數公式幕後尚有一項重要假定，即貿易賬的
演變不會透過貨幣與利率等因素進一步影響所得水準。換言之，我們假
定當局純被動因應國際收支的變化來維持貨幣供給額於某一固定水準。
有逆差時外匯資產減少，當局能購入政府公債以補充貨幣供給；有盈餘
時外匯資產增加，當局亦能出售政府公債以吸收民間過多的現金。如果
取消這項幕後假定，則輸出的自發性擴增除了按上述簡單乘數公式使所
得增加外，尚須考慮貨幣因素引起的次級調整，會令所得有進一步的擴
增。

現在用圖解說明小國模型的貿易乘數。開放經濟的均衡所得決定公
式包含儲蓄函數、投資函數及輸入函數為：

$$X - IM(Y) = S(Y) - I(i) \tag{8-5}$$

圖 8-1 之縱軸衡量貿易出超及儲蓄超過投資額，橫軸指示國民所得
Y，二線的斜度主要取決於邊際輸入傾向m及邊際儲蓄傾向 s。假設二
線原相交於橫軸上， 即期初所得為 Y_0 時， 該國貿易賬恰好維持平衡
（T＝X－IM＝ 0）。現在讓輸出增加 Oc,貿易出超線向上移動到X′－IM
之位置， 所得、 儲蓄及輸入均一概增加。 在新的所得均衡水準 Y′，

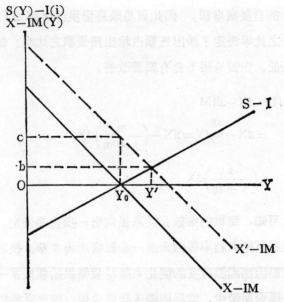

圖 8-1 均衡所得之決定

$(X'-IM= S-I)$條件恰好滿足。顯然現在貿易盈餘為 Ob，較最初的輸出擴張額 Oc 少，因為所得增加後引起輸入增加 bc。而 bc 之長度是決定於 $\Delta Y \times m$，即所得增加額乘以邊際輸入傾向。在新的所得水準 Y'，貿易盈餘為 Ob，此即 $\Delta T = \left(\dfrac{s}{s+m}\right)\Delta X$，也就是所得增加額乘以邊際儲蓄傾向$\Delta Y \times s$。由此可見增加的生產超過支用部分便構成一國的貿易盈餘，而且儲蓄傾向愈高，盈餘也愈大。

　　換個角度陳述開放經濟的所得均衡，利用代數方法也可導出上面這些公式。以 D 代表國內民間國貨支出，G 代表政府國貨支出，IM* 代表外國之輸入或本國之輸出，則在均衡狀態真實總生產等於總需求：

$$Y = D(Y, p) + G + IM^*(Y^*, p) \tag{8-6}$$

Y^* 為外國的所得水準，可視為暫為固定的外界變數，p 為國產商品的相

對價格。通常本國人民的總支出 E 包含了輸入在內，輸入 IM 取決於國內所得，商品相對價格 p 及代表嗜好的外生變數 α_M，輸入 IM 可分爲自發性輸入 $\overline{IM}$ 及所得誘發之輸入兩項。總支出爲消費加投資加政府國貨支出之和

$$E = C + I + G = D(y, p) + G + IM(y, p, \alpha_M) \qquad (8\text{-}7a)$$

$$IM = \overline{IM} + mY \qquad (8\text{-}7b)$$

於是代入上式之均衡條件可得:

$$Y = D + G + IM^* + IM - IM$$

$$Y = E + IM^* - IM \qquad (8\text{-}8)$$

以 α_E 代表人民支用習慣的改變，納入總支出函數 E，上式可寫成:

$$Y = E(\alpha_E, Y, G, p) + IM^*(Y^*, p) - IM(y, p, \alpha_M)$$

$$Y = E(Y, G, p, \alpha_E) + T(Y, Y^*, p, \alpha_M) \qquad (8\text{-}9)$$

T 代表貿易盈餘。以 $\dfrac{\partial E}{\partial Y}$ 代表邊際支用傾向，$\left(1 - \dfrac{\partial E}{\partial Y}\right)$ 爲邊際儲蓄傾向 s，$\dfrac{\partial IM}{\partial Y} = m$ 爲邊際輸入傾向。對上面的均衡式微分可導出一連串公式，顯示各種擾亂因素之所得乘數效果與貿易賬效果。

(a)國外增加對本國產品之輸入 dIM*

$$dY = \frac{\partial E}{\partial Y}dY + dIM^* - \frac{\partial IM}{\partial Y}dY = (1 - s)dY + dIM^* - mdY$$

$$\frac{dY}{dIM^*} = \frac{1}{s + m}$$

$$dT = dIM^* - \frac{\partial IM}{\partial Y}dY = dIM^* - m\left(\frac{1}{s + m}\right)dIM^*$$

$$\frac{dT}{dIM^*} = \frac{s}{s + m}$$

(b)因嗜好改變，本國增加輸入品之消費 $d\overline{IM}$

$$dY = (1 - s)dY - d\overline{IM} - mdY$$

$$\frac{dY}{d\overline{IM}} = \frac{-1}{s+m}$$

$$dT = -d\overline{IM} - mdY = -d\overline{IM} + m\left(\frac{1}{s+m}\right)d\overline{IM}$$

$$\frac{dT}{d\overline{IM}} = \frac{-s}{s+m}$$

(a)與(b)之效果相同，方向相反。

(c)本國人民因支用習慣改變，增加自發性支出 $d\overline{E}$

$$dY = d\overline{E} + (1 - s)dY - d\overline{IM} - mdY$$

$$\frac{dY}{d\overline{E}} = \frac{\left(1 - \dfrac{d\overline{IM}}{d\overline{E}}\right)}{s+m}$$

$$\frac{dT}{d\overline{E}} = \frac{d\overline{IM}}{d\overline{E}} + \frac{\partial T}{\partial Y}\left(\frac{dY}{d\overline{E}}\right) = -\frac{d\overline{IM}}{d\overline{E}} - m\left\{\left(1 - \frac{d\overline{IM}}{d\overline{E}}\right) / (s+m)\right\}$$

$$\frac{dT}{d\overline{E}} = \left(\frac{-s}{s+m}\right)\frac{d\overline{IM}}{d\overline{E}} - \left(\frac{m}{s+m}\right)$$

假如所有增加之支出皆耗用在輸入品上$\left(\text{即}\dfrac{d\overline{IM}}{d\overline{E}} = 1\right)$，則本國貿易賬必完全反映出新增之入超$\left(\dfrac{dT}{dE} = 1\right)$，而對本國所得水準則毫無影響。通常支出僅局部用於輸入品，$\left(\dfrac{d\overline{IM}}{d\overline{E}} < 1\right)$，故所得將增加而貿易入超也略見增加。

現在考慮貨幣性調整效果。上文已指出，輸出增加則所得將按貿易

乘數擴張，同時輸入也被所得之增加而誘發增加，但是當所得止於其新的均衡水準時，該國必有貿易賬盈餘。如果金融當局不採用公開市場操作以維持固定的貨幣供給，則國際貿易盈餘必定引起貨幣供給增加。當然在所得向均衡移動的過程中，人民的交易性貨幣需求也必定增加。因此，貿易盈餘所引起的貨幣增量或者正好配合新增的貨幣需求，讓利率維持不變。

　　但這種巧合不一定每次都發生。我們現在假定金融當局不願讓國際收支盈虧引起的貨幣量增減，成為貿易乘數的限制因素。另一方面我們假定祇要所得擴張，總可以有充裕的現金來滿足增加的貨幣需求，那麼國際收支盈餘引起的貨幣擴增就成了多餘的膨脹壓力了。

　　假如當局忽略了這種多餘的膨脹壓力，所得勢必有進一步的增加。因為貨幣供給太多使利率下降，國內投資會增加，使 $(X'-IM)$ 線與更

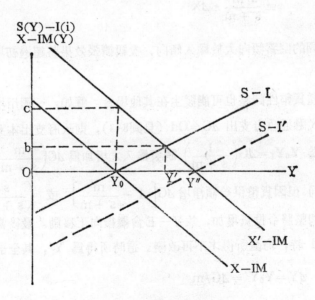

圖 8-2　長期均衡所得水準

低的一條 $(S-I')$ 線相交。而且只要有貿易盈餘就有膨脹壓力存在，繼續令 $(S-I')$ 線下移。由圖 8-2 可以看出，唯有當 $(X'-IM)$ 與 $(S-I')$ 交會在橫軸上，貿易盈餘減少爲零時，才能眞正建立長期均衡的所得水準 Y''。由 Y_0 到 Y'' 所得究竟增加了多少呢？如果輸出最初的增值爲 ΔX，誘發的輸入也必須增加這麼多方能令貿易賬達到平衡，故 $\Delta X = \Delta IM$。現在爲了誘發 ΔIM 之新增輸入，當邊際輸入傾向爲 m 時，新增的所得額必須爲 $\Delta IM/m$，即 $\Delta Y = \dfrac{1}{m}\Delta IM = \dfrac{1}{m}\Delta X$。圖中 YY' 之所得增量爲貿易乘數效果，$\Delta Y_K = \left(\dfrac{1}{s+m}\right)\Delta X$，令 $\Delta Y_2 = Y'Y''$ 代表貨幣性調整引起之次級擴張效果，則後者可由 ΔY 與 ΔY_K 之差得之：

$$\Delta Y_2 = \frac{1}{m}\Delta X - \left(\frac{1}{s+m}\right)\Delta X$$

$$= \frac{s/m}{s+m}\cdot\Delta X \qquad\qquad (8\text{-}10)$$

倘若該國的儲蓄傾向大於輸入傾向，次級擴張效果將超過初期貿易乘數效果。

這種貨幣性調整也可能發生在其他場合。譬如，一國用增加貨幣供給之方式融通政府支出 $\Delta G = Od$（見圖8-3），則政府支出本身引起的所得效果爲 $Y_0Y_1 = \Delta G\left(\dfrac{1}{s+m}\right)$，誘發輸入之增加爲 $\Delta G\left(\dfrac{m}{s+m}\right)$，貿易入超亦相同。但因貨幣供給額淨增 $\Delta G\left[1 - \dfrac{m}{s+m}\right]$ 或 $\left(\dfrac{s}{s+m}\right)\cdot\Delta G$，貨幣性調整將令投資增加，故 $Y-E$ 會繼續向下移動。最後當貿易入超亦爲 Od 時，均衡所得才不再改變。這時所得爲 Y'，其全部的增加額

$$\Delta Y = Y_0Y' = \Delta G/m$$

貿易赤字的擴大可視爲所得擴增的代價。

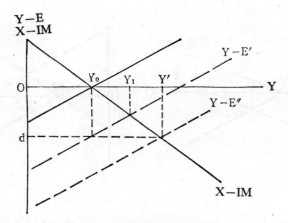

圖 8-3　赤字預算與均衡所得

　　通常一國爲追求充分就業，不論採取擴張性財政政策或貨幣政策，提高其國民所得水準的同時，會令輸入增加而使國際收支失衡。爲了矯正過量的輸入以求國際收支平衡，則緊縮性的財政或貨幣政策又會使國內的失業率惡化。一種政策工具總無法兼顧兩項目標，必須增加一種政策工具才能達到充分就業與收支平衡的理想。譬如從圖 8-2 中低於充分就業的所得 Y_0 出發，Y'' 爲充分就業所得水準，則當局宜運用外匯貶值政策配合擴張性貨幣政策，才能使 $X'-IM$ 線恰與 $S-I'$ 線在 Y'' 處相交於橫軸 OY 上。

第二節　二國模型及迴響效果[*]
§2. A Two-Country Model with Repercussion Effects

　　一國在世界經濟如占一舉足輕重的地位，則上節小國模型不足以說明其貿易與所得之關係。例如美國與西歐共同市場這兩大經濟之間的貿易與所得水準之決定，必須考慮到迴響效果。當美國經濟繁榮投資增加後，美國的國民所得按簡單貿易乘數由 Y_0 增加到 Y_1，共同市場對美

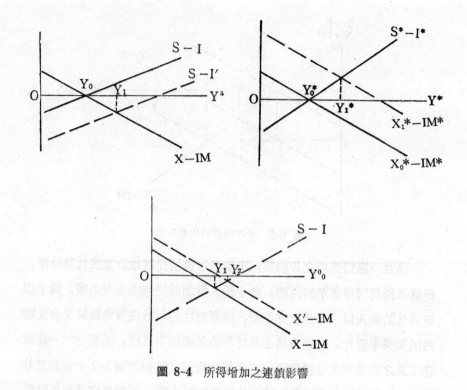

圖 8-4 所得增加之連鎖影響

國的輸出必定增加，因為美國所得水準上升後，其輸入必定增加。於是
共同市場的國民所得由 Y^*_0 上升至 Y^*_1。共同市場的所得擴增又誘發
自美國的輸入增加，於是美國的所得水準將進一步提升到 Y_2，後者又
刺激共同市場輸出更多，所得將由 Y^*_1 再度增加。這種連鎖反應歷程
將一直繼續到二國所得到達新均衡水準，最後兩國所達到的均衡所得都
超過按簡單乘數模型預測的水準。此現象稱為廻響效果。下文將證實，
祇要二國模型能滿足安定條件，所得增加歷程不會無限制擴散。

　　現在導求包含廻響效果的貿易乘數。本國的輸入為外國的輸出，反
之亦然，故二國的所得均衡條件可寫作：

$$I+X=S+IM$$

$$I^*+X^*=S^*+IM^* \tag{8-11}$$

$$\Delta I+m^*\Delta Y^*=s\Delta Y+m\Delta Y \tag{8-12}$$

$$\Delta I^*+m\Delta Y=s^*\Delta Y^*+m^*\Delta Y^* \tag{8-13}$$

上面兩式已顧及擾亂因素改變本國所得時來自國外的廻響效果。首先考慮國內投資增加的後果，令 $\Delta I^*=0$，由 (8-13)

$\Delta Y^*=m\Delta Y/(s^*+m^*)$，代入 (8-12) 卽得

$$\Delta I+\Delta Y[mm^*/(s^*+m^*)]=(s+m)\Delta Y$$

$$\frac{\Delta Y}{\Delta I}=\frac{1+m^*/s^*}{s+m+m^*s/s^*} \tag{8-14}$$

其次，令 $\Delta I=0$ 以 $\Delta Y^*=(s+m)\Delta Y/m^*$ 代入 (8-13) 可得

$$\frac{\Delta Y}{\Delta I^*}=\frac{m^*/s^*}{s+m+m^*s/s^*} \tag{8-15}$$

由完全對稱之形式，可仿照 (8-14)(8-15) 寫出

$$\frac{\Delta Y^*}{\Delta I^*}=\frac{1+m/s}{s^*+m^*+ms^*/s} \tag{8-16}$$

$$\frac{\Delta Y^*}{\Delta I}=\frac{m/s}{s^*+m^*+ms^*/s} \tag{8-17}$$

當本國輸出增加外國輸入增加後，結果正如同本國投資增加之同時，在外國有等值投資之減少，因此將本國投資對本國所得的乘數效果與外國投資減少時對本國所得的影響一併計算，卽得本國輸出對本國所得之影響，也就是考慮了廻響效果之國際貿易乘數：

$$\frac{\Delta Y}{\Delta X}=\frac{\Delta Y}{\Delta I}-\frac{\Delta Y}{\Delta I^*}=\frac{1}{s+m+m^*s/s^*} \tag{8-18}$$

同理：$\dfrac{\Delta Y^*}{\Delta X^*}=\dfrac{\Delta Y^*}{\Delta I^*}-\dfrac{\Delta Y^*}{\Delta I}=\dfrac{1}{s^*+m^*+ms^*/s}$ (8-19)

以 Y_w 代表包括二國的世界所得水準，$\Delta Y_w=\Delta Y+\Delta Y^*$。外國投資及國內投資對世界所得之影響可由乘數公式求得：

$$\frac{\Delta Y_w}{\Delta I}=\frac{\Delta Y}{\Delta I}+\frac{\Delta Y^*}{\Delta I}=\frac{s^*+m^*+m}{ss^*+m^*s+ms^*} \quad (8\text{-}20)$$

$$\frac{\Delta Y_w}{\Delta I^*}=\frac{\Delta Y}{\Delta I^*}+\frac{\Delta Y^*}{\Delta I^*}=\frac{s+m+m^*}{ss^*+ms^*+m^*s} \quad (8\text{-}21)$$

如欲比較本國投資與外國投資，看何者對世界經濟能產生較大的擴張效果，則由上面兩式可知

如果　$s^*<s$　則　$\dfrac{\Delta Y_w}{\Delta I}<\dfrac{\Delta Y_w}{\Delta I^*}$

$s^*>s$　則　$\dfrac{\Delta Y_w}{\Delta I}>\dfrac{\Delta Y_w}{\Delta I^*}$

$s=s^*$　則　$\dfrac{\Delta Y_w}{\Delta I}=\dfrac{\Delta Y_w}{\Delta I^*}$

因此由增加投資在邊際儲蓄傾向較高的國家以刺激世界經濟走向復甦之道，不如以同額投資用於邊際儲蓄傾向較低之國家更爲有效。倘若西歐共同市場之邊際儲蓄率爲百分之十，美國之邊際儲蓄率爲百分之八，則欲使世界經濟擺脫蕭條步上繁榮，宜寄望美國大力增加國內投資。

現在再佐以圖解，說明二國均衡所得水準之共同決定。C_0爲自發性消費，M_0爲自發性輸入，二國所得之定義式爲

$$Y=C_0+cY+I+IM^*_0+m^*Y^*$$

$$Y^* = C^*_0 + c^*Y^* + I^* + IM_0 + mY$$

$$Y = \frac{C_0 + I}{1 - c} + \frac{IM^*_0 + m^*Y^*}{1 - c} \tag{8-22}$$

上式可改寫成四項之和

$$Y = \underbrace{C_0 + I_0}_{(1)} + \underbrace{\frac{c(C_0 + I_0)}{1 - c}}_{(2)} + \underbrace{IM^*_0 + m^*Y^*}_{(3)} + \underbrace{\frac{c(IM^*_0 + m^*Y^*)}{1 - c}}_{(4)}$$

假定 $\dfrac{m^*}{1 - c} < 1$ ，可作出在各個外國所得水準 Y^* 下本國之所得直線如
圖 8-5 中之 $Y(Y^*)$ 。縱軸上(1)、(2)兩項皆不受外國所得水準影響，(3)及
(4)兩項則隨 Y^* 之增加而增加。(1)為自發性消費與投資之和，(2)為靠乘
數誘發之消費，(3)為本國輸出，(4)為輸出值誘發之消費。同理可作出在
各個本國所得水準Y之下外國的所得直線 $Y^*(Y)$ 。二者相交於A點，
顯示兩國同時達到均衡之所得水準為 Y_A 及 Y^*_A 。

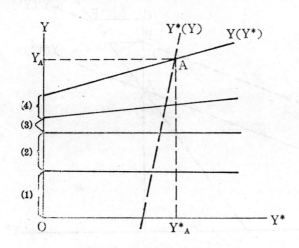

圖 8-5　兩國所得均衡同時決定

現在假定本國投資由 I_0 增加爲 I'，增量爲 ΔI，這將使 $Y(Y^*)$ 直線
平行向上移動 AB 之距離，到 $Y'(Y^*)$，於是本國輸入將增加（AB）m，
外國的所得 Y^* 又因而上升 （AB）m/（$1-c^*$）=BC。當 Y^* 增加
BC 後，外國的輸入必隨之增加，使本國所得又進一步提高。最後到達
新的均衡點 F。本國的總乘數效果顯然爲 AG，其中 BG 這一段代表
國外廻響引起之所得增加額。外國總乘數效果則爲 GF。根據上文公式
(8-14) 及 (8-17) 可知

$$\Delta Y = \frac{(1+m^*/s^*)\Delta I}{s+m+m^*(s/s^*)} = AG$$

$$\Delta Y^* = \frac{(m/s)\Delta I}{s^*+m^*+m(s^*/s)} = GF$$

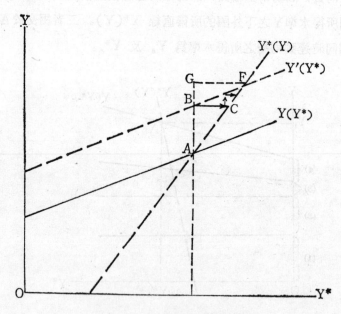

圖 8-6　共同均衡點之改變㈠

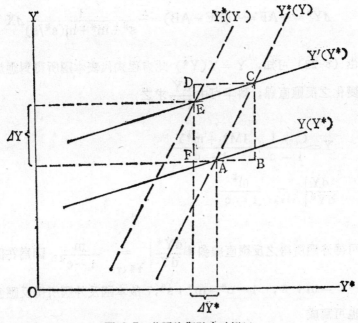

圖 8-7　共同均衡點之改變㈠

　　如果本國對外國之輸出自發性增加 ΔX，則二國共同均衡點將自 A
點移到 E 點。本國所得最初將增加圖 8-7 中之 BC 數額，但是由於外國
對國貨支出之減少及導致其所得之減少而抵銷了 DE，故本國所得之淨
增值爲 EF

$$\Delta Y = BC - DE = EF$$

$$= \frac{1}{s + m + m^*(s/s^*)} \Delta X$$

外國由於輸入之自發性增加引起其所得減少的數額原爲 CD，但是因爲
本國輸入隨所得之擴張而增加，外國享受輸出引起之乘數效果爲 AB，
因此外國所得之淨減少額爲 AF＝CD－AB

$$\Delta Y^* = -AF = -(DC-AB) = -\frac{1}{s^*+m^*+m(s^*/s)}\Delta X$$

由 (8-22) 可知，$Y = Y(Y^*)$ 此方程式代表本國所得對應於外國所得變化之反應直線，斜率可由$\frac{dY}{dY^*}$求之，

$$Y = \frac{C_0 + I}{1-c} + \frac{IM^*_0 + m^*Y}{1-c}$$

$$\frac{dY}{dY^*}\bigg|_{Y(Y^*)} = \frac{m^*}{1-c}$$

同理可得外國所得之反應直線斜率$\frac{dY^*}{dY}\bigg|_{Y^*(Y)} = \frac{m}{1-c^*}$。因爲在開放經濟 $1-c = m+s$，$1-c^*=m^*+s^*$，故本國及外國所得反應直線之斜率也可寫成

$$\frac{dY}{dY^*}\bigg|_{Y(Y^*)} = \frac{m^*}{m+s}$$

$$\frac{dY^*}{dY}\bigg|_{Y^*(Y)} = \frac{m}{m^*+s^*} \quad 或 \quad \frac{dY}{dY^*}\bigg|_{Y^*(Y)} = \frac{m^*+s^*}{m}$$

本國的貿易賬盈餘可定義爲

$$T = IM^*(Y^*) - IM(Y)$$

設期初貿易賬達到均衡，則當兩國所得同時變動，維持貿易平衡的直線斜率$\frac{dY}{dY^*}\bigg|_{T=0}$ 可由上式微分求得：

$$0 = m^*dY^* - mdY$$

$$\left.\frac{dY}{dY^*}\right|_{T=0} = \frac{m^*}{m}$$

比較此三直線斜率，$\dfrac{m^*+s^*}{m} > \dfrac{m^*}{m} > \dfrac{m^*}{m+s}$

故知 $\left.\dfrac{dY}{dY^*}\right|_{Y^*(Y)} > \left.\dfrac{dY}{dY^*}\right|_{T=0} > \left.\dfrac{dY}{dY^*}\right|_{Y(Y^*)}$

假定當兩國所得達到均衡水準時，兩國間的貿易亦恰好維持平衡，**我們**可畫出貿易平衡直線 T＝0 通過A點，並且由上面的不等式，可知此線斜率必介於 Y(Y*) 及 Y*(Y) 二者之間。在 T＝0 線的左上方，**表**示本國所得對應之輸入額大於平衡貿易所需之輸入，故本國有貿易逆差。反之，在 T＝0 線右下方則本國有貿易盈餘。本國投資的乘數效果，使均衡所得由A點改變到F點。顯然，所得之擴張必伴同貿易逆差發生。外國投資增加，則將引起本國貿易盈餘，如圖中G點在 T＝0 線右下方所示。

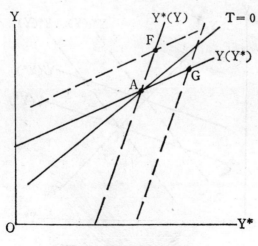

圖 8-8　所得與貿易均衡

本國投資令本國貿易賬惡化之程度，可由以上各有關乘數公式得之：

$$\Delta T = m^* \Delta Y^* - m \Delta Y$$

$$= \frac{m^*(m/s)\Delta I}{s^* + m^* + ms^*/s} - \frac{m(1 + m^*/s^*)\Delta I}{s + m + m^*s/s^*}$$

$$= \Delta I \left[\frac{m^*m - ms^* - m^*m}{ss^* + m^*s + ms^*} \right] = -\frac{ms^* \Delta I}{ss^* + m^*s + ms^*} \qquad (8\text{-}23)$$

外國投資使本國貿易賬改善之程度亦可依同法求之：

$$\Delta T = \frac{m^*(s + m)\Delta I^*}{s^*s + m^*s + ms^*} - \frac{m^*m \Delta I^*}{s^*s + m^*s + ms^*}$$

$$= \frac{m^*s \Delta I^*}{ss^* + m^*s + ms^*} \qquad (8\text{-}24)$$

現在我們再檢討本國自發性輸出擴張對貿易賬的淨影響。由所得

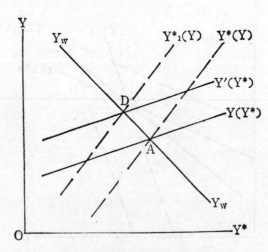

圖 8-9　所得與世界總支出線

均衡條件及貿易盈餘定義，可得世界所得等於世界總支出額之方程式 $Y_w(Y,Y^*)$。

$$Y = E(Y,G) + T(Y,Y_*)$$
$$Y^* = E^*(Y^*,G^*) - T(Y,Y^*)$$
$$T = IM^*(Y^*) - IM(Y)$$
$$Y_w = Y + Y^* = E(Y,G) + E^*(Y^*,G^*) \qquad (8\text{-}25)$$

此式為直線型，斜率可由微分得之

$$0 = \frac{\partial E}{\partial Y}dY + \frac{\partial E^*}{\partial Y^*}dY^*$$

$$\frac{dY}{dY^*}\bigg|_{Y_w} = -\frac{(1-s^*)}{(1-s)}$$

故圖 8-9 中 Y_wY_w 為一向右下方傾斜直線。本國輸出之自發性增加，透過乘數效果使本國所得增加及外國所得減少，已在圖中詳加說明，新的所得均衡點D必落在 Y_wY_w 線上，位於A點之左上方。

輸出自發性增加使 $Y(Y^*)$ 線向上移動 $\Delta X/(s+m)$ 之距離至 $Y'(Y^*)$ 之位置。為了維持貿易賬之平衡，在固定的 Y^* 水準本國所得必須上升之程度為 ΔY

$$\Delta X - m\Delta Y = 0$$

故 $\Delta Y = \Delta X/m$。這表示 $T=0$ 這條貿易平衡直線在圖 8-10 中必須平行向上移動之程度大於 $Y(Y^*)$ 線上移之程度。因此，新的均衡點D必定在新的貿易平衡線 $T'=0$ 之右下方。由此可見本國貿易有淨盈餘。

貿易賬之變化可由上述有關乘數公式求得。淨貿易盈餘為本國自發

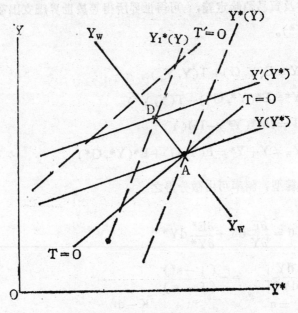

圖 8-10 均衡點之改變與貿易賬

性輸出加上所得變化引起輸出入增減之後果:

$$\Delta T = \Delta X + m^* \Delta Y^* - m \Delta Y$$

$$= \Delta X - \frac{m^* s \Delta X}{ss^* + m^* s + ms^*} - \frac{ms^* \Delta X}{ss^* + m^* s + ms^*}$$

$$= \Delta X \left(1 - \frac{m^* s + ms^*}{ss^* + m^* s + ms^*} \right)$$

$$= \frac{s}{s + m + m^* \, s/s^*} \cdot \Delta X \qquad (8\text{-}26)$$

同理可得本國自發性輸入增加對貿易賬的淨影響

$$\Delta T = -\frac{s}{s + m + m^* s/s^*} \cdot \Delta IM \qquad (8\text{-}27)$$

第三節　移轉支付及二國模型之穩定性*
§3. Transfer Payments and Stability of Two-country Model

本國對外國支付一筆款項，使本國的可支配所得減少，外國的可支配所得提高。這筆款項可以是本國對外國的戰債賠款、或是經濟援助、或是接濟親友匯款，對兩國可支配所得必產生正反不同的影響。假定 K 代表這筆移轉數額，本國以加稅取得資金，外國收到款項後卽減稅以擴增其人民的可支配所得。我們要問此種移轉支付如何影響兩國的均衡所得與經常賬。

經常賬之定義爲淨輸出減移轉支付，以 Y_d 代表可支配所得

$$CA = IM^*(Y^*_d) - IM(Y_d) - K$$

$$dCA = m^* \frac{\partial Y^*_d}{\partial K} dK - m \frac{\partial Y_d}{\partial K} dK - dK$$

因

$$\frac{\partial Y^*_d}{\partial K} = 1 = -\frac{\partial Y_d}{\partial K}$$

$$\frac{dCA}{dK} = m^* + m - 1$$

因此本國經常賬當可增加盈餘，如果兩國邊際輸入傾向之和大於一。但倘若其和小於一， 則本國經常賬必當惡化。 後一場合稱爲移轉效果不足。蓋經常賬之惡化可能另須降低本國貿易條件始克達到平衡，此無異加重移轉支付國之負擔。然而假如 $m^* + m > 1$ ， 則支付國貿易賬之改善可令貿易條件上升，從而減輕其實際負擔。此種情況稱爲移轉效果過剩。

學者對移轉支付問題尙有更爲深入之討論。假如以 d 代表支用移轉金額於購買本國商品之邊際傾向。d 將不等於邊際輸入傾向m(d ≠ m)，

外國亦然 d*≒m*。均衡所得與經常賬之定義包含下面一組方程式：

$$Y=E(Y-K)+IM^*(Y^*+K)-IM(Y-K)$$
$$Y^*=E^*(Y^*+K)-IM^*(Y^*+K)+IM(Y-K)$$
$$T=IM^*(Y^*+K)-IM(Y-K)$$

全微分此一方程式體系，由第一式得

$$dY=\frac{\partial E}{\partial Y}dY+\frac{\partial IM^*}{\partial Y^*}dY^*+\frac{\partial IM^*}{\partial K}dK-\frac{\partial IM}{\partial Y}dY-\frac{\partial E}{\partial K}dK$$

令$\left(1-\frac{\partial E}{\partial Y}\right)=s$，上式經整理後形式如下，其餘兩式亦可如法得之

$$(s+m)dY-m^*dY^*=(m^*-d)dK$$
$$-mdY+(m^*+s^*)dY^*=(d^*-m^*)dK$$
$$dT+mdY-m^*dY^*=(m^*+m)dK$$

此一聯立方程式體系可以矩陣形式表示：

$$\begin{pmatrix}0 & s+m & -m^* \\ 0 & -m & m^*+s^* \\ 1 & m & -m^*\end{pmatrix}\begin{pmatrix}dT \\ dY \\ dY^*\end{pmatrix}=\begin{pmatrix}(m^*-d)dK \\ (d^*-m^*)dK \\ (m^*+m)dK\end{pmatrix} \qquad (8\text{-}28)$$

利用柯拉抹規則 (Cramer's rule)，可解出各未知變數之值。

在此係數行列式之值 $A=(s+m)(s^*+m^*)-mm^*>0$

$$dY=\begin{vmatrix}0 & (m^*-d)dK & -m^* \\ 0 & (d^*-m^*)dK & m^*+s^* \\ 1 & (m^*+m)dK & -m^*\end{vmatrix}\cdot\frac{1}{A}$$

$$= \frac{dK}{A}\{(m^*-d)(m^*+s^*)+m^*(d^*-m^*)\}$$

$$= \frac{dK}{A}(m^*s^*-dm^*-ds^*+m^*d^*)$$

$$\frac{dY}{dK} = \frac{1}{A}[m^*(d^*-d)+s^*(m^*-d)] \tag{8-29}$$

上式顯示，倘若 $d^*>d$ 而且 $m^*>d$，則本國所得水準會因移轉支付而增加。外國支用移轉額於其國貨之邊際傾向及外國之邊際輸入傾向同時大於本國支用移轉額於本國商品之邊際傾向，則此種移轉支付雖降低本國可支配所得，卻能使本國所得水準提高。

$$dY^* = \frac{dK}{A}[s(d^*-m^*)+m(d^*-d)]$$

$$\frac{dY^*}{dK} = \frac{1}{A}[s(d^*-m^*)+m(d^*-d)] \tag{8-30}$$

由 (8-30) 式可知，倘若外國支用移轉額於其國貨之邊際傾向大於其邊際輸入傾向，而且也大於本國支用移轉額於國貨之邊際傾向（$d^*>m^*$，$d^*>d$）則外國的所得水準會因移轉支付而增加。

其次我們考慮二國模型的穩定性。假定本國及外國國民所得的單位時間內變化度由下面兩式決定：

$$\dot{Y} = \frac{dY}{dt} = k[E(Y)+IM^*(Y^*)-IM(Y)-Y]$$

$$\dot{Y}^* = \frac{dY^*}{dt} = k^*[E^*(Y^*)+IM(Y)-IM^*(Y^*)-Y^*] \tag{8-31}$$

式中 k 及 k^* 皆正值，代表所得之調整速度。每當支用額大於所得則促使所得上升，故 k 及 k^* 皆爲正值。令 Y_e 及 Y^*_e 爲兩國所得均衡值，

茲將上面兩式在所得均衡值附近展開，並略去二次以上諸項，僅保留一次項：

$$\dot{Y}=-k[(s+m)(Y-Y_e)-m^*(Y^*-Y^*_e)]$$
$$\dot{Y}^*=-k^*[(s^*+m^*)(Y^*-Y^*_e)-m(Y-Y_e)] \quad (8\text{-}32)$$

此組微分方程式之解值爲以下之形式

$$Y=Y_e+a_{11}e^{\lambda_1 t}+a_{12}e^{\lambda_2 t}$$
$$Y^*=Y_e^*+a_{21}e^{\lambda_1 t}+a_{22}e^{\lambda_2 t} \quad (8\text{-}33)$$

常數 a_{11}, a_{12}, a_{21}, a_{22} 決定於 $t=0$ 時之期初條件，λ_1, λ_2 則爲下面表徵方程式之根。

$$\begin{vmatrix} -k(s+m)-\lambda & km^* \\ k^*m & -k^*(s^*+m^*)-\lambda \end{vmatrix}=0 \quad (8\text{-}34)$$

展開上式爲下面形式：

$$\lambda^2+C_1\lambda+C_2=0$$
$$C_1=k(s+m)+k^*(s^*+m^*)$$
$$C_2=kk^*[(s+m)(s^*+m^*)-mm^*]$$

λ 之兩個實根 λ_1 及 λ_2 必須爲負，才能使所得水準趨向均衡值 $Y_e Y_e^*$ 接近。而 $\lambda_1 \lambda_2$ 兩實根爲負之充分而必要條件爲

$$C_1>0 \qquad C_2>0$$

　　如果所得趨向均衡值調整，卽表示體系具有穩定性。因此，穩定條件也就是 $C_1>0$，$C_2>0$。但 $C_1>0$ 至爲明顯，故穩定條件可濃縮

成下面的不等式:

$$(s+m)(s^*+m^*)-mm^* > 0$$

或　　　$(s+m)(s^*+m^*) > mm^*$

亦可寫作　　$\dfrac{s^*+m^*}{m} > \dfrac{m^*}{s+m}$

　　再看上節兩國所得反應曲線之斜率,

$$\left.\frac{dY}{dY^*}\right|_{Y^*(Y)} = \frac{s^*+m^*}{m}　\left.\frac{dY}{dY^*}\right|_{Y(Y^*)} = \frac{m^*}{s+m}$$

顯然只要 $Y^*(Y)$ 比 $Y(Y^*)$ 更陡,則滿足穩定條件。而且祇要 $s > 0$, $s^* > 0$ 此不等式必定成立。因此, 由 $Y(Y^*)$ 及 $Y^*(Y)$ 兩直線組成

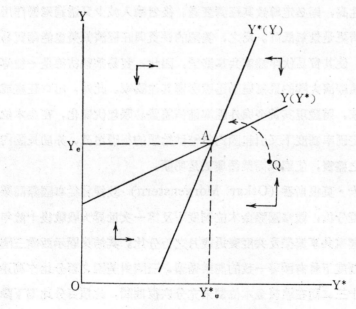

圖 8-11　均衡之穩定性

的圖8-11必定具有均衡穩定性。所得變化的方向當如各箭頭所示，向兩線的交點A也就是均衡所得水準 Y_e 及 Y^*_e 接近。例如自Q點出發，隨時間之經過兩國之所得必愈來愈向A點調整。

第四節　商業循環的國際傳播
§4. The International Transmission of Business Cycles

從本章的討論讀者當可體會，國內經濟景氣的變動與國際貿易的關係決不單純。其間之因果常相正反交錯。一方面輸出的自發性擴張能引起所得與就業的增加，從而誘發更多的輸入以抵銷部分貿易的失衡，故所得之變動可視爲貿易失衡之調整途徑。他方面貿易的變化又是所得增減或景氣變動的傳佈途徑。倘若美國經濟衰退進口減少，則美國的貿易伙伴如西歐、日本、臺灣都將呈現出口萎縮局面。如果這些國家的對外貿易依賴性高，則必定導致其經濟衰退。後者輸入減少又透過廻響作用使美國經濟更是景氣低沉。反之，美國的投資興旺經濟繁榮也能藉貿易廻響乘數，使其貿易伙伴國家共享繁榮。因此，貿易乘數彷彿是一種傳佈媒介，讓經濟大國的景氣變動迅速影響其他國家。此外，出口旺盛或萎縮的國家，將發現其黃金與外匯準備係隨貿易賬起伏變化，在金本位制度或固定匯率制度下又引起國內貨幣供給額的相應增減，亦助長國內經濟景氣之盛衰，使國際商業循環更是明顯。

奧斯卡・莫根斯吞 (Oskar Morgenstern) 教授曾從事國際商業循環之實證分析，觀察國際金本位制度下及第一次世界大戰戰後十餘年西歐主要國家共享繁榮及共度衰退歲月之百分比。其結果顯示西歐三國在金本位制度下曾有顯著一致的商業循環。三國對美國之百分比亦高達百分之五十三。而在戰後金本位制未充分恢復期間，此類百分比則下降甚多，唯仍高達百分之六十以上。金本位制度下不僅各國一般經濟活動

表現了一致的循環性，十二個主要國家的中央銀行貼現利率也呈現了共同的起伏，充份反映出國際經濟景氣的劃一變動。

表 8-1　各國共享經濟繁榮或經濟衰退之月份佔全期百分比

	英國與法 國	英國與德 國	法國與德 國	所有三個歐洲國家	所有三個歐洲國家與美國
第一次大戰前1879年9月至1914年8月共419個月份	86.2%	90.2%	89.7%	83.1%	53.5%
第一次大戰後1919年6月至1932年6月共157個月份	68.8%	60.5%	61.1%	45.2%	35.6%

資料來源: Oskar Morgenstern, *International Financial Transactions and Business Cycles* 1959.

關於較晚近之實證研究，我們可引用董布希教授錄自國際經濟合作開發組織 (OECD) 發表之國際連鎖模型研究報告，顯示在各特定國家每增加百分之一自發性支出對其他國家 (包括本國在內) 所得與貿易賬之影響，證明國際經濟之高度相互倚賴關係。

表 8-2 中最左一欄為自發性支出發生之國家或地區，其餘五欄則為被影響之國家或地區。百分比表示其國民所得之成長率，括弧內數字則是以美金十億為單位各國貿易賬之變化。例如，美國每增加自發性支出 (不論為民間投資或政府支出) 百分之一即可刺激美國經濟使真實所得增加百分之 1.5，其貿易賬惡化34億美元。此外尚有貿易乘數引起之國際傳佈效果：西德所得將因而上升百分之0.2；加拿大上升百分之0.7；日本上升百分之 0.3；其引起整個經濟合作發展組織地區之所得擴增率則為百分之 0.7，可見美國在世界經濟中之特殊重要地位。為對比起見再看日本投資擴張之影響，　其對日本的直接影響即乘數效果，　在此為

1.3。其對美國與 OECD 諸國之擴張作用則微不足道。如果 OECD 各國同時增加支出百分之一，顯然有極強的擴張影響。譬如其增加美國所得之作用；大於美國單獨增加支出之影響力。對日本而言，幾乎爲日本單獨擴充支出時影響力之一倍半。對西德及加拿大的擴張作用皆超過百分之二以上。

此表對角線上之數字除顯示乘數效果外，也陳列了對本國貿易賬之影響。譬如西德每增加支出百分之一將使其貿易盈餘減少24億美元。日本儘管國民所得較西德爲高，其擴充支出所導致貿易賬惡化之程度遠比西德爲輕，僅12億美元。因爲日本的輸入傾向較低，而西德之傾向較高，故西德所得增加時對別國擴散的刺激作用也較強。如 OECD 國家同時擴增支出百分之一，則總共貿易赤字當增加17億美元，但各國的貿易賬

表 8-2 *經濟相依性及對成長與貿易賬之迴響效果*

國　別	美　國 %　$	西　德 %　$	加拿大 %　$	日　本 %　$	OECD %　$
美　國	1.5(−3.4)	0.2(0.4)	0.7(0.4)	0.3(0.9)	0.7(−0.7)
西　德	0.1(0.5)	1.3(−2.4)	0.1(0.2)	0.1(0.3)	0.2(−0.4)
加拿大	0.1(0.6)	0.0(0.1)	1.3(−1.0)	0.0(0.1)	0.1(−0.1)
日　本	0.0(0.4)	0.1(0.1)	0.1(0.1)	1.3(−1.2)	0.2(−0.3)
OECD	1.8(−1.1)	2.4(−0.1)	2.3(0.0)	1.8(0.7)	2.0(−1.7)

資料來源: OECD *Economic Outlook*, *Occasional Studies* 1979.

反應頗不一致：加拿大保持貿易平衡；美國及西德皆將呈現更大的貿易赤字；唯日本能享受更大的貿易盈餘。

最後欲補充說明者，本章之乘數分析一直假定價格水準固定不變。如取消這個假定，並不影響主要結論。事實上當輸出自發性增加後，在本國眞實所得之擴增過程中會迫使價格水準上升，其程度取決於資源充

分就業的程度與勞動市場上工資率的變化。本國物價上升則助長輸入並
遏阻輸出，使貿易賬更迅速向均衡調整。並且外國因本國之誘發性輸入
增加而導致所得之增加也更為迅速。又如果外國物價也上漲，則自然使
廻響效果加強。其次，本國投資引起之所得擴增如伴同物價上升，則誘
發之輸入更多，對外國產生的所得擴增刺激作用更強。至於對貿易賬之
影響，自然是使輸入增加輸出減少，令本國貿易賬惡化的速度更快。

本章參考文獻

1. Caves, R. E. and Jones, R. W. (1973) *World Trade and Payments*, ch 17.

2. Stern R. M. (1973) *The Balance of Payments: Theory and Economic Policy*, ch 6.

3. Chacholiades M. (1978) *International Monetary Theory and Policy*, ch 10.

4. Heller H. R. (1974) *International Monetary Economics*, ch 8.

5. Dornbusch R. (1980) *Open Economy Macroeconomics*, ch 3.

6. Yeager, L.B. (1976) *International Monetary Relations: Theory, History and Policy*, ch 5. ch 9.

7. Sodersten, B. (1981) *International Economics*, 2nd ed. ch 18.

8. Root F. R. (1990) *International Trade and Investment*, 6th ed. ch 15.

第九章 調整滙率的貿易賬效果
CH. 9 THE TRADE-BALANCE EFFECT OF
EXCHANGE-RATE VARIATION

　　迄今我們討論國際收支的調整機能一直假定滙率是固定不變的。在第四章我們雖然詳細介紹了外滙市場的穩定條件以及貿易品對非貿易品模型內滙率的調整機能，但是討論的重心仍屬藉局部平衡分析法導求外滙市場安定均衡的條件以及滙率改變的直接影響。本章我們將從較廣濶的角度來考慮滙率變動的後果，以彌補局部平衡分析法之不足，並藉此說明另一項國際收支的調整機能。價格與所得調整機能以外，滙率的變化也是文獻中經常列舉的調整機能。第一節介紹從國民所得構架探索滙率調整的後果，也就是吞納研究途徑 (Absorption Approach) 的要義。第二節利用簡單的總體模型說明彈性研究法與吞納研究法之局部融合。第三節介紹貨幣學派對滙率改變的觀點，顯示出所強調的現金餘額效果。並以貿易品對非貿易品模型討論通貨貶值產生的國際收支調整效果，第四節說明在眞實工資具有膠著性時調整滙率的效果將很微弱。最後一節介紹最適通貨區域理論，顯示經濟結構與滙率調整機能之關係。

　　我們可將滙率的變化區別爲兩類。一類是滙率隨外滙市場的供求關

係被動升降，其間可涉及政府的干預，也可能純粹由自由市場決定。這種變化通常是每天小幅度的不斷發生，我們稱之爲浮動匯率。在有政府干預的情況爲管理的浮動 (Managed Float) 以別於純粹自由浮動。浮動匯率制度下，本國貨幣相對於外幣增高價值時，英文用 appreciation 一字，降低價值時，英文用 depreciation 一字，我們分別以「國幣漲價」及「國幣跌價」稱之，或簡稱「漲價」及「跌價」。另一種匯率之變化則是中央銀行主動的調整匯率，曾多次出現於戰後國際金融危機發生時，也是可調整釘住匯率制度的一項特色。如果中央銀行將本國貨幣的對外價值提升，英文用的是 revaluation 一字，我們稱之爲「國幣升值」或逕稱「升值」。因爲循多數慣例以交換每一單位外幣所需國幣的數量作爲匯率R，故「升值」表示R減少。反之，中央銀行主動降低本國貨幣的對外匯率，稱爲「通貨貶值」或簡稱「貶值」（R增加），對應的英文爲 devaluation。在一般用語上「升值」與「漲價」，「貶值」與「跌價」沒有什麼差別，但是在國際金融的中文著作中，二者分別適用於不同的外匯制度，必須加以區別。本章各節所討論的匯率變動，概指升值或貶值。

第一節　吞納學說的要義
§1. The Essence of the Absorption Approach

　　一九五〇年代亞歷山大教授 (Sidney Alexander) 首先著文指出傳統的彈性研究途徑僅考慮了匯率調整的初步直接後果而非最終全盤後果。所採用的局部均衡分析法，曾假定所得水準不變及其他非貿易品價格固定，孤立討論匯率改變對輸出品及輸入品市場之影響，結果所獲致之結論是貶值能否改善貿易賬端視四個彈性值而定。此一研究途徑之嚴重缺陷就是其假定不切實際。如果貶值眞能增進貿易出超，則必然透過

乘數效果引起所得增加，而且其他貨品的價格也會因爲代替關係或輔助關係而發生變化。此類所得改變與其他貨品價格變化的事實，應該會對初步的貶值效果產生修正作用。索曼教授（Egon Sohmen）曾試圖彌補此項缺陷，他認爲如將傳統學說中的四個價格彈性改變定義爲概括所得改變影響及其他價格變化影響的總彈性，則彈性分析途徑仍然有效。但是如何克服實證分析上遭遇的困難卻是個新的問題，並且僅改變彈性的定義與概念亦無助於了解貶值問題所涉及各種經濟變數之間的基本關係。

　　亞歷山大首倡的新研究途徑稱爲吞納途徑（Absorption Approach）或支出途徑（Expenditure Approach）。由國民所得的定義出發，一國的輸出盈餘爲國內總產值減去國內總支出的差額。因此，貿易賬的變化也是國民總產值變化額減去總支出變化額之差。以A代表國內總吞納額（即總支出），A爲總消費加總投資（均包括政府部門之支出在內）之和，我們可用下列方程式顯示貿易賬的變化 ΔT。

$$Y = C + I + X - IM \tag{9-1}$$
$$X - IM = Y - A = T$$
$$\Delta T = \Delta Y - \Delta A \tag{9-2}$$

產出總值之未吞納部份又可視爲窖藏額（Hoarding）H，故 $\Delta T = \Delta H$，貿易賬盈餘等於窖藏額。

　　以下的討論將以通貨貶值對貿易賬之影響來代表匯率變化後果，因爲通貨升值問題只是反方向的推理而已，不必重複敍述。設一國將其貨幣貶值若干百分比，貶值必定同時影響國民所得與總支出。關於對總支出的影響可分兩部份討論，一部份是透過所得變化而誘發的支出，另一部分則與所得水準無關，爲貶值直接影響的支出。以 α 代表邊際支出傾

向，$(1-\alpha)=\lambda$ 爲邊際窖藏傾向，βA 代表貶值對吞納之直接貢獻，則貶值後該國貿易賬的變化可用下式表示：

$$\Delta T = \Delta Y - \alpha \Delta Y - \beta A = \Delta H$$
$$= \Delta Y (1-\alpha) - \beta A$$
$$= \lambda \Delta Y - \beta A \tag{9-3}$$

可見貶值能否改善貿易逆差（或增加貿易盈餘），取決於 ΔY，α（或 λ）及 βA 三個變數之相對關係。ΔY 通常是正值，如果在貶值之前資源未達充分就業，則貶值可刺激生產，增加所得水準。邊際支用傾向 α 如果小於一，則 λ 爲正值，貶值對貿易賬之淨影響取決於 $\lambda \Delta Y$ 與 βA 比較之相對值之大小，如 $\lambda \Delta Y > \beta A$ 則盈餘增加。但是假如 α 大於一，則唯有當 βA 爲負值並且其絕對值大於 $(1-\alpha)\Delta Y$，才能藉貶值改善國際收支。此外，ΔY 爲負值之情況雖不多見，但並非絕不可能。倘若資源已接近充分就業，而貶值嚴重損害貿易條件，形成困窮之成長 (Immiserizing growth)，則實值所得反而減少。我們可假定在正常情況 $\Delta Y > 0$，α 之值在零與一之間，而且貶值之直接效果有助於縮減支出 $(\beta A < 0)$，貶值對此國貿易賬的改善可用下圖表示。

圖中縱軸爲總吞納額的增量，橫軸爲眞實所得的增量，假定 $\alpha < 1$ 故當所得增加 ΔY_1 時，貶值後透過所得變化對貿易賬之改善爲 $\Delta H_1 = \Delta Y_1 - \Delta A_1 = \Delta T_1$，又因 βA 係假定爲負值，故貶值使吞納線平行向下移動 βA 之距離，因此貶值能全盤改善貿易賬之程度爲 $\Delta T = \Delta H_1 + \beta A$。如下圖所示，貶值令生產與實值所得之增加額爲 ΔY_1，誘使支出增加 OC，故其透過所得變化而改善貿易賬之程度爲 DC，又貶值假定能直接減少支出額 CE，故貿易賬全盤改善程度爲 DC＋CE＝DE。以下再就所得誘發的吞納效應與貶值對吞納的直接影響詳細申述。

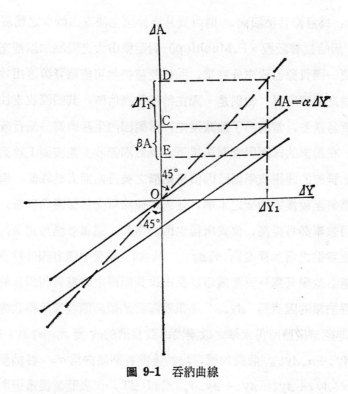

圖 9-1　吞納曲線

（i）所得誘發之吞納效應

　　亞歷山大教授最早提出的吞納效應經由所得變化而產生者僅有兩點：一是貶值使原來失業閒置的資源重被雇用，因而增加生產提高所得；一是貶值使貿易條件改變，真實所得亦因而改變。倘若該國資源原已達到充分就業狀態，則第一種影響將甚微弱。以 Δy_1 代表閒置資源重被雇用因而增加之所得，α_1 為邊際支用傾向，此項吞納效應為 $\alpha_1 \Delta y_1$。通常一國專業於生產之程度較其需求集中程度為高，因此其輸出品及輸入品供給彈性之乘積，大於需求彈性之乘積，$(e_x e_m > \eta_x \eta_m)$ 因此貶值必使貿易條件惡化，真實所得亦因而降低，以 Δy_2 代表此種影

響，α_i 爲邊際吞納傾向，則由貿易條件惡化使支出減少之程度爲 $-\alpha_i$ Δy_i。馬哈拉普教授（F.Machlup）對亞歷山大之觀點加以補充。他指出縱使一國資源已達充分就業，通貨貶值仍然可能藉資源運用效率之改善而提高眞實所得。特別是一國在幣值被高估時，其國際收支往往頻頻出現貿易逆差，當局爲了縮減逆差，常對國內生產與貿易施行若干直接管制，在紛繁的保護與管制法規下，雖然國際收支能表面上達到均衡，實際上資源的運用效率則已因價格結構之被扭曲而大爲降低。倘若該國貶低幣值至較接近均衡之水準，並同時撤除原先的保護與管制，則其資源運用效率必可提高，眞實所得也因而增加，這種效應可用 $\Delta y_r > 0$ 代表，故吞納之增加程度爲 $\alpha_r \Delta y_r$。 其次，如果一國有國外投資，則通貨貶值必改變其國外資產價值以及由投資而得之股息與利潤。於是另一項使吞納額的因素爲 Δy_w。 如果邊際吞納傾向隨各種所得泉源不同而異，則貶值後藉所得水準之改變而導致吞納的改 變 爲 $\alpha_i \Delta y_i + \alpha_t \Delta y_t$ $+ \alpha_r \Delta y_r + \alpha_w \Delta y_w$。 假設加權平均的邊際吞納傾向爲 α，吞納額之增加當爲 $\alpha(\Delta y_i + \Delta y_t + \Delta y_r + \Delta y_w)$。令以 ΔT_y 代表貶值後透過所得改變而影響貿易賬的程度 $\Delta T_y = (1-\alpha)(\Delta y_i + \Delta y_t + \Delta y_r + \Delta y_w)$，如各項 α 之值不同則 $\Delta T_y = \Delta y_i(1-\alpha_i) + \Delta y_t(1-\alpha_t) + \Delta y_r(1-\alpha_r) + \Delta y_w(1-\alpha_w)$。由此可見；貶值能改善貿易賬的程度與上述各種所得改變的因素有關。資源就業的狀況、其移轉用途的難易、貿易條件的升降以及國外投資的水準均須列入考慮。

（ii）與所得水準無關的吞納效應

　　亞歷山大曾列舉三種直接吞納效應，爲貶值毋須經由所得水準的改變仍能影響貿易賬的原因。 第一是現金餘額效應： 國幣貶值後所有輸出入品以本國貨幣表示的價格都上漲了，勢必鼓勵人民將原來支用於貿

易品上的一部份支出，移轉支用於非貿易品上，於是非貿易品的價格也有跟著上漲趨勢。且根據小國模型之假定，輸出入品的價格由國際市場決定，故不會因為該國減少購買而降低。因此，貶值可使該國全盤物價上漲。在貨幣供給額不變的情況下，此種物價上漲所造成負的現金餘額效應必有助於縮減支出，因為人們希望維持與真實所得有一定比率關係的實值現金。此外，在物價上漲的同時利率也會上升，使投資支出減少，進一步降低支出總額。此種現金餘額效應也正是貨幣學派分析匯率變化問題時最強調的一點，本章後文還要詳論。第二種直接效應是由於價格改變引起所得分配型態的改變，這時即令真實所得水準不變，人們的總支出額也可能會改變。例如阿根廷在一九五〇年代的貨幣貶值，對輸出業幫助很大，使所得分配明顯地轉為有利於農村部門而不利於都市部門。由於城市居民的邊際支用傾向大於農民，於是貶值後阿根廷的總支出相對於所得水準下降。狄亞茲阿拉堅卓教授 (Diaz-Alejandro) 在其專著中即強調此種效應，並認為是阿根廷靠貶值而成功改善國際收支的主要原因。第三種直接效應為貨幣幻覺 (Money illusion) 效應。倘若真實所得不變，物價上漲使名義所得增加。假如人們自認為較前富裕，有更強儲蓄慾望，則所得中支用的比率將減低，有助於改善貿易赤字。不過，此種貨幣幻覺也可能鼓勵人們提高消費傾向，特別是如果人們預期物價將繼續上漲，則支用慾望將更見加強，使貿易赤字擴大。

馬哈拉布對亞歷山大的觀點曾提出批評與補充。馬哈拉布認為吞納學說過份貶低了相對價格改變對貿易賬之影響。貨幣貶值後非貿易價格相對下跌，貿易品價格相對上漲，此種相對價格的改變必定產生資源的重配置及消費型態的改變。如果當時資源已接近充分就業，則貿易賬的改善主要是靠總支出的降低。但是在各種支出類別中那一些真正能降低卻是問題關鍵所在。假如主要降低的支出是國內生產的消費品與投資

品，則貶值之後果對於貿易賬的改善幫助不大，倒是減損了經濟社會的生產與就業。反之，如果減少的支出主要是可輸出品及輸入品，則顯然產生了改善貿易賬的效果。此外價格機能對資源配置的影響力大小，也是個重要因素。假如價格機能微弱，資源流動性低，則國內貨品減產以便使資源移轉用途於輸入代替品及可輸出品之產業結構變化，不致於明顯出現，於是貿易賬的改善也不多。反之，生產結構的明顯變化將有助於貿易賬的改善。究竟人們相應於價格變化後，如何改變其支出型態及生產結構？當然是表現在輸出品及輸入品的需求彈性與供給彈性上面。所以馬哈拉布極力辯護傳統的彈性研究途徑，認為通貨貶值產生的相對價格變化，是使貿易賬初步改善的基本原因。而且相對價格之變化不必經由貿易條件與所得效應以影響支出，僅憑價格變化之代替效應就可以影響貿易平衡。

第二節　吞納說與彈性說的局部融合*
§2. A Partial Reconciliation of the Absorption and Elasticity Approaches

亞歷山大曾採納馬哈拉普的建議，企圖將傳統的彈性研究途徑與他自己所提倡的吞納研究途徑結合起來，對通貨貶值的貿易賬影響，作一綜合討論。後來又有其他學者陸續著文，建立模型以數學方法導求貶值對貿易盈餘的影響。本節擬介紹兩位學者在這方面所獲致之成果。他們的模型稍有差別，但結論則非常相似，能印證亞歷山大的研究結論。

首先要介紹日籍學者高山晟教授 (A. Takayama) 的論文。假定本國與外國皆有失業資源，商品的生產成本固定不變，又假定各國維持利率於固定水準，因此貨幣因素亦可予以忽略。在這種簡化問題的假定下，設本國僅生產商品X，外國僅生產商品Y，則本國貨幣貶值後X與Y之相對價格發生變動，故貿易條件改變引起實值所得效應，後者將影

響儲蓄與輸入。此種次級效應將局部的修改通貨貶值對貿易盈餘發生的初步影響。設 R 代表匯率，本國貶值表示 R 增大，U 代表眞實所得，Z 代表眞實支出，外國的經濟變數一律以「 * 」標示。由吞納學說可得下面的貿易盈餘定義：

$$TR/\overline{P}=U-Z$$

$$T^*/\overline{P}^*=U^*-Z^*$$

上面兩式中 T 代表貿易盈餘，$\overline{P}$ 及 $\overline{P}^*$ 代表本國及外國的物價水準，爲國產品價格與輸入品價格加權平均值。P 爲 X 的價格，Q 爲 Y 的價格，以 X_{1*} 代表本國對外國的輸出，Y_{*1} 爲自外國的輸入，則物價水準之定義爲：

$$\overline{P}=\frac{(Z-Y_{*1})}{Z}P+\frac{Y_{*1}}{Z}Q \ , \ \overline{P}^*=\frac{(Z^*-X_{1*})}{Z^*}Q+\frac{X_{1*}}{Z^*}P \quad (9\text{-}4)$$

爲便於數學處理，依慣例假定原先貿易盈餘額爲零，並假定貨品單位選擇使 $\overline{P}=\overline{P}^*=1$ 以小寫字體代表各變數之增量或微分值（如 u = dU，$x_{1*}=dX_{1*}$），對貿易盈餘定義式微分之可得：

$$z+t=u$$

$$z^*+t^*=u^* \quad (9\text{-}5)$$

令 λ 代表邊際窖藏傾向，$(1-\lambda)$ 爲邊際支用傾向，依定義

$$(1-\lambda)u=z$$

$$(1-\lambda^*)u^*=z^* \quad (9\text{-}6)$$

兩國眞實所得之改變爲生產增加與貿易條件改善之結果，故：

$$u = (p - q)Y_{*1} + x$$
$$u^* = (q^* - p^*)Y_{*1} + y \tag{9-7}$$

兩國眞實支出的變化則可定義爲：

$$z = (x - x_{1*}) + y_{*1}$$
$$z^* = x_{1*} + (y - y_{*1}) \tag{9-8}$$

代入上述 λ 與 $(1 - \lambda)$ 之定義式中得：

$$(1 - \lambda)[(p - q)Y_{*1} + x] = y_{*1} - x_{1*} + x$$
$$(1 - \lambda^*)[(q^* - p^*)Y_{*1} + y] = x_{1*} - y_{*1} + y \tag{9-9}$$
$$x = \frac{1}{\lambda}[(1 - \lambda)(p - q)Y^*_1 - (y_{*1} - x_{1*})]$$
$$y = \frac{1}{\lambda^*}[(1 - \lambda^*)(q^* - p^*)Y_{*1} - (x_{1*} - y_{*1})] \tag{9-10}$$

兩國的輸入函數及其微分結果分別列出如下：

$$Y_{*1} = \phi(Q/P, Z) \tag{9-11}$$
$$dY_{*1} = y_{*1} = \partial\phi/\partial(Q/P)\frac{Q/P}{\phi}\frac{\phi}{Q/P}d(Q/P) + \frac{\partial\phi}{\partial Z}dZ$$
$$y_{*1} = -\eta(q - p)Y_{*1} + \pi z$$
$$= -\eta(q - p)Y_{*1} + \pi[(x - x_{1*}) + y_{*1}] \tag{9-12}$$
$$X_{1*} = \phi(P^*/Q^*, Z^*) \tag{9-13}$$
$$x_{1*} = -\eta^*(p^* - q^*)X_{1*} + \pi^* z^*$$
$$= -\eta^*(p^* - q^*)X_{1*} + \pi^*[x_{1*} + (y - y_{*1})] \tag{9-14}$$

在此 η 及 η^* 爲兩國對其輸入品價格需求彈性，π 及 π^* 則代表兩國的總

支出增加時引起輸入增加之邊際傾向。

　　由於自由貿易下　$p-q=p^*-q^*$，　而期初貿易賬之均衡則表示 $Y_{*1}=X_{1*}$。以(10)式 x 及 y 之值代入上面兩式中並簡化之可得

$$y_{*1}=Y_{*1}(q-p)\left[-\eta-\pi\left(\frac{1-\lambda}{\lambda}\right)\right]+\pi(y_{*1}-x_{1*})\left(\frac{\lambda-1}{\lambda}\right)$$

$$x_{1*}=-Y_{*1}(q-p)\left[-\eta^*-\pi^*\left(\frac{1-\lambda^*}{\lambda^*}\right)\right]-\pi^*(y_{*1}-x_{1*})\left(\frac{\lambda^*-1}{\lambda^*}\right)$$

二式相減可得

$$(y_{*1}-x_{1*})\left[1+\pi\left(\frac{1-\lambda}{\lambda}\right)+\pi^*\left(\frac{1-\lambda^*}{\lambda^*}\right)\right]$$

$$=Y_{*1}(q-p)\left[-\eta-\eta^*-\pi\left(\frac{1-\lambda}{\lambda}\right)-\pi^*\left(\frac{1-\lambda^*}{\lambda^*}\right)\right] \quad (9\text{-}15)$$

令　　　$A=1+\pi\left(\frac{1-\lambda}{\lambda}\right)+\pi^*\left(\frac{1-\lambda^*}{\lambda^*}\right)$

$$(y_{*1}-x_{*1})A=Y_{21}(p-q)$$

$$\left[\eta+\eta^*+\pi\left(\frac{1-\lambda}{\lambda}\right)+\pi^*\left(\frac{1-\lambda^*}{\lambda^*}\right)\right] \quad (9\text{-}16)$$

再就本國的貿易盈餘　$T=P^*X_{1*}-Q^*Y_{*1}$ 微分之：

$$dT=t=(p^*-q^*)Y_{*1}+x_{1*}-y_{*1}$$

以前面之結果代入上式

$$t=\frac{A}{A}(p-q)Y_{*1}-\frac{1}{A}(p-q)Y_{*1}$$

$$\left[\eta+\eta^*+\pi\left(\frac{1-\lambda}{\lambda}\right)+\pi^*\left(\frac{1-\lambda^*}{\lambda^*}\right)\right]$$

$$= \frac{1}{A} \Big\{ (p-q)Y_{*1}\Big[1 + \pi\Big(\frac{1-\lambda}{\lambda}\Big) + \pi^*\Big(\frac{1-\lambda^*}{\lambda^*}\Big)$$

$$- \pi\Big(\frac{1-\lambda}{\lambda}\Big) - \pi^*\Big(\frac{1-\lambda^*}{\lambda^*}\Big) - \eta - \eta^*\Big]\Big\}$$

$$= \frac{1}{A}(p-q)Y_{*1}(1 - \eta - \eta^*) \qquad (9-17)$$

既然 $P = RP^*$，$Q = RQ^*$ 故 $p = r + p^*$，$q = r + q^*$。依照生產成本不變之假定 $p = 0$，$q^* = 0$，故 $p^* = -r$，$q = r$，$p - q = -r$ $= p^* - q^*$，於是最後演譯出本國貿易盈餘對匯率變化之反應式：

$$\frac{dT}{dR} = \frac{t}{r} = \frac{-t}{p-q} = \frac{1}{A}Y_{*1}(\eta + \eta^* - 1) \qquad (9-18)$$

$$A = 1 + \pi\frac{(1-\lambda)}{\lambda} + \pi^*\frac{(1-\lambda^*)}{\lambda^*} \text{尚可化簡為} A = 1 + \frac{m}{\lambda} + \frac{m^*}{\lambda^*}$$

因 $\pi = \frac{\partial \phi}{\partial z}$ 為總支出增加時輸入增加之邊際傾向，而 $(1-\lambda)$ 又是眞實所得增加時使支出增加之邊際傾向 $\Big(1 - \lambda = \frac{\partial z}{\partial u} \Big)$，因此 $\pi(1-\lambda)$ $= \frac{\partial \phi}{\partial z}$、$\frac{\partial z}{\partial u} = \frac{\partial \phi}{\partial u} = m$ 卽眞實所得增加時令輸入增加之邊際傾向，或簡稱邊際輸入傾向。同理 $\pi^*(1-\lambda^*) = m^*$ 為外國之邊際輸入傾向。

$$\frac{dT}{dR} = \frac{t}{r} = \frac{Y_{*1}(\eta + \eta^* - 1)}{1 + m/\lambda + m^*/\lambda^*} \qquad (9-19)$$

此種結論表示倘若 $\eta + \eta^* - 1 > 0$ 而且 $1 + m/\lambda + m^*/\lambda^* > 0$ 則貶值可以改善貿易賬，增加盈餘或減少赤字。又因等式右方分子原卽代表按照傳統之彈性學說貨幣貶值對貿易賬之影響，因此呑納學說與彈性學說可結合為下面的公式，表示在各項已註明假定之下，貶值對增加貿易

盈餘的貢獻：

$$\Delta T = \frac{按彈性學說，貶值初步改善貿易賬之程度}{1 + \dfrac{本國邊際輸入傾向}{本國邊際窖藏傾向} + \dfrac{外國邊際輸入傾向}{外國邊際窖藏傾向}}$$

$$= \frac{\Delta R(\eta + \eta^* - 1)Y_{*1}}{1 + \dfrac{m}{\lambda} + \dfrac{m^*}{\lambda^*}}$$

由上式可知，如果馬歇爾——婁納條件不能滿足，或本國與外國對輸入品需求彈性之和小於一（或等於一），則貶值反會使貿易賬惡化（或不影響貿易賬）。但是，縱然滿足了馬歇爾——婁納條件（$\eta + \eta^* > 1$），我們仍舊無法保證貶值必定能改善貿易賬。因為本國或外國的邊際窖藏傾向如果為零，而本國或外國的邊際輸入傾向不為零（$\lambda = 0$，$m \neq 0$ 或 $\lambda^* = 0$，$m^* \neq 0$）則公式的分母部份為無限大，不論分子為何種正的有限值，ΔT 必定為零。另一方面，倘若兩國邊際輸入傾向極小，而邊際窖藏傾向甚大，則式中分母之值將接近於一，故本國貿易賬因貶值而改善的程度，將大致符合彈性學說的推測。通常 $m/\lambda + m^*/\lambda^*$ 之值大於零，使分母之值亦大於一，這顯示貿易賬全盤改善之程度，往往小於彈性學說所推測之初步貿易改善程度。

其次我們介紹另外兩位學者在這方面的貢獻。雷查森（J. D. Richardson）曾建立簡單的總體模型，說明貶值對貿易賬之影響，被史頓恩教授（R. M. Stern）納入其國際收支教本中。將其導出之最終結果稱為哈伯格條件（Harberger Condition），因曾出現在後者早期的論文中，所以我們不妨稱這一部份的討論為哈伯格——雷查森模型。

此模型的假定幾乎與高山晟擬設者完全相同，即全部忽略資本賬的交易，兩國貿易原先維持平衡，貨幣政策使利率水準維持不變，兩國生

產兩種商品的成本係固定不變。本節先考慮沒有廻響作用的小國模型，第二步再推廣討論具有廻響作用的二國模型。模型中各函數及經濟變數皆用普通慣用的符號表示。外國的經濟變數皆冠以「＊」號以資識別。

本國輸入函數：

$$IM = X^* = IM(Y, P, RP^*); \ IM_Y > 0, IM_P > 0, IM_{RP*} < 0 \qquad (9-20)$$

本國輸出函數：

$$IM^* = X = X(Y^*, P/R, P^*);$$
$$X_{Y*} > 0, \ X_{P/R} < 0, \ X_{P*} > 0 \qquad (9-21)$$

函數後面之不等關係表示各函數之偏微分係正值抑負值。本國及外國物價指數之定義式，及兩國支用於輸入品上金額占總支出額之比重如下列所示：

$$P_i = aRP^* + (1-a)P \qquad (9-22)$$

$$P^*_i = a^*(P/R) + (1-a^*)P^* \qquad (9-23)$$

$$a = \frac{RP^*IM}{E} \qquad (9-24)$$

$$a^* = \frac{XP/R}{E^*} = \frac{XP}{E^*R} \qquad (9-25)$$

總支出之定義，貿易賬盈餘之定義及國民所得均衡條件：

$$E = C + I + G \qquad (9-26)$$

$$T = RX - RP^*IM \qquad (9-27)$$

$$Y = E + T \qquad (9-28)$$

依照假定，商品單位之選擇可使價格原先定於一，貨幣單位之選擇也可令匯率原先定為一，由於商品生產成本不變，故 $dP = dP^* = 0$ 實值總

支出可視爲眞實所得之函數，眞實所得增加則支出亦增加，

$$E/P_i = E(Y/P_i) \qquad E' > 0$$

對上列各函數微分之，並利用上述假定，

$$dY = dE + dT$$

$$dT = dX - dIM - IMdR$$

$$dE = EdP_i + (1-\lambda)(dY - YdP_i) \cdot P_i$$

$$dE = (1-\lambda)dY + [E - Y(1-\lambda)]dP_i$$

$$dIM = \frac{\partial IM}{\partial Y}dY + \frac{\partial IM}{\partial R}dR = mdY - \frac{IM}{R}\left[-R/IM\frac{dIM}{dR}\right]dR$$

$$= mdY - \frac{IM}{R}\eta_m dR$$

$$dX = X\eta_x dR$$

$$dP_i = dR \cdot a$$

因係小國模型，故可假定 $P^*_i Y^*$ 爲固定不變。 λ 爲本國邊際窖藏傾向，m爲本國邊際輸入傾向， η_m 及 η_x 則分別代表輸入品與輸出品的需求彈性。代入有關各項後

$$dY = (1-\lambda)dY + [E - Y(1-\lambda)]adR + dT$$

$$\lambda dY = [E - Y + \lambda Y]adR + dT$$

既然期初貿易賬係假定維持平衡，$T = 0$，$Y = E$，價格與匯率假定皆等於一， $a = IM/E$

$$dY = IMdR + dT/\lambda$$

再將有關各項代入 dT 之定義式中並化簡之:

$$dT = X\eta_x dR + IM\eta_m dR - IMdR - mIMdR - m \ dT/\lambda$$

$$dT(\lambda + m) = IM\lambda(\eta_x + \eta_m - 1 - m)dR$$

$$\frac{dT}{dR} = \frac{\lambda}{\lambda + m}[\eta_m + \eta_x - (1+m)]IM$$

$$\frac{dT}{dR} = \frac{1}{1 + \dfrac{m}{\lambda}}[\eta_x + \eta_m - (1+m)]IM \qquad (9\text{-}29)$$

上面的結果顯示，如果輸入品及輸出品需求彈性之和大於一加邊際輸入傾向(即 $\eta_x + \eta_m > 1 + m$)則貨幣貶值可以改善國際收入。唯倘若邊際窖藏傾向極小，甚至接近於零，而邊際輸入傾向不為零，則貿易賬改善之程度將極微弱。在此，判別條件為 $\eta_x + \eta_m > 1 + m$，故比馬歇爾——婁納條件更為嚴格。又在判別條件前面附加了一項乘數$\left(1 + \dfrac{1}{m/\lambda}\right)$，等於對傳統的彈性加以補充修正，顧及吞納學說的主張，考慮到邊際窖藏傾向（或支出傾向）及輸入傾向等因素的影響。下圖中原先貿易盈

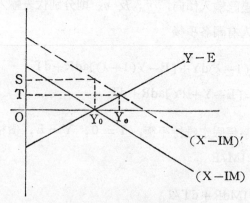

圖 9-2　貶值直接效果與間接效果

餘爲零，所得水準爲 Y_0，貨幣貶值的直接效果是使$(X-IM)$線向上移動至 $(X-IM)'$ 之位置，貿易賬產生 OS 數額的盈餘，OS 之距離由彈性判別式決定。因爲貿易賬之盈餘，透過貿易乘數使所得水準上升至 Y_e，結果貿易盈餘又縮小爲 OT。又由同圖可看出，假如該國邊際支出傾向很大，則 $(Y-E)$ 線的斜度很小（λ 之值甚小），結果所得增加程度較多（貿易乘數較大），而貿易盈餘將甚微少。

其次，我們考慮兩國模型。這時國外所得的變動及物價指數的變動皆必須顧及，其他假定仍然不變。在上列模式中須加上兩個函數

$$Y^*=E^*-T/R$$

$$\frac{E^*}{P^*_i}=E^*(Y^*/P^*_i)$$

全微分得下列各式:

$$dT=dX-dIM-IMdR$$

$$dY=dE+dT$$

$$dE=(1-\lambda)dY+[E-(1-\lambda)Y]adR$$

$$dY^*=dE^*-dT+TdR$$

$$dX=X\eta_xdR+m^*dY^*$$

$$dIM=mdY-IM\eta_mdR$$

$$dE^*=(1-\lambda^*)dY^*+[E^*-(1-\lambda^*)Y^*]dP_i^*$$

$$=(1-\lambda^*)dY^*+[E-(1-\lambda^*)Y^*]a^*dR$$

因最初貿易賬維持平衡，$T=0$，$X=IM$，$E=Y$，$E^*=Y^*$，又以 $dY=IMdR+aT/\lambda$ 與 $dY^*=-XdR-dT/\lambda^*$ 代入 dT

$$dT=dX-dIM-IMdR$$

$$= (X\eta_x + IM\eta_m - IM)dR - mdY + m*dY*$$

$$dT = (X\eta_x + IM\eta_m - IM)dR - m[IMdR + dT/\lambda]$$

$$+ m*[-XdR - dT/\lambda*]$$

$$\frac{dT}{dR} = \left[\frac{\lambda}{\lambda + m + m*(\lambda/\lambda*)}\right][X\eta_x + IM\eta_m - IM(1+m) - m*X]$$

$$\frac{dT}{dR} = \left(\frac{1}{1 + m/\lambda + m*/\lambda*}\right)[\eta_x + \eta_m - (1+m+m*)]IM \qquad (9\text{-}30)$$

此式與亞歷山大、高山晟諸氏所導求之結果極爲相似。唯一不同處是分子部份代表貶值初步影響之彈性值判別式，在此比馬歇爾——婁納條件更爲嚴格，$\eta_x + \eta_m > 1$ 尙不夠保證貶值必定改善貿易賬，必須 $\eta_m + \eta_x > 1 + m + m*$ 方能寄望貿易賬隨貶值而有初步改善，此卽所謂哈伯格條件，至於貿易盈餘之最後數額，尙須靠兩國邊際輸入傾向對邊際窖藏傾向之比率決定。又輸入品及輸出品的需求彈性 η_m 及 η_x 尙可再分解爲 $\eta'_m + m$ 及 $\eta'_x + m*$，η'_m 及 η'_x 爲扣除所得效果後已補償之需求彈性 (Compensated elasticity of demand for imports and exports)，故上面判別式之另一形式可寫成

$$\frac{dT}{dR} = \frac{IM(\eta'_m + \eta'_x - 1)}{1 + m/\lambda + m*/\lambda*} \qquad (9\text{-}31)$$

由本節導求之公式可知，兩國的邊際輸入傾向愈小，而邊際窖藏傾向愈大，則貨幣貶值助長貿易盈餘的效果也愈大。亞歷山大指出，當一國接近充分就業時，物價上漲壓力較大，因此本國人民的邊際支出傾向及邊際輸入傾向均較高，這樣會使判別式的分母值更大，削弱貶值的效果。因此，一般言之當一國失業率升高時，藉貶值以改善貿易賬的效果較大。

唯經濟如接近充分就業，則商品生產成本不變之假定必須取消，$dP \neq 0$，$dP^* \neq 0$。雷查森曾就原來二國模型推廣導求此種生產成本可變情況下貶值之影響。其公式如下：

$$\frac{dT}{dR} = -\frac{IM[\eta_x + \eta_m - (1 + m + m^*)]}{(1 + m/\lambda + m^*/\lambda^*)} \frac{dp}{dR} \qquad (9\text{-}32)$$

$\frac{dp}{dR}$ 代表貶值引起貿易條件的變化。（$p = P/P^* R$）。由此式可知，如果滿足哈伯格條件（即彈性條件），貿易條件必須惡化始能讓貿易賬盈餘增加；如果不能滿足哈伯格條件，貿易條件因貶值而改善，則貿易賬盈餘亦可增加。此公式並包括生產成本為固定之情況。因為倘若生產成本固定，則貿易條件必定隨貶值而惡化，且 $\frac{dp}{dR} = -1$，故結果與(9-30)相同。一般言之，生產成本非固定則貿易條件惡化，但在程度上小於價格變化時，即 $0 > \frac{dp}{dR} > -1$，此表示 $\frac{dT}{dR}$ 之值必小於(9-30)。但通貨貶值如果發生在資源接近充分就業或有通貨膨脹壓力的國家，很可能生產成本隨貶值而巨幅提高，結果令貿易條件亦大幅度上升，於是滿足彈性條件下之通貨貶值反而使全盤貿易賬惡化。

迄今我們的討論一直維持利率不變之假定。蔣森教授曾指出，貿易賬之初步反應也會影響到貨幣市場。如果貿易呈現赤字，則貨幣供給減少，利率勢必上升，有助於縮減總支出。因此，貨幣因素必須在分析貶值之後果時占一重要地位。蔣碩傑教授（S. C. Tsiang）在一九六一年發表於美國經濟評論之文章「貨幣在貿易餘額穩定性中之角色：彈性說與吞納說之融合」可說是對這方面分析最為深入之大作。他採用了米德的模型，討論在不同的貨幣政策體制下，相對價格之調整與所得支用之調整如何合併起來決定貶值對貿易賬的全盤影響。特別是他假定總吞納

不僅受所得決定，而且也受利率影響，他補入了貨幣需求函數，顯示利率的上升不僅有助於抑制支出以改善貿易賬，且有助於維持外匯市場的穩定。從他以數學導出的複雜公式可看出，不只是貶值的初步影響靠彈性值決定，並且次級收縮性因素中也包含了有關彈性在內，因為所得的改變會引起國內價格的改變，從而影響輸出入商品的供給與需求。蔣教授的鴻文不但把彈性分析途徑與吞納學說作了一次更徹底的融合，並且強調出貶值對改善貿易赤字的功效泰半取決於當局採用的貨幣政策。如貨幣供給固定而讓利率上升， 在他所謂正統的中性貨幣政策體制內貶值，功效遠比在調節貨幣供給以維持利率固定之凱因斯派中性貨幣政策體制內為佳。

蔣教授的論文再次啓發了學者對於貨幣因素的重視，因此有些人建立模型特別從貨幣面來探討匯率變化對貿易賬的影響。我們可將他們歸納為貨幣學派的觀點，在下面一節中摘要介紹。

第三節　貨幣派模型兼論貿易品對非貿易品模型[*]
§3. The Monetary Approach and Tradable versus Non-tradable goods Model

董布希教授在一九七三年發表之論文先從貨幣因素分析貶值之影響，復藉非貿易品對貿易品模型推廣應用其理論。此文頗受學界重視，特在本節摘要介紹。

貨幣為人們持有之資產，人們欲調整其實值餘額到最適當數額，故增加支出以消耗貨幣或減少支出以累積貨幣。設本國及外國對貨幣需求可用劍橋學派的現金餘額式代表：

$$L = kPy$$
$$L^* = k^*P^*y^*$$

(9-32)

以 Z 代表支出，H 代表所得被窖藏之部份，後者又是貨幣需求減貨幣供給之差額乘以調整係數 π，故可成立下列諸式：

$$Z = Py - H$$
$$Z^* = P^*y^* - H^* \tag{9-33}$$
$$H = \pi(L - M) = H(P, M)$$
$$H^* = \pi^*(L^* - M^*) = H^*(P^*, M^*) \tag{9-34}$$

設二國貨幣供給之增減全由於貿易賬之盈餘形成，以 R 代表外匯匯率，T 代表本國貿易盈餘。

$$dM = T = -RdM^*$$

假如貨幣供給係固定不變，則本國窖藏額為本國物價水準之正函數。因為當物價上升時，實值餘額減少，人們將降低支出水準以累積更多的貨幣。如果物價不變，則貨幣存量增加時將使窖藏額減少，故以附下角代表之偏微分符號，其正負當如以下所示：

$$\frac{\partial H}{\partial P} = H_P > 0, \quad \frac{\partial H}{\partial M} = H_M < 0,$$
$$\frac{\partial H^*}{\partial P^*} = H^*_{P^*} > 0, \quad \frac{\partial H^*}{\partial M^*} = H^*_{M^*} < 0$$

又在此模型內僅有一種商品，本國物價水準 P 與外國物價水準 P* 之關係為 $P = RP^*$，二國窖藏額均以本國貨幣表示，故 H* 乘以匯率 R^0 始為外國窖藏。

以下圖橫軸中點為原點，右邊表示本國窖藏額，亦即所得減支出之剩餘。左邊表示本國窖藏額為負，亦即支出超過所得之赤字。既然物價愈高窖藏額愈大，本國的窖藏曲線當如 HH 所示，此線與縱軸之交

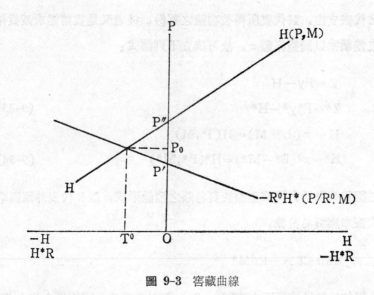

圖 9-3 窖藏曲線

點為 P″，表示當本國物價水準為 P″ 時窖藏等於零。外國的窖藏曲線
亦在同一圖上表現，但是以原點之左方代表外國淨窖藏額為正，原點右
方外國窖藏額為負，因本國物價愈高則按固定匯率計算之外國物價也愈
高，外國實值餘額愈小，愈能促使外國降低支出以累積貨幣，所以外國
窖藏曲線由左向右傾斜。當本國物價水準為 P′ 時，外國的支出恰等於
所得，物價如低於P′，外國支出大於所得，其窖藏變為負值。此種僅有
二國的理論模型，產品市場均衡條件為一國的淨窖藏必為另一國的窖藏
負值，換言之H＝－H*R⁰，R⁰ 為均衡狀況下的匯率，此時所決定的均
衡物價水準為P⁰，本國貿易賬之赤字或外國之盈餘為OT⁰。如果中央銀
行不採取抵銷性質的公開市場活動，本國的貿易赤字會使本國貨幣供給
額減少，外國貿易盈餘使外國貨幣供給額增加，於是本國人民必縮減支
出以恢復其計劃持有的現金；外國人民則增加支出以消化多餘的貨幣；
結果圖中的兩條窖藏曲線均向右方移動，直到二者在縱軸上相交為止。

因爲只有這時兩國貿易達到均衡，兩國人民的資產偏好恰好滿足；而支出額恰好等於所得水準。

現在考慮本國通貨貶值的短期後果。本國貨幣貶值將改變兩國之間物價水準的均衡關係。兩國物價變化率之差恰等於匯率變化率$\widehat{R}$，因爲$P = P^* \cdot R$，$\widehat{P} = \widehat{P^*} + \widehat{R}$，「∧」符號代表該變數之變化率，譬如$\widehat{P} = \dfrac{dP}{P}$。假設原先兩國維持貿易賑的均衡，在原有匯率 R^0 之下兩條窖藏曲線在縱軸相交，當時本國貨幣表示之物價水準爲P^0。如圖 9-4 所示，貶值的後果將使外國的窖藏曲線向上移動。外國爲了維持其貨幣存量的均衡，在名義貨幣量不變時，如果匯率升高某一百分比，則本國的物價水準也必須升高同一百分比，如圖中 $(P'' - P_0)/P_0$。（P'' 爲讓外國維持貨幣存量均衡必須呈現的國內物價水準）。另一方面，國內貨幣存量均衡則不受影響，P_0 仍然是讓本國維持貨幣存量均衡的物價水準。 由此圖可看

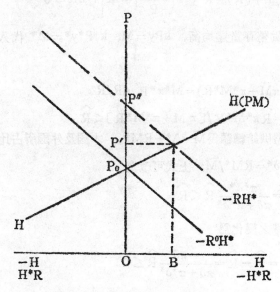

圖 9-4 窖藏曲線與通貨貶值㈠

出，在原先不變的國內物價水準 P^0 下，由於外國的眞實餘額增加及導致支出的增加，必呈現世界對商品的過剩需求，促使本國物價上升。而在外國原先不變的物價水準下（P'' 之下），本國眞實餘額降低及支出減少，使商品市場出現世界過剩供給，因此在 P'' 必定下跌。在本國固定的窖藏曲線與向上移動的外國窖藏曲線相交處，本國的窖藏額等於外國的付現額（dishoarding），商品市場出現供求平衡現象，於是本國均衡物價當爲 P'。這時本國的貿易盈餘爲 OB。本國物價上漲而在外國則物價下跌，其變化程度皆必定小於匯率改變之程度 $\hat{R}$。這幾點結論皆可用數學證明如下：

商品市場均衡的條件爲 $H + RH^* = 0$，亦可寫成

$\pi(kPy - M) + R\pi^*(k^*P^*y^* - M^*) = 0$，維持貨幣存量不變對價格及匯率二變數微分得

$$\pi kyPdP/P + (R)\pi^*k^*y^*P\left(\frac{dP}{P}\right) - M^*\pi^*dR = 0$$

因最初貨幣存量達均衡，$kPy = M$，$k^*P^*y^* = M^*$ 代入後，上式可化簡爲

$$\hat{P}(\pi M + \pi^*M^*R) = M^*\pi^*R \ dR/R$$

$$\hat{P} = \hat{R}\pi^*M^*R/[\pi M + \pi^*M^*R] < \hat{R}$$

又令世界貨幣供給總額爲 $\overline{M} = M + RM^*$，本國及外國所占比例分別爲 $\delta = M/\overline{M}$，$\delta^* = RM^*/\overline{M}$；上式可改寫

$$\hat{P} = \frac{\pi^*\delta^*}{\pi\delta + \pi^*\delta^*}\hat{R} < \hat{R} \tag{9-35}$$

外國物價水準之變化爲

$$\hat{P^*} = \hat{P} - \hat{R} = \frac{-\pi\delta}{\pi\delta + \pi^*\delta^*}\hat{R} \leq 0 \tag{9-36}$$

貿易盈餘之增加額爲 dT，將貨幣需求函數對價格微分之得：

$$dT = dH = d[\pi(kPy - M)]$$

$$= \pi M \widehat{P} = \pi M \left[\frac{\pi^* \delta^*}{\pi \delta + \pi^* \delta^*}\right] \widehat{R} > 0 \qquad (9\text{-}37)$$

由此可見，通貨貶值時如果本國貨幣供給維持不變，則必定能改善本國貿易賬，本國物價上升而外國物價下降，至於相對變化的程度則取決於窖藏曲線的斜度（ π 及 π^*）與兩國最初占世界貨幣總額之比例（ δ 及 δ^*）。

　　現在討論非貿易品對貿易品模型。以 X_t , X_n 分別代表貿易品與非貿易品的產量， C_t 及 C_n 爲其消費量，設貿易品爲價值尺度財， $q = P_n/P_t$ 即非貿易品的相對價格。 以 $\overline{Z}$ 代表照貿易品單位計算的眞實支出， $\overline{Z}$ 爲眞實所得減去眞實窖藏額之差。生產量爲相對價格的函數，消費量爲支出與相對價格的函數，眞實窖藏爲相對價格與實值貨幣餘額的函數，眞實所得 $\overline{Y}$ 等於生產總值，則預算限制可寫成：

$$\overline{Y} - \overline{Z} = \overline{H}$$

其中，　$\overline{Y} = X_t + qX_n$

$$\overline{Z} = C_t + qC_n$$

$$q(X_n - C_n) + (X_t - C_t) = \overline{H}(\overline{M}, q) \qquad (9\text{-}38)$$

各函數式如下：

$$X_n = X_n(q), \qquad \frac{\partial X_n}{\partial q} > 0$$

$$X_t = X_t(q), \qquad \frac{\partial X_t}{\partial q} < 0$$

$$C_n = C_n(\overline{Z}, q)$$

$$C_t = C_t(\overline{Z}, q)$$

$$\overline{H} = \overline{H}(q, \overline{M})$$

$$\overline{M} = M/P_t$$

$$q\frac{\partial \overline{H}}{\partial q} \equiv \alpha > 0 \qquad (9\text{-}39)$$

$$-\frac{\overline{M}}{P_t}\frac{\partial \overline{H}}{\partial M} \equiv \beta > 0$$

由 (9-38) 式可知，倘若非貿易品達到產銷平衡 ($X_n = C_n$)，則貿易賬盈餘必等於窖藏額。

在匯率與貨幣供給皆爲固定時，短期內均衡狀態可用下面三式表示（每一國非貿易品超額供給等於零；全世界貿易品產銷達到平衡，本國的貿易盈餘恰等於外國的貿易赤字）：

$$E_n \equiv X_n(q) - C_n(q, \overline{Z}) = 0$$

$$E^*_n \equiv X^*_n(q^*) - C^*_n(q^*, \overline{Z}^*) = 0 \qquad (9\text{-}40)$$

$$\overline{H}(q, \overline{M}) + \overline{H}^*(q^*, \overline{M}^*) = 0 \qquad (9\text{-}41)$$

$$\overline{M}^* = M^*/P^* \quad q^* = P_n^*/P_t^* \quad P_t = P_t^* R$$

首先考慮實值窖藏額與相對價格同時改變，但仍維持短期平衡之條件。對 $X_n(q) - C_n(q, \overline{Y}(q) - \overline{H}) = 0$ 微分之

$$\frac{\partial X_n}{\partial q}dq - \left\{\frac{\partial C_n}{\partial q}dq + \frac{\partial C_n}{\partial Z}\left(\frac{\partial \overline{Y}}{\partial q}dq - d\overline{H}\right)\right\} = 0$$

$$\frac{q}{X_n}\frac{\partial X_n}{\partial q}\left(\frac{C_n}{q}\right)dq - \frac{q}{C_n}\frac{\partial C_n}{\partial q}\left(\frac{C_n}{q}\right)dq$$

$$-\frac{\partial C_n}{\partial Z}\frac{\partial \overline{Y}}{\partial q}\frac{q}{C_n}\frac{dq}{q}C_n = -\frac{\partial C_n}{\partial Z}d\overline{H}$$

$$e_n C_n \hat{q} - \frac{q}{C_n}\left[\frac{\partial C_n}{\partial q}+\frac{\partial C_n}{\partial Z}\ \frac{\partial \overline{Y}}{\partial q}\right]C_n\hat{q}=-m_n d\overline{H}$$

上式中 e_n 為非貿易品供給彈性，m_n 為其邊際支用傾向。令 η_n 為對非貿易品之補償性需求彈性，

$$\eta_n=-\frac{q}{C_n}\left[\frac{\partial C_n}{\partial q}+\frac{\partial C_n}{\partial Z}\ \frac{\partial \overline{Y}}{\partial q}\right]$$

則可得維持短期平衡之條件下相對價格變化率 $\hat{q}$ 與實值餘額增量 $d\overline{H}$ 關係：

$$\hat{q}=\frac{-m_n d\overline{H}}{(\eta_n+e_n)qC_n}=-\delta\ d\overline{H}<O,\ 令\ \delta=\frac{m_n}{(\eta_n+e_n)qC_n}$$

$$(9\text{-}42)$$

此式表示：為了維持非貿易品市場的平衡，增加窖藏而減少支出之效果必須被非貿易品相對價格之降低所產生的代替效果所抵銷。因此 $E_n=O$ 直線是負的斜率。同理 $\hat{q}^*=-\delta^* d\overline{H}^*<0$

再對 $\overline{H}=\overline{H}(q,\overline{M})$ 窖藏函數之定義微分之：

$$d\overline{H}=\frac{\partial \overline{H}}{\partial q}dq-\frac{\partial \overline{H}}{\partial \overline{M}}\ \frac{\overline{M}}{P_t^2}dP_t=q\frac{\partial \overline{H}}{\partial q}\hat{q}-\frac{\overline{M}}{P}\ \frac{\partial \overline{H}}{\partial M}\hat{P}_t$$

$$d\overline{H}=\alpha\hat{q}+\beta\hat{P}_t \qquad (9\text{-}43)$$

（9-43）式利用（9-39）之簡化符號，此式表示當 P_t 固定時，如果 q 值增加則 H 值亦增加，故 $\overline{HH}$ 線之斜率為正。如果貿易品價格上漲，上漲率為 $\hat{P}_t$，則 $\overline{HH}$ 線必向右方平行移動 $\beta\hat{P}_t$ 之距離。這是因為負的實值餘額效果降低了貨幣供給 (M/P_t)，鼓勵人們增加窖藏。在原有的相對價格水準 q_0 之下，非貿易品市場將出現過剩供給，驅使相對價格

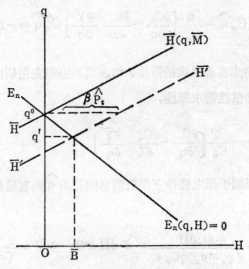

圖 9-5 窖藏曲線與通貨貶值㈡

下降到 q' 始能重新建立市場均衡。這時窖藏額的增加爲 $\gamma\beta\hat{P_t}$。

$$d\overline{H}=\alpha\hat{q}+\beta\hat{P_t}= \alpha\left[\frac{-m_n}{(\eta_n+e_n)qC_n}\right]d\overline{H}+\beta\hat{P_t}=-\alpha\delta d\overline{H}+\beta\hat{P_t}$$

$$d\overline{H}=\frac{\beta\hat{P_t}}{1+\alpha\delta}=\gamma\beta\hat{P_t}, \quad 令 \gamma=\frac{1}{1+\alpha\delta} \tag{9-44}$$

(9-44) 式卽爲貿易品價格上漲引起的均衡窖藏增量，也就是本國的貿易盈餘額 $\overline{OB}$。

以下考慮本國貶值的影響。從最初均衡狀態出發貿易品相對價格假定在本國及外國分別爲 q_0 及 q^*_0，商品單位的選擇使 $q_0=q^*_0$。圖 9-6 (a)以縱軸代表相對價格，國內非貿易品市場均衡線 $E_n=0$ 爲向下方傾斜，但外國的非貿易品市場均衡線則向上傾斜，其斜率必定爲正。

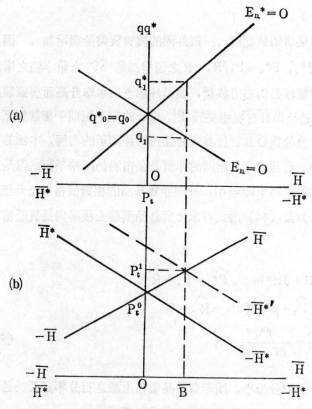

圖 **9-6** 貶值之效果與價格變化

因爲外國爲了維持非貿易品部門的均衡，減少窖藏（$-\overline{H}^*$ 增加）增加支出的影響必須被非貿易品相對價格上升的影響所抵銷，始能保證 $E^*_n = 0$。

圖 9-6 (b)以縱軸代表貿易品的絕對價格 P_t，本國窖藏線之斜率爲正，因爲貿易品價格上漲則令本國眞實餘額減少，促使人們增加窖藏。外國的窖藏線則呈負斜率，因原點左面代表外國窖藏之增加，同樣因 P_t 之上升而促使外國增加窖藏。在短期平衡的期初狀態，貿易品價格爲 P^0_t，窖藏額爲零，貿易賬盈餘亦爲零，非貿易品市場亦維持平衡，

$E_n = E^*_n = 0$。

本國如果將幣值貶值，則外國的眞實貨幣餘額增加，因 $\overline{M}^* = M^*/P^*_t$，$P^*_t = P_t/R$，R之值增加則 $\overline{M}^*$ 之值亦隨之增加，於是外國的窖藏線必向右方移動，顯示外國支出水準升高而窖藏額減少。$\overline{H}^*$ $\overline{H}^*$ 移動後與 $\overline{H}\overline{H}$ 線相交於 P'_t 處，決定了短期平衡狀態下本國將出現之貿易盈餘爲 $O\overline{B}$。世界貿易品市場達到新的均衡，本國的貿易盈餘等於外國的貿易赤字，兩國的非貿易品市場仍維持平衡，但是本國非貿易品的相對價格下降至 q_1，外國非貿易品的相對價格則上升至 q^*_1。

由 (41) 及 (44) 兩式可求出貿易品價格上漲率與通貨貶值率之關係如下：

因 $\qquad d\overline{H} + d\overline{H}^* = 0$，$\hat{P}^*_t = \hat{P}_t - \hat{R}$

故 $\qquad \beta\gamma\hat{P}_t + \beta^*\gamma^*(\hat{P}_t - \hat{R}) = 0$

$$\hat{P}_t = \frac{\beta^*\gamma^*}{\beta\gamma + \beta^*\gamma^*}\hat{R} \qquad\qquad (9\text{-}45)$$

上式中分子必較分母小，顯示貿易品價格上漲之百分率必低於通貨貶值率。至於外國貿易品價格之下降百分率則爲

$$\hat{P}_t^* = \frac{\beta^*\gamma^*}{\beta\gamma + \beta^*\gamma^*}\hat{R} - \hat{R} = -\left(\frac{\beta\gamma}{\beta\gamma + \beta^*\gamma^*}\right)\hat{R} \qquad (9\text{-}46)$$

本國貿易盈餘與通貨貶值率之關係以及兩國非貿易品相對價格之變化，皆可代入有關式中求得：

$$d\overline{H} = \beta\gamma\hat{P}_t = \frac{\beta\gamma\beta^*\gamma^*}{\beta\gamma + \beta^*\gamma^*}\hat{R} = \beta\gamma\theta\hat{R} \qquad\qquad (9\text{-}47)$$

$$\hat{q} = \left[\frac{-m_n}{(\eta_n + e_n)qC_n}\right]d\overline{H} = -\delta\beta\gamma\theta\hat{R} < 0 \qquad (9\text{-}48)$$

$$\hat{q}^* = \delta^* \beta^* \gamma^* (1-\theta) \hat{R} > 0, \text{ 諸式中 } \theta = \frac{\beta^* \gamma^*}{\beta \gamma + \beta^* \gamma^*} \qquad (9\text{-}49)$$

由以上數學推演及圖形說明可知,在貿易品對非貿易品的理論模型內,一國將通貨貶值必定能透過實值餘額變化對窖藏行為之影響,增加其貿易盈餘,並改變貿易品對非貿易品的相對價格。至於此類效果的強弱,顯然是取決於實值餘額變化引起支出改變的效果。至於貨幣學派重視的實值餘額效果究竟有多強,則祇有靠實證分析尋求答案了。

第四節 真實工資的伸縮性與貶值效果*
4. Real Wage Flexibility and Efficacy of Devaluation

通貨貶值能否改善一國的貿易賬,在強調輸出入品相對價格或貿易條件的理論模型中,係取決於眞實工資的伸縮性。貨幣工資如果具有若干程度的膠着性,不隨物價指數迅速調整,則貶值後本國物價上漲之影響,不致於造成工資與物價的螺旋型上升,這就表示眞實工資具有較大的伸縮性,這樣貶值國才能以較前有利的競爭條件,拓展外銷及減少進口,獲得改善貿易賬之成果。本節再從貶值對貿易條件之影響,觀察眞實工資扮演的角色。如果勞動者及其工會堅持維護眞實工資,則在僵固的眞實工資水準下,通貨貶值不易改善國際收支。

在所得水準及總支出為固定時,輸入品對輸出品的相對價格(或眞實匯率)$q = \dfrac{RP^*}{P}$ 決定人們支用於輸入品或國產貨品的比率。設外國所得水準不變,則本國的輸出 IM* 為 q 的遞增函數,輸入 IM 為 q 的遞減函數,也是國民所得 Y 的遞增函數。

$$IM^* = IM^*(q) \qquad \qquad \frac{\partial^* IM}{\partial q} > 0$$

$$IM = IM(q, Y) \qquad \frac{\partial IM}{\partial q} < 0 \qquad \frac{\partial IM}{\partial Y} > 0$$

$$q = RP^*/P$$

設最初條件包括 $R = 1$, $P^* = 1$, $P = 1$, $q = 1$

本國的貿易盈餘以本國幣值表示當爲:

$$PT = PIM^*(q) - RP^*IM(q, Y)$$

實值貿易盈餘則是用物價水準平減上式而得

$$T = IM^*(q) - qIM(q, Y) \tag{9-50}$$

由上式可知，輸入品相對價格之上漲，固然有助於拓展輸出及減少輸入量，可是每單位輸入品價格提高卻可能反而令全盤實值貿易盈餘減少。但是，假如輸出入品需求彈性夠大，則不會出現此種逆轉反應，關鍵就在需求彈性之值是否滿足馬歇爾──婁納條件（ $\eta + \eta^* > 1$ ）。 按需求彈性定義:

$$\eta^* \equiv \frac{\partial IM^*}{\partial q} \frac{q}{IM^*} > 0 \qquad \eta \equiv -\frac{\partial IM}{\partial q} \frac{q}{IM} > 0$$

將式 9-50 微分之，並假定最初貿易平衡 $(IM^* = qIM)$,

$$\frac{\partial T}{\partial q} = \frac{\partial IM^*}{\partial q} - IM - q\frac{\partial IM}{\partial q} = IM(\eta^* + \eta - 1)$$

這表示 $\frac{\partial T}{\partial q} > 0$ ，如果 $\eta^* + \eta > 1$ 。

以下的討論均假定需求彈性之和大於一，因此當 q 值增加時，本國貿易賬將出現盈餘， 並且 q 值愈大 盈餘額也愈大。 Y 值增加將導致輸入增加，如果以 $T = 0$ 直線代表貿易賬維持平衡之條件下 q 與 Y 之配合變動，則此線斜率必定爲正。其值可由 (9-50) 式微分得之

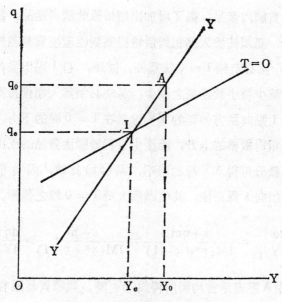

圖 9-7　所得均衡與貿易均衡線

$$\frac{dq}{dY}\bigg|_{T=0} = \frac{mq}{IM(\eta^* + \eta - 1)} \tag{9-51}$$

$T=0$ 線上方，貿易賬必呈現出超，其下方則有入超。

商品市場的均衡條件爲總支出恰等於總產值：

$$Y = E(Y) + T(q, Y)$$

$$\frac{\partial E}{\partial Y} > 0, \ \frac{\partial T}{\partial q} > 0, \ \frac{\partial T}{\partial Y} < 0$$

E代表國內總支出，乃是所得之遞增函數；　T爲淨貿易盈餘。　YY 直線表示當所得增加時輸入品相對價格也必須上升，方能維持商品市場均衡。通常所得與產量之增加雖必能刺激國內支出增加，但後者的增加程度較少，因爲有一部份新增的所得被儲蓄下來，或支用於輸入品上，不

能全用於購買國內產品，爲了增加出超以吸收國內產品，藉以維持商品市場的均衡，必須使輸入品相對價格提高到能產生貿易盈餘，故從 I 點出發的 YY 線必定較 T＝0 線爲陡。同理，自 I 點出發如所得減少，國內支出的減少將小於產值之減少，這時必須靠入超維持商品市場的均衡，因此由 I 點向左方伸延的 YY 線必在 T＝0 線的下方。我們也可以說，輸入品相對價格的上升，能產生有利於國產貨品的支出移轉效果。

將上式微分可得 YY 線的斜率，與 (51) 比較，因 q 值設定爲一，而邊際儲蓄傾向 s 爲正值，其值顯然大於 T＝0 線之斜率。

$$\frac{dq}{dY}\bigg|_{YY} = \frac{s+qm}{IM(\eta^*+\eta-1)} = \frac{s+m}{IM(\eta^*+\eta-1)} > \frac{dq}{dY}\bigg|_{T=0} \quad (9\text{-}52)$$

圖 (9-7) 中 A 點表示當均衡所得爲 Y_0 時，該國貿易賬有盈餘。 另一圖將 q－Y 空間劃分爲四個區域 Y_f 代表充分就業所得水準區域 I 表示國內就業不足而貿易賬則有盈餘; 區域 II 是失業率偏高但有貿易赤字; 區域 III 貿易赤字與通貨膨脹並存; 區域 IV 則貿易盈餘與通貨膨脹並存。在

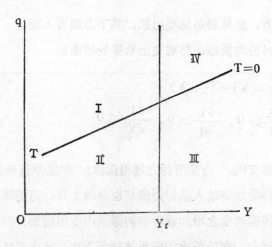

圖 9-8 充分就業所得水準與貿易均衡

區域Ⅰ及Ⅲ，對內政策與追求國際收支均衡的目標是相輔相成的，例如區域Ⅰ要求擴張性的政策以消除失業，但此政策兼有刺激輸入的作用，有助於恢復貿易均衡。區域Ⅲ則以施行緊縮性政策為宜，對內既可抑制通貨膨脹，對外又可減少貿易赤字。但是，區域Ⅱ及Ⅳ則顯示對內政策與國際收支均衡的目標相衝突，必須另加政策工具始有希望兼顧對內及對外的雙重均衡目標。

通貨貶值的最直接影響是改變輸入品對輸出品的相對價格，並且貶值的百分率等於相對價格變化率：

$$\hat{q} = \hat{R}$$

由 (9-52) 可知 $dY = \dfrac{qIM^*(\eta^* + \eta - 1)}{s+m} \dfrac{dq}{q}$

以 $\hat{q} = dq/q = dR/R = \hat{R}$ 代入上式，可得貶值後均衡所得的增額：

$$dY = \left[\frac{IM^*(\eta^* + \eta - 1)}{s+m} \right] \hat{R} \tag{9-53}$$

至於對貿易賬的影響，亦可由 (9-50) 及 (9-53) 二式求得:

$$dT = IM^*(\eta^* + \eta - 1)\hat{R} - mdY$$

$$dT = \left[\frac{s}{s+m} \right] IM^*(\eta^* + \eta - 1)\hat{R} \tag{9-54}$$

如果從圖 9-7 之 Ⅰ 點出發，本國以通貨貶值政策增加國民所得及貿易出超，則所得之增額為 Y_eY_0，輸入品相對價格由 q_0 上漲至 q_0。A點在 $T = 0$ 線上端，表示貶值後有貿易賬盈餘。

然而，迄今所討論者完全沒有顧及工資對成本與價格的影響，對貶

值後果之討論實嫌過份簡略。現在針對此項缺陷予以補充。

假設本國廠商之訂價方式是在貨幣工資成本W上面附加一百分率 x 作為產品單價，x 代表利潤率，如果每單位產品使用的勞動量為 a，則產品價格為：

$$P = aW(1+x) \qquad (9\text{-}55)$$

勞動者在決定其貨幣工資時，必須考慮其生活費指數Q，後者又是按其支用於國產貨品及輸入品的比重加權構成：

$$Q = P^{\beta}(P^*R)^{1-\beta} \qquad (9\text{-}56)$$

β 代表支用於國產貨品之比重。勞動者為了維持真實工資w於某一既定水準，則生活費指數上升時，必要求提高貨幣工資率；

$$W = wQ \qquad (9\text{-}57)$$

利用上面這三式可轉換出以真實工資w表示的輸入品相對價格 $\overline{q}$ 如下：

$$\overline{q} = \frac{P^*R}{P} = \frac{P^*R}{awQ(1+x)} = \frac{1}{aw(1+x)}\overline{q}^{\beta}$$

$$\overline{q} = \left[aw(1+x) \right]^{-\frac{1}{1-\beta}} \qquad (9\text{-}58)$$

(9-58) 式是在勞動者要求真實工資固定於某一水準時，滿足其要求的輸入品相對價格。也可稱之為必要之輸入品相對價格。

我們假定勞動者對真實工資率的要求係依勞動市場失業狀況決定，在失業率低或實際產量接近充分就業產量時，要求的真實工資較高；反之，實際產量低於充分就業產量時，勞動者不敢過份囂張，真實工資也較低。

$$w = \overline{w}(Y/Y_f)^\phi \tag{9-59}$$

ϕ 爲眞實工資對產量與就業量的反應彈性。以此種關係代入 (58) 式，可得爲滿足勞動者要求之輸入品相對價格公式：

$$\overline{q} = \left[a(1+x)\overline{w}(Y/Y_f)^\phi \right]^{\dfrac{-1}{(1-\beta)}} \tag{9-60}$$

此式顯示，在固定的勞動生產力 a 及固定的利潤率 x 之下，社會的生產水準愈高，則勞動者要求的眞實工資也愈高，因此必要的輸入品相對價格愈低。設 a，x，Y_f，ϕ 及 β 之數值爲已知，必要的輸入品相對價格 $\overline{q}$ 與 Y 成反向變化，如下圖中之 $\overline{q}\,\overline{q}$ 曲線。此線通過充分就業所得水準 Y_f 處爲 A 點，故唯有在輸入品相對價格爲 $q_{\overline{w}}$ 時，方能在滿足勞動者

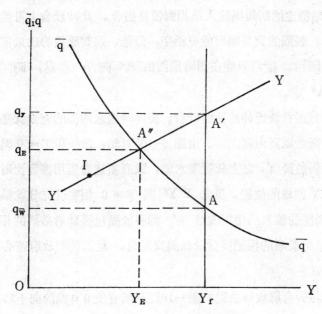

圖 9-9 工資膠著性與失業

要求之眞實工資水準下，達到充分就業。但是，事實上商品市場的均
衡曲線 YY 卻在 A′ 點處通過充分就業 Y_f。該處的輸入品相對價格爲
q_y，顯然比 q_w 爲高。雖然我們可藉通貨貶值政策達到 A′ 點，以追求
充分就業的目標，但是 A′ 點是不可能長久維持的，因爲勞動者充分就
業後發現他們的眞實工資低於他們要求的水準太多，他們會立即提高貨
幣工資。於是國內物價水準必定上漲，輸入品相對價格必定下跌。同
時，國內生產與所得水準也會因貿易賬的惡化而降低。換言之，A′ 有
沿着 YY 線向 A″ 移動的趨勢，所得將在 Y_E 處保持穩定。同理，倘若
最初出發點是 I 點，則因失業嚴重，促使勞動者願接受較低的眞實工
資，故所要求之輸入品相對價格得以升高，透過工資與物價下跌及貿易
賬的改善，國民所得將增加至 Y_E 之水準。

由此可見，如果勞動者堅持欲維持某一定水準的眞實工資，則唯有
A″ 是長期穩定的所得與輸入品相對價格組合。此時社會上可能有甚高
的失業率，該國的貿易賬可能有赤字，但是，通貨貶值的政策卻不能解
決其經濟困難。貶值只能在短時期內由 A″ 向 A′ 移動，時間稍久又
會回到 A″ 處。

在眞實工資缺乏伸縮性的社會，要同時追求內部的充分就業與對外
的收支平衡是極爲困難之事。由圖 9-10 可知，欲使得 T = 0 與 YY 之
相交處恰對應於 Y_f 之充分就業水準，政府須適當運用擴張性財政政策
以影響 YY 曲線的位置。但當 Y′Y′ 與 T = 0 相交於充分就業所得水
準時，對應的輸入品相對價格 q′ 卻高於滿足勞動者必要的相對價格
q_s 甚多。勞動者的拒絕接受較低眞實工資，足以破壞政府苦心追求的
政策目標。

然而是否有解救辦法呢？圖9-10顯示祇有使 $\overline{q\,q}$ 曲線向上移動（譬
如移向 $\overline{q''q''}$ 位置），才能使三條曲線逐漸在 Y_f 之所得水準處相交。

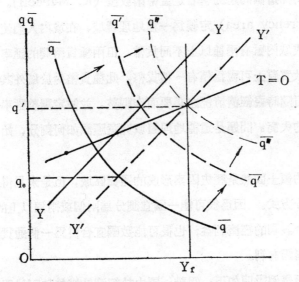

圖 9-10　充分就業與收支平衡之達成

但是，欲使$\overline{q}\,\overline{q}$移動決非輕易之事。由前文可知，提高勞動生產力及改變企業利潤率（減少 a 及 x 之值）可望使$\overline{q}\,\overline{q}$曲線向上移動。但這都不是政府的政策在短期內所能收效的。

第五節　最適通貨區域理論
§5. Theories of Optimum Currency Areas

在一九六○年代初期，當經濟學家們從各種角度探討固定匯率制度與浮動匯率制度的優點與缺點時，新興的最適通貨區域理論，曾吸引了學界濃厚的興趣。這個理論首次將人們的注意力集中到地域性經濟結構與匯率制度的關聯此一問題上面，不僅對於西歐國際貨幣聯盟及貨幣統一化運動發生很有力的影響，並且對匯率調整的功效的討論，亦富有實際意義，故在本節作一介紹。

　　首先研究這個問題的學者是孟德爾教授 (R. Mundell)。他將通貨區域 (Currency area) 定義爲一種地理疆域，在域內人們使用一種共同貨幣，或域內雖有兩種以上不同貨幣，但兩種貨幣間的匯率係永久保持固定，故實質上可視爲僅有一種貨幣。此種貨幣對於域外其他貨幣間的匯率則可隨時視經濟情況之必要而作調整。並假定調整匯率確能改善對外收支的失衡。問題是這種地理疆域究竟應該如何劃分，始符合最大經濟利益。

　　國家的領土固然是歷史因素形成的通貨區域，但是未見得是最適宜的區域劃分方式。因爲很可能一國宜劃分爲兩個或兩個以上的通貨區域，更符合該國的經濟利益；也很可能數國宜合併爲一個通貨區域，更對區域內諸國有利。

　　孟德爾舉例說明如下：假設一國由於經濟結構特殊可以明顯劃分爲東西兩區。每一區有同類貨品生產者集中在一起。他們用相同的生產技術，面臨同樣的需求曲線，可說是休戚相關禍福與共的一羣團體。爲便利起見，假設東區是農業區，西區是工業區。設某年該國對農產品需求劇減，對工業品需求大增，則在東西兩區之間立刻呈現收支不平衡現象，並且西區將有物價高漲的困難而東區則失業嚴重。此時如果兩區之間生產因素包括勞動在內能自由流動，則透過勞動者之自東向西遷移，自然可以紓解兩地的困難。該國祇要運用適當的貨幣政策與財政政策足可保全兩地區的共同繁榮。然而，倘若兩地區之間生產要素不能自由流動，勞動者不易遷移，則該國政策決策者必將面臨難以在擴張性政策抑緊縮性政策中取捨的困苦抉擇。如果採行擴張性財政或貨幣政策，結果自然可以消除東部農業區的失業問題，但是必須付出讓西部工業區通貨膨脹繼續惡化的代價。反之，如果當局採行抑制通貨膨脹的緊縮性政策，則西部可望恢復物價穩定，但東區經濟蕭條將更形嚴重。在此種困

難情況下，唯一最好的解決方法是讓東部的農業區與西部的工業區各自
採用一種貨幣，然後在兩區間收支失衡時調整貨幣的匯率。例如在上述
情況當讓東區的貨幣貶值，貶值後農產品相對價格必下降而工業品相對
價格上升，依上述假定必有助於消除對工業品的過多需求，抑制西區的
通貨膨脹，同時刺激對農產品的需求，逐漸紓解東區的失業困難，這樣
當局就不致於陷入顧此失彼的困難。

由此可見，倘若一國境內勞動者不易越區遷徙，則該國不宜僅採用
一種通貨，應該採用數種通貨，讓區際通貨匯率的調整來防止各區之間
的收支失衡。同理，倘若兩個國家，其經濟結構生產型態皆類似，而且
兩國之間生產因素可自由交流，但不能及於第三國，則此兩國貨幣應該
統一，因其具備通貨區域的條件，該統一的貨幣對第三國貨幣之間的匯
率則宜視情況必要而調整。歐洲共同市場各國間生產要素能自由流動，
故宜合併為一個通貨區域。但孟德爾指出，通貨區域的數目如果增加，
亦會導致行政與經濟交易的不便利。故就疆域面積廣大的國家而言，雖
可劃分為若干通貨區域，但為維持貨幣的交易功能，通貨區域數目不宜
太多。

孟德爾以勞動的流動性及生產型態作為劃分最適通貨區域的標準，
啓發另一位學者提出不同的標準來探討通貨區域問題。馬鏗若（R.
McKinnon）主張，一國對外進出口貿易總額對其國民所得的比率可視為
該國經濟開放性程度的指標，而開放性程度才是最適通貨區域的判別標
準。吾人討論匯率調整的後果必須注意其對國內物價水準的影響。倘若
一國或一地區開放性程度甚高，國內消費貨品有很高的比例是輸入品或
可供輸出品，則通貨貶值後按本國貨幣表示之輸出入商品價格一律上漲，
勢必引起一般消費者物價指數亦顯著上漲。於是通貨貶值對改善國際收
支的正面影響很快被物價上漲的反面影響抵銷。在開放性極高的經濟，

欲改善貿易賬的入超應依賴降低支出水準的緊縮性政策，因支出中很大比重係輸入品及可供輸出品，故國內總支出減少則輸入亦將減少，可供輸出之貨品則增加，使貿易賬迅卽獲得改善。反之，倘若一國開放性程度低，支用於貿易品上比重甚輕，則不宜利用縮減國內總支出的緊縮性政策來改善貿易逆差，因爲緊縮性政策在此情況主要影響的是國內生產與就業，對貿易賬影響輕微。開放性低的地區或國家，通貨貶值的影響不會刺激全盤物價上漲，其貿易品相對價格因貶值而提高則顯然有助於改善其國際收支。故匯率的變化對貿易賬的影響乃取決於一國經濟的開放性。如果將閉關經濟到完全開放經濟作一順序排列，則按照此順序匯率調整對貿易賬改善的功效是遞減的，其對國內物價穩定的不良影響則是遞增的。同樣道理，照此順序緊縮性政策對貿易賬改善的功效是遞增的，其對國內生產與就業之不利影響則是遞減的。

此外，貨幣價值之穩定乃是促進生產與加速資本累積的先決條件。如果一個小國的對外匯率浮動，而且不與世界上任何主要貨幣維持固定的匯率，則此一小國可能會面臨匯率變化激烈使國內物價波動以至於人們對幣值失去信心。因此就小國利害分析，它應該使其貨幣對外價值緊緊依附在世界某種主要通貨上面，形成該主要貨幣之通貨區域內一份子。至於世界上經濟大國，其通貨的流動性價值不會受外界因素強大影響，能對其他主要貨幣維持分庭抗禮的局面，因此可以實行浮動匯率制度而不致於引起國內物價巨幅變動之惡果。馬鏗若的推理可以說明爲何一九八〇年代浮動匯率制度下，許許多多的小國家仍願將本身的貨幣對世界上某一種主要通貨維持固定匯率制度。也證明爲何香港在中共與英國的主權談判下，港幣的匯價劇跌，立卽引起香港物價暴漲及資金外流的嚴重後果。

馬鏗若並且批評孟德爾過份強調勞動流動性作爲最利通貨區域之判

別標準，他認爲如果農業區內可建立工業，而工業區內能發展農業，則縱然兩區之間勞動不能交流，亦無必要將兩區劃分爲兩個通貨區域。此種批評導致甘肯南(P. Kenen)教授提出第三種判別標準。甘肯南主張祇生產一種產品或極少數種類產品的經濟必定比產品多角化的經濟更易於受到外界需求型態改變的不利影響。生產結構多元化的經濟不會因國外需求改變而招致失業率劇增的嚴重後果。因此，生產結構多元化的國家不必求助於以匯率變動作爲抵銷外界不利影響之工具。反之，生產結構單純的國家更需要靠匯率的變化以抵銷或隔絕外界不良影響。旣然經濟高度發展的大國通常也是生產結構多元化的經濟社會，這些國家可以維持固定匯率制度。生產結構單純的開發中國家反而應該讓匯率維持機動。甘肯南的判別標準與馬鏗若的判別標準在應用時是常相牴觸的。

　　最適通貨區域理論雖然使人們對匯率制度與匯率政策之討論顯得更爲深入，但結論也更爲模糊不定。匯率制度與匯率政策不但與一國的經濟結構密切相關，而且也嚴重影響到一國對內穩定政策的功效。對於這個大課題必須另以專章討論。

本章參考文獻

1. Alexander S. (1952) "Effects of a Devaluation on a Trade Balance", in Caves R and Johnson H.G. (ed.) (1968) *Readings in International Economics*, 28.

2. Takayama A. (1971) *International Trade an Approach to the Theory*, ch. 10.

3. Stern R. M. (1973) *The Balance of Payments, Theory and Economic Policy*, ch. 7.

4. Tsiang, S. C. (1961) "The Role of Money in Trade-Balance Stability: Synthesis of the Elasticity and Absorption Approaches," *American Economic Review*, Reprinted in Caves R. and Johnson, H. G. (ed) (1968) *Readings in International Economics*.

5. Dornbusch R. (1973) "Devaluation, Money and Non-traded Goods," *American Economic Review*, Reprinted in Frenkel J. A and Johnson H. G. (eds) (1976) *The Monetary Approach to the Balance of Payments*, 7.

6. Dornbusch R. (1980) *Open Economy Macroeconomics*. ch. 4.

7. Mundell R. (1961) "A Theory of Optimum Currency Areas," *American Economic Review*. Collected in Mundell R. (1968) *International Economics*, ch. 12.

8. Mckinnon. (1963). "Optimum Currency Areas," *American Economic Review* in Cooper R. (ed.) *International Finance: Readings*, 10.

9. Kenen P. (1968). "The Theory of Optimum Currency Areas: An Eclectic view," in Mundell R. and Swoboda A.K. (ed) (1968). *Monetary Problems of the International Economy* part 2.

10. Sohmen E. (1969) *Flexible Exchange Rates* 2nd ed.

第十章　滙率理論（上）
CH. 10 THEORIES OF EXCHANGE-RATE DETERMINATION I

自從一九七三年布列敦森林滙率制度崩潰，工業先進國家紛紛採用浮動滙率以來，經濟學界對於外滙滙率係如何決定的這一個老問題，重又燃起了強烈的探討興趣。新的理論常在文獻中提出，也有不少實證分析用資料去印證新舊各派理論。這些有關滙率決定因素的理論可大致區別爲四個學派，本章及第十一章旨在對這些學派作一有系統的說明，並介紹晚近文獻中關於滙率動態變化與一般均衡分析之構架。至於各學派所發表之實證分析則一概從略。

第一節　購買力平價學說
§1. The Purchasing Power Parity Theory

購買力平價學說 (Purchasing Power Parity Theory) 是最早的滙率理論，由瑞典經濟學家卡塞爾 (Gustav Cassel) 首創，在第一次世界大戰期間及一九二〇年代初期頗爲流行。人們在討論歐洲各國脫離金本位制度後，重新恢復金本位時滙率結構當如何重建之問題上，常引用此一學說。 依據此說， 滙率的變化係與貨幣購買力的相對消長一致。巴拉莎 (B. Balassa) 主張此學說又有絕對觀點與相對觀點之分。

按絕對觀點，兩國間的匯率是決定於二者物價水準之商數，因商數卽測量一國貨幣購買力對另一國貨幣購買力之比率。在兩國貿易充分自由而且數額龐大的情況下，實際匯率的變化不會與此比率離譜太多。例如美國物價水準倘高於英國一倍，則美元的購買力僅及英鎊之一半，故均衡匯率爲每鎊值二美元。

批評絕對觀購買力平價說的學者曾指出，計算及比較不同貨幣之購買力時，必須各國物價指數涵蓋相同的商品，並且各指數應採用相同的權數對商品加權。事實上各國間物價指數結構差異甚大，消費型態常有不同，且指數中包含甚多非貿易品項目，因此根據物價指數計算的貨幣購買力平價亦不能反映均衡匯率。巴拉莎曾利用一九六〇年十一個西方國家及日本的外匯匯率(按美元爲單位表示)，比較他利用幾何平均法計算不同權數而得出的各國貨幣購買力平價，發現所有各國貨幣的購買力平價皆低於當時的官方匯率，前者僅及後者的百分之六十二至九十二，並且國民平均所得愈高，其物價指數中包含的勞務價格也愈高，使算得的購買力平價反而愈接近匯率。由此可見絕對觀點的購買力平價學說與所希望說明的事實相距太遠。

相對觀點的購買力平價說承認物價指數之結構不同會影響均衡匯率之難於決定，但是一旦均衡匯率已經確定則仍可由各國貨幣購買力相對的變化，測出其後均衡匯率的升降。此種反映貨幣購買力之物價指數中儘管各國權數不同，亦足以表現其變化趨勢。因此，祇要知道某年匯率結構確已接近均衡，則該年可視爲基期年，根據各國此後物價水準上漲程度之相對差別，決定均衡匯率之變化。譬如某一基期年英國之國際收支達到均衡，這年英鎊對美元的匯率爲每鎊值二・四〇美元（$2.40 = £1），若干年後英國物價水準上漲兩倍，而美國則僅上漲一倍，則顯然在此期間美元的購買力已減半，而英鎊的購買力僅及原基期年的三分

之一。　因此新的均衡匯率可按此期間兩種貨幣購買力的相對變化而求得。其值爲一·六美元。

$$新均衡匯率＝基期年均衡匯率×\frac{美國物價指數}{英國物價指數}$$

$$=\frac{\$2.40}{£1}×\frac{200}{300}=\frac{\$1.60}{£1}$$

相對觀點的購買力平價學說亦曾被學者批評而呈現下述幾個主要缺點：(1)假如基期匯率並非正常時期之眞正均衡匯率，則照此學說決定的理論匯率亦不是均衡匯率，此種匯率會令國際收支失衡現象持續下去，錯誤無法改正。(2)縱使基期匯率接近均衡，但由於後來一國實施干預工資物價的所得政策，或對貿易與外匯交易之直接管制，以致其後各年該國物價的變化皆是在各種管制下的發展，於是根據購買力平價學說計算的匯率顯然也不是均衡匯率。(3)此學說僅考慮一般物價水準而不管價格結構，也常導致計算值偏高或偏低之後果。譬如某正常基期年英鎊對哥倫比亞幣比索之均衡匯率爲每鎊值一〇比索（Peso）。三年後按英國與哥倫比亞消費者物價指數計算之新匯率爲每鎊值二〇比索。但是，很可能哥倫比亞對英國貿易達到均衡時的新匯率是每鎊值二五比索而非二〇比索。因爲此三年內英國消費者物價指數由於包含了勞務價格而上升快速，但是勞務並非貿易品，故按消費者物價指數計算的新匯率必將英鎊低估。（倘若僅看兩國貿易品相對價格的變化，則英國物價上漲率也許是一點二倍而哥倫比亞爲三倍）(4)決定均衡匯率的因素除貿易帳項目外還有資本帳項目。此學說完全忽略國際資本流動對匯率的影響。(5)最後還有一個重要問題，就是匯率的變化也會影響物價。如果一國貨幣貶值後其眞實工資卻不能降低，則其貨幣工資與物價水準必隨之上漲。此情況下購買力平價學說便犯了因果倒置之誤了。

　　儘管這個學說有不少缺陷，我們卻不能予以全盤否定。較早期的經濟文獻中，從不少實證分析得到的結論還給予此說有力的支持。例如史托普（W. F. Stolper）及耶格爾（L. B. Yeager）分別對一九一九年至一九二五年期間英鎊對美元的匯率所作研究，皆證明依據相對觀之購買力平價說計算所得匯率與實際匯率極為接近，二者相差僅在94.8%與113.8%之間。又根據格勒姆（Frank D. Graham）敎授對一九一九至一九二三年歐洲十二個匯率浮動國家所作的研究，竟有97%個國別月份的實際匯率不超過根據學說計算結果的上下35%範圍內；91%個國別月份不超過上下25%；72%不超過上下15%。他在結論中指出:「在大多數情況，實際匯率與理論平價十分接近」。凱因斯（J. M. Keynes）亦曾對同期間英鎊、法郎及里拉（lira）對美元的匯率作類似的計算比較，得到的結果亦支持格勒姆的結論。第二次世界大戰後加拿大幣對美元的匯率，經耶格爾敎授證實非常接近按購買力平價計算之理論值，計有96%個月份二者之差距不超過3.5%。此外，在通貨膨脹率甚高的國家，長期內其物價上漲情況往往充分反映在其匯率的變化上。像在一九七〇年代上半期的巴西，購買力平價學說似乎正確有效的說明了其實際匯率的變化。由於實證分析多屬採用長期資料，因此學者們大多數承認此學說在長期內解釋匯率變化的價值。

表 10-1　巴西幣柯魯則羅（Cruzeiro）對美元之滙率與購買
　　　　　力平價滙率之比較

	1970	1971	1972	1973	1974	1975
美國生活費指數	100.0	104.3	107.7	114.4	127.0	138.5
巴西生活費指數	100.0	120.0	140.0	158.0	210.0	260.0
購買力平價滙率	0.202	0.176	0.155	0.146	0.122	0.108
實際滙率	0.202	0.177	0.161	0.161	0.134	0.110

第二節　貨幣學派的滙率理論
§2. The Monetary Approach

貨幣學派（monetary approach）匯率理論的特色是接受購買力平價學說，承認匯率是由物價水準之比率決定，但進一步依據貨幣數量學說來解釋物價水準。以P及 P* 分別代表本國物價水準與外國物價水準，R代表匯率，則按購買力平價學說：

$$R = \frac{P}{P*} \tag{10-1}$$

以M、V及Y分別代表本國名義貨幣供給、所得流通速度及眞實所得，又將流通速度視爲所得與利率 i 之函數，可成立下面二式：

$$MV = PY \tag{10-2}$$
$$V = Y^{1-\lambda} e^{\theta i} \tag{10-3}$$

（10-3）式係假定流通速度爲利率之指數函數形態，λ 及 θ 皆爲待估計之參數。假定國外各經濟變數間亦有相同之關係，以「*」符號代表外國的變數，由 （10-2）（10-3）式可得：

$$P = Y^{1-\lambda} e^{\theta i} \left(\frac{M}{Y}\right) \tag{10-4}$$
$$P* = Y^{*1-\lambda} e^{\theta i *} \left(\frac{M*}{Y*}\right) \tag{10-5}$$

代入（10-1）式化簡得：

$$R = \frac{M}{M*} \left(\frac{Y^{1-\lambda} e^{\theta i}}{Y^{*1-\lambda} e^{\theta i *}}\right) \frac{Y*}{Y}$$

$$= \left(\frac{M}{M^*}\right) \left(\frac{Y^{*\lambda}}{Y^\lambda}\right) \left(\frac{e^{\theta i}}{e^{\theta i*}}\right) \tag{10-6}$$

以對數形式寫出上式後,再對時間t微分之並以小寫字體m及y代表對數形式微分之結果(例如$m = \frac{d\log M}{dt} = \frac{dM}{dt}/M, y^* = \frac{d\log Y^*}{dt} = \frac{dY^*}{dt}/Y^*$),可得解釋匯率變化率之方程式 (10-7):

$$r = (m-m^*) - \lambda(y-y^*) + \theta(i-i^*) \tag{10-7}$$

此式爲貨幣學派匯率理論之要旨。本國貨幣貶值之百分率(卽 $r = \frac{dR}{dt}/R$)係由三項因素決定: 第一是本國貨幣增加率減外國貨幣增加率之差; 第二是本國眞實所得成長率減外國眞實所得成長率之差; 第三是兩國利率水準之差。假定外國經濟因素不變,本國貨幣增加率上升或本國成長率減低皆能促使外匯匯率上升或國幣貶值。至於利率對匯率之影響,貨幣派的觀點與普通考慮資本帳變化之觀點恰恰相反。通常本國提高利率會引起資本內流,有助於國幣升值,貨幣派則重視利率提高後人們減少貨幣需求之效果,貨幣需求減少則刺激物價上升,故匯率因而增加,國幣因而貶值。

以上 (10-7) 式之導求過程中曾假定本國與外國有相同的流通速度函數 (卽 λ 與 θ 之值在兩國相同)。這個假定實在過份嚴格, 也許不合實際。現在我們取消這個假定,從更一般化的貨幣需求函數形式來推演匯率變化方程式。我們要利用代數上有關函數增加率的三個基本公式。(1)如果$X = A \times B$,則X的增加率爲A之增加率加B之增加率之和; (2)如果$X = \frac{A}{B}$,則X的增加率爲A之增加率減B之增加率之差; (3)如果$X = f(A, B)$, X爲A與B兩變數之函數, 則X之增加率爲此函數對A之彈性乘以A之增加率加此函數對B之彈性乘以B之增加率而得之和。

今以 g 代表增加率，η 代表彈性，則此三個基本公式可證明如下：

$$g_{A\cdot B}=\frac{\dfrac{d(A\cdot B)}{dt}}{A\cdot B}=\frac{1}{A\cdot B}\left\{B\frac{dA}{dt}+A\frac{dB}{dt}\right\}$$

$$=\frac{1}{A}\frac{dA}{dt}+\frac{1}{B}\frac{dB}{dt}=g_A+g_B \qquad (10\text{-}8)$$

$$g_{A/B}=\frac{d\left(\dfrac{A}{B}\right)/dt}{A/B}=\frac{d\log\left(\dfrac{A}{B}\right)}{dt}=\frac{d}{dt}\{\log A-\log B\}$$

$$=\frac{d\log A}{dt}-\frac{d\log B}{dt}=\frac{1}{A}\frac{dA}{dt}-\frac{1}{B}\frac{dB}{dt}$$

$$=g_A-g_B \qquad (10\text{-}9)$$

$$g_{f(A,B)}=\frac{\dfrac{df(A,B)}{dt}}{f(A,B)}=\frac{1}{f(A,B)}\times$$

$$\left\{\frac{\partial f(A,B)}{\partial A}\frac{dA}{dt}+\frac{\partial f(A,B)}{\partial B}\frac{dB}{dt}\right\}$$

$$=\frac{A}{f(A,B)}\frac{\partial f(A,B)}{\partial A}\left(\frac{dA}{dt}\frac{1}{A}\right)$$

$$+\frac{B}{f(A,B)}\frac{\partial f(A,B)}{\partial B}\left(\frac{dB}{dt}\frac{1}{B}\right)$$

$$=\eta_A g_A+\eta_B g_B \qquad (10\text{-}10)$$

由貨幣需求等於貨幣供給的均衡條件，價格水準爲名義貨幣供給除以實值貨幣需求之商：

$$P=\frac{M}{L(i,Y)} \qquad (10\text{-}11)$$

$$P^*=\frac{M^*}{L^*(i^*,Y^*)} \qquad (10\text{-}12)$$

代入按購買力平價說決定之匯率公式，再取其對數形式：

$$R = \frac{M}{M^*} \frac{L^*(i^*, Y^*)}{L(i, Y)}$$

$$\log R = \log M - \log M^* + \log L^*(i^*, Y^*)$$

$$- \log L(i, Y) \tag{10-13}$$

上式對時間 t 微分之卽得決定匯率變化率之方程式：

$$\frac{\frac{dR}{dt}}{R} = r = \frac{\frac{dM}{dt}}{M} - \frac{\frac{dM^*}{dt}}{M^*} + \frac{\frac{dL^*(i^*, Y^*)}{dt}}{L^*(i^*, Y^*)} - \frac{\frac{dL(i, Y)}{dt}}{(i, Y)}$$

利用公式 (10-10) 以小寫字體之 g 代表增加率，η 代表彈性，改寫成：

$$r = g_M - g^*_M + \eta_L{}^*{}_i{}^* g_i{}^* + \eta_L{}^*{}_y{}^* g_y{}^* - \eta_{Li} g_i - \eta_{Ly} g_y$$

$$= (g_M - g_M{}^*) - (\eta_{Ly} g_y - \eta_L{}^*{}_y{}^* g_y{}^*)$$

$$+ (\eta_L{}^*{}_i{}^* g_i{}^* - \eta_{Li} g_i) \tag{10-14}$$

此方程式表示決定匯率變化率的三項因素乃是名義貨幣供給額增加率之差，眞實所得成長率乘以貨幣需求之所得彈性乘積之差，以及貨幣需求之利率彈性乘以利率變化率乘積之差。如果本國貨幣擴張率與外國相同，而且本國利率與外國利率維持不變，則上式中第一項及第三項爲零。在這種情況下如果本國經濟成長率高於外國，則很可能使國幣升值。但是，假如本國貨幣需求的所得彈性遠低於外國，以致所得彈性與經濟成長率之積仍小於外國，國幣反而會貶值。但貨幣派觀點著重的還是第一項，認爲對匯率變化具有支配性影響作用的是兩國貨幣供給增加率的差異。此種主張實際上也就是十九世紀初英國金塊學派 (Bullionists) 之復古。以亨利·桑敦 (Henry Thornton) 與李嘉圖 (D.

Ricardo）爲首的這派人士曾倡言英格蘭銀行發行鈔票之逾量乃是英鎊貶值之原因。

貨幣學派的匯率理論還有兩種演繹形式。一種形式是在價格與匯率的關係式中引進貿易品對非貿易品之區別，使其理論模型更爲精密。另一形式是用遠期匯率與投機性預期因素來補充貨幣擴充率對匯率的影響，藉以對短期匯率的變動作更切合實際的解釋。分別說明如下：

一、設 β 代表貿易品部門在物價指數中的比重，貿易品的價格應爲 βP。自由貿易使匯率折算成的貿易品價格在各國相等，因此匯率R之方程式當由（10-1）式改寫爲：

$$R = \frac{\beta P}{\beta^* P^*} \tag{10-15}$$

再引用貨幣供求均衡條件，可得式（10-14）之引伸形式：

$$r = (g_\beta - g_\beta^*) + (g_M - g_M^*) - (\eta_{Ly} g_y - \eta_L^*{}_y^* g_y^*)$$
$$+ (\eta_L^*{}_i^* g_i^* - \eta_{Li} g_i) \tag{10-16}$$

由此式可知，除了名義貨幣擴張率、實值貨幣需求增加率（此項因素又受彈性值及利率與所得變化率支配）以外，經濟結構改變所導致貿易品部門的消長（β 值之變化）也能影響外匯匯率。此種看法當然已超越了狹義的貨幣派觀點。

二、在短期內商品市場的仲裁作用非常有限，外匯匯率可視爲主要靠資產市場決定，也就是利率仲裁與對未來現貨匯率投機的結果。假定均衡利率爲眞實貨幣餘額的函數，

$$i = L\left(\frac{M}{P}, \cdots\cdots\cdots\cdots\right)$$

由遠期匯率理論本國利率與外國利率之差應等於遠期外匯之溢價 λ，後者又是遠期外匯超過現貨外匯之百分率。

$$i - i^* = \lambda$$

$$\lambda = \frac{R_f - R_s}{R_s}$$

代入可得方程式 (10-17)，

$$i\left(\frac{M}{P}\right) = i^* + \frac{R_f}{R_s} - 1 \qquad (10\text{-}17)$$

假定短期內物價水準及外國利率不變，令貨幣需求對利率變化之彈性為 η（即 $\eta = -\frac{\partial L}{\partial i} \Big/ \frac{L}{i}$），就 (10-17) 微分之可得 (10-18)：

$$\frac{\frac{R_s}{dt}}{R_s} = \frac{\frac{dR_f}{dt}}{R_f} + \frac{\frac{dM}{dt}}{M}\left(\frac{1}{\eta}\right)$$

$$r = r_f + g_M\left(\frac{1}{\eta}\right) \qquad (10\text{-}18)$$

此式表示：在貨幣供給不變之情況下，遠期匯率的改變會引起卽期匯率等比例的變化。 但如遠期匯率固定， 貨幣供給增加仍會導致國幣的貶值，其程度則與貨幣需求的利率彈性成反比例。

如果遠期匯率的變化是反應本期卽期匯率，令 π 為本期卽期匯率之權數，可成立下式：

$$r_f = \pi r \qquad (10\text{-}19)$$

以 $r_f = \pi r$ 代入 (10-18) 中，卽得貨幣擴張率對卽期匯率的全盤影響：

$$r = \frac{1}{(1-\pi)\eta} g_M \qquad (10\text{-}20)$$

遠期匯率受卽期匯率影響的程度愈大，π 值愈接近於 1 ，貨幣擴張率影響匯率波動的幅度也愈大。事實上 (10-19) 式亦反映外匯匯率預期之因素，π 爲預期彈性。其值小於 1 卽表示卽期匯率的升值（或國幣貶值）係伴同人們對未來匯率之預期升值而發生。短期內匯率之變化顯然由資產市場與預期因素決定。貨幣擴張率之上升，一方面由流動性效應而影響利率，他方面則由資產市場立卽反映在外匯匯率之改變上。在中長期則由商品市場與資產市場之交互影響而決定匯率，因價格水準在長期內是與名義貨幣量成等比例變化，利率與實值貨幣量能保持不變，國幣的對外貶值當會與名義貨幣供給增加率保持相同的比例。

晚近學者對貨幣派匯率理論所作的實證分析，結論頗不一致。傅蘭克爾（J. Frenkel）以德國在一九二〇至一九二三年惡性通貨時期之資料，證明多期分配時差之理論模型能強力支持貨幣派之觀點：外匯匯率的當期變化率全由當期貨幣擴增率決定。董布希（R. Dornbusch）引錄其他作者的結論則不如此肯定，特別是用一九七〇年代各先進國家的資料所作之評估，多數方程式皆有序列相關性太強及主要變數的顯著性太低之弊。然而莫薩教授（M. Mussa）在一九七九年對這方面之文獻作檢討時則作結論說：就大體而言，匯率的變化尚能與貨幣學派理論模型不相衝突，後者也確有助於說明一部份匯率的變化。

貨幣學派理論的實證分析，迄今幾乎全是按方程式 (10-7) 估計各項自變數對匯率變化的影響，其特點之一是將利率的變化視作外生自變數處理。但資本能在國際自由流動的現實經濟，利率與匯率往往是交互影響同時決定的，貨幣派倚賴購買力平價說也同樣忽略了資本帳的變化

因素，自然也犯了以偏概全的毛病。況且物價水準自由升降與購買力平價說有效的假定，祇能適用於長期分析，而長期均衡狀況本來就不一定出現在短期的實際經濟變數之間。這也許是實證分析常常得不到支持理論的美好結果的一個基本原因。

第三節　國際收支派的滙率理論
§3. The Balance-of-Payments Approach

傾向凱因斯派的經濟學者，皆不像貨幣派那樣重視貨幣因素對匯率的影響。他們主張決定匯率變化的直接因素是國際收支，這實際上也是承襲英國十八世紀初期反金塊派（Anti-Bullionist）的觀點，可稱此派為國際收支派。國際收支分經常帳與資本帳兩部份。經常帳可由本國對外國的物價水準、外匯匯率及兩國的國民所得水準解釋，資本賬則主要決定於國內利率與國外利率的差距及人們對未來外匯匯率變化之預測。現在以函數式表現如下：

以 Y 代表本國所得水準，依凱因斯派主張所得水準受貨幣供給額M及財政政策G決定：

$$Y = Y(M, G) \tag{10-21}$$

國內價格與利率係取決於影響需求面的財政與貨幣政策及供給面的貨幣工資率W，故二者皆可寫成M、G及W的函數：

$$P = P(M, G, W) \tag{10-22}$$
$$i = i(M, G, W) \tag{10-23}$$

經常賬的盈餘為輸出減輸入之差，輸出決定於外國的所得水準 Y*，匯率R及相對價格水準，輸入則靠本國所得水準及類似因素決定：

$$CA = X - IM \tag{10-24}$$

$$X = X(Y^*, \frac{P}{P^*}, R) \tag{10-25}$$

$$IM = IM(Y, \frac{P}{P^*}, R) \tag{10-26}$$

將以上各式代入 (10-24) 即得決定一國經常賬的諸因素：

$$CA = CA(M, G, P^*, W, Y^*, R) \tag{10-27}$$

資本賬盈餘可由下式表示：

$$K = K(i - i^* - \frac{Re - R}{R}) \tag{10-28}$$

在浮動匯率制度之下，匯率的自由變動能使國際收支達到均衡：

$$CA + K = 0 \tag{10-29}$$

由此一均衡條件可解出均衡匯率之值：

$$R = R(M, G, W, Y^*, P^*, i^*, Re) \tag{10-30}$$

上式顯示匯率為 M，G，W，Y*，P*，i* 及 Re 這七個外生變數的函數，其中任何一個因素發生變化，都可以影響均衡匯率，貨幣供給量 M 只是其中之一，不像在貨幣派理論中占特獨重要地位。

國際收支派從較廣闊角度分析匯率的決定，涉及的問題自然更為複雜。對未來匯率的預期值 Re 此一變數即有數種不同的假定。適應預期假設 (adaptive expectation hypothesis) 主張未來匯率預期值是過去若干期匯率的實際值依照幾何遞減權數，加權平均而得。補插預期假設 (extrapolative expectation hypothesis) 主張未來匯率為當前

匯率加上一項匯率變化之修正數，$Re = R + n(R - R_{-1})$當係數 $n = 0$ 時表示人們持中性預期，認爲未來匯率與當前實際匯率相同，如果 $n > 0$，表示有彈性的預期，$n < 0$ 爲無彈性預測，前者暗示未來匯率將繼續上升，後者則暗示上漲回跌。此外，近幾年還有理性預期之假設 (rational expectation hypothesis) 認爲人們能預知決定匯率的一套變數值而平均準確地預測出匯率的變化。

依照國際收支派的理論構架，總體經濟體系內匯率係如何決定之問題，現在再用一個簡單的直線型凱因斯式模型說明如下。此一模型包括三個市場，即商品市場、貨幣市場及外匯市場。商品市場由總需求曲線代表其均衡狀態，爲省略模型內的變數及突顯國際收支項目之影響，凡消費、投資及政府支出中之外生因素，皆歸納於一個自發性支出變數A中，凡所得以外因素對貿易賬之影響則全部納入一個貿易賬自發性變數T中：

$$Y = C_0 + cY + I_0 - bi + G_0 + X - IM_0 - mY$$
$$= A + aY + \overline{T}(RP^*/P) - mY - bi$$
$$Y = \frac{1}{s+m}\left[\overline{A} + \overline{T}(RP^*/P) - bi\right] \tag{10-31}$$

上式中 $s = 1 - a$ 爲邊際儲蓄傾向，m爲邊際輸入傾向，b 代表利率對投資之影響。這也就是開放經濟的 IS 曲線，（關於 IS LM 曲線之定義在一般初級經濟學教科書中皆有論述，本書第十二章第四節尚有詳細介紹，讀者不妨先溫習之。）當 $\overline{A}$ 增加或 R 上升（本國貨幣貶值）引起貿易賬出超 $\overline{T}$ 值增加時，IS 曲線必向上移動。如圖 10-1 $\overline{A}' > \overline{A}_0$，$\overline{T}' > \overline{T}$。二者中任何一項皆可改變利率與所得均衡值之組合，使在同一利率水準下，商品市場之均衡所得水準增加。

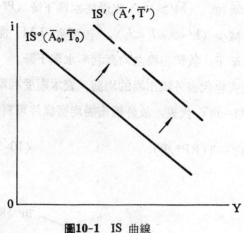

圖10-1 IS 曲線

　　貨幣市場之均衡條件爲貨幣供給恰等於貨幣需求。依普通凱因斯流動性偏好理論，貨幣需求可劃分爲對活動現金餘額之需求與對呆存現金餘額的需求兩部分，前者隨所得而變，後者則與利率成反比。故貨幣市場均衡狀況下所得與利率之組合可由 LM曲線代表，其直線型方程式爲：

$$\frac{M}{P}=L(i, Y)=kY-li \tag{10-32}$$

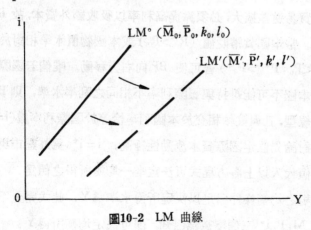

圖10-2 LM 曲線

如果名義貨幣供給增加， $(\overline{M}' > \overline{M}_0)$ 或價格水準下降 $(\overline{P}' < \overline{P}_0)$，或 k 值減少， 或 l 值減少 $(k' < k_0, l' < l_0)$，皆可令 LM 曲線向右方移動，在同一所得水準下，貨幣市場之均衡利率水準下降。

國際收支方程式也代表外匯市場的均衡。資本賬受利率影響，貿易賬則由 $T(RP^*/P) - mY$ 代表，故外匯市場均衡條件可寫成：

$$K(i) = mY - T(RP^*/P) \qquad\qquad (10\text{-}33)$$

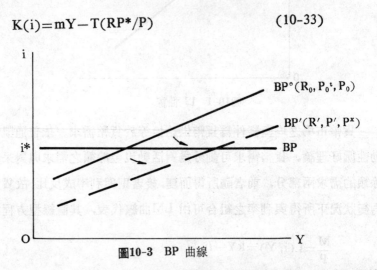

圖10-3 BP 曲線

所得增加使貿易逆差擴大,必須靠提高利率以吸收國外資本,故 BP 曲線呈向上傾斜。當本國貨幣貶值 $(R' > R_0)$ 或本國物價水準相對於國外物價下降 $(P' < P_0, P^{*'} > P_0^*)$ 皆可使 BP 向右方移動。唯倘若國際資本流動性極高，本國不可能維持與國際利率不相同之利率水準，則 BP 當呈現一水平直線型,且與縱軸相交於本國利率恰等於國際利率處$(i = i^*)$。

以下的討論先假定國際資本流動性極高， $i = i^*$ 爲外匯市場均衡條件，以 i^* 值代入以上各方程式可決定唯一均衡所得之值爲 $\overline{Y}$。 事實上，貨幣市場之均衡條件已足以決定所得水準爲$\overline{Y}$,此式完全不受匯率影響，只要 M, P, i^* 三個變數爲已知，即可決定均衡所得$\overline{Y}$。

$$\overline{Y}=\frac{M}{kP}+\frac{l}{k}i*\qquad\qquad(10\text{-}34)$$

利用 IS 曲線可決定均衡匯率$\overline{R}$之值，因爲在商品市場均衡方程式中如果$\overline{A}$及 i 之值一經確定，Y與R之關係當如圖10-4所示爲一條向上傾斜之 YY 曲線，LL 表示貨幣市場均衡條件下決定之所得水準爲$\overline{Y}$，二者相交處決定之均衡匯率爲$\overline{R}$。

$$\overline{Y}=\frac{1}{s+m}\left[\overline{A}+\overline{T}(RP*/P)-bi*\right]\qquad\qquad(10\text{-}35)$$

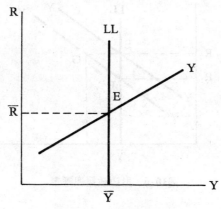

圖10-4　均衡匯率之決定

　　倘若政府的公共支出增加，IS線向右方移動到IS′，而YY線則向右平行移動為 Y′Y′。在G點因為本國利率超過國際水準，必引起資本流入，國際收入失衡促使國幣升值，於是G點將沿著 Y′Y′ 線向 E′ 點移動，所得水準亦恢復至原有的均衡值 Ȳ，IS′ 線又因國幣升值而向左移回原處。由此可見，政府增加公共支出，必引起對民間部門的排擠效果，使生產輸出品及輸入代替品的民間產業因為匯率升值（R_0 下降至 R_1）而萎縮。

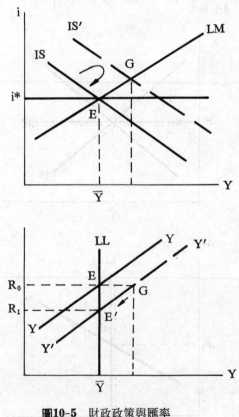

圖10-5　財政政策與匯率

如果政府採取擴張性的貨幣政策則情況又大不相同。假如貨幣數量由 M_0 增加爲 M_1，貨幣市場決定之均衡所得當升高爲 $\overline{Y}_1$，故 LM 向右移動至 LM′，同時 LL 則移動到 LL′。LL′ 之方程式爲：

$$\overline{Y}_1 = \frac{M_1}{kP} + \frac{l}{k}i* \tag{10-36}$$

LM′ 與 IS 相交處對應的利率爲 i′，低於國際利率 i*，潛在的資本外流與國際收支逆差促使國幣貶值，國幣貶值後又造成貿易賬的盈餘，令IS曲線向右移動到 IS′，只有當國內利率回升到國際水準後，國際收支才恢復平衡，故 IS′ 與 IM′ 相交處D點爲新的均衡所得水準 $\overline{Y}_1$，至於國幣貶值過程中所得增加之情況，則可由 YY 線上 E 點向 K 點之移動表現。新的均衡匯率爲 R_2，所得水準爲 $\overline{Y}_1$。

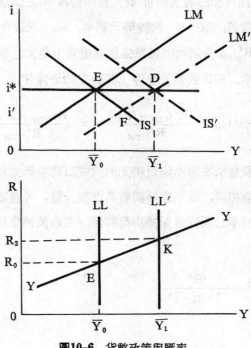

圖10-6　貨幣政策與匯率

以上討論者皆屬短期的經濟均衡及調整過程。在長期內經濟社會的產量受資源（包括勞工）限制，不可能長久超越充分就業水準，而且長期內勞動者依據正確之物價變化預期來調整工資，使得眞實所得或產量長期穩定於此一充分就業水準。關於長期經濟均衡問題及政策後果，將於第十三章第八節詳細介紹。

以上的分析皆建立在一個重要假定之上，卽本國利率取決於國外利率，而且匯率之預期不影響市場均衡。現在我們要取消這個不甚切合實際的假定，明確考慮國際利率不同之現實情況，也使本書以前討論的遠期外匯理論能應用於短期總體均衡分析上。讀者當記得，在本書第六章第三節討論國際金融市場上利率與匯率之關係時，作者曾強調在均衡狀態會出現下述現象：透過已預防匯率變化風險之利率仲裁作用，兩種貨幣的利率差距趨於與遠期外匯的溢價或折價相等；透過外匯投機與套匯活動，遠期外匯的溢價或折價又會等於匯率之預期變化率。以美元與西德馬克爲例，設 $i_\$$ 代表美元利率，i_{DM} 代表馬克利率，$R^f_{\$/DM}$、$R^s_{\$/DM}$ 及 $R^e_{\$/DM}$ 分別代表每單位馬克值若干美元之遠期匯率、現貨匯率及預期匯率，則下式爲資金停止流動之均衡條件：

$$i_\$ - i_{DM} = \frac{(R^f_{\$/DM} - R^s_{\$/DM})}{R^s_{\$/DM}} = \frac{R^e_{\$/DM} - R^s_{\$/DM}}{R^s_{\$/DM}}$$

此式表示資金所有者不論以美元形式或以馬克形式持有其資產所預期之收益率完全相同，故不宜再調整其投資計畫，外匯市場上的匯率及資金市場上的利率必須同時保持均衡關係。省略及簡化符號後，上式可改寫爲：

$$R = \frac{R^e}{1 + i_\$ - i^*} \tag{10-37}$$

顯然，假定人們對未來匯率之預期值不變，馬克利率亦假定不變，則美元對馬克的即期匯率 R 係隨美元利率 $i_\$$ 作反方向變動。美元利率上升，則資產市場均衡狀態下之匯率必下降，也就是美元必相對於馬克升值。圖 10-7 中 Ri 曲線便是描述匯率與利率之間的此種反向關係，而且此曲線位置會受預期匯率 R^e 及馬克利率 i^* 兩項因素影響。此圖下半部中 $L(i, Y)$ 為美國（設為本國）的實值貨幣需求曲線。在所得為固定之假定下，LL 呈正常向下傾斜形狀。假定此時實值貨幣供給為 $\left(\dfrac{M}{P}\right)$，則均衡狀態下利率為 $i_\$^0$，匯率為 R^0。

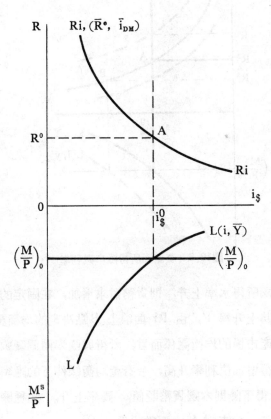

圖 10-7 匯率與利率之關係

　　如果人們預期馬克將會升值或馬克利率提高, 二者均使 Ri 曲線向上移動至Ri', 結果必令均衡匯率由 R⁰ 上升爲 R¹; 反之, 預期美元升值或馬克利率下降則使均衡匯率降低爲 R²。 下面我們的分析暫且忽略國外利率變化的可能影響 (卽假定 i* 爲固定不變), 也不考慮預期匯率之變化 (Rᵉ 假定爲固定值), 集中注意力討論本國產品市場與資產市場之間的均衡關係。

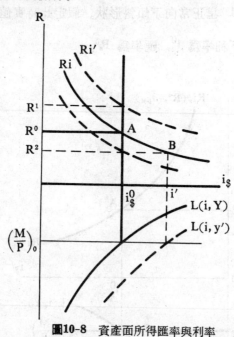

圖10-8 資產面所得匯率與利率

　　如果本國所得水準上升, 則貨幣需求增加, 在固定的實值貨幣供給下本國利率將上升爲 i', 由 Ri 曲線上 B點決定的均衡匯率爲 R²。由此可見就資產市場的均衡關係而言, 所得與匯率兩個變數之間呈現相反的變化。 所得增加使利率升高, 令資產均衡條件下的匯率降低, 本國貨幣升值; 所得下降則本國貨幣貶值, 匯率上升。 此種關係可用下圖的 AA 曲線表示。代表 AA 之函數式爲:

$$R = R^e / \left[1 - i^* + i\left(\frac{M^s}{P}, Y\right)\right] \qquad (10\text{-}38)$$

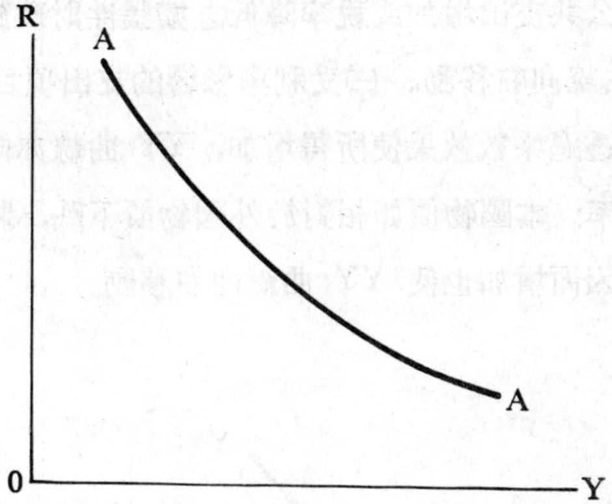

圖 10-9 AA曲線

AA 曲線的位置受五種因素影響: ㈠本國貨幣供給 M^s: 貨幣供給增加而假定其他因素不變，則本國均衡利率將下降，使本國貨幣在外匯市場貶值，R 值上升，AA曲線向上移動; 反之M^s減少則AA曲線向下移動。㈡本國物價水準 P: P對實值貨幣存量的影響與名義貨幣供給相反，故 P 值上升則 AA 曲線向下移動，P 值減少則 AA 曲線向上移動。㈢本國貨幣需求: 人們對貨幣需求增加將擡高本國利率，使本國貨幣升值，AA 曲線向下移動。㈣人們對匯率之預期及㈤外國利率水準: 這兩項因素皆能使 Ri 曲線移動位置，因此也能影響 AA 曲線。簡言之，外國利率上升或預期外匯匯率上升皆使 AA 曲線向上移動。

現在再從產品市場的短期平衡討論匯率與所得的關係。據總需求曲線或 IS 曲線的討論，我們熟知匯率升高則貿易賬出超增加或入超減少，故產品市場的均衡關係顯示匯率與所得係呈正方向變化，如圖 10-10 之 YY 曲線。我們如果應用本章上文直線型總體模型，則 YY 的方程式爲:

$$Y = \frac{1}{s+m}[\bar{A} + \bar{T}(RP^*/P) - bi] \qquad (10\text{-}39)$$

影響YY曲線位置的因素有下列四項:㈠民間自發性消費支出及投資支出（包括在$\overline{A}$之內）: 此類支出之增加會使 YY 曲線向右移動。㈡政府財政政策: 譬如公共支出增加或稅率降低之擴張性財政政策皆能令A值增加，使 YY 曲線向右移動。㈢受利率影響的支出項目: 譬如利率降低能鼓勵投資，透過乘數效果使所得增加，YY 曲線亦向右移動。㈣兩國物價水準之比率: 本國物價如相對於外國物價下跌，將使實值匯率上升，貿易賬盈餘因而增加也使 YY 曲線向右移動。

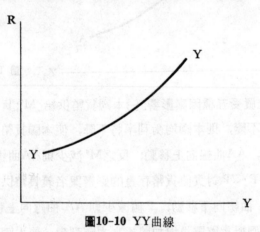

圖10-10 YY曲線

短期內經濟的全面均衡可由 YY 曲線與 AA 曲線之交點E代表，唯有在E點產品市場與資產市場同時達到均衡。此時所得水準為 Y_E，匯率為 R_E。假如能令 YY 曲線及 AA 曲線移動的諸項因素一律維持固定不變，則均衡所得當保持於 Y_E 之水準，均衡匯率當維持於 R_E。資產市場的失衡主要靠匯率變化來校正，譬如在 AA 線以上，匯率皆超過特定所得水準下之均衡匯率，不合利率平準學說所建立之資產市場均衡關係，鼓勵人們放棄外幣爭取國幣。於是國幣升值匯率下降，故凡在 AA 曲線以上，匯率的變化方向是一律朝下。同理，在AA 曲線下方，匯率上升。產品市場上匯率的變化引起產量與所得水準的增減，譬

如在 YY 曲線左上方國幣的低估會使貿易賬出超擴大，總需求及所得水準因而增加；在　YY　曲線右下方則產品市場因貿易賬入超而有緊縮壓力，所得水準因而下降。圖中所得與匯率之調整方向是圍繞著均衡點 E 呈收歛性變化，最後必建立均衡匯率 R_e 及均衡所得 Y_e。

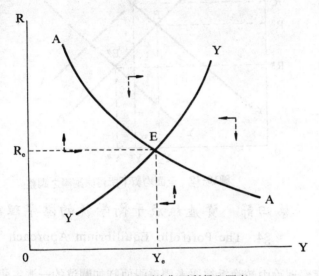

圖10-11 全面均衡下所得與匯率

在此模型內，貨幣政策及財政政策的短期影響，可利用下面圖解說明。設經濟社會失業率過高，政府欲藉擴張性貨幣政策以提高所得。根據以上分析，貨幣供給增加使 AA 曲線向右上方移動。在新的均衡點，所得水準上升為 Y′，本國幣值較前貶低，均衡匯率為 R′。如果政府採用擴張性財政政策，則 AA 曲線不受影響，YY 曲線向右下方移動。公共支出增加後國民所得提高，貨幣需求增加會引起利率暫時上升，利率平準學說要求匯率調整至新的水準 R″，此時產品市場建立的均衡所得為 Y″。

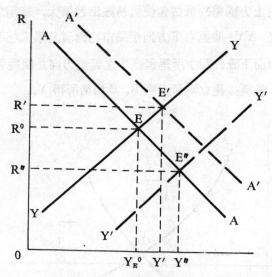

圖10-12 全面均衡下所得與匯率之調整

第四節　資産組成平衡學說的匯率理論

§4. The Portfolio Equilibrium Approach

匯率理論中較晚近被學者們重視而詳加闡述的一派主張是根據資産組成平衡條件來解釋匯率的變化。外匯資産屬於人們慣常持有的一種財富，人們考慮持有各種財富的利弊得失，而追求最有利的資産組成狀態，也就是均衡的資産或平衡的資産 (equilibrium or balanced portfolio)。資産組成未達到平衡以前，匯率及其他資産報酬率均難免受資産供求的失衡而不停改變，唯有當資産組成處於平衡狀態，匯率也建立其均衡水準。此一較新的理論模型對短期與長期有明確的劃分，短期之定義是分析期間短到流量不足以改變存量。長期的定義是分析期間長到使經濟社會處於一種靜止狀態，所有的存量變數皆被視爲不變的常數。本節介紹的模型是甘肯南 (P. Kenen) 所建立，其特色爲重視儲蓄與財富兩個變數之間的關係，並假定投資爲零、政府部門維持預算平

衡，由國民所得定義: $Y=C+T+S=C+G+X-IM$，貿易出超必恒等於總儲蓄 $X-IM=S$，儲蓄係決定於可支配所得 $(Y-T)$、利率 i 以及財富總額 W。

$$S=S(Y-T, i, i^*, W) \qquad S_{yd}>0, \ S_i>0, \ S_w<0 \qquad (10-40)$$

可支配所得及利率增加皆能誘發更多的儲蓄，財富增加則鼓勵消費，使儲蓄減少。

　　甘肯南模型也包含產品市場與資產市場。產品市場上匯率與所得的關係可區別短期與長期之不同而分別用 zz 及 ZZ 兩曲線代表均衡狀態。

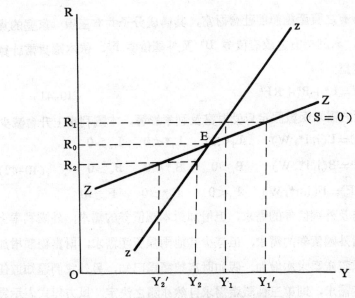

圖 10-13 長短期產品市場均衡

短期內匯率上升使所得水準因貿易出超而增加，此為符合馬婁條件之一般正常現象，故 zz 曲線呈現正斜率。ZZ 曲線為長期均衡現象，也是在某一特定匯率下使經濟達到靜止狀態、財富總額固定不變的那種所得水準。在 ZZ 線上，貿易賬維持進出口平衡，總儲蓄為零。ZZ 的斜率較 zz 為平緩，可由下例說明：設從 E 點出發，匯率由 R_0 上升為

R_1，則國民所得受出超刺激增加爲 Y_1。此係短期均衡， 在長期內欲令
貿易賬保持平衡， 則有賴更高的所得來提升進口， 故所得水準必須增
至 Y_1' 方能使儲蓄爲零、出超爲零而且財富維持固定不變。同理，匯
率如下降爲 R_2， 貿易入超使短期均衡所得下降至 Y_2， 長期內要消除
貿易入超均衡所得則下降得更多。凡在 ZZ 線之上方， 經濟有正儲蓄
及貿易出超； 在其下方則有負儲蓄及貿易赤字。唯有 ZZ 線代表之匯
率及所得，是讓社會儲蓄額恰等於零，財富總額固定不變之長期均衡關
係。

人民持有之資產總額即社會財富，其構成分子共有三項：家庭的貨
幣需求 L^h，家庭持有之政府債券 B^h 及外國債券 F^h。依本國貨幣計算
之財富定義爲：

$$W = L^h + B^h + RF^h \tag{10-41}$$

此三種資產之需求函數假定只受財富及利率影響，本國利率上升會減少

$$L^h = L(i, i^*, W) \qquad L_i < 0 \qquad L_i^* < 0 \qquad L_w > 0$$

$$B^h = B(i, i^*, W) \qquad B_i > 0 \qquad B_i^* < 0 \qquad B_w > 0 \tag{10-42}$$

$$RF^h = F(i, i^*, W) \qquad F_i < 0 \qquad F_i^* > 0 \qquad F_w > 0$$

人們對貨幣及外國債券的需求，但增加對本國債券的需求；外國利率上
升能增加對外國債券的需求，但減少其他兩類資產需求；財富總額增加
會導致各種資產需求亦增加。假如財富總額爲已知，另外我們還知道任
何兩類資產需求，則第三種資產需求自然亦隨之決定。以方程式表示爲
$F = W - L(i, i^*W) - B(i, i^*W)$。因此， 下文的分析可省略對外國債券
的需求函數，並假定外國利率固定不變，集中注意力於貨幣市場與本國
債券市場。

本國貨幣供給來自中央銀行爲央行負債。央行資產假定只有其持有
之政府債券 B^c 及外匯準備 V，故貨幣供給等於貨幣需求的貨幣市場均
衡條件可用下式代表：

$$L(i, i^*, W) - (B^c + RV) = 0 \qquad (10\text{-}43)$$

政府公債之總額假定爲固定，債券市場的均衡條件爲:

$$B - B^c - B(i, i^*, W) = 0 \qquad (10\text{-}44)$$

財富總額一方面受匯率變化立卽影響，同時也因外匯貶值造成之出超與儲蓄而逐漸增加。當貶值產生的貿易賬影響力漸趨衰微，財富總額也漸趨固定值。

圖 10-14 描述資產市場 的均衡狀況。 縱軸爲利率， 橫軸爲財富水

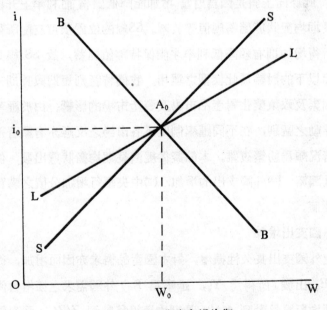

圖10-14 資產市場均衡

準。貨幣市場的均衡由 LL 線代表， 利率上升使貨幣需求減少， 財富增加使貨幣需求增加， 故此線呈上升之斜率。債券市場均衡狀況由 BB 線代表， 由於利率及財富均與債券需求呈同向變化， 故 BB 線向下傾斜。LL 線的位置受貨幣供給影響。貨幣供給增加會使它向下移動，因

爲唯有利率下降才能在固定之財富水準下鼓勵人們增加貨幣需求。由此
可見，中央銀行累積外匯準備或購買政府債券皆使 LL 線降低位置。
BB 線的位置靠債券供給決定。在政府預算維持平衡之假定下，公債總
額亦係固定，故中央銀行如增加公開市場對債券之購買必令民間家庭可
能持有之債券數額減少，此時利率必須降低才能保持債券供求之平衡，
因此 BB 線向下移動。資產市場的均衡唯有建立在 BB 與 LL 相交處
A_0 點，此時利率爲 i_0，財富水準爲 W_0。

圖中還有一條正斜率線 SS，它代表在長期均衡條件下利率與財富
的組合。此線向上斜是因爲財富增加能降低儲蓄而利率上升則鼓勵儲
蓄，在長期均衡狀態儲蓄應恒等於零。SS線的位置依可支配所得而變，
可支配所得增加則有賴降低利率才能保持零值儲蓄，故 SS 線必下降。

本節以下的討論爲此模型之運用。我們特區別短期與長期來檢討各
項擾亂因素及政策變化對產品市場及資產市場的影響。由於匯率制度有
固定與浮動之區別，在不同匯率制度下各市場之反應亦有顯著差異，故
討論之情況頗爲紛繁複雜。本節擬從經濟長期均衡狀態出發，依次檢討
三種擾亂因素：㈠外國支出的增加、㈡中央銀行增加公債之購買及㈢本
國貨幣貶值。

㈠外國支出增加

假定外國支出長久性擴增，對本國產品需求亦因而增加，從最初均
衡狀態 E_0 出發 (所得爲 Y_0，匯率爲 R_0) 外國需求之擴增會使產品市
場之短期均衡線移動到 $z'z'$，長期均衡線移動到 $Z'Z'$。匯率暫時維持
在 R_0 水準，所得則升高爲 Y_1。因爲新的短期均衡點 E_1 在 $Z'Z'$ 線上
方，表示貿易賬仍有出超，儲蓄爲正值，財富總值也繼續增加。在固定
匯率之下，長期均衡點建立在 $Z'Z'$ 線上 E_1' 處，所得必須繼續增加
至 Y_1' 爲止。E_1 向 E_1' 之調整過程涉及 $z'z'$ 線向 $z''z''$ 移動，這是

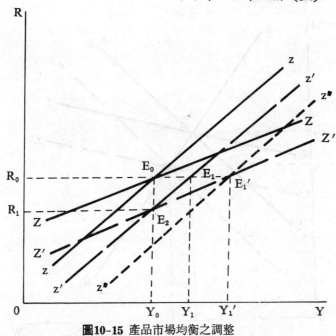

圖10-15 產品市場均衡之調整

因爲在固定匯率下貨幣供給之增加使利率下降及財富增加，於是消費之增加導致 zz 線向 z″z″ 移動。唯有當所得升高到 Y_1' 之水準，z″z″ 與 Z′Z′ 在此相交，經濟才達到長期均衡，貿易賬亦保持輸出入相等（儲蓄下降爲零），財富亦不再增加。

如果最初採用浮動匯率制度，長期均衡點應該由 E_1 沿著 z′z′ 線移動到 Z′Z′ 上之 E_2，因爲利率及財富皆不改變，短期均衡線 z′z′ 不再移動，國民所得必由 Y_1 下降回復到最初的 Y_0，這是因爲匯率由 R_0 下降到 R_1，產生國幣升值之緊縮性後果。由此可見，浮動匯率制度能使一國在長期內隔絕外界的擴張性影響。

圖 10-16 說明外國支出增加如何引起資產市場均衡的調整。設最初資產市場的均衡是由 A_0 代表，利率爲 i_0 財富爲 W_0 而且長期均衡線 SS 也通過 A_0。當外國支出增加後，固定匯率制度下儲蓄及出超使財

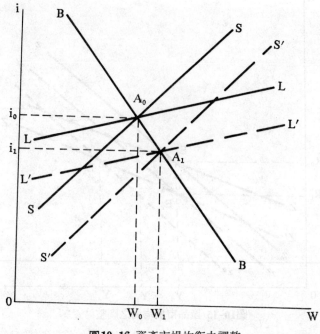

圖10-16 資產市場均衡之調整

富逐漸增加,利率則逐漸下降。外匯準備的累積讓貨幣供給增加, LL
線必向下方移動到 L′L′,與BB相交於新的均衡點 A_1,由於在調整過程
中涉及可支配所得之增加,故長期均衡線 SS 必定要向右方移動,S′S′
通過 A_1,顯示經濟又恢復長期的均衡狀態, 利率已長久性降低,財富
則增加為 W_1 之新穩定水準。在浮動匯率制度下 LL 線不能移動, 故
資產市場的均衡點停留在 A_0 處。然而應注意者, 由於匯率的下降(國
幣升值), 調整過程使持有外國債券者受損,此種資產損失恰好被儲蓄
之增加所抵銷,故整個經濟的財富總值能維持不變。既然資產市場之均
衡維持於 A_0,SS 線亦不會移動, 這也表示可支配所得不會有長久性改
變,此與圖 10-15 中所得仍維持在 Y_0 水準是互相對應的。由此可知,
在固定匯率制度下外國支出之增加必引起本國所得增加,而且調整時間

愈長，所得增加也愈多，直到長期穩定均衡狀態，所得也固定維持在
新的高水準上。在調整過程中儲蓄之增加使財富亦繼續累積，利率則下
降。到長期均衡建立後，出超爲零，儲蓄停止，經濟則長久保持更低的
利率及更多的財富。浮動匯率制度下，長期內一國能有效隔離外界的擾
亂因素，讓所得利率及財富均維持不變，只是匯率降低而已，不過國幣
之升值可使貿易條件長久改善，提高本國國民享受之經濟福利。

(二)中央銀行購買公債

　　中央銀行購買公債立即影響資產市場的均衡，其對產品市場的影響
則迂迴間接，因此本段先分析資產市場。假定經濟採用固定匯率制度，
最初處於長期均衡點 A_0，利率爲 i_0 而財富爲 W_0，央行購買公債後使
民間公債數量減少，各種財富水準之下債券價格一律上升，利率一律下
降，故 BB 線向下移動到 B'B'，因爲匯率係固定，財富總額暫時不受

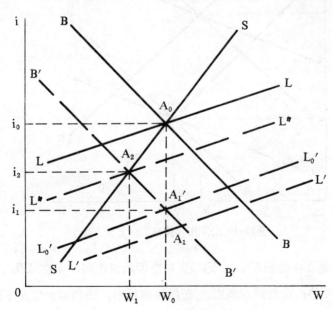

圖10-17 公開市場操作(一)：資產市場

影響，故增加之貨幣供給只能讓 LL 線向下移動到 $L_0'L_0'$，與 $B'B'$ 相交處建立短期均衡點 A_1'。在到達 A_1' 之前的短暫期間，公開市場操作會讓貨幣存量增加過多而使 LL 移向 $L'L'$，但由於人們可能願增多外國債券之購買，促使匯率上升，央行為維持固定之匯率，勢必拋售外匯資產以吸收部份原先放出去的貨幣，因此 A_1 不能持久，$L'L'$ 必定迅速向回移動到 $L_0'L_0'$。唯 A_1' 亦非長期均衡點，因長期內可支配所得不會改變，SS 線不能移動位置。國際收支入超會使 LL 線進一步向上移動到 $L''L''$，與 $B'B'$ 在 SS 線上相交於 A_2。A_2 為長期均衡處，顯示利率回升為 i_2，財富下降為 W_1。

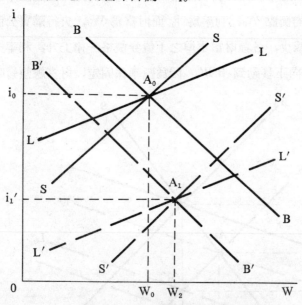

圖10-18 公開市場操作(二)：資產市場

　　如果是在浮動匯率制度下，貨幣市場均衡線將停留在 $L'L'$，其與 $B'B'$ 交點 A_1 為長期均衡處。在調整過程中，因利率大幅度下降國幣貶值及所得水準長久性增加，因此 SS 線亦必定向右移動到 $S'S'$ 通過

L'L' 與 B'B' 之交點 A_1，財富水準稍許增加爲 W_2，利率長久降低
爲 i_1'。

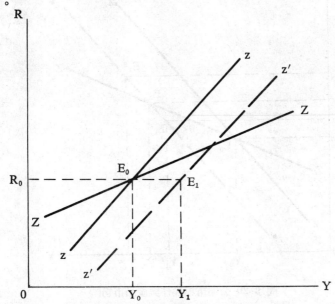

圖 10-19 公開市場操作與產品市場㈠

　　現在再看產品市場的調整變化。最初產品市場均衡點爲 zz 與 ZZ
之交點 E_0，如果匯率爲固定，央行購買債券降低利率之後果必使 zz
線移動到 z'z'，均衡點改變爲 E_1，所得水準上升至 Y_1。E_1 只是短期
均衡處，長期內產品市場必須在 ZZ 線上建立均衡，而匯率始終不變則
長期均衡必須回到 E_0，所得必須降回到 Y_0 水準。此種調整過程是透
過資產市場圖中所示利率之上升及財富之減少，影響到 z'z' 線向左移
動，回到 zz 位置。

　　在浮動匯率制度下 zz 線移向 z''z''，其移動程度超過 z'z' 之位
置，原因是在此情況利率下降更多而且貨幣貶值使財富立刻增加，擴大
了刺激消費增加的效果。如匯率上升程度較輕，由 R_0 增至 R_1，則所

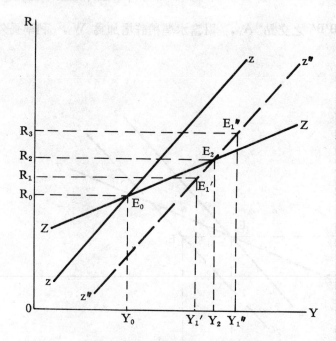

圖10-20 公開市場操作與產品市場㈡

得僅增至 Y_1'，但 E_1' 在長線均衡線 ZZ之下方，顯示貿易賬仍有赤字
（經濟出現負儲蓄）， 調整過程使國幣繼續貶值， 所得也將 進一步增
加。如果國幣貶值爲 R_3，所得水準大幅升高爲 Y_1''，但 E_1'' 在長期均
衡線之上方，貿易出超將使匯率下降，所得亦隨之降低。唯有當匯率變
到 R_2 之水準， 經濟才到達產品市 場之長期均衡狀況，輸出入恰好平
衡， 匯率與所得亦不再變化，故 E_2 爲長期均衡點，匯率當穩定於 R_2
之水準，均衡所得爲 Y_2。

在此可順便考慮浮動匯率制度下常出現的一種調整現象。假設最初
人們持有外國債券數量不多，則大幅度的國幣貶值才能使財富總額提升
到 W_2 之必要水準，如果貶值爲上段所描述由 R_0 增至 R_3 之情況，則
不久必產生反方向的調整才能建立長期均衡， 卽匯率會回跌至 R_2， 所
得下降爲 Y_2。此種匯率初步變化幅度過大， 引起反方向調整以達到長

期穩定的現象，稱爲匯率超標變化 (overshooting)，這是晚近文獻中常
爲學者討論的一個專題，本書下一章還有更詳細的介紹。

㈢**本國貨幣貶值**

本國貨幣貶值對產品市場及資產市場的影響可能出現兩種不同的短

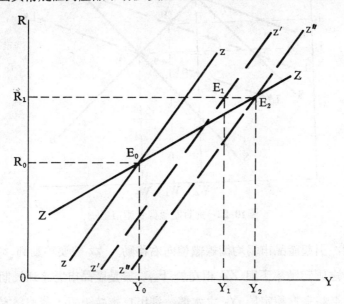

圖10-21 通貨貶值與產品市場㈠

期調整現象，新的長期均衡狀態則只有一種。下面的圖解假設最初經濟處
於舊長期均衡點 E_0 及 A_0，匯率爲 R_0，所得爲 Y_0，利率爲 i_0 而財富水
準爲 W_0。第一種短期現象爲貶值後國際收支出現盈餘的調整過程。匯
率由 R_0 上升爲 R_1，產品市場短期均衡線由 zz 移向 z'z'，顯示所得上升
爲 Y_1。但 E_1 點在長期均衡線 ZZ 之上方，國際收支會出現盈餘，儲蓄
爲正，財富增加，利率下降。中央銀行的外匯準備增加引起貨幣供給增
加，在短期內貨幣市場均衡線由 LL 移動到 L'L'，資產市場均衡由 A_0
改變爲 A_1。財富之增加（W_0 增至 W_1）及利率之下降（i_0 降至 i_1）會刺

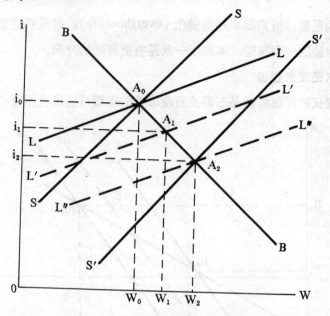

圖10-22 通貨貶值與資產市場㈠

激消費，引起產品市場均衡線繼續向右移動。 zz 線要移動到 z″z″ 才在 R_1 之固定匯率下與 ZZ 相交於 E_2， 於是產品市場達到長期均衡，所得水準將長期穩定於 Y_2 之水準，進出口維持平衡，儲蓄爲零，財富亦停止增加。在資產市場上 A_1 非長期均衡處，因爲所得仍在改變中，當可支配所得升高則 SS 曲線向右移動。唯有當所得達到長期穩定水準 Y_2，SS 移動到 S′S′ 後不再改變位置，S′S′ 與 BB 及 L″L″ 相交於 A_2，此爲資產市場長期均衡處，利率長久保持在 i_2 水準，財富額則長久爲 W_2。

第二種短期調整現象是貶值後貿易賬出現赤字。 z′z′ 線對應於新匯率 R_1 處所得偏高爲 Y_1，但 $E_1′$ 在 ZZ 線下方，故貿易赤字及負儲蓄引起進一步調整。 長期均衡處爲 z″z″ 與 ZZ 之交點 E_2，所得將由 Y_1 回跌到長期穩定水準Y_2。資產市場上短期均衡點 $A_1′$ 亦不能持久，

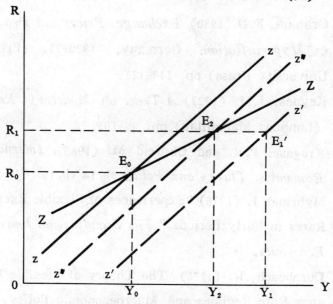

圖10-23 通貨貶值與產品市場㈡

利率會上升，財富會減少，LL 線將回升到 L″L″ 與 S′S′ 及 BB 在 A₂ 處相交，建立長期均衡利率 i_2 及長期均衡財富 W_2。

本章參考文獻

1. Balassa, B. (1964) "The Purchasing-Power Parity Doctrine: A Reappraisal," *Journal of Political Economy*, 72.

2. Stolper, W.F. (1948) "Purchasing Power Parity and the Pound Sterling from 1919-1925," *Kyklos*;

3. Yeager, B.L. (1976) *International Monetary Relations: Theory, History and Policy*. (N.Y.Harper and Row), pp. 218-221.

4. Graham, F.D.(1930) *Exchange, Prices and Production in Hyperinflation*: Germany, 1920-23. (Princeton University Press) pp. 117-121.

5. Keynes, J.M. (1923) *A Tract on Monetary Reform*. (London: Macmillan) pp. 99-105.

6. Krugman P.R. and Obstfeld M. (1988), *International Economics, Theory and Policy* ch. 14 ch. 16.

7. Myhrman J. (1976) "Experiences of Flexible Exchange Rates in Early Periods," *The Scandinavian Journal of Economics*, 78.

8. Dornbusch, R. (1976) "The Theory of Flexible Exchange Rate Regimes and Macroeconomic Policy," *The Scandinavian Journal of Economics*, 78.

9. Frenkel, J.A. (1976) "A Monetary Approach to the Exchange Rates: Doctrinal Aspects and Empirical Evidence," *The Scandinavian Journal of Economics*, 78.

10. Dornbusch, R. (1978) "Monetary Policy under Rate Flexibility," in *Managed Exchange Rate Flexibility*.

11. Mussa, M. (1979) "Empirical Regularities in the Behavior of Exchange Rates and Theories of the Foreign Exchange Market," *Journal of Monetary Economics*, 11.

12. Kenen, P.(1989), *The International Economy*, 2nd ed., ch. 18.

第十一章 匯率理論（下）

CH. 11 THEORIES OF EXCHANGE-RATE DETERMINATION (II)

第五節 資產組成之調整與數理分析*

§5. The Portfolio Adjustments and Comparative Statistics Analysis

　　本節仍繼續討論資產組成平衡學說的匯率理論，介紹文獻中常被引用的圖解及數理分析法。由於這一部分材料主要是根據鮑蘭森教授（William H. Branson)早期的成名著作，又可稱爲鮑蘭森模型(Branson Model)。此模型基本外貌與上一節理論模型很相似， 只是多一假定外國利率爲固定不變而省略此一變數。 圖解係以匯率爲縱軸， 利率爲橫軸，更便於顯示短期內匯率與利率係同時決定於資產市場之均衡條件。資產共有三類，資產組成之均衡條件爲貨幣供求相等，國內債券供求相等以及國外資產（證券）供求相等，以函數符號表示爲:

$$M_s = L(i, W); \quad L_i < 0 \quad L_w > 0$$
$$B_s = B(i, W); \quad B_i > 0 \quad B_w > 0$$
$$RF_s = F(i, W); \quad F_i < 0 \quad F_w > 0$$
$$W = L(i, W) + B(i, W) + F(i, W) \tag{11-1}$$

財富總額如不改變，利率的變化必引起資產代替行爲。上式微分:

$$dW = 0 = (L_i + B_i + Fi)d_i = 0$$
$$B_i = -(L_i + F_i)$$

假定 $F_i \doteqdot 0$ 則 $B_i > -L_i$, $B_i > -F_i$。這表示國內利率升高會引誘人民同時減少對貨幣與外國證券的需求。如果資產總額改變，則分散資產組成後，三者所占比率之總和必等於一。

$$(1 - L_w - B_w - F_w)dW = 0$$

$$L_w + B_w + F_w = 1$$

在匯率R及利率 i 構成的象限內，三種資產的供求平衡狀況可由圖中 LL, BB 及 FF 三條線代表。貨幣供求之平衡係由R值與 i 值同時上升而維持，其理由如下：如果匯率上升，本國人民持有的國外資產按國幣計算之價值增加，於是民間財富總額增加，爲了將增加之財富分散於各類資產上，民間貨幣需求亦隨之增加，在貨幣供給不變之情況下，貨幣的超額需求必引起利率上升才能維持貨幣求的平衡。因此，圖中 LL 線呈上升之正斜率。在 LL 線左方，利率超過維持貨幣供求平衡所需之水準，貨幣供給大於貨幣需求 $(L_s > L_d)$；LL 右方則恰相反，貨幣需求超過貨幣供給 $L_d > L_s$。同理匯率上升引起的資產重組行爲表示對本國證券會增加需求，本國證券價格勢必上漲才能維持供求平衡，證券價格係與利率呈反方向變化，因此圖上代表本國證券供求平衡的 BB 線呈負斜率。在 BB 線左下方利率偏低，證券供給超過需求 $B_s > B_d$；在其右上方則本國證券供不應求 $B_s < B_d$，唯有 BB 線上匯率與利率之組合恰好維持供求的平衡。再考慮外國證券代表的國外資產供求關係。假如本國利率下降，人們將被鼓勵多買外國資產，於是促使匯率上升國幣貶值，故代表外國證券供求平衡的 FF 線必向下傾斜。凡在 FF 上方，外國證券供過於求 $F_s > F_d$，因按匯率計算之價格偏高。在 FF 下方則外國證券供不應求 $(F_s < F_d)$。

LL、BB 及 FF 此三條線相交於A點，表示在資產組成達到均衡的條件下，匯率爲 R_0，利率爲 i_0。由於全面均衡下，財富總額恆爲三種

資產之和，任何兩個資產市場達到均衡，即保證第三個市場亦同時達到均衡。由於假定本國證券市場對利率有很強影響力，設本國證券供不應求，則其價格上漲之同時利率必下跌。同樣國外資產的供求可支配匯率的變化，對外國證券的超額需求必提高外幣價格，故匯率上升。在此種價格動態變化之假定下，BB 線的斜率必須大於 FF 線的斜率，才能保證資產市場的均衡具有穩定性，像上圖 h 點及 J 點所顯示，利率與匯率的調整方向是朝向 A 點。如果 BB 斜率小於 FF，則利率與匯率的變化方向是背離 A 點，顯示資產市場是不穩定的。此三條市場均衡線的斜率，可用數學表示如下：

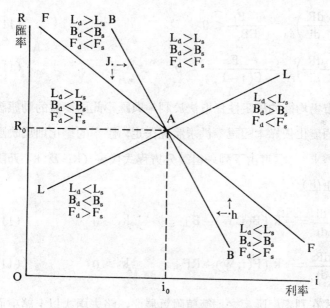

圖 11-1 短期內資產市場之均衡

假定本國貨幣供給及證券供給不變，僅允許利率、匯率及財富總額改變，對方程式體系（11-1）微分可得

$$L_i di + L_w dW = 0$$

$$B_i di + B_w dW = 0$$
$$F_i di + F_w dW = FdR \tag{11-2}$$

因匯率改變必伴同財富總額變化, $dW=FdR$, 代入後上面各式改寫爲:

$$L_i di + L_w FdR = 0$$
$$B_i di + B_w FdR = 0$$
$$F_i di + F_w FdR = FdR \tag{11-3}$$

由體系 (11-3) 可知各市場均衡線之斜率:

$$\left(\frac{dR}{di}\right)_{LL} = \frac{-L_i}{FL_w} > 0 \tag{11-4}$$

$$\left(\frac{dR}{di}\right)_{BB} = \frac{-B_i}{FB_w} < 0 \tag{11-5}$$

$$\left(\frac{dR}{di}\right)_{FF} = \frac{F_i}{F(1-F_w)} < 0 \tag{11-6}$$

資產市場均衡的穩定性係取決於利率與匯率此兩變數的動態調整型態。利率的變化依靠本國證券供求狀況決定; 匯率的變化則反映國外資產的超額需求 。 這可由下列一組微分方程式代表 (k_1 及 k_2 乃調整係數, 皆爲正值):

$$\frac{di}{dt} = -k_1[B(i,W)-B] \qquad k_1 > 0 \tag{11-7}$$

$$\frac{dR}{dt} = k_2[F(i,W)-RF] \qquad k_2 > 0 \tag{11-8}$$

將上面兩式在利率與匯率之均衡值附近展開, 略去兩次以上諸項而保留一次項, 此體系之解值當如以下形式:

$$i = i_e + a_{11}e^{\lambda_1 t} + a_{12}e^{\lambda_2 t} \tag{11-9}$$

$$R = R_e + a_{21}e^{\lambda_1 t} + a_{22}e^{\lambda_2 t} \tag{11-10}$$

諸常數 a_{11}、a_{12}、a_{21}、a_{22} 決定於 $t=0$ 時之期初條件。 λ_1 及 λ_2 則決

定解值爲收斂或發散。倘若解值收斂，則市場必爲穩定，i 及 R 趨向均衡值 i_e 及 R_e 調整。λ_1 及 λ_2 爲下面表徵方程式之實根：

$$\lambda^2 + [k_1 B_i + k_2 F(1-F_w)]\lambda + k_1 k_2 F[B_i(1-F_w) + B_w F_i] = 0$$

λ_1 及 λ_2 必須爲負值，才能使利率與匯率趨向 i_e 與 R_e 收斂。λ_1、λ_2 兩實根爲負值之充分而必要條件乃是：

$$k_1 B_i + k_2 F(1-F_w) > 0 \tag{11-11}$$

$$k_1 k_2 [F(B_i(1-F_w) + B_w F_i] > 0 \tag{11-12}$$

省略 (11-12) 式中 k_1，k_2，可改寫此條件爲：

$$-\frac{B_i}{B_w} < \frac{F_i}{1-F_w}$$

由 (11-5) 及 (11-6) 二式可知，此條件即 $\left(\dfrac{dR}{di}\right)_{BB} < \left(\dfrac{dR}{di}\right)_{FF}$。因此，市場穩定均衡的條件爲 BB 線應比 FF 線更斜陡。

　　現在我們可以討論各類資產供給改變後對利率與匯率的影響。如果資產持有者手中任一類資產增加而其他類不變，這代表財富總額增加，資產組成改變的過程必引起資產相對價格的變化，此種均衡資產的重組涉及財富效果與代替效果。如果財富總額不變，僅是一種資產換取另一種資產，譬如金融當局在公開市場購買政府公債，則民間證券資產減少而同時貨幣增加，此行爲對利率與匯率的影響只有代替效果。

　　一、我們先考慮擴張性財政政策（與貨幣政策）產生的影響。假如政府的赤字預算是靠向中央銀行借款融通，則後果爲民間財富與貨幣供給按赤字預算數額同時增加。財富總額增加後必引起資產組成之調整，人們對證券 B 及國外資產 F 的需求亦將增加。如圖（A）所示，對 B 及 F 的超額需求將引起 FF 及 BB 線的移動。設自原先均衡點 A_0 出發，匯率必須升高才能消除對國外資產的超額需求，故 $F_0 F_0$ 移向 $F_1 F_1$。同理，

證券價格須上漲而利率須下降才能使本國證券維持供求平衡，故 B_0B_0
移向 B_1B_1。 F_1F_1 與 B_1B_1 相交於 A'， 對應的均衡利率下降爲 i_1，均
衡匯率則上升爲 R_1。 相同的結論也可由貨幣市場及證券市場的均衡狀
況推得。因貨幣供給超過需求，利率下跌才能維持貨幣供求的平衡，證
券的超額需求促使其價格上漲利率下跌，如圖 11-2(b) 所示，L_0L_0 及
B_0B_0 移向 L_1L_1 及 B_1B_1 後，新均衡點決定之利率爲 i_1，匯率爲 R_1。

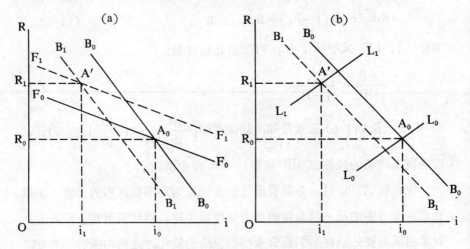

圖 11-2　以貨幣融通赤字預算之影響

　　倘若預算赤字是由發行政府公債融通，則民間財富與本國證券同時
按預算赤字數額增加。資產重組之財富效果使證券市場出現超額供給，
對國外資產則有超額需求，故 B_0B_0 移向 B_2B_2，F_0F_0 移向 F_1F_1。新均
衡點 A'' 顯示利率必上升爲 i_2，匯率改變爲 R_2，R_2 可能高於 R_0，亦
可能低於 R_0。同理可知， 貨幣市場上資產重組之財富效果使 L_0L_0 移
向 L_2L_2， 其與 B_2B_2 之交點 A'' 顯示相同的後果。

　　利用上述模型採用比較靜態之數理分析，更能精確表現以上所述之
結論。亦可推廣分析其他擾亂因素對利率與匯率之影響。

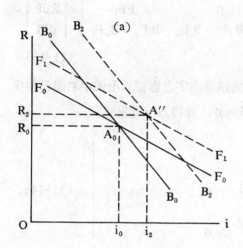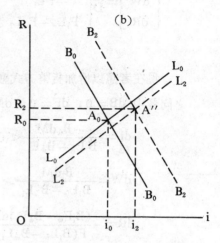

圖 **11-3**　以公債融通赤字預算之影響

就方程式體系（11-1）對 i，W及R三變數微分可得以下聯立方程
式及矩陣型方程式體系：

$$B_i di + B_w dW = dB$$

$$F_i di + F_w dW - F dR = R dF$$

$$L_i di + L_w dW = dM$$

$$\begin{bmatrix} B_i & B_w & 0 \\ F_i & F_w & -F \\ L_i & L_w & 0 \end{bmatrix} \begin{bmatrix} di \\ dW \\ dR \end{bmatrix} = \begin{bmatrix} dB \\ R dF \\ dM \end{bmatrix} \qquad (11\text{-}12)$$

係數行列式之值爲

$$D = F(B_i L_w - B_w L_i) > 0$$

於是可利用柯拉抹規則（Cramer's rule）求未知數之解值。亦可將係數
矩陣轉置後，各變數在一般情況下（dB＞0，RdF＞0，dM＞0）的解
值當如下式：

$$\begin{bmatrix} di \\ dW \\ dR \end{bmatrix} = \frac{1}{D} \begin{bmatrix} FL_w & 0 & -FB_w \\ -FL_i & 0 & FB_i \\ F_iL_w-F_wL_i & B_wL_i-B_iL_w & B_iF_w-B_wF_i \end{bmatrix} \begin{bmatrix} dB \\ RdF \\ dM \end{bmatrix}$$

(11-13)

現在考慮以增加貨幣方式融通預算赤字之影響。上式中右邊常數項之向量中 $dB=0$，$dF=0$，$dM=0$，故得以下結果：

$$di = \frac{-B_w dM}{B_iL_w - B_wL_i} < 0$$

$$dW = \frac{B_i dM}{B_iL_w - B_wL_i} > 0$$ (11-14)

$$dR = \frac{(B_iF_w - B_wF_i)dM}{F(B_iL_w - B_wL_i)} > 0$$

如果赤字預算是由發行公債融通，則 $dB>0$ $dF=0$ $dM=0$，各變數之解值為：

$$di = \frac{L_w dB}{B_iL_w - B_wL_i} > 0$$

$$dW = \frac{-L_i dB}{B_iL_w - B_wL_i} > 0$$ (11-15)

$$dR = \frac{(F_iL_w - F_wL_i)dB}{F(B_iL_w - B_wL_i)} \gtreqless 0$$

貨幣需求的財富效果乘以國外資產需求的代替效果之乘積是否大於貨幣需求的代替效果乘以國外資產需求的財富效果的乘積決定匯率上升或下降。此種結論與圖 11-3 中 R_2 是否高於 R_0 之難以確定是一致的。

二、其次我們考慮擴張性貨幣政策之影響。先假定金融當局在公開市場購入國內證券同時放出等值貨幣，結果M增加而 B減少，W則維持不變。在現行利率下將出現貨幣的過剩供給及對國內證券的過剩需求。證券漲價及利率下跌才能維持資產供求平衡，這表示圖 11-4 中 LL 及

BB 皆向左方移動，FF 不改變位置。新交點 A′ 顯示均衡利率下降爲 i_1，匯率上升爲 R_1，注意利率下降後促使人們增加對國外資產的需求，故國幣貶值匯率上升乃正常結果。倘若金融當局收購之資產爲國人原有之外國證券，則M增加時F減少。爲維持對外國資產供求之平衡，FF 線必須向上移，並且 LL 向左移動以維持貨幣供求平衡，BB 線不改變位置。A″ 點顯示均衡利率輕微下降爲 i_2，均衡匯率顯著上升爲 R_2。比較 A′ 與 A″ 可知，同樣程度的擴張性貨幣政策，在透過對國內證券買賣以達成時，其降低國內利率之程度較大，令匯率上升之程度較小。

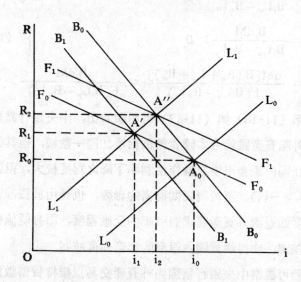

圖 11-4 擴張性貨幣政策之影響

上述結論亦可由比較靜態數學分析加以證明。(11-13) 一般型解値方程式右端之常數項向量 $dM = -dB,\ dF = 0$ 反映藉國內證券市場操作以增加貨幣之情況，其解値當爲：

$$di = \frac{-(L_w + B_w)dM}{B_i L_w - B_w L_i} < 0$$

$$dW = \frac{(L_i + B_i)dM}{B_i L_w - B_w L_i} = \frac{-F_i dM}{B_i L_w - B_w L_i} > 0$$

$$dR = \frac{dM[F_w(B_i + L_i) - F_i(L_w + B_w)]}{F(B_i L_w - B_w L_i)} = \frac{dM[-F_i(L_w + B_w + F_w)]}{F(B_i L_w - B_w L_i)}$$

$$= \frac{-F_i dM}{F(B_i L_w - B_w L_i)} > 0 \qquad \left.\right\} \quad (11\text{-}16)$$

如果金融當局增加貨幣供給是靠購買民間持有之國外資產，則常數向量中 $dB = 0$，$dM = -RdF$，代入 (11-13) 式中可得解值:

$$di = \frac{-B_w dM}{B_i L_w - B_w L_i} < 0$$

$$dW = \frac{B_i dM}{B_i L_w - B_w L_i} > 0 \qquad \left.\right\} \quad (11\text{-}17)$$

$$dR = \frac{dM[B_i(F_w + L_w + B_w)]}{F(B_i L_w - B_w L_i)} = \frac{B_i dM}{F(B_i L_w - B_w L_i)} > 0$$

比較解值體系 (11-16) 與 (11-17) 可明顯看出，中央銀行靠購買國內證券或購買外國資產雖能令本國貨幣供給增加同一數額，但其後果仍有顯著差別。在國內證券市場之操作使利率下降之程度較大，但匯率上升程度較輕 ($B_i > -F_i$)。至於對民間財富的影響，也是由於證券需求對利率的反應程度強過國外資產需求對利率的反應程度，而且貶值後產生的財富效果有差別，使得購買國內證券的影響程度較弱。

順便我們可觀察中央銀行藉國內外資產交易以維持貨幣數量不變的情況，這也就是文獻中一般所謂用國內證券的買賣行為來抵銷國際收支貨幣效果(sterilized intervention)。在此情況 $dB = -RdF$，$dM = 0$ 即國際收支盈餘導致央行出售國內證券以吸收貨幣。因為在此情況 $dB = -RdF$，$dM = 0$，代入 (11-13) 解值體系方程式可得以下結果:

$$di = \frac{L_w dB}{B_i L_w - B_w L_i} > 0$$

$$dW = \frac{-L_i dB}{B_i L_w - B_w L_i} > 0$$

$$dR = \frac{[L_w(F_i + B_i) - L_i(F_w + B_w)]}{F(B_i L_w - B_w L_i)} dB = \frac{-L_i dB}{F(B_i L_w - B_w L_i)} > 0$$

中央銀行出售證券必使利率上升及本國貨幣貶值，民間財富亦隨之增加。變化程度則受貨幣需求函數對財富與利率兩變數反應性而定。

最後我考慮本國貿易出超對利率與匯率的影響。貿易出超令 $dF > 0$，證券供給與貨幣供給皆維持不變（$dM = 0$, $dB = 0$）。代入(11-13)右方向量中，三個變數的解值如下：

$$di = \frac{0}{D} dF = 0 \; ; \quad dW = \frac{0}{D} dF = 0$$

$$dR = \frac{(B_w L_i - B_i L_w)R}{F(B_i L_w - B_w L_i)} dF = \frac{-R}{F} dF < 0$$

$$\frac{dR}{R} = -\frac{dF}{F}$$

此結果顯示均衡利率與財富總額皆不改變，但均衡匯率下降，而且匯率下降之百分率恰與國外資產增加率相等。以圖形表現則如圖11-5，$F_0 F_0$ 線向下移到 $F_1 F_1$，財富效果也使貨幣供求均衡線 $L_0 L_0$ 向右移動到 $L_1 L_1$，證券市場供求均衡線 $B_0 B_0$ 移向 $B_1 B_1$，三條線新交點 A'，必位於原均衡點A之正下方，代表均衡利率不改變，均衡匯率由 R_0 降低為 R_1，也就是本國貨幣因貿易盈餘而升值，其升值程度與貿易盈餘之增加率相等。

本節所分析資產市場之均衡及其調整並不代表經濟體系已建立長期均衡。長期內本國物價與貿易賬皆會受利率與匯率調整之影響。在建立長期均衡過程中，物價的變化是緩慢的，物價與貿易賬重新達到均衡後，本國不再有貿易出超或入超以改變國外資產淨額，整個經濟體系才

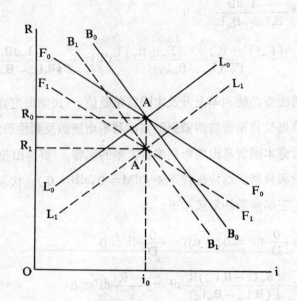

圖 11-5　貿易出超之影響

算恢復均衡。此種關係在上節介紹甘肯南的著作中，已有詳細的分析。
簡單言之就是產品市場的流量關係與資產市場的存量關係是 相 互 影 響
的，但主要經濟變數的動態影響方向則可用下面的簡圖表示:

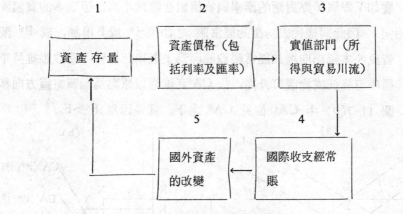

圖 **11-6**　主要經濟變數之影響方向

　　資產市場上人們願意持有各類資產之數量與實際存量之比較，影響到各類資產價格之變化，匯率與利率乃其中兩項最重要之價格。此種變化必對產品市場上國民所得之決定發生重大影響，後者又直接影響進出口貿易流量。貿易之出超或赤字使國外資產存量改變，從而又影響全經濟的財富總額及資產市場上的均衡，再度造成資產價格之調整。如此週而復始，直到長期靜態均衡之建立。本節最後再以擴張性貨幣政策為例，說明鮑蘭森模型的短期調整與長期均衡建立過程，藉以印證上圖。

　　國際收支經常賬之主要決定因素為實值匯率 RP*/P、實值所得 Y 以及國外淨利息收入，其方程式如下：

$$CA=CA(RP^*/P,\ y)+i^*F \qquad\qquad (11\text{-}18)$$

　　圖 11-7b 顯示在本國所得不變之假定下物價水準與匯率之組合恰使經常賬維持平衡。CA 為經常賬均衡線，線上各點既無盈餘亦無赤字。CA 線的位置會隨外國物價水準 P*、外國利率 i* 及國人持有之外國資產額 F 變化而移動，但 CA 呈直線形狀由原點 O 射出，表示在 y、i*、P*、及 F 皆固定的假定之下，匯率與物價的等比例升降不會影響經常

賬。譬如 V 點與 Y 點對應的匯率與物價組合雖然不同，但二者的實值匯率相同，因此同樣代表均衡的經常賬。如果 i* 或 F 增加，或 P* 減少，皆反映本國趨向增加經常賬盈餘，為了抵銷此影響，使該賬維持平衡，匯率可降低或物價可升高，故 CA 直線應以原點為軸順時鐘方向移動，圖 11-7(b) 中 CA′ 位於 CA⁰ 之下，就是因為 F′>F₀。

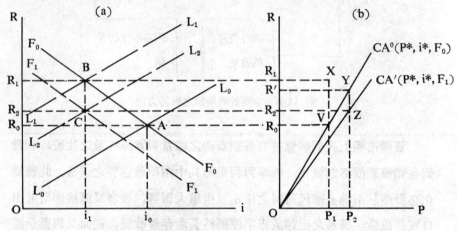

圖 11-7 鮑蘭森模型之短期調整及長期均衡

圖 11-7(a) 中 A 點及 11-7(b) 中 V 點代表期初全面均衡狀態。現在假定中央銀行由公開市場購入政府公債，同時增加貨幣供給，由前文之討論可知，短期均衡點當為 11-7(a) 之 B 點，均衡利率下降為 i_1，匯率上升為 R_1。在物價水準為 P_1 之情況下，本國貨幣之貶值必然改變實值匯率，使經常賬出現盈餘，故 11-7b 圖 X 點代表國際收支盈餘以及國幣必須升值以恢復經常賬均衡。然而，長期均衡的建立還涉及價格的調整。如果國內價格不變，則匯率須下降回到 R_0 才能完全消除盈餘，但事實上國內貨幣供給增加後，長期內所得不變而價格水準會與貨幣供給的增加成比例上升，假定長期物價水準為 P_2，那麼如 CA₀ 線上的 Y 點所示，維持經常賬均衡的匯率當為 R′。可是我們還忽略了另一重要

因素，這就是經常賬的盈餘表示本國已經增加了國外資產的累積。F_0增加到 F_1，而且由前一段的分析可知，FF 線及 LL 線皆同時向下移動，二線的新交點代表本國貨幣升值程度與國外資產增加率相等。在圖11-7(a)中C點，顯示出長期內外匯率之均衡值為 R_2，國內利率仍維持在 i_1 之水準。圖 11-7(b) 中 R_2 與 P_2 之組合恰好使國際收支經常賬恢復均衡，Z 點應位於 CA′ 線上，同時 CA′ 線也正對應於 F_0 增加至 F_1 以後的經常賬均衡線。從以上的分析可知，由A點及V點期初均衡狀態出發，擴張性貨幣政策引起利率、匯率、貿易賬、國外資產、物價水準一連串複雜變化後，最後只能在C點及Z點建立長期穩定之均衡。

經濟學家們對資產組成平衡學說作實證分析者頗為踴躍。譬如鮑蘭森與郝特納(Branson-Haltunen)兩人合作對一九七一年至一九七六年底馬克與美元匯率之計量分析，採用理論模型基本上屬於簡約式的資產平衡函數 $S = f(M, M^*, B, B^*, F, F^*)$，卽匯率決定於本國及外國之貨幣存量、債券數量（此變數被取消）及國外資產數量。所得之結論與理論預測者十分吻合。又如傅蘭克爾 (J. A. Frankel) 在一九八三年發表之論文，係以對數形式測試貨幣存量、兩國所得比率、利率比率、預期通貨膨脹率之比率以及外匯風險因素等，對美元—馬克匯率之變化是否符合「小國資產平衡模型」。據報導其實驗結果顯示上述諸變數影響之符號皆與理論吻合，僅統計顯著性不甚理想云。

第六節　匯率的動態變化與超標現象

§6. The Dynamics of Exchange Rate and Overshooting

自從一九七三年國際貨幣制度轉變爲主要貨幣之間採浮動匯率以來，十餘年的經驗顯示匯率變化程度遠比當初人們所預期者爲大。國際收支的基本失衡並未能藉匯率之自由升降而調整校正，反而因匯率之不穩定助長投機性資本在國際大量流動，擴大了匯率波動的幅度。如果依照傳統理論某國國際收支發生赤字時，該國貨幣當貶值某一程度，在新的均衡匯率水準，可達到恢復國際收支平衡之目標。但是事實上經驗顯示，短期內浮動制度下該國貨幣跌價的幅度常超過建立均衡匯率之「標的」。同理，收支盈餘國貨幣在浮動制度下自由漲價的程度，也經常超過其建立長期均衡匯率所需之升值。對於此種匯率超過「標的」之短期大幅度起伏，在晚近文獻中稱之爲「超標」現象 (overshooting)。學者們秉承資產組成平衡學說，對匯率之動態變化歷程及超標現象，曾提出理論加以詮釋，尤其以董布希之論文更爲世所推重。

依照資產組成均衡條件，資產之報酬率必須在國內外維持均等。如果以 i 及 i* 分別代表本國及外國利率，$\hat{R}$ 代表本國貨幣之預期貶值率，則下式應成立：

$$i = i^* + \hat{R}$$

譬如本國年利率爲15%，外國年利率爲11%，則在人們預料本國貨幣每年將貶值 4 %之情況下，資產持有者不會希望改變成資產組成。

匯率動態調整涉及資產市場與產品市場，重要的理論基礎乃一個觀念：資產市場上價格與資產報酬率變化迅速，很快就能建立供給與需求之平衡。產品市場上價格變化及產量變化皆較爲緩慢，失衡將維持一段

時期才能逐漸消失。故產品市場如果有供不應求，價格之上升並不能立卽導致產量與供給之增加，這表示通貨貶值雖可促進外銷，但輸出品之增產需要一段時期。利率之降低固能誘發投資，但資本財之生產並非旦夕所能大量擴充。

在長期均衡狀態，匯率不會有所改變，因此 $\hat{R}=0$，$i=i^*$。貨幣供求均衡條件下，所得與匯率圖中之貨幣市場均衡線應該是一條垂直線 $\overline{L}\,\overline{L}$。

$$\frac{M^s}{P}=L(i^*,Y)$$

式中 i^* 爲已知，實值貨幣供給一經確定，則所得水準亦隨之決定爲 $\overline{Y}$，不受匯率變化影響。

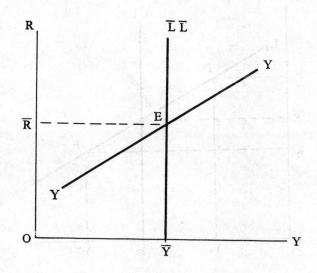

圖11-8　長期均衡匯率

　　根據總體模型，外貿出超會產生擴張所得之乘數效果，而匯率貶值有助於刺激輸出減少輸入，故產品市場均衡線爲正斜率的 YY，YY 與 L̄ L̄ 相交於 E 點，於是長期均衡匯率即決定爲 R̄。

　　現在考慮短期的資產市場調整現象。假定某種突發因素令所得驟然下降到 Y_0，所得降低會使貨幣需求減少，即 $L(i, Y)$ 也隨之減少並促使國內利率降低。國內利率一下降必引起潛在性資本流出，外匯市場上決定之匯率亦隨之上升，也就是本國貨幣將因爲資本賬的變化而貶值。在短期內匯率上升爲 R_0，R_0 之卽期匯率顯然超過均衡長期匯率 R̄，只要當期匯率超過均衡匯率，人們將預期未來匯率會下降，預期匯率變化率爲負值（R̂ < 0）；換言之，人們預料本國貨幣將升值。下式代表本國幣貨的預期貶值（升值）率，θ 爲預期調整係數：

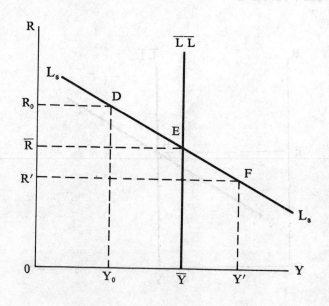

圖11-9　短期資產市場之調整

$$\hat{R} = \theta \left(\frac{\overline{R} - R}{R} \right)$$

同理，如所得突然增加至 Y'，則短期內卽期匯率下降爲 R'，在 F 點 $\hat{R} > 0$，人們預期國幣將貶值。短期貨幣市場均衡條件應由下式代表，此式卽圖中 L_sL_s 之方程式。

$$\frac{M^s}{P} = L(i, Y) = L(i^* + \hat{R}, Y)$$

$$\frac{M^s}{P} = L\left(i^* + \theta \left(\frac{\overline{R} - R}{R} \right), \ Y\right) \tag{11-19}$$

L_sL_s 呈現負傾斜，所得愈低則匯率愈高。唯值得注意者圖中D點

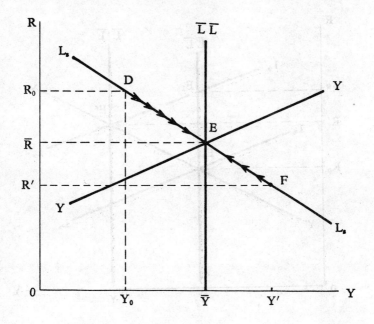

圖11-10　動態調整

及 F 點皆不可能在產品市場均衡線上，D點對應於產品市場過剩需求狀態，F點對應於供過於求狀態。在D點匯率爲 R_0，所得爲 Y_0，輸出業有甚大競爭能力，輸入則不旺，故貿易出超將會提升所得，並促使匯率隨貿易出超而下降。但此種調整必須等輸出業有充分時間擴張生產才能顯現成效。在匯率變化過程中，貨幣市場一直使資產保持供求平衡，因此所得與匯率之動態變化是由 D 點沿著 L_sL_s 線向 E 點接近，一直到長期均衡狀態建立，$R = \bar{R}$，$Y = \bar{Y}$，才會停止。同理，如果最初狀態是產品市場過剩供給及匯率偏低之 F 點，則動態調整也是沿著 L_sL_s 以趨近 E 點。

明瞭了匯率的變化過程後，我們現在考慮貨幣供給增加的後果。如果貨幣供給之增加是代表實值貨幣存量增加，則根據長期貨幣供求均衡

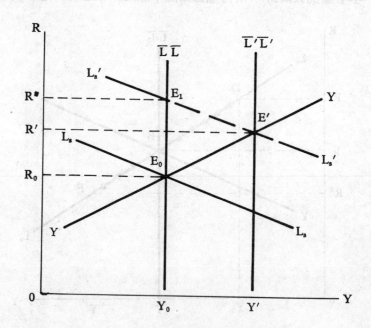

圖11-11　擴增貨幣引起匯率之調整過程

條件，所得水準必須升高（仍維持國外利率 i^* 不變之假定，$L(i^*, Y)$ 之增加要靠所得上升），因此 $\overline{LL}$ 線必向右移動至 $\overline{L'L'}$ 之位置，相對應的所得水準爲 Y'。新的均衡點爲 E'，均衡匯率爲 R'。由原均衡點 E_0 到 E' 的調整並不能立卽達成，原因是產品市場反應遲緩。在短暫期間所得與產量仍將維持於 Y_0 水準，但增加貨幣存量之立卽影響是使資產市場的短期均衡匯率躍升爲 R''，因貨幣數量增加後立刻產生壓低國內利率之反應，使本國資本外流，國幣必須貶值才能重建資產組成之均衡。短期資產市場均衡線立卽向上移動到 $L_s'L_s'$。然而顯而易見的是 E_1 點並非產品市場之均衡狀態，經過一段時期後，E_1 會自然趨向 E' 調整。在此調整期內我們會發現產量與所得受出口之擴張影響而持續增加，匯率則漸漸降低。換言之，經濟將沿著新的短期資產市場均衡線 $L_s'L_s'$ 移動，由 E_1 朝向 E' 接近。

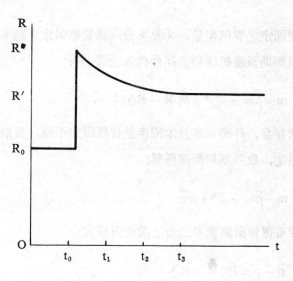

圖11-12 匯率超標變化

圖11-12 說明匯率之動態變化。在期間爲 t_0 時，貨幣數量突然增加引起匯率由 R_0 立卽躍升爲 R''，在期間爲 t_1 及 t_2 時，匯率逐漸降低而朝向新的均衡水準調整，到 t_3 期間才到達長期穩定均衡 R'。這顯示匯率在到達長期均衡水準之前，其變化有「超標」現象。這種現象也是許多工業國家採用浮動匯率制後常常體驗的匯率變化。每當金融當局採用擴張性貨幣政策後，該國貨幣會立卽顯著貶值，接下去有一段較長時期匯率又會向反方向變化。

本節下面一段討論是依照董布希教授之原文，說明同樣的主題。董布希用了匯率與物價兩變數之關係，顯示產品市場與資產市場之調整過程。

以對數形式表示貨幣供求方程式$\frac{M}{P} = Y^\alpha i^\lambda$，資產市場均衡條件爲:

$$m - p = -\lambda i + \alpha \bar{y} \tag{11-20}$$

$\bar{y}$ 爲假設固定之實值產量，λ 及 α 分別爲貨幣需求之利率彈性與所得彈性。再以短期資產組成均衡條件代入上式卽得:

$$m - p = -\lambda[i^* + \theta(\bar{R} - R)] + \alpha\bar{y} \tag{11-21}$$

貨幣存量、外國利率及本國產量皆爲固定不變，長期均衡條件要求匯率爲穩定，故長期均衡關係爲:

$$m - \bar{p} = -\lambda i^* + \alpha\bar{y} \tag{11-22}$$

二式相減可得物價與匯率二者之調整方程式:

$$p - \bar{p} = \lambda\theta(\bar{R} - R)$$

$$R = \bar{R} - \frac{1}{\lambda\theta}(p - \bar{p}) \tag{11-23}$$

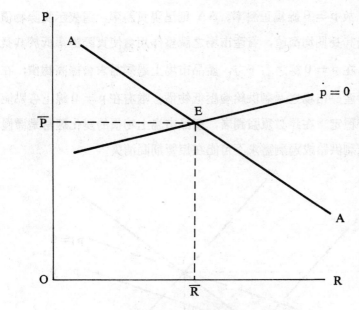

圖11-13 價格與匯率共同均衡

上式為資產市場調整線AA。

產品市場上物價變化係反映產品之過剩需求，後者又與實值匯率、實值貨幣存量、外國所得水準成正相關，物價變化率方程式由下式代表：

$$\dot{p} = \pi[u + \delta(R-p) + \beta(m-p) + fy^* - w\bar{y}] \tag{11-24}$$

此式更可進一步簡化為匯率與物價偏離長期均衡值所引起之物價調整率：

$$\dot{p} = \pi[\delta(R-\bar{R}) + (\delta+\beta)(\bar{p}-p)] \tag{11-25}$$

上式代表在物價穩定條件下（$\dot{p}=0$）匯率與物價二變數之組合應是同

方向變化，故 $\dot{p}=0$ 線為正斜率。AA 則呈現負斜率，這表示實際物價水準如超過其長期均衡值，資產市場之調整作用會使實際匯率低於其長期均衡值。在 $\dot{p}=0$ 線之右下方，產品市場上過剩需求會擡高物價；在其左上方，產品市場之過剩供給會壓低物價。唯有在 $\dot{p}=0$ 線上各點能使物價保持穩定。在此必須強調者，產品市場上物價的變化經常是滯慢延後的，過剩供給或過剩需求不可能在短暫期間消失。

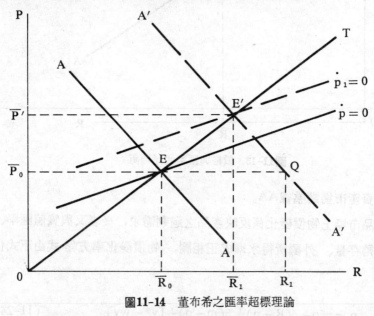

圖11-14 董布希之匯率超標理論

倘若國內貨幣數量之突然增加為人們皆未能事前預料者，此項變化將使AA線向右方移動到A'A'。為重建資產市場均衡，更高的物價或國幣貶值皆必要條件。產品市場均衡線 $\dot{p}=0$ 也必須向上移動，而且由於長期均衡應使眞實匯率維持不變的要求，$\dot{p}=0$ 移動之程度必須恰好到 $\dot{p}_1=0$ 之位置，讓新的均衡點 E' 正好落在自原點作出 OE 之直射線 OT 上面。眞實匯率 q=RP*/P 在長期均衡下維持固定。

　　然而，基於上述產品上市場物價之呆滯，在短期內匯率會立卽上升到 A′A′ 線上Q點所示之 R_1，以重建資產市場之均衡。其理由甚爲明顯，如果物價不變（ $p = \bar{p}_0$ ），那麼名義貨幣的擴張 卽等於實值貨幣之增加，此勢必導致本國利率下跌，然而資產市場均衡條件要求 $i = i^* + \theta(\bar{R} - R)$，在外國利率不變之假定下，唯有讓 R 增加，也就是國幣貶值爲重建資產市場均衡所必須。但是在Q點產品市場尚未恢復均衡，事實上存在的過剩需求會繼續擡高物價，較高的物價方能刺激產量增加，經濟沿著 A′A′ 向上調整， $\dot{p} = 0$ 線也向上移動。同時匯率則回跌，反映國幣升值以抵銷當初調整期間之超標變化。最後匯率在 E′ 點建立新均衡值 $\bar{R}_1$，物價也在上漲至 $\bar{p}′$ 後卽不再變動，在由Q移向 E′ 過程中，人們預期之國幣升值率恰好抵銷兩國利率之差距。

第七節　一般均衡分析[*]

§7. A General Equilibrium Analysis

　　在粗淺的局部均衡分析法處理下，匯率、利率及物價這三個價格變數係分別決定於外匯市場、信用借貸市場（簡稱貸款市場）及商品及勞務市場（簡稱商品市場）。由上兩節的討論，我們已能清晰認識：各市場之間存在著密切的相互依存關係，使三個變數的均衡值決定過程，須依賴一般均衡分析的理論構架，才能更正確掌握。本節擬介紹一位原籍希臘的經濟學者海吉米喀拉開斯（Michael G. Hadjimichalakis）在這方面的論著，以作對匯率理論探討之結尾。

　　考慮經濟社會處於無失業及成長問題之短期分析假定下三個市場，商品市場、貸款市場及外匯市場各個市場供給與需求之構成可用方程式表示如下：

〔商品市場〕

供給＝所得（當期產值）＋輸入，或 $S_G = Y + IM$

需求＝消費＋投資＋政府支出＋輸出，或 $D_G = C + I + G + X$

因爲

所得＝消費＋儲蓄＋政府稅收，　$Y = C + S + T_R$

故得商品市場之過剩需求　$EG = (I-S) + (G-T_R) + (X-IM)$。先假定政府支出恆等於稅收，再以　$T = (X-IM) = T(RP^*/P)$ 代表貿易出超，後者爲實值匯率之函數，超額投資又爲利率之函數。由於國外價格視爲固定不變，於是商品市場之過剩需求函數及其變化方向當如下式：

$$EG = EG(i, P, R) \quad EG_i < 0, \quad EG_P < 0, \quad EG_R > 0 \tag{11-26}$$

$EG_i = \dfrac{\partial EG}{\partial i}$ 爲利率升高對過剩需求之影響，$EG_R = \dfrac{\partial EG}{\partial R}$ 爲國幣貶值對過剩需求之影響，而 EG_P 則代表物價上漲之影響，此類符號在下文亦將推廣利用。

〔貸款市場〕

供給＝儲蓄－淨窖藏，　淨窖藏 $= \lambda\left[L(y, i) - \dfrac{M}{P} \right]$ $\qquad$ (11-27)

$$S_L = S - \lambda\left(L(y, i) - \dfrac{M}{P} \right)$$

需求＝投資＋淨資本流出，淨資本流出爲兩國利率之函數，$K_i < 0$，$K_i^* > 0$

$$D_L = I + K(i, i^*) \tag{11-28}$$

故得貸款市場之過剩需求 $EL = D_L - S_L = I - S + K + \lambda\left(L - \dfrac{M}{P} \right)$。以函數關係代入，化簡後貸款市場之過剩需求函數及其變化方向當如下

式：

$$EL = EL(i, i^*, P, M) \tag{11-29}$$

$$EL_i < 0 \quad EL_i^* > 0 \quad EL_P > 0 \quad EL_M < 0$$

〔外匯市場〕

供給＝輸出＋資本流入，需求＝輸入＋資本流出

外匯市場之過剩需求用 EF 代表，其構成及函數變化為

$$EF = -T(RP^*/P) + K(i, i^*) = EF(i, i^*, R, P) \tag{11-30}$$

$$EF_R < 0 \quad EF_P > 0 \quad EF_i < 0 \quad EF_i^* > 0$$

根據華納定律，如果共有 n 個市場，此 n 個市場上過剩需求總和恆等於零。再者貨幣市場之過剩需求用 EM 代表，貸款市場之過剩供給即是證券市場之過剩需求 EB＝－EL

$$EB + EG + EM + EF = 0$$

$$EL = -EB = EG + EM + EF$$

$$= (I - S + T) + \lambda\left(L - \frac{M}{P}\right) + (K - T)$$

$$EL = I - S + K - \lambda\left(\frac{M}{P} - L\right) \tag{11-31}$$

此種結果顯示四個市場中有一個市場之過剩需求方程式可由其他三個市場推求得之。 現在我們認定物價 的上漲係與商品市場之 過剩需求成正比，利率之調升是與貸款市場的過剩需求成正比，匯率的增加則取決於外匯市場的過剩需求，並且用 α, β, γ 三個正值參數代表價格調整係數，

$$\Delta P = \alpha EG, \quad \Delta i = \beta EL, \quad \Delta R = \gamma EF$$

此三個係數之倒數 $1/\alpha$，$1/\beta$ 及 $1/\gamma$，可視為三個市場重建均衡所需時間的長短。顯然 α 之值比 β 及 γ 小得多。 在浮動匯率制度下 γ 之值甚大。如果 $\gamma \to \infty$，則 $1/\gamma \to 0$，這表示匯率完全自由升降，外匯市場似乎恆處於均衡狀態 $EF \doteq 0$。 接下去我們討論三個內生變數趨近均衡值的變化歷程，以及當三個市場建立均衡後此類均衡點之安定性質。我們將採用兩種不同的假定來處理此兩類問題。

〔貸款市場恆處均衡之假定〕

假定 β 之值接近無限大，貸款市場之過剩需求必恆等於零，利用方程式 $EL(i, P, M) = 0$ 可解出均衡利率 i_e，唯 i_e 係隨 P 及 M 之值而變，故 $i_e = i_e(P, M)$。 以此種解值代入外匯市場及商品市場之均衡條件，可得下列一組聯立方程式:

$$EF(i_e(P, M), P, R) = 0 \qquad (11\text{-}32)$$
$$EG(i_e(P, M), P, R) = 0$$

外國利率視為已知，且固定不變，故可省略。在貨幣供給亦為已知之條件下，此兩方程式恰好足夠同時決定兩個變數之解值 $\overline{R}$ 及 $\overline{P}$。

圖11-22為貸款市場決定均衡利率之情況。$EL = 0$ 則

$$I(i) - S(i) + K(i) = \lambda \left(\frac{M}{P} - L(i) \right) \qquad (11\text{-}33)$$

E點決定貸款供求達到平衡時之資金交易 $\overline{Q_F}$ 及均衡利率 i_e。 當貨幣存量為固定時，物價愈高則貨幣市場之實值資金愈少，圖中 $\lambda \left(\frac{M}{P} - L(i) \right)$ 曲線位置愈高，$I - S + K$ 所代表之資金需求不變。 因此，均衡利率係隨物價之上漲而升高。

物價與匯率之變化可由下列一組方程式反映。 在充分均衡狀態

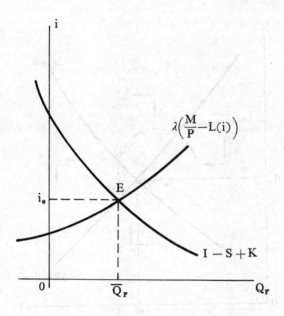

圖11-15　貸款市場

$\Delta P = 0$，$\Delta R = 0$ 兩項條件同時滿足，在 P 與 R 兩軸上 $\Delta P = 0$ 曲線為向上傾斜形狀，因為物價上升所形成利率上漲之緊縮性影響，須賴匯率升高之擴張性影響抵銷，才能維持商品市場的供求平衡。

$$\Delta P = \alpha EG = \alpha [I(i_e(P, M)) - S(i_e(P, M)) + T(R, P)]$$

$$\Delta R = \gamma EF = \gamma [K(i_e(P, M)) - T(R, P)] \tag{11-34}$$

微分第一式：$\dfrac{\partial I}{\partial i_e} \dfrac{\partial i_e}{\partial P} dP - \dfrac{\partial S}{\partial i_e} \dfrac{\partial i_e}{\partial P} dP + \dfrac{\partial T}{\partial P} dP + \dfrac{\partial T}{\partial R} dR = 0$

$$dP \left[\dfrac{\partial I}{\partial i_e} \dfrac{\partial i_e}{\partial P} - \dfrac{\partial S}{\partial i_e} \dfrac{\partial i_e}{\partial P} + \dfrac{\partial T}{\partial P} \right] = - \dfrac{\partial T}{\partial R} dR$$

$$\left. \dfrac{dR}{dP} \right|_{\Delta P = 0} = \dfrac{Ii_e i_{eP} - Si_e i_{eP} + T_P}{-T_R} > 0 \tag{11-35}$$

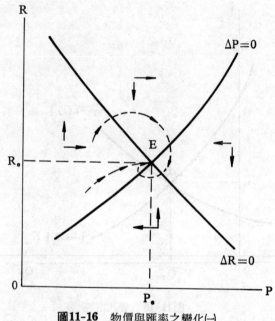

圖11-16 物價與匯率之變化㈠

上式右端分子三項全爲負值，分母$-\frac{\partial T}{\partial R}=-T_R<0$，故可斷言 $\Delta P=$

0 曲線之傾斜爲正。

$\Delta R=0$ 曲線之斜率可爲正亦可爲負。就外匯市場均衡條件方程式

微分之：

$$\frac{\partial K}{\partial i_e}\ \frac{\partial i_e}{\partial P}dP-\frac{\partial T}{\partial R}dR-\frac{\partial T}{\partial P}dP=0$$

$$\left(\frac{\partial K}{\partial i_e}\ \frac{\partial i_e}{\partial P}-\frac{\partial T}{\partial P}\right)dP=\frac{\partial T}{\partial R}dR$$

$$\frac{dR}{dP}\bigg|_{\Delta R=0}=\frac{\dfrac{\partial K}{\partial i_e}\ \dfrac{\partial i_e}{\partial P}-\dfrac{\partial T}{\partial P}}{\dfrac{\partial T}{\partial R}}=\frac{K_{ie}i_{eP}-T_P}{T_R}\gtrless 0 \qquad (11\text{-}36)$$

上式分母必為正值,分子第一項為負,第二項為正,故難以斷言 $\dfrac{dR}{dP}\Big|_{\Delta R=0}$

之正負號。唯在資本流出對利率變化極敏感而出超不太受物價影響之普

通情況下 $\dfrac{dR}{dP}\Big|_{\Delta R}$ 必為負號。圖 11-16 中之 $\Delta R=0$ 線即為普通情況,

故此線呈向右下方傾斜。在 $\Delta P=0$ 線右方, 商品市場有過剩供給, 故
物價趨於下跌, 橫方向小箭頭皆指向左方; 在此線左方則有商品過剩需
求, 橫方向小箭頭皆指向右方, 表示物價有上漲之勢。在 $\Delta R=0$ 線右
方, 外匯市場有過剩供給, 促使國幣升值匯率下降, 故縱方向之小箭頭
一律朝下; 在 $\Delta R=0$ 線左方, 外匯市場之過剩需求會使匯率升高, 箭
頭均向上。此二條市場均衡曲線唯一交點為 E 點, 對應之匯率 R_e 為均
衡匯率, 物價水準 P_e 為均衡物價。E 點以外皆有市場機能促成匯率及
（或）物價之調整, 由於小箭頭所顯示之調整方向是圍著 E 點呈一貫的
向 E 點集中, 可知 E 點代表穩定的或安定的均衡點。脫離均衡的擾亂因
素不會導致匯率或物價的暴漲劇跌, 相反的, 經濟具有自動恢復均衡之
傾向。

　　至於 $\Delta R=0$ 曲線呈正傾斜之情況, 又可分兩種可能性討論。第一
種可能性是 $\Delta R=0$ 曲線不及 $\Delta P=0$ 曲線陡斜, 根據上段同樣的推理,
可知此狀況下各小箭頭係包圍著 E' 點, E' 點顯然為安定均衡點, 凡
離開 P_e 及 R_e 之物價與匯率皆不能持久, 市場機能會迅速使物價恢
復為 P_e, 匯率恢復為 R_e。此為圖 11-17 之情況。第二種可能性是兩
線皆呈正斜率, 但 $\Delta R=0$ 更為陡峭, $\Delta P=0$ 更為平坦（即圖 11-18 之
情況）。此時均衡點 E'' 不再呈現穩定性, 在 II 及 IV 兩個失衡區域內,
匯率及物價有背離均衡值發散之勢, 在 II 區內 R 及 P 會不斷減低, 而在
IV 區內 R 及 P 將不斷增高。此種不安性性質係源自外匯市場均衡線 ΔR
$=0$ 相對 $\Delta P=0$ 線太陡斜, 亦即物價水準變化對商品市場影響強勁而貿

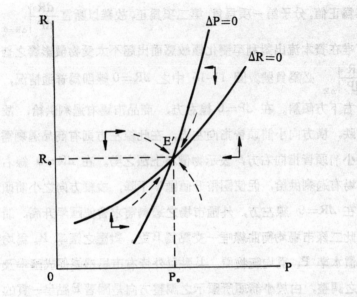

圖11-17 物價與匯率之變化㈡

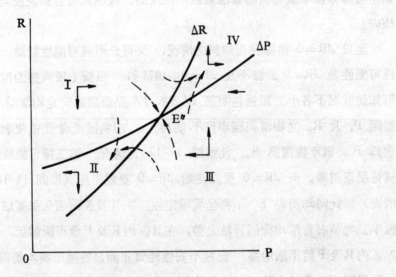

圖11-18 物價與匯率之變化㈢

易賬受匯率影響相對微弱，物價上漲對利率的相對影響力則不強，而且資本流動對利率反應輕微，此種特殊狀況下才可能出現不安定性。

〔貸款市場及外匯市場恆處均衡之假定〕

其次我們假定商品市場之均衡建立過程甚爲滯緩，貸款市場及外匯市場皆因價格變數調整迅速而經常處於均衡狀態。由 EL＝0 及 EF＝0 之條件可得下面聯立方程式：

$$I(i) - S(i) + K(i) - \lambda\left(\frac{M}{P} - L(i)\right) = 0$$

$$K(i) - T(R, P) = 0 \tag{11-37}$$

國外價格及利率仍假定爲已知外定變數，故未列入。在貨幣供給及本國物價水準均假定爲已知之條件下，由此兩式卽能解出均衡匯率及利率。

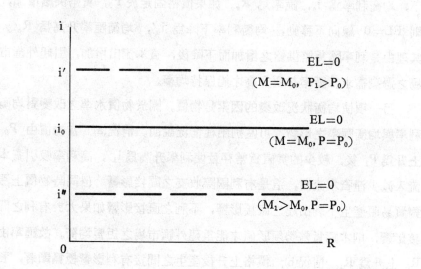

圖11-19　貸款市場均衡狀態

　　第一式在利率及匯率作縱橫兩軸之圖中，顯然是一條平行於橫軸之直線，匯率之變化毫不影響貸款市場。如果均衡利率為 i_0，此水平線 $EL=0$ 會隨物價之升高而向上移動（貨幣供給M視為固定）。或在物價為固定時，此線依貨幣供給之增加而向下移動。均衡利率亦改變為 i' 及 i''。

　　第二式描述外匯市場均衡，其圖示為向下傾斜之曲線。由 $T(R, P)=K(i)$ 之關係，當利率 i 升高後淨資本流出減少，國幣出現過剩需求，外匯有過剩供給，為了維持外匯市場的均衡，必須讓匯率下降國幣升值。因此，在 P 為已知定值之假定下，$EF=0$ 曲線為負斜率。物價如果由 P_0 上升為 P_1，匯率須上升才能維持外銷競爭力，故 $EF=0$ 曲線向右方移動。

　　$EF=0$ 曲線與 $EL=0$ 線相交於E點，表示在已知之M及 P 數值下，均衡利率為 i_e，匯率為 R_e。如果價格固定於 P_0，貨幣供給增加，則 $EL=0$ 線向下移動，均衡利率下降為 i_e'，均衡匯率升高為 R_e'。其理由是利率隨貨幣供給之增加而下降後，資本流出增加，引起外匯市場之過剩需求，匯率必須升高才能保持均衡。

　　另一項使均衡狀況改變的因素是物價。關於物價水準之改變對均衡利率與均衡匯率之影響，可區別兩種情況說明。情況(a)：當物價由 P_0 上升為 P_1 後，較少的實值貨幣存量使利率升高為 i_1，高利率吸引資本流入減少淨資本流出，這是有利國際收支之間接影響。但同時物價上漲對貿易賬產生不利出超之直接影響，不利之直接影響如果大於有利之間接影響，則本國貨幣勢須貶值才能重建外匯市場之短暫均衡。故匯率由 R_0 上升為 R_1。情況(b)：價格上升後產生之間接有利影響極為顯著，資本淨流出大量減少，高物價對貿易賬之直接不利影響被資本賬之反應抵銷有餘。在此情況外匯市場將出現過剩供給，因此，國幣升值，R 下降為

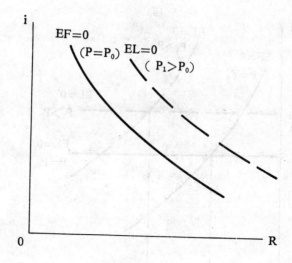

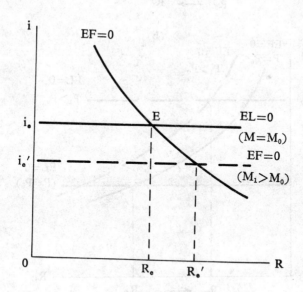

圖 11-20　均衡匯率與利率

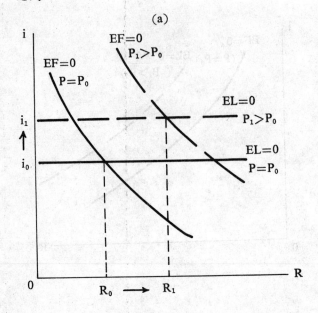

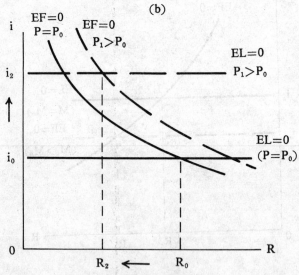

圖11-21 物價改變的影響

R_2 乃是外匯市場重建均衡所需之調整。

歸納以上的討論，均衡利率及均衡匯率乃物價及貨幣供給二變數之函數，其變化方向有如下式所示：

$$i_e = i(P, M); \quad \frac{\partial i}{\partial P} > 0 \quad \frac{\partial i}{\partial M} < 0$$

$$R_e = R(P, M); \quad \frac{\partial R}{\partial P} \gtreqless 0 \quad \frac{\partial R}{\partial M} > 0 \tag{11-38}$$

全面均衡狀態不僅二率處於均衡，物價水準亦須保持不變。物價上漲率反映商品的過剩需求，故代入均衡利率及匯率之函數於商品過剩需求定義方程式後，我們得到以下之通貨膨脹方程式：

$$\frac{\Delta P}{P} = \theta\{I[i(P, M)] - S[i(P, M)] + T(R(P, M), P)\} \tag{11-39}$$

由於有貸款市場及外匯市場恆處於均衡狀態之假定，$EL = 0$，$EF = 0$，這又表示：

$$I[i(P, M)] - S[i(P, M)] + K[i(P, M)] \equiv \lambda\left\{\frac{M}{P} - L[i(P, M)]\right\}$$

$$T(R(P, M), P) \equiv K[i(P, M)]$$

代回通貨膨脹方程式，即得

$$\frac{\Delta P}{P} = \theta\lambda\left\{\frac{M}{P} - L[i(P, M)]\right\} \tag{11-40}$$

上式表示物價上漲率乃決定於貨幣過剩供給，也就是傳統貨幣數量學說之結論。當 $\frac{M}{P} = L(i)$，則 $I(i) - S(i) + K(i) = 0$，並且物價上漲率等於

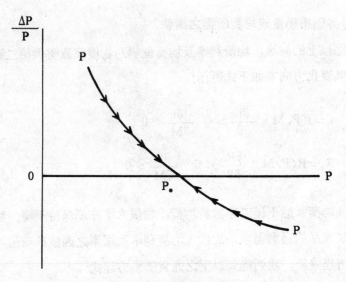

圖11-22 物價趨近均衡值

零。此即全面均衡的第三個條件: 商品市場也達到長期均衡。

　　當貨幣數量爲一定時，影響物價變化率之唯一因素爲物價水準，此方程式表現在圖11-22上爲 PP 曲線，其與橫軸相交處即決定了均衡物價水準 P_e，在 P_e 左方 PP 線段在橫軸上方，物價上漲率爲正值，令物價水準繼續上升，但上漲率則愈來愈小。在 P_e 右方，PP 線段位於橫軸下方，物價上漲率爲負值，故物價水準將下跌以趨近於 P_e，P_e 爲安定均衡物價水準。由全面均衡關係，在物價水準決定後 $P=P_e$，我們再利用利率及匯率函數式來決定均衡利率及均衡匯率。

　　上文顯示貨幣數量是決定物價之關鍵變數。事實上由比較靜態分析法，我們可看出貨幣數量之改變必引起物價水準亦作等比例改變，才能恢復均衡。利率最初下降，但旋即恢復到原來水準，匯率亦依貨幣及物價水準之變化比例改變。例如貨幣數量由 M_0 增加一倍爲 $2M_0$，則各

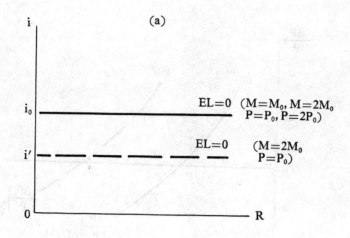

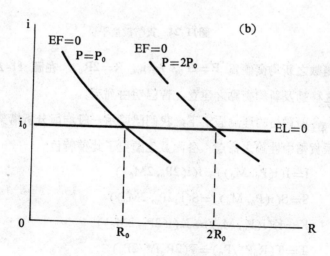

圖11-23　貨幣數量學說

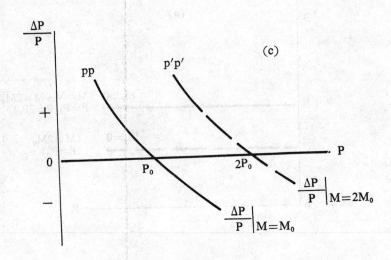

圖11-24 貨幣數量學說

價格變數之新均衡值爲 $P=2P_0$, $i=i_0$, $R=2R_0$。 在圖 11-24 上有關曲線之移動及新均衡點之建立，皆已明白列示。

在各項嚴格的理論假定下，我們已運用一般均衡分析構架建立了古典學派貨幣中性論之命題。各函數也顯現了此種特色:

$$I=I(i(P_0, M_0))=I(i(2P_0, 2M_0))$$
$$S=S(i(P_0, M_0))=S(i(2P_0, 2M_0))$$
$$K=K(i(P_0, M_0))=K(i(2P_0, 2M_0)) \tag{11-41}$$
$$T=T(R_0P^*/P_0)=T(2R_0P^*/2P_0)$$

此表示貨幣數量之改變經過短期的經濟調整過程，只會讓各項名義價格成等比例變化，不能影響經濟體系內的實值變數，舉凡就業、生產、投資、儲蓄、貿易及國際資本流動皆將恢復到原初貨幣數量改變前之水準。

在此種充分就業之長期均衡狀態，貨幣之功用彷彿如面紗，對經濟社會之本來面目不發生影響作用。本書在第十三章第九節對經濟政策之長期效果作進一步討論時還有申論。

本章參考文獻

1. Krueger A. O. (1983), *Exchange-Rate Determination.*

2. Dernburg T. F. (1989), *Global Macroeconomics*, ch. 11 and Appendix to Ch. 11.

3. Branson, W. H. (1977) "Asset Markets and Relative Prices in Exchange-Rate Determination," *Sozialwissenschaftliche Annalon.*

4. Branson W. H. (1979) 'Exchange rate dynamics and Monetary Policy', in Lindbeck A. (ed.) *Inflation and Unemployment in Open Economics.*

5. Hallwood P. and MacDonald R. (1988), *International Money: Theory Evidence and Institutions*, 7.

6. Rivera-Batiz F. L. and Rivera-Batiz L, (1985), *International Finance and Open Economy Macroeconomics*, Ch. 9.

7. Dornbusch R. (1980), *Open Economy Macroeconomics*, Ch. 11.

8. Dornbusch R. (1976), "Expectations and Exchange Rate Dynamics." *Journal of Political Economy*, 84.

9. Hadjimichalakis M. G. (1982), *Modern Macroeconomics*, Ch. 15.

10. Frankel, J. A. (1983), 'Monetary and Portfolio Balance Models of Exchange Rate Determination' in Bhandari J. and Putnam B (eds), *Economic Interdependence and Flexible Exchange Rates*.

第十二章　開放經濟的總體經濟政策（上）

CH. 12 MACROECONOMIC POLICIES IN AN OPEN ECONOMY I

　　國際金融歷史方面的囘顧主要是想對當前的制度與環境有更深刻的認識；國際金融理論方面的探討主要是想對開放經濟的經濟政策提供學術根據。一個開放的經濟社會與他國交易往來，必然會產生各種困難問題。經濟政策的擬訂就是要爲這些問題尋求適當的解決辦法，改善當前的經濟狀況以增進全民福祉。沒有正確的理論作基礎的任何政策措施，都祇能算盲目試探，非但不能有助於問題之解決，而且可能禍國殃民，成爲代價極高減損國民福利的危險措施。

　　在歷史囘顧與理論探討的各章之後，本書將以第十一及十二兩章討論開放經濟的總體經濟政策。當然，經濟政策依經濟制度不同而有極大差別。社會主義計劃經濟的經濟政策，極少依靠市場機能，民間部門經濟活動受政府控制，不適用於我們自由企業混合型資本主義制度。我們討論的是現行制度下總體經濟政策。

　　第一節爲經濟政策原理簡介。第二節討論現代國家如何利用政策工具以達成內部平衡與對外平衡的雙重目標。第三節討論二國模型政策工具之協調。第四節闡述利率與資本流動問題。第五節討論固定匯率制度

下財政政策與貨幣政策功效之比較。第六節比較浮動匯率制度下財政政策與貨幣政策功效。第七節介紹資產組成平衡模型的總體經濟政策。第八節探討理性預期學說與長期均衡。因討論主題較長，特分上下兩章陳述。一至四節屬於第十二章；五至九節屬於第十三章。

第一節　經濟政策原理簡介

§1. An Introduction to the Theory of Economic Policy

　　經濟政策原理討論的主題是政府經濟政策的擬定單位如何設定政策目標以及如何使用工具以達成目標。所有政策都是要謀求經濟現狀的改善，倘若現狀已到達盡善盡美，則不需要任何政策。政策決定者首先要認定一些追求的目標，以作爲與現狀比較之標準。現狀愈是接近目標，愈表示經濟狀況的優良及大眾福利的增加；距離目標愈遙遠，愈需要努力以赴。

　　決策者首先希望知道的什麼因素決定經濟現狀？稍加思考卽可知道現狀是由三類因素決定：㈠所承襲經濟社會的過去狀況，㈡非經濟決策所能影響的客觀環境；㈢過去政府及民間部門所爲之經濟決策。至於過去的經濟狀況，又是由前面一期同樣的三類因素所決定。民間部門所爲的決策總是以追求私人利潤與效用爲標的，也就是以私人福利爲動基加上私人對未來的預期，形成了民間部門的經濟行爲。政府的經濟決策則以大眾福利爲動基，在客觀環境的限制下，考慮了民間部門的決策對經濟狀況之影響，而後參入，共同形成經濟現狀。政府控制了各式政策工具，可用以修改或調整民間經濟行爲，並加入本身的行爲向既定之目標去改善經濟現狀。

　　政府經濟決策、民間決策、客觀環境、政策目標與經濟狀況之關係，可借下面的圖形表達。粗箭頭代表影響方向虛線代表投入之參考性因素。經濟政策原理討論之重心，卽在於下面以政府決策爲中心之各項

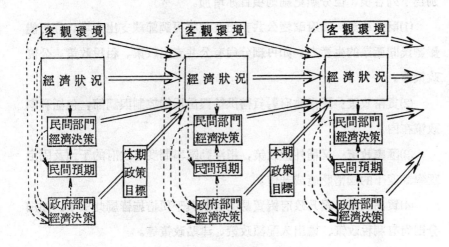

圖12-1 經濟狀況與經濟政策

投入因素及影響方向。

經濟政策有六項主要目標，也代表理想社會經濟狀態的六面，公認是現代政府應積極追求以增進國民福祉之鵠的。列示如下：(1)勞動者的充分就業，(2)穩定的物價水準，(3)快速的經濟成長，(4)均衡的國際收支，(5)所得與財富更公平的分配，(6)更有效率的運用資源。這些目標除最後兩項外，皆可用明確的數量表示。勞動市場的失業率及商品市場的物價指數反映出第一二兩項目標達成之程度；匯率變化或國外資產之增減可反映國際收支是否均衡；平均每人真實所得的增加率代表一國之經濟成長及生活水準之改善。所得之分配雖有吉尼係數（Gini Coefficient）作為測定指標，財富（包含人力資源）之分配則較難以數字表示。至於資源之有效運用此一目標，常涉及社會性成本與利益之抽象概念，更不易具體測定。

現代政府施行經濟政策莫不具備政策工具。如就工具分類，則可大

別爲下列各項，但分類更細則項目亦增加。

⑴**財政政策**：政府改變公共支出及稅收可調節總支出水準，亦可能影響民間產業的生產力。如再細分尚有公共支出政策、租稅政策、公債政策等。

⑵**貨幣政策**：泛指政府對貨幣供給與信用的控制與調節，包括利率政策在內。

⑶**匯率政策**：又稱外匯政策，指浮動匯率制度下政府的干預及固定匯率制度下的國幣貶值或升值。

⑷**貿易政策**：舉凡政府對貿易的管制與干預措施皆屬此項下。如細分則尚有關稅政策、輸出入配額政策、津貼政策等。

⑸**投資政策**：政府對內對外的投資的獎勵措施，對外人投資的限制或國際資金流動的管制，均屬此類。

⑹**市場競爭政策**：爲防患壟斷以維持公平競爭，確保消費者利益及有秩序之產銷制度，先進國家政府常有此類政策。

⑺**工資與限價政策**：又稱所得政策。爲抑制工資與物價盤旋上升形成的成本性通貨膨脹，不少先進國家曾以凍結工資及對重要物資限價作爲政策工具。

⑻**環境保護政策**：爲維護生態平衡及防止空氣與水流污染，先進國家多有環境保護政策，縱然此類政策有減低經濟成長率甚至增加失業的後果，但爲了國民之長遠利益，仍有其存在之必要性。

⑼**能源政策**：爲促進能源之經濟有效利用，能源供給不足的國家常制定此類政策，其施行亦常導致政府對民間經濟行爲更大的干預。

政策目標與工具應如何配屬方能達成目標，這是經濟政策原理的主題。在一九五〇年代初期，廷伯根 (Jan Tinbergen) 與米德 (James Meade) 這兩位經濟學大師獨自發展出一套類似的理論，在這方面有

不朽的貢獻， 兩位學者先後榮獲諾貝爾經濟學獎。 他們的理論探討途徑，便是現代被許多國家擬定經濟計劃時廣爲採用的固定目標途徑。稍晚另一位學者亨雷·泰爾 (Henri Theil) 又獨創社會偏好函數途徑，從不同角度討論經濟政策之制定，以補救固定目標途徑之缺陷。二者各有千秋，亦各有若干限制，特於本節介紹。

㈠固定目標途徑 (fixed target approach)：

決策者首須認定若干經濟變數爲政策目標及政策工具，皆係能以數量表示者，例如失業率、通貨膨脹率爲目標變數，所得稅率及貨幣供給額增加率則係工具變數。然後建立包括目標變數、政策工具及非政策其他因素在內的經濟模型。非政策其他因素包括前述之客觀環境；可視爲由體系外決定之外生變數 (exogenous variable)。假定 y_1, y_2, ……y_n 代表政策目標變數，x_1, x_2, ……x_n 代表工具變數，d_1, d_2……d_m 代表其他外生變數。利用經濟計量學，可以估計出各種工具變數及外生變數對於各個目標變數之影響。假定其間的關係是直線型，則可估計出下面的一組聯立方程式體系，方程式之左邊全是倚變數，右邊全是由工具變數及其他外生變數構成之自變數。

$$\left.\begin{array}{l} y_1=a_{11}x_1+a_{12}x_2+\cdots+a_{1n}x_n+b_{11}d_1+b_{12}d_2+\cdots+b_{1m}d_m \\ y_2=a_{12}x_1+a_{22}x_2+\cdots+a_{2n}x_n+b_{21}d_1+b_{22}d_2+\cdots+b_{2m}d_m \\ \vdots \qquad \vdots \qquad \vdots \qquad \qquad \vdots \qquad \vdots \qquad \vdots \qquad \qquad \vdots \\ y_n=a_{n1}x_1+a_{n2}x_2+\cdots+a_{nn}x_n+b_{n1}d_1+b_{n2}d_2+\cdots+b_{nm}d_m \end{array}\right\} \quad (12\text{-}1)$$

此一形式之聯立方程式稱爲約簡式 (reduced form)。如果用距陣符號表示，則爲

$$y=Ax+Bd \qquad\qquad (12\text{-}2)$$

y 代表有 n 元素之向量，A 爲 $n\times n$ 階的正方距陣， x 爲另一 n 元素之

向量，B爲一n×m階距陣，d爲m元素之向量。A距陣之元素皆方程式中 a_{ij} 形式之係數。$\dfrac{\partial y_i}{\partial x_j}=a_{ij}$ 代表第 j 項工具變數對第 i 項政策變數之影響。如果某項工具變數對此政策毫無影響，則 $a_{ij}=0$ 。B距陣係由 b_{ij} 形式之係數組成，這些係數代表各種外生變數及環境改變對政策目標之影響。 顯然， 我們最感興趣的是某種工具對某項目標的功效，也就是由係數 a_{ij} 所代表。a_{ij} 之值愈大， 表示功效也愈大。聯立方程式組乃是利用過去的統計資料靠經濟計量學方法估計得來， 每一項係數尚附有標準誤或 t 值，以顯示估計之係數在統計學上的可信賴程度。

如果決策者能事先選定政策變數之目標值，以 y^* 代表目標向量，例如認定失業率爲百分之四，通貨膨脹率爲百分之七，經濟成長率爲百分之五乃本年希望達成之經濟政策目標， 則 $y^*_1=4\%$， $y^*_2=7\%$，$y^*_3=5\%$，目標向量 y^* 可寫成〔4％， 7％， 5％〕。倘若政策工具包括政府公共支出以 x_1 代表，貨幣供給擴張率以 x_2 代表，及匯率政策以 x_3 代表，則經濟計量學產生之估計結果(3)可被用來解答下面的問題：爲了達成 $y^*=(4\%，7\%，5\%)$ 之目標，政府支出 x_1 貨幣供給增加率 x_2 及外匯匯率 x_3 必須定在何種數值上。換言之，政府的決策部門可據以調整或控制各項政策工具，來達成預定的目標。解聯立方程式 (12-4) 即可得 $x_1x_2x_3$ 之解值。

$$\left.\begin{aligned}
y_1 &= a_{11}x_1 + a_{12}x_2 + a_{13}x_3 + b_{11}d_1 + b_{12}d_2 \\
y_2 &= a_{21}x_1 + a_{22}x_2 + a_{23}x_3 + b_{21}d_1 + b_{22}d_2 \\
y_3 &= a_{31}x_1 + a_{32}x_2 + a_{33}x_3 + b_{31}d_1 + b_{33}d_3
\end{aligned}\right\} \quad (12\text{-}3)$$

$$\left.\begin{aligned}
4\% &= a_{11}x_1 + a_{12}x_2 + a_{13}x_3 + b_{11}d_1 + b_{12}d_2 \\
7\% &= a_{21}x_1 + a_{22}x_2 + a_{23}x_3 + b_{21}d_1 + b_{22}d_2 \\
5\% &= a_{31}x_1 + a_{32}x_2 + a_{33}x_3 + b_{31}d_1 + b_{32}d_3
\end{aligned}\right\} \quad (12\text{-}4)$$

以距陣形式表示，聯立方程式及其解值之形式分別如下：

$$v^* = Ax + Bd$$

$$x = A^{-1}y^* - A^{-1}Bd \qquad (12\text{-}5)$$

A^{-1} 爲原係數 a_1，構成距陣之逆距陣。通常簡單的聯立方程式體係，均可用柯拉抹規則 (Cramer's Rule) 解之，但變數眾多的大型模式，則需用電算機求解。

在此應加注意者，方程式數目與變數數目必須一致才可能有獨一解值。如方程式數目少於變數目則不可能求解。倘若政策目標數目超過工具數目，當然不可能達到所有目標。反之，如工具數目超過目標數目，則解值可能不止一套。例如，假設政府只有變更公共支出這一種政策工具，則不能保證內部穩定與國際收支均衡之雙重目標能夠同時達成。但是，如果政府只有充分就業之唯一目標，而可供利用的政策工具有改變公共支出及調節貨幣供給額這兩種措施，則財政政策與貨幣政策這兩工具可能有數不清的組合方式，皆能滿足充分就業的要求。目標數目與工具數目必須一致；是謂廷伯根規則一。

此外，還有兩項規則。卽所有政策工具皆獨立變數，彼此之間不能有相依共存性質。違反此一規則的兩種工具，祇能被認定爲一種工具。又任何兩種工具不允許對所有目標變數產生完全相同或極爲類似的影響。否則也祇能被認爲是一種工具，這是廷伯根規則二。此一規則在數學上的含義便是：任何兩個方程式之間不能有線性依存關係。又如在兩變數之聯立方程式體系，如果代表各方程式的兩直線呈平行線，則兩線永不相交，因此不可能求得解值。廷伯根規則三是說解值必須符合經濟常理，也就是必須滿足若干限制條件，例如，價格變數不允許有負值存在。

　　以固定目標途徑制定經濟政策，須著眼於全盤效果。光看某一項工具之單獨效果，往往呈現過或不及現象。譬如在利用貨幣政策與財政政策兩種工具謀求物價穩定與充分就業之雙重目標之情況下，假定最初社會通貨膨脹率為12%而失業率為10%，由圖中A點代表。設緊縮性貨幣政策對降低通貨膨脹率及提高失業率之影響如M箭頭之向量所示，擴張性財政政策對消除失業與助長通貨膨脹的影響之影響則如F箭頭之向量所示，則為了達到失業率 4 ％及通貨膨脹率 7 ％的目標點T，緊縮性的貨幣政策當施行到 M* 程度，其單獨效果顯然是失業率超過11%而通貨膨脹率則降低到 4 ％。擴張性財政政策當推行到 F* 程度，其單獨效果是抬高通貨膨脹率至14%以上，失業率則降低至 3 ％以下。祇看兩種工具單獨影響，顯然各有過與不及之弊。但是，二者合併施行的綜合結果，卻是如圖上 AT 向量所顯示之恰到好處。

　　固定目標途徑有幾點缺陷， 是採用為決策方法時必須留意的。 第一，如果政策目標數目與工具數目不一致時，決策者即面臨難以取捨之

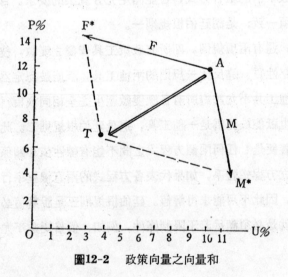

圖12-2　政策向量之向量和

困難。特別是倘若目標過多，則應該捨棄那幾項目標以保留其他目標，此問題不能由固定目標途徑尋求答案。甚至於在兩種目標之間倘可互易，決策者仍不能確知互易之後果究竟利大於弊抑弊大於利。第二，在某些情況下，目標未必能準確達成，於是目標變成一個區域而非一點，於是接著發生的問題是區域應如何定界限，例如，目標失業率應定在3％—6％之間好，抑定在4％至5％之間更好？這種困難亦不易由此途徑克服。第三，推行政策以追求目標時，不祇是政策目標能影響國民的經濟福利，工具本身推行的強弱程度也常與人民福利有關，這種政策工具對國民福利的影響，完全被忽略也是不適當的。

　　針對於以上幾點缺陷，泰爾教授提出了他的社會遍好函數觀念，以作爲研擬經濟政策的另一種途徑。

　　㈡社會偏好函數途徑(Social preference function approach)：假定決策者心目中有一個二次型的社會偏好函數，此函數也可代表國民經濟福利。函數本身由政策目標之理想值與其實際值之差的平方構成，也可包括政策工具之理想值與實際值差距的平方項目在內。每一項皆事先設定一係數，反映出此項目標或工具對經濟福利的重要性。決策者目的是希望找出此二次型函數的最小值，藉以求得最大國民經濟福利。與固定目標途徑相比，此一途徑有下列各項優點：㈠不同目標之間的代替取捨對福利的影響，可由係數註明。㈡當經濟目標變數逐漸向理想值接近時，每接近一次對社會福利增加的影響是愈來愈小的，這點很符合現實情況。㈢政策工具之數目不必等於政策目標之數目亦能求出使國民經濟福利極大化之解值。㈣各項工具對社會福利之影響亦可充分考慮在內。舉例如下：設 P^* 與 P_Δ 分別代表通貨膨脹理想值與實際值，U^* 及 U_Δ 分別代表失業率之理想值與實際值，T^* 及 T_Δ 代表政府租稅此項政策工具的理想值與實際值，社會福利水準可由下面的二次式代表：

$$W = -[\alpha(P^* - P_A)^2 + \beta(U^* - U_A)^2 + \gamma(T^* - T_A)^2] \quad (12\text{-}6)$$

式中 α，β 及 γ 分別是附於各目標及工具變數上的參數，α/β 之比率可代表通貨膨脹對失業這兩種目標之間的取捨代替關係。式中目標數目爲二，工具只有一種，但仍可以配合其他函數關係求出令W爲極大值之解值。至於目標變數愈接近理想值其對福利增加之程度愈小，亦可由此式明顯看出。

一般化形式之社會福利函數可設定爲目標變數 y_1, y_2……y_n 及工具變數 x_1, x_2……x_m 之函數；

$$U = U(y_1, y_2 \cdots y_n, x_1 x_2 \cdots x_m) \quad (12\text{-}7)$$

各工具變數對目標之影響，則可由包含其他外生變數 z_1, z_2 等在內的函數式表示：

$$y_1 = f_1(x_1, x_2, \cdots x_m, z_1, z_2 \cdots z_k)$$
$$y_2 = f_2(x_1, x_2, \cdots x_m, z_1, z_2 \cdots z_k) \quad (12\text{-}8)$$
$$\vdots$$
$$y_n = f_n(x_1, x_2, \cdots x_m, z_1, z_2 \cdots z_k)$$

決策者目的是求U之極大值，對U函數偏微分，令偏微分之結果等於零，可解出各工具變數之最利解 x^*_1, x^*_2,……x^*_m：

$$\partial U/\partial x_i \equiv -\frac{\partial U}{\partial y_j} \cdot \frac{\partial y_j}{\partial x_i} \qquad i = 1, 2, \cdots m \quad (12\text{-}9)$$

社會偏好函數途徑也有數點限制值得批評。第一，此種程序制定的政策必定涉及決策者個人的主觀好惡。例如二次式函數中附於各項目標之參數 α，β 等全由決策者主觀設定，很難達到公允客觀的程度。第

二，由於二次式函數係對稱形式，則低於理想失業率一個百分點的實際失業率與高出理想失業率一個百分點的實際失業率，對社會福利的影響被視爲完全相同。這當然不合經濟社會的現實情況，較低的失業率總是比較的高失業率更能增加人民福祉。儘管如此，泰爾的社會偏好函數途徑亦曾被荷蘭等國經濟設計單位採用，作爲研擬政策之重要參考。

　　經濟政策之施行常因下述三種因素得不到預期的功效。第一是政策效果之滯後出現：經濟行爲常由於各類擾亂因素影響而出現不規則的起伏波動。經濟政策目標之一是謀求總需求水準之穩定。然而各項擾亂因素形成之原因不同，其性質也有差別，決策者必須研判擾亂因素之成因與性質，採取適當對策。倘若擾亂因素只是短暫現象，則最佳對策是靜等因素自行消失，不必蓄意採取抗拒或抵償措施。倘若擾亂因素非短暫現象，政府則應採行若干緊縮性或擴張性的財政或金融措施，以抵消其對經濟活動之不良影響而謀求穩定。然而，由政策之擬定到施行，及由施行到產生效果，其間都會經過一段時差。此種時差甚難事先估計。通常稱前者爲內部時差，後者爲外界時差。內部時差又可再細分爲認識時差與行動時差。想要縮短內部時差，有賴於正確而迅速的經濟預測。有好的預測可使決策者事先採取行動，在此情況等於認識時差變爲負值，當然內部時差大爲減少。倘若經濟體系內存有若干自動穩定器，則其內部時差縮短爲零。例如失業救濟金制度就是自動穩定器，經濟蕭條時失業支付自動增加，有助於防止蕭條惡化；經濟繁榮時失業人口減少，此項支付亦自動縮減，有助於抑制通貨膨脹。此外高度累進性質的個人所得稅亦具備自動穩定器之功能。至於外界時差是指由政策施行時起到產生功效爲止所需經過的時間。此種時差最難估計。一般言之，貨幣政策的外界時差比財政政策更長久。時差之不易測定往往是使政策措施發揮不出良好功效的重要原因。例如經濟衰退時政府急急採用的降低利率鼓勵

投資措施，很可能要等九個月以後才呈現效果，而那時也許經濟已呈現復甦步上繁榮之途，九個月前推行之低利率政策只是錦上添花，甚至於增加通貨膨脹壓力。

第二種困難是民間部門對政策反應，受預期影響甚大。形成預期的因素有很多。某種經濟變數在過去的實際值，常是人們用來決定其未來預期值的基本要素。但是，也有些經濟變數的預期值與其過去實際值並無關聯。例如預期民間投資水準常常受未來利率的變化及未來租稅政策影響。因此，倘若經濟模型中確有必要列入某些預期之變數值，則此種預期值本身有多大可靠性就常常是個大問題，連帶也使經濟模型的應用價值為之減低。政策功效往往受民間預期心理支配。人們如確信政府反通貨膨脹政策必定成功，則此種心態即增加對幣值信心，減少其搶購物資的動機，自然有助於實際反膨脹政策的功效。反之，倘若人民對政策效果抱懷疑態度，則很可能政策之宣佈反而造成恐懼通貨膨脹更會惡化之反應，削弱反通貨膨脹政策的實際功效。

第三種困難係來自不確定因素。舉凡經濟決定皆面臨各式各樣不確定因素。擾亂因素是短暫性抑長久性卽難以確定；經濟模式是否正確可靠亦難有把握；縱然模式不錯，估計的係數參數是否穩定可靠，也涉及不確定性。因此在現實情況錯綜複雜的經濟社會，決策者面臨變化迅速的環境，的確不易準確的掌握時機，採行最適當的的經濟政策。決策者往往要憑藉其智慧與判斷，參照正確性較高的理論模型，審愼衡量各種時差與預期因素，而後才能在適當時機，按照適當的程度，採取適當的政策。

第二節　內部平衡與對外平衡之達成
§2. The Attainment of Internal and External Balance

　　我們將遵循經濟學大師米德（James Meade）之定義，內部平衡指無通貨膨脹的充分就業狀態；對外平衡為國際收支之平衡。本節先討論沒有資本賬之假定下，內部平衡與對外平衡如何達成。第四節再引入資本流動性對利率的反應因素，考慮在固定匯率制度下，財政政策與貨幣政策當如何配屬在對外平衡與內部平衡的目標上。

　　在圖 12-3 中我們假定一國資本賬固定（或根本不存在），輸出品價值亦不變，此國國產商品總值為 OC，OC 亦代表其國民所得，如按當時國貨對輸入品價格比率計算，OC可換取OD 數量之輸入品。但該國總支出水準OR 超過其國民所得，造成貿易入超。設原先該國對國產

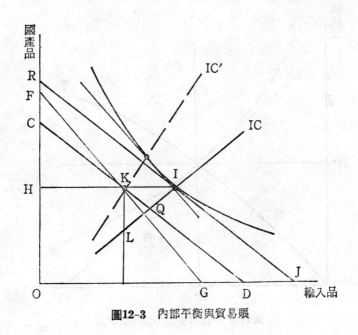

圖12-3　內部平衡與貿易賬

商品之支出及對輸入品的支出由 I 點代表，I 點為無異曲線對總支出線
之切點。設 OH 為維持國內平衡所必須達成之支用額，則該國維持對外
平衡時的輸入額當為 HK，K 點為 CD 與 HI 之交點。如果決策者祇用
減少支出的緊縮政策以建立對外平衡，則支用點將沿所得消費線向下移
動到 L 點。顯然在 L 點對國內產品支出額太低，將使內部呈現失業嚴重
局面。為了達到 K 點的理想支出型態，該國宜同時運用調整匯率之移轉
支出政策配合撙節支出的財政政策兩種工具。譬如支出水準降低到 Q 點
後，再貶值幣值以提高輸入品的相對價格，所得消費線移動到 IC′ 之
位置，支出型態亦跟著改變到 K 點位置。

　　圖12-4中 FG 為通過 K 點的價格線，OT 代表在此一特定價格比率
下的所得消費線。當總支出以國產品表示為 OF 量時，或以輸入品表

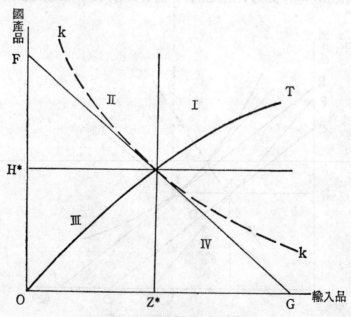

圖12-4　真實支出與價格比率線

示為 OG 量時，該國恰可維持內部平衡與對外平衡。kk 代表無異曲線，也可視為眞實支出水準，如果支出超過此一水準，則有通貨膨脹，低於此水準則有過多的失業勞工。OT 與 kk 兩條曲線將此圖劃分為四個政策區域，在 OT 之右方，代表輸入品相對價格太低，故通貨貶值乃必要措施，在 OT 左方則恰相反，通貨升值可增加輸入。kk 之右方顯然要求緊縮支出的財政政策以建立內部平衡；在 kk 之左方則宜採用擴張性財政政策以減少失業。值得注意者，此兩種政策工具，在某些情況下可能互相支援相輔，但在另外一些情況下則有抵觸目標之時。國產品支出額在 OH* 時為最恰當水準，在 OH* 以上有通貨膨脹壓力，在 OH* 以下則失業率過高。對外平衡的界限則為 OZ*，其左方代表有貿易盈餘，右方則有貿易赤字。在 OH* 以下 OZ* 左方的第Ⅲ象限內，國內失業率甚高而貿易賬有盈餘，此時，宜強調擴張性財政政策，因為它不但可減低失業率，而且有助於建立對外平衡。在第Ⅰ象限內則恰恰相反，通貨膨脹與貿易赤字均要求緊縮性財政政策。可是在第Ⅲ象限及第Ⅰ象限內另一政策工具卻有不良副作用。第Ⅲ象限內如果靠通貨升值以消除貿易盈餘，可能使國內失業更為嚴重；第Ⅰ象限內實施通貨貶值，雖建立對外平衡，卻令通貨膨脹惡化。同理可知，在第Ⅱ象限內當通貨膨脹與貿易盈餘並存時，決策者採用通貨升值政策可收一石二鳥的功效，但如果利用緊縮性財政政策則內部平衡之建立係以對外失衡惡化為代價。第Ⅳ象限內則宜以通貨貶值政策校正貿易失衡，同時有助於紓解國內失業問題。擴張性財政政策雖可減少失業，卻會令貿易赤字增加。

　　利用匯率政策及公共支出政策為工具以建立內部平衡與對外平衡雙重目標之過程，復可藉史萬（Trevor Swan）教授一篇成名的論文補充說明。匯率的調整是改變一國輸出品對外競爭力的手段，也是移轉支

出政策的工具。在此我們已假定外匯市場對匯率調整沒有逆轉反應（卽滿足馬夏爾——婁納條件），並且勞動者允許通貨貶值後眞實工資下降，於是通貨貶值（R代表每元外匯能兌換國幣數目）確實可促進外銷，增加貿易盈餘，同時對國內經濟亦有刺激繁榮功效。爲了維持國內總需求於某一固定水準，當R增加時，公共支出G必須配合減少，故圖 12-5 的一組A曲線向下方傾斜。每一條曲線對應於某一固定的總需求水準。其中只有一條 AA 線正是維持內部平衡所需之R與G組合線。對外平衡所需R與G之組合線則必定呈正斜率。這是因爲當R增加時所創造的貿易盈餘須靠擴增公共支出所引起總需求及輸入之增加抵銷，才能維持一國的對外平衡。也可以說如果公共支出增加，則輸入增加使貿易賬趨向不平衡，爲了校正此種趨勢，匯率上升爲必要措施。設 BB 是維持對外平衡時R與G之組合，則 B″B″ 代表貿易盈餘額爲某固定水準時 G 與

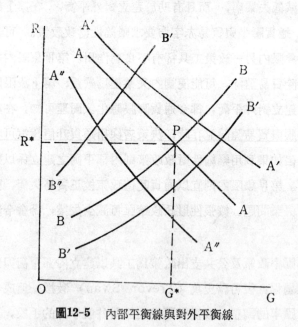

圖12-5 內部平衡線與對外平衡線

R之組合。對外平衡線 BB 與內部平衡線 AA 相交於P點，決定了匯率政策與公共支出政策最佳配合爲 R* 與 G*。

　　AA 與 BB 線將全圖劃分出四個區域，每區都有內部失衡及對外失衡的病態。I區有通貨膨脹壓力及貿易盈餘；II區則失業率偏高及有貿易盈餘；III區內失業率高與貿易赤字是其經濟病態，至於IV區則通貨膨脹與貿易赤字並存。

　　祇憑所觀察的經濟病態並不能保證決策者一定能採取最適當的對策。以I區爲例，倘若原先位於 c 點，則政府公共支出已達最適水準，決策者僅須將通貨升值（R下降）卽可達到共同平衡點P。如果原先位於 b 點，則決策者將通貨升值及減少政府支出的常識性對策是正確的，但是要小心勿將政府支出減少過甚，及通貨升值程度不足。因爲由 b 減少支出到 c 點卽恰到好處，儘管社會上仍有膨脹壓力，不宜繼續縮減支

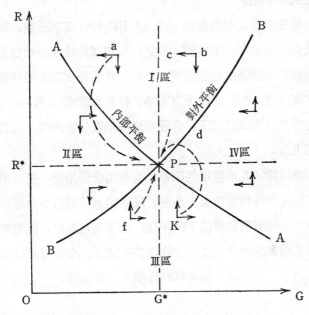

圖12-6　　內部平衡與對外平衡之最佳組合

出。由 b 減少 R 至 d 處似已建立對外平衡,但是距離 R* 之理想水準仍遠,必須將幣值繼續調升。倘原先處於 a 點,匯率之調整固不會出錯,但是政府支出的調整很可能與現實需要的方向相反。

由以上的舉例可知,當經濟病態是 I 區型,則貨幣升值政策對內對外皆屬正確。如病態是 II 區型,那麼增加政府支出的政策有一舉兩得之利;如是 III 區型,則最有把握的對策是通貨貶值,既可減少貿易赤字又有助於紓解失業困難;如果經濟處於第 IV 區,則宜優先採用降低公共支出之政策。但是,依照廷伯根規則可知,通常要兩種政策工具才能達成兩項目標。如圖中各箭頭所示的政策工具調整方向,祇要決策者按經濟病態作正常的反應,終歸有達到雙重平衡境界(P 點)之一日,其調整的時間與過程,也許須跨越區界而顯得較迂迴漫長,例如自 a 點或 K 點出發按常識調整兩種政策工具,可能費時較久才能到達 P 點,自 f 點出發則很快能到達 P 點。

照以上的分析在短期內如果 AA 與 BB 的位置不改變,則最適當的匯率與公共支出水準亦不改變。但是,經濟現象往往變化迅速,會產生促使此兩條曲線改變位置的因素。例如,外國通貨膨脹率升高,可使 BB 向右下方移動,AA 向左下方移動,結果均衡匯率 R* 必定下降。這也表示在浮動匯率制度之下,凡通貨膨脹率較低的國家,其貨幣之對外價值必定上升。

其實一種政策工具不夠用的困難,也可由破壞均衡的擾亂因素及對策看出。假設從內外雙重平衡點出發,擾亂因素分國內商品暢銷引起通貨膨脹,與外國經濟衰退價格下跌兩類。由下表可看出,僅用調整匯率的價格政策或祇靠改變公共支出的政策都不完整,也都可能出現顧此失彼的矛盾狀況。下表中第一欄及第四欄顯示此種困難。

表12-1　內外失衡與政策工具效果

擾 亂 因 素 類 型	祇用價格政策工具		祇用支出政策工具	
	暢銷引起 通貨膨脹	外國衰退導 致產品跌價	暢銷引起 通貨膨脹	外國衰退導 致產品跌價
內部經濟病態	通貨膨脹	通貨緊縮	通貨膨脹	通貨緊縮
對外經濟病態	貿易赤字	貿易赤字	貿易赤字	貿易赤字
校正內部失衡對策：	通貨升值	通貨貶值	緊縮支出	擴增支出
校正外部失衡對策：	通貨貶值	通貨貶值	緊縮支出	緊縮支出
內外對策是否矛盾	是	否	否	是

　　由上文討論可知，一國如果要追求長期對外平衡與內部平衡之目標，匯率之調整仍然是主要政策工具之一。接下去我們要提出另一重要問題：究竟匯率這項政策工具應該配屬到內部平衡的目標或是對外平衡的目標？依照傳統的觀點，假如當局利用調整匯率及改變政府支出這兩項工具去追求內部無通貨膨脹之充分就業與對外國際收支均衡這兩大目標，則宜以匯率政策配屬於對外平衡目標，而以財政政策配屬於內部平衡目標。如圖 12-6 所示，按此種觀點，則政府支出增減方向與匯率調整的方向，當如小箭頭所示，在 a 點雖然減少政府支出以追求內部平衡，結果引起較迂迴的途徑以達成共同平衡點 P，但 P 點終必能夠達成。

　　在一九七四年左右英國劍橋 (Cambridge) 的幾位學者卻提出相反的主張。他們認為如果內部平衡曲線與對外平衡曲線的形狀是正常傾斜相交， 則以財政政策謀求對外平衡而以匯率政策應付內部失衡 （政策工具調整的方向恰與傳統相反） 也同樣可以達到共同平衡點 P 。 他們稱此種反傳統的政策工具配屬 方式為劍橋 學派配屬方式 (Cambridge Assignment)：

　　圖12-7(a)為傳統配屬方式， 在 I 區內經濟病態是通貨膨脹與貿易

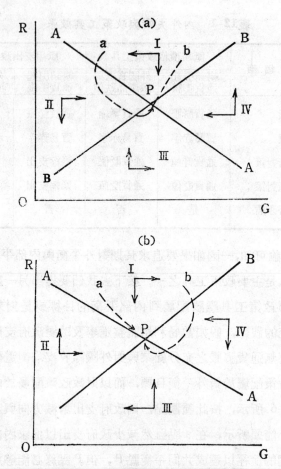

圖12-7 傳統配屬(a)與劍橋配屬(b)

盈餘並存的失衡現象。如果從 b 點出發依照傳統配屬方式,則宜降低政府支出及通貨升值, 直接向 P 點趨近。 但如果是從 a 點出發, 則降低政府支出與通貨升值後果,將使經濟進入 II 區,透過較迂迴的途徑始能達到 P 點。圖 12-7(b) 爲按劍橋派配屬方式調整政策工具。從 a 點出發當增加政府支出以消除貿易盈餘,並以通貨升值政策抑制通貨膨脹。結果直接向 P 點趨近。但是假如原先出發點是 b 點,則劍橋的配置方式也

必須迂迴調整才能達到P點。由此可見，劍橋派與傳統的政策配屬方式
優劣相等難分軒輊。

　　但是劍橋派人士認爲他們的配屬方式較傳統爲優。主要根據的理由
有兩點：(1)他們假定民間部門的支用行爲長期內能讓貿易保持平衡。政
府的計劃預期盈餘或赤字才是造成整個經濟生產額與吞納額之間差距的
主要原因，因此也是貿易賬失衡的主因。(2)匯率的調整與政府支出對於
內部平衡之影響同樣重要。故在政府支出額橫軸上只有一點是使經濟達
到對外平衡的數額，匯率的變化不影響對外平衡。此時對外平衡線變成
一條垂直於橫軸的 B_cB_c 線。在其右方有貿易赤字，左方有貿易盈餘。
AA 線仍然爲內部平衡線。AA 之左下方有過高的失業率，右上方則有
通貨膨脹。

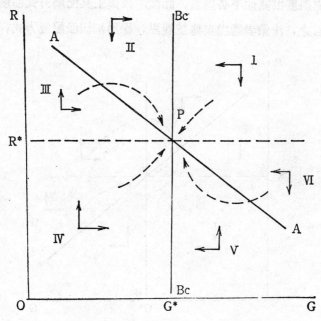

圖12-8　　劍橋派假定下的正確配屬

　　如果探取劍橋學派的配屬方式，以政府支出作爲校正對外失衡的工具，調整匯率作爲維持內部平衡的法寶，則顯然兩種工具的調整方向當如圖 12-8 所示。可注意的是，在六個區域中除了Ⅲ區及Ⅳ區的匯率調整方向不合建立共同點 P 所需之調整外，其他所有的工具變化方向都是朝向 P 點代表的 R*G* 組合接近。因此，可保證很快能建立對外及內部的共同均衡。倘若依照傳統的政策工具配屬方式，仍以政府支出謀求內部平衡，而用匯率追求對外平衡，兩種工具的變化方向將如圖 12-9 所示。顯然，僅有Ⅲ、Ⅳ兩個小區域的政策工具是朝著正確方向調整；其他各區域都有一項工具是朝錯誤方向調整。在此種情況下，欲建立內外共同平衡通常要經歷迂迴緩慢的歷程。只有最初碰巧處於第Ⅲ區或Ⅳ區，方能迅速達到目標。 由此可見， 如果， 劍橋學派的假定成立， 甚至祇要 B_cB_c 線斜度很陡而不必垂直，此派的政策工具配屬方式即優於傳統方式。換言之，決策者應拋棄傳統觀點，採用劍橋派配屬方式，將匯率工

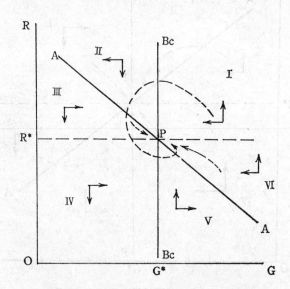

圖12-9　劍橋派假定下的錯誤（傳統）配屬

具配屬於內部平衡之目標，政府支出配屬於對外平衡之目標。

　　但是，新的配屬方法如果施用於兩國經濟，立刻會發生政策工具與兩國政策目標互相衝突之困難。 舉例如下， 假設甲國原已達到內部平衡，乙國發現失業率太高，採用貶值政策以圖增加就業。但乙國的貨幣貶值等於甲國貨幣相對升值，甲國升值後亦將遭遇同樣的困難，如甲國也遵循劍橋學派配屬方式靠貶值以追求內部平衡，結果乙國發現其第一次貶值效果不佳，又會進一步再度貶值。於是演成各國競相貶值，希望將失業困難輸出國外以嫁禍與鄰的現象，勢必導致國際金融的混亂，雙方貿易與投資的減少。除非甲乙兩國剛好是一國有通貨膨脹而另一國有高度失業， 匯率的調整才能讓兩國共同受惠。 在一般情況下， 欲以匯率此一項工具兼顧兩國內部平衡的兩項目標，自然有顧此失彼難以兩全之困難。下一節將詳論兩國模型內外平衡的同時建立。

第三節　二國模型政策工具的協調
§3. Coordination of Policy Instruments in a Two-Country Model

　　遠在一九五一年國際經濟學大師米德卽在其名著國際 收 支 （ Balance of Payments)一書中分析二國模型內外平衡的建立問題。米德假設一國爲貿易盈餘國， 另一國爲赤字國， 兩國皆可利用支出政策或價格政策兩種工具去追求內部平衡與對外平衡。他的支出政策工具卽可用政府公共支出之增減作爲代表，至於價格政策工具或用匯率代表或用工資的普遍調整代表皆可。 爲便於與上節啣接， 我們仍假定當局以通貨升值爲手段來提高本國產品的相對價格，以貶值爲手段來降低本國產品的相對價格。 不論盈餘國或赤字國， 皆可能面臨經濟衰退或通貨膨脹兩類型的內部失衡困難。於是共可區別四種失衡型態：(1)盈餘國經濟衰退赤字國亦衰退；(2)盈餘國經濟衰退但赤字國有通貨膨脹；(3)盈餘國

有通貨膨脹而赤字國經濟衰退; (4)兩國皆面臨通貨膨脹壓力。此四種失衡類型依次排列於下面表 12-2 之前面兩欄。 現在以Ｓ代表盈餘國 （Surplus Country）Ｄ代表赤字國 (Deficit Country)。「＋」號代表增加政府支出，「－」號代表減少公共支出，「↑」號代表通貨升值，「↓」號代表通貨貶值，例如「Ｄ＋」表示赤字國增加公共支出，「Ｓ↓」表示盈餘國貶值。以追求對外平衡爲目標（即減少盈餘及赤字）的政策調整列在第三欄內，追求盈餘國內部平衡爲目標的政策變化列在第四欄內，追求赤字國內部平衡爲目標的政策調整則列在第五欄。每一行及每一欄形成的方格內皆有四種政策。基於對外平衡的需要，盈餘國宜擴增公共支出，赤字國宜緊縮公共支出，故(3)欄可填入「Ｓ＋」及「Ｄ－」；同理盈餘國宜升值而赤字國應貶值之政策則由 「Ｓ↑」 及 「Ｄ↓」 表示。第四欄填入專以追求盈餘國內部平衡爲目標的政策。第一、二兩行對應於盈餘國經濟衰退失業率太高的情況，故就支出政策而言，兩國皆

表12-2　米德對內外平衡政策工具之分析

盈餘國 (1)	赤字國 (2)	政　策　目　標 對 外 平 衡 (3)		盈餘國內部平衡 (4)		赤字國內部平衡 (5)		政策工具評分 (6) 支出政策	匯率政策
經濟衰退	經濟衰退	S+	S↑	S+	S↓	S+	S↑	2	0
		D-	D↓	D+	D↑	D+	D↓	0	1
	通貨膨脹	S+	S↑	S+	S↓	S-	S↓	1	0
		D-	D↓	D+	D↑	D-	D↑	1	0
通貨膨脹	經濟衰退	S+	S↑	S-	S↑	S+	S↑	0	2
		D-	D↓	D+	D↓	D+	D↓	0	2
	通貨膨脹	S+	S↑	S-	S↑	S-	S↓	0	1
		D-	D↓	D-	D↓	D-	D↑	2	0

宜增加政府支出。就匯率政策而言，盈餘國本身應貶值以增加出口，赤字國宜配合讓貨幣升值。第三、四兩行對應於盈餘國通貨膨脹之內部失衡現象，故對策恰好相反。第五欄為追求赤字國內部平衡所需之政策變化。當赤字國經濟衰退時（一、三兩行）兩國皆應增加政府支出，故填入「S＋」「D＋」，又盈餘國之升值及赤字國之貶值有助於紓解其經濟衰退，故填入「S↑」「D↓」。反之，赤字國有通貨膨脹之困難時，則對策恰好相反，故二、四兩行應填入「S－」「D－」「S↓」「D↑」。此表第 6 欄代表對政策工具之評分。凡是某一政策不僅有助於本國對內平衡又有助於對外平衡，並且其實施對鄰國內部平衡亦有利者，給予最高分 2 分。凡是某一政策有助於本國對內平衡亦同時為建立對外平衡所需，但其實施對鄰國內部平衡不利者，給予次高分 1 分。凡某一政策不能兼顧本國內部平衡與對外平衡之目標，而呈現互相抵觸者，給予零分。結果顯示最高分之政策是當世界性經濟不景氣時盈餘國增加政府支出，當世界性通貨膨脹時赤字國縮減政府支出，當盈餘國通貨膨脹而赤字國經濟衰退時，前者通貨升值而後者通貨貶值。這幾種政策工具的運用，皆屬利己利人，非但彼此毫無衝突，而且有一舉三得之利。其次，獲得一分者有全球性不景氣時期赤字國的貶值政策、普遍通貨膨脹時期之盈餘國升值政策及盈餘國經濟衰退赤字國通貨膨脹時期各別採取的支出調整政策。

由此種分析可知，匯率政策的最佳使用時機是盈餘國有通貨膨脹而赤字國有經濟衰退時，盈餘國的升值與赤字國的貶值完全配合，並且對內對外都是最適宜的政策。政府公共支出的調整則最宜在全球性的經濟衰退或通貨膨脹時採用。一九七〇年代中期石油危機導致世界性經濟衰退時，很多經濟學者呼籲西德與日本率先推行擴張性的經濟政策，主要是因為這兩個國家多年維持巨額貿易盈餘的緣故。又在一九七二年西德

的馬克升值與英鎊的貶值，旣有助於遏阻西德之通貨膨脹與英國經濟繼續衰退之作用，又有校正國際收支失衡之功效，誠不失爲正確明智之舉。

　　二國模型內如何藉公共支出及匯率調整以謀求內部平衡及對外平衡之問題，還可以進一步利用圖形及數學說明。本國民間消費及投資支出之和 E 可視爲所得（Y）與匯率（R）之函數，本國貿易盈餘爲本國及外國所得水準 Y、Y* 以及匯率之函數，令 G 及 G* 代表兩國政府支出，則兩國的國民所得均衡條件可寫成：

$$Y = E(Y,R) + T(Y,Y^*,R) + G$$
$$Y^* = E^*(Y^*,R) - T^*(Y,Y^*,R) + G^* \qquad (12\text{-}10)$$

假定本國維持充分就業，$Y = Y_f$ 爲固定水準，則外國政府支出增加後引起外國所得增加之效果，可由無迴響作用之乘數模型得之。s 與 m 分別代表邊際儲蓄傾向與輸入傾向：

$$\frac{\partial Y^*}{\partial G^*} = \frac{1}{s^* + m^*}$$

當外國政府支出增加額爲 ΔG^* 時，外國所得水準之增加額爲 $\Delta G^*/(s^* + m^*)$，其輸入之增加當爲 $m^*\Delta G^*/(s^* + m^*)$，爲了抵銷此種外國輸入增加（卽本國輸出增加）造成的擴張性影響，俾本國仍維持免於通貨膨脹之內部平衡，本國公共支出必須按同額減少，故

$$\Delta G = -\frac{m^* \Delta G^*}{s^* + m^*} \qquad (12\text{-}11)$$

　　由（12-11）可得維持本國內部平衡而變更兩國政府支出額之軌跡 NH，稱之爲本國內部平衡線，其斜率爲 $-m^*/(m^* + s^*)$

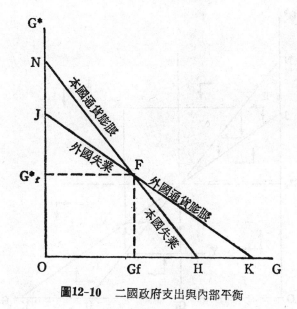

圖12-10　二國政府支出與內部平衡

$$\left.\frac{\Delta G}{\Delta G^*}\right|_{Y=Y_f} = -\frac{m^*}{m^*+s^*}$$

同理，外國內部平衡線 JK 之斜率為$-m/(m+s)$。

$$\left.\frac{\Delta G}{\Delta G^*}\right|_{Y*=Y*_f} = -\frac{m+s}{m}$$

NH 線比 JK 線為陡。NH 與 JK 相交於F點，顯示如果本國及外國政府支出達到 G_f 及 G^*_f 水準，則兩國同時能保持內部平衡。此兩直線把全國劃分出四個區域，區域Ⅰ及Ⅲ面積較大，分別代表普遍通貨膨脹與普遍經濟衰退失業眾多兩種病態，前者要求同時減少兩國政府支出，後者要求同時增加兩國政府支出。然而，由圖12-11 可以看出，政府支出的改變很可能逾越最適當的水準 G_f 及 G^*_f，例如由X點出發，減少政府支出直到接觸到 NH 或 JK 線後，才會改變調整之方向。Ⅱ

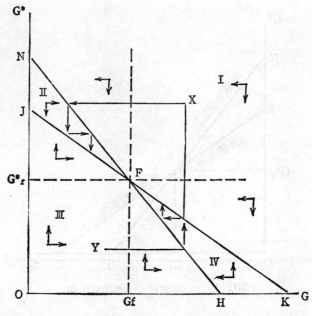

圖12-11　調整二國政府支出以建立內部平衡

Ⅱ區及Ⅳ區顯示的支出調整方向是正確指向 F 點，因此一旦進入此兩區後即可逐步調整 G 及 G*，最後必定達到共同內部平衡點 F。

調整公共支出以求對外平衡的政策可用 MP 直線代表。貿易賬平衡之方程式為 T＝IM*(Y*)−IM(Y)而所得水準又是公共支出之函數，代入後可定義對外平衡的條件為：

$$T(G, G^*) = 0 \tag{12-12}$$

MP 直線的斜率必為正，因為當本國政府支出增加後，本國貿易赤字要靠外國政府支出之增加而導致的貿易盈餘抵銷。在 MP 線之上方，本國有貿易盈餘，故 G 必須增加而 G* 必須減少，始能恢復對外平衡。同理，在此線下方 G 與 G* 之調整方向相反。為避免混淆，基於對外平

衡而作之支出調整以虛線小箭頭代表。將 MP 線引入圖中後，可看出 NH，JK，MP 三線劃分出七個區（除非在極偶然情況 MP 正好通過 F點）。其中祇有在陰影的兩區，政策工具的調整方向同時適合內部平衡與對外平衡的需要。中心 UVF 三角形區內，則二者正好互相衝突。其他四區內至少有一國的公共支出政策無法同時兼顧內部平衡與對外平衡的目標。然而，此種困難仍意料中事，祇靠兩種政策工具本來不足以達成三項政策目標。

　　倘若增加匯率調整之政策工具，則困難可立即解決。本國通貨貶值（外國升值）可以同時使圖中 NH、JK 及 MP 的位置移動。例如貶值後爲了維持本國內部平衡所需的政府支出G及外國政府支出 G* 皆可降低，因爲貶值能增加輸出，對國內有效需求產生正的影響，須有降低政府支出之負影響與之沖銷，始能保持內部平衡。因此，NH 線將向左下方移動，如圖 12-13 中之虛線 N′H′ 位置。本國貶值後，爲了維持

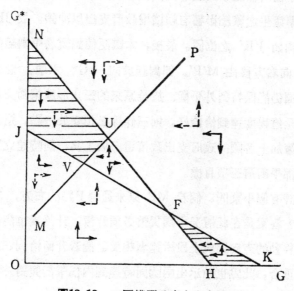

圖12-12　二國模型政府支出之調整

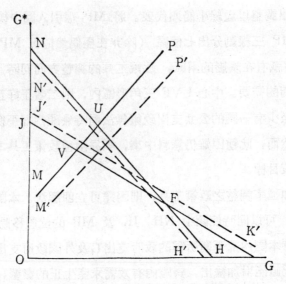

圖12-13　二國模型共同均衡之建立

外國的內部平衡所需之本國政府支出及外國政府支出皆應增加。因爲貶值對外國水準產生之緊縮影響有賴擴增政府支出以沖銷。故 JK 線將向右上方移動到如 J′K′ 之位置。最後，本國貶值對貿易平衡線的影響應該是使 MP 向右方移往 M′P′。即對應於同一 G* 水準，貶值後G值可增加而兩國仍能保持對外平衡。於是原來的三角形政策衝突地區必逐漸縮小。當貶值程度達到恰恰好，則三條線必相交於一點，這表示兩國利用匯率政策加上各國的政府支出政策這三個工具，同時建立了貿易平衡及兩國內部平衡這三項目標。

　　讀者也許有個小疑問。倘若 MP 原來通過F點的右方，我們的結論是否相同？答案是在此情況本國貨幣必須升值，升值後也能使三條直線移動，但移動的方向則與上段所述者相反。倘若升值恰到好處，則三條線在一點重合，此點也顯示出兩國同時達到內部平衡與對外平衡的兩國政府支出水準。

第四節　資本流動與利率影響

§4. Interest Rate and Capital Movement

迄今我們的討論，完全忽略資本賬對國際收支的影響。如果一國資本流入額因利率之升高而增加，則國際收支的平衡可暫時利用貨幣政策與財政政策之適當配合而達成，並可維持內部充分就業。在此情況也是用兩種工具去追求兩種政策目標，符合廷伯根規則。下文將用開放經濟的凱因斯派總體模型，說明貨幣政策與財政政策應當如何配合，以達成內外雙重平衡。

凱因斯派開放經濟的總體模型可用下面的一組方程式代表:

$$Y = Y(N, Z^\circ) \tag{12-13}$$

$$N = N_f \tag{12-14}$$

$$Y = Y_f(N_f, K^\circ) \tag{12-15}$$

$$Y = I(i) + C(Y) + G^\circ + \overline{X} - IM(Y) \tag{12-16}$$

$$Y = S(Y) + T(Y) + C(Y) \tag{12-17}$$

$$I(i) + G^\circ + \overline{X} = S(Y) + T(Y) + IM(Y) \tag{12-18}$$

$$M_s = L_1(Y) + L_2(i) \tag{12-19}$$

$$F = \overline{X} - IM(Y) + K(i) \tag{12-20}$$

$$F = 0, \quad IM(Y) - \overline{X} = K(i) \tag{12-21}$$

方程式 (12-13) (12-15) 表示當勞動者達充分就業時，根據生產函數決定的總產量或眞實所得爲 Y_f。短期內資本設備假定爲固定值 Z°。方程式 (12-16) 及 (12-17) 分別爲從國內產品總值面及所得支配面觀察國民所得，(12-18) 式表示所得均衡條件，也就是代表商品市場達均衡時，利率 i 與所得 Y 的各種組合。在一般總體經濟學教科書中稱爲IS

曲線。(12-19) 式代表貨幣供給等於貨幣需求，後者又可細分為活用貨幣餘額與呆存貨幣餘額兩部分。當貨幣市場達到均衡時，所得與利率的各種組合構成LM曲線。(12-20) 式為國際收支方程式，(12-21) 式表

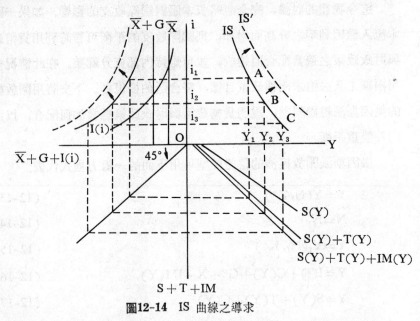

圖12-14 IS 曲線之導求

示當國際收支達到平衡時 (F＝0)，貿易賬逆差恰等於資本賬盈餘，淨資本流入假定係隨國內利率之提高而增加。

IS 曲線的作法用四象限圖表示最為清楚。第二象限投資函數 I (i) 加上已知的輸出額$\overline{X}$及政府支出額 G°，即得 X＋I＋G曲線。第四象限中儲蓄、稅收及輸入皆是所得的遞增函數。任取三種利率 i_1, i_2, i_3 可聯線看出各個水準下之 ($\overline{X}$＋I＋G) 值，再由第三象限的 45° 輔助線看出相應之 (S＋T＋IM) 值，對應於此三種 (S＋T＋IM) 值有三種所得水準 Y_1, Y_2, Y_3。於是得出 A，B，C，三點利率所得之均衡組合。IS曲線就是這些點之軌跡。如果政府支出增加，則 ($\overline{X}$＋G＋I) 曲線向

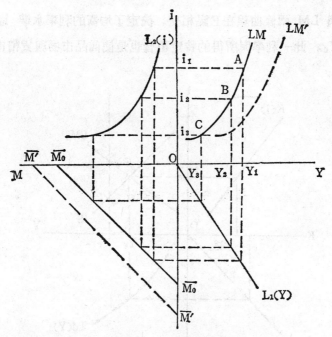

圖12-15　LM 曲線之導求

左方移動，結果可作出另一條 IS′ 曲線。同理，凡緊縮性的財政政策必可使 IS 曲線向左移動。

　　貨幣供給與需求的均等使我們得到另外一種利率與所得之組合，這就是 LM 曲線，其作法也由四象限圖表現。當貨幣供給額固定為第三象限的 $\overline{M}_0$ 時，第二象限的呆存餘額需求曲線與第四象限的活動餘額需求曲線，顯示出在利率為 i_1 時，所得水準必須為 Y_1 才恰好滿足貨幣市場均衡條件。同法得出 B，C 諸點利率與所得之其他均衡組合，LM 曲線便是這些點之軌跡。如果貨幣供給額由 $\overline{M}_0$ 增加至 $\overline{M}'$，LM 曲線必向右方移動至 LM′ 位置。同理，如貨幣供給減少，則 LM 曲線當向左方移動。

　　IS 與 LM 兩條曲線在E點相交，決定了均衡的利率水準 i_0 及所
得水準 Y_0。此一利率與所得的特定組合也是使商品市場與貨幣市場同

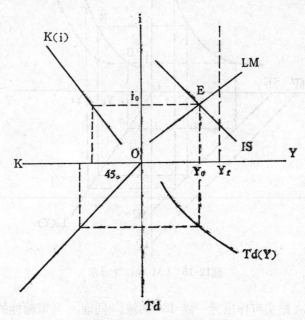

圖12-16　IS、LM與對外收支

時達到均衡的條件。除非商品市場或貨幣供求有任何擾亂因素，導致IS
或 LM 曲線移動位置，i_0 與 Y_0 之值不變。

　　倘若最初在均衡點E之所得水準低於充分就業所得水準 Y_f，此時
國際收支方面有貿易赤字 $IM(Y_0) - \overline{X} = Td(Y)$，資本賬盈餘 $K(i_0)$。
圖 12-17 第二象限 K(i) 曲線代表淨資本流入，係利率之遞增函數；第
四象限之 Td(Y) 曲線代表貿易赤字，係所得之遞增函數。第三象限之
45° 輔助線便於我們比較貿易賬赤字與資本賬盈餘，如二者恰相等，則
符合對外平衡的要求。圖中全盤國際收支呈現赤字，因為對應於所得 Y_0
之入超 T_0 大於對應於 i_0 之資本賬盈餘 K_0。

現在考慮政府如何利用貨幣政策及財政政策追求充分就業目標及國

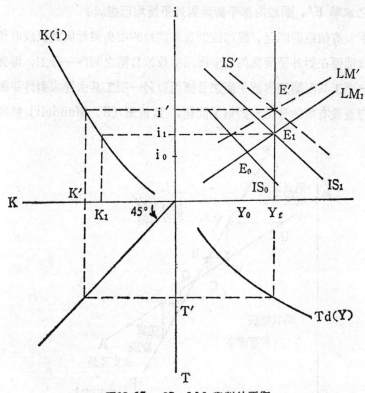

圖12-17 IS、LM 與對外平衡

際收支平衡目標。假設決策者僅增加貨幣供給則雖然充分就業所得水準
Y_f 可以達成，但當時的利率甚低，資本淨流入額減少，貿易賬赤字則爲
T'，對外之失衡將極爲嚴重。倘當局維持貨幣供給不變，以擴增公共支
出的財政政策來達成充分就業，IS_0 移到 IS_1 位置與 LM_1 相交於E_1，
對應的利率爲 i_1，淨資本流入 K_1 仍少於貿易入超 T'。由此可知，只
用一種工具難以達到內外平衡的雙重目標。 如果當局同時利用兩 種 工
具，在擴張公共支出時減少貨幣供給，IS' 與 LM' 相交於 E'，所得

達到充分就業水準，而且利率上升到 i'，淨資本流入亦因此增加到恰等於 T' 之水準 K'。顯然內部平衡與對外平衡均已達成。

接下去有個重要問題。假如控制貨幣供給的中央銀行與負責政府預算的財政部要在對外平衡與內部平衡兩項政策目標之間作一分工，則究竟以那一項工具配屬到內部平衡之目標而以另一項工具去達成對外平衡目標，方屬最有效的分工? 對這個問題，孟德爾 (R. Mundell) 教授

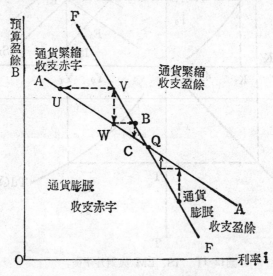

圖12-18　孟德爾的政策工具配屬原理

在一篇甚有創見的論文中提供了答案。他證明了為達到內外連帶平衡最有效的原則是將政策工具配屬於其影響力最強的目標。如符合此原則，可使趨向平衡的調整過程迅速而直接，否則其調整必迂迴而遲緩，甚至令經濟變數的實際值距離其均衡值愈來愈遠，形成不穩定的局面。假定有兩種政策工具皆對兩種政策目標有影響效果，但有主副之分且程度各不相同，穩定的條件是政策工具的配屬令兩種主效果皆為正值，並且主效果之乘積大於副效果之乘積。在固定匯率制度下，如果國際資本流動

性甚高，且對利率變化之反應敏銳，設當局有變更利率的貨幣政策與增減公共支出的財政政策作爲達成連帶平衡的工具，則正確的配屬方式乃是以貨幣政策維持對外平衡而以財政政策謀求內部平衡，由此可使一國趨向連帶平衡境界調整。假如違反此方式，則二種政策非但不能建立聯帶平衡，且將使調整過程逐漸遠離連帶平衡之目標。

孟德爾曾以圖解法證明此種結論。圖 12-18 之縱軸代表預算盈餘，橫軸代表利率。圖中 AA 線爲維持內部平衡所需利率與預算盈餘之組合點軌跡。 因預算盈餘增加時有收縮總支出的效果， 利率降低則有擴張總支出的作用， 故爲維持內部平衡所固定的總支出水準， 能靠利率與預算盈餘的適宜組合達成，且 AA 之斜率必爲負值。AA 左下方利率及預算盈餘偏低，顯示經濟社會有通貨膨脹壓力；其右下方則相反，社會上失業眾多，經濟不景氣。唯有在 AA 線上既無通貨膨脹又能維持充分就業。利率與預算盈餘亦能影響國際收支。FF 線代表國際收支達到平衡時利率與預算盈餘之適當組合點軌跡。預算盈餘減少而總支出增加，則貿易賬易產生入超，如此時利率升高，則可吸收資本流入，造成資本賬盈餘以抵銷貿易赤字。因此，FF 線之斜率亦爲負。在 FF 左方，國際收支呈現赤字；在其右方則盈餘。唯有在 FF 線上維持國際收支平衡。且因利率能影響資本流動，FF 的斜率必定比 AA 的斜率大。

此點可用簡單數學證明之。以 B 代表預算盈餘，i 代表利率，總支出 A 爲 B 及 i 的函數，故 $A = A(B, i)$。對此函數全微分之，令總支出固定於充分就業所得水準。

$$dA = 0 = A_B dB + A_i di \tag{12-22}$$

因 $A_i = \dfrac{\partial A}{\partial i} < 0$ ， $A_B = \dfrac{\partial A}{\partial B} < 0$ 故 AA 線之斜率爲負，其值爲

$$\left(\frac{dB}{di}\right)_{AA} = -A_i / A_B < 0$$

以 F 代表外匯超額供給，F 爲淨資本流入額減貿易赤字結果，而貿易入超 T 又是總支出額 X 之函數。故 F＝K(i)−T(A)。在對外平衡狀況下 F＝0，對 F 式全微分之，可得在對外平衡狀況下預算盈餘及利率之變化比率（卽 FF 之斜率）：

$$\frac{\partial K}{\partial i}di - \frac{\partial T}{\partial A}\left[\frac{\partial A}{\partial B}dB + \frac{\partial A}{\partial i}di\right] = 0 \quad 改偏微分符號表示：$$

$$K_i di - T_A A_B dB - T_A A_i di = 0 \tag{12-23}$$

$$\left(\frac{dB}{di}\right)_{FF} = -\left(\frac{T_A A_i - K_i}{T_A A_B}\right) = \left(\frac{dB}{di}\right)_{AA} + \frac{K_i}{T_A A_B}$$

上式中因 $K_i > 0$，$T_A > 0$，$A_B < 0$，故圖中 FF 之斜率必較 AA 之斜率爲大。

　　假定該國原先已達到內部平衡，但國際收支有赤字，譬如處於 AA 線上之W點，則當局爲求達成由Q點代表之連帶平衡境界，應該提高利率，於是W移動到 FF 線上之B點。到達B點後，當局會發現經濟不景氣現象。這時應該採取財政政策，增加政府支出，減少預算盈餘。於是由B點移至C點。C點距Q點較W點與Q之距離短。顯示此種調整方式繼續下去必定會到達Q點。反之，假如當局誤以貨幣政策謀求內部平衡而以財政政策改善國際收支，則其調整途徑爲由W點移往V點，再由V點移往U點……。顯然，愈來愈遠離連帶平衡目標Q點。如果該國原來處境爲國內有通貨膨脹而對外收支呈現赤字，則同時採用提高利率與增加稅收的政策，雙管齊下可收事半功倍之效；如處於收支有盈餘及經濟不景氣的局面，擴張性貨幣與財政政策亦有相輔相成之功。

　　在國際資本流動性極高的固定匯率制度下，一國之利率事實上不可能長久維持與國際利率水準不同。因爲其利率如低於國際水準，必定引起資本外流，國際收支赤字擴大，政府如維持固定的匯率應拋售外匯。但爲了維持國內貨幣供給額的穩定，勢必在拋售外匯之同時以公開市場操作方式吸收國內債券。同理，如果利率高於國際水準，資本流入的結果，將迫使當局拋售政府公債以交換外匯資產，方能免於通貨膨脹。但一國外匯資產與政府公債之數量有限，因此要維持固定匯率，不能讓本國利率長久超過國際水準或低於國際水準。由此可知，在國際資本流動性甚高的固定匯率制度下，正如當前之國際金融狀態，貨幣政策所受之牽制極大，不能恃爲謀求國內經濟穩定與充分就業的工具。

　　此外，吾人尚須注意一點。雖然貨幣政策能幫助一國達到國際收支的平衡，但爲彌補貿易赤字及平衡貿易盈餘而發生的資本流動不一定符合最有效運用經濟資源的原則。資本的使用必須讓其邊際生產力與利率相稱。但是事實上資本的邊際生產力在經常賬爲赤字的國家未必高於經常賬爲盈餘的國家。所以就全世界經濟福利的觀點而論，基於平衡國際收支的政策性調整而導致的國際資本流動有時不免降低資本的使用效率。

　　最後還須注意一點，孟德爾所主張以提高利率吸收資本流入來平衡貿易賬赤字的辦法，實際上不能算是收支失衡的調整政策，只能當作避免通貨貶值而爭取國際短期融資的措施。如果收支失衡的根本原因不能消除，一國只靠提高利率以吸收外資，經過一段長時期後其對外負債亦必不斷累積，那麼爲了將來還本付息又勢必增加國際收支的困難。何況目前的高利率政策通常會對民間投資意願產生抑制影響。如果該國貿易賬赤字是因爲輸出品工業及輸入代替品工業的國際競爭力太單薄，則加強輸出與減少輸入要靠更新資本設備以提高生產效率。現在利率提高後

如果產業界的投資亦被遏阻，則該國國際收支的真正改善更是遙遙無期了。

我們可舉一個很顯明的例子，來說明孟德爾所倡政策工具配屬原則在澳大利亞（以下簡稱澳洲）產生的反效果。澳洲在一九七○年代上期因爲鑛產資源之大量開發及輸出，曾造成澳洲國際收支巨大盈餘，澳幣在國際金融市場上曾一度成爲強勢貨幣。可惜好景不長，在一九七○年代下半期以後由於工會勢力的膨脹，工資調升速度超過生產力，加上總體經濟政策之運用不當，澳洲經濟陷入停滯性膨脹，一方面物價高漲，同時失業率上升，澳洲產品的國際競爭力亦顯著減弱。一九八○年代起，其主要出口項目如農產品及礦砂之國際價格下挫，使貿易條件惡化程度加深，商品貿易開始出現持續入超。自由黨及國民黨聯合政府以抑制通貨膨脹爲優先的政策，雖然讓貿易入超消失，卻因失業率急劇上升而讓工黨取代了政權。一九八三年底上臺的工黨政府曾有效抑制工資的上漲，其爲降低失業而採行溫和擴張性的財政政策卻又使貿易入超增加。一九八三年底澳洲取消外匯管制並開始實施浮動匯率制度，貨幣政策主管當局同時也開始用利率爲工具來影響國際資本的流動，以間接干預外匯匯率。由一九八四年底至一九八七年一月這三年期間，澳洲實值匯率每年貶值約百分之十五，但仍不能阻止貿易入超的繼續擴大。在此期間當局推行孟德爾式的政策配屬原則，藉提高利率吸收外資來維持國際收支的短期均衡，及支持漸趨軟弱的澳幣在國際金融市場的價位，於是對國外淨借款大量增加。唯其借入的資金並未充分利用於增加固定資本設備。民間總投資占國內生產毛額之比率非但未見增加，反而顯著減少。結果澳洲國際收支一直未見好轉，而且利率升高自然使利息負擔愈益沉重，經常賬下由淨所得及移轉支付構成的赤字也明顯擴大。經常賬的逆差再導致更多的借款，於是累積的外債也不斷升高，演成以債養債的

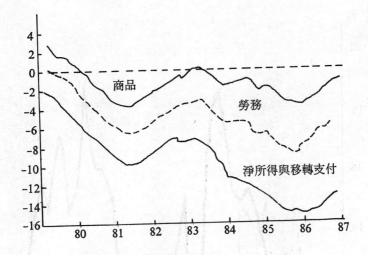

圖12-19　澳洲經常賬組成（單位：十億澳元）

資料來源：ABS, *Balance of Payments*

惡性循環。一九八三年外債佔國內生產毛額百分比約只有百分之十六，
一九八八年則高達百分之三十五。澳洲這種對外經濟情勢惡化的現象，
可由附列圖表得到清楚的認識。

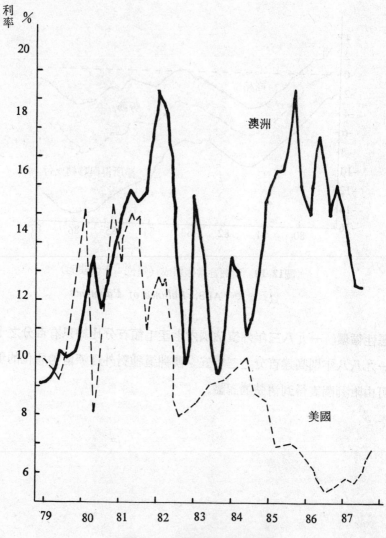

圖12-20　澳洲利率與美國利率

（90天期國庫券利率）

資料來源：*Reserve Bank Bulletin*

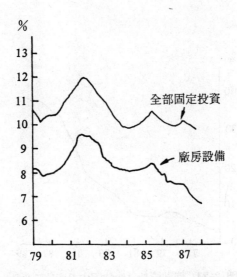

圖12-21　澳洲民間固定投資佔國內毛產值百分比

資料來源：*Treasury Round-up* 1987

圖12-22　澳洲實值民間毛固定資本支出增加率

資料來源：*The Australian Economic Review* 2'89

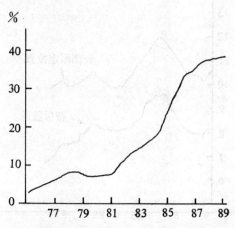

圖12-23 澳洲國外負債佔國內毛產值百分比

資料來源：*The Australian Economic Review* 3'88

表12-3 澳洲國際收支與外債

（1984 至 1987）　　　　（單位：十億澳元）

	1984-85	1985-86	1986-87	1987-88
經常賬赤字	−11.1	−14.7	−13.2	−10.6
國外股權投資	− 0.6	− 0.6	− 3.8	− 1.0
國外淨借款	12.8	14.6	16.5	11.4
外債對國內毛產值百分比	23.8	30.4	31.4	34.4

資料來源：*The Australian Economic Review* 4'87

本章參考文獻

1. Tinbergen J.(1952),*On the Theory of Economic Policy*.

2. Meade J. (1951) *The Balance of Payments*, ch 9-13.

3. Corden M.W. (1960) "The Geometric Representation of Policies to Attain Internal and External Balance," *Review of Economic Studies*. Reprinted in Cooper R. (ed.) (1969) *International Finances: Readings*, 12.

4. Swan T. W. (1955) "Longer Run Problems of the Balance of Payments"in Arndt H. W. and Corden M. W. (eds) *The Australian Economy: A Volume of Readings*, Reprinted in Caves R. and Johnson H. G. (eds) (1968) *Readings in International Economics*,27.

5. Theil, H.C. (1961) *Economic Forecasts and Policy*, 2nd ed.

6. Johnson, H. G. (1961) "Theoretical Problems of the International Monetary System," in Cooper R. (ed) (1969) *International Finance Readings*,14.

7. Mundell R.A. (1962) "The Appropriate Use of Monetary and Fiscal Policy for Internal and External Stability," *IMF Staff Papers* Reprinted in Mundell R. (1968) *International Economics*, ch. 16.

8. Spraos J. (1977) "New Cambridge Macroeconomics,

Assignment Rules and Interdependence," in Aliber R (ed.) (1977) *The Political Economy of Monetary Reform*, 7.

9. Chacholaides, M.(1978) *International Monetary Theory and Policy*, ch. 13.

10. *The Australian Economic Review*, 1987, 1988.

第十三章　開放經濟的總體經濟政策（下）

CH. 13 MACROECONOMIC POLICIES IN AN OPEN ECONOMY II

第五節　固定匯率制度下的財政政策與貨幣政策*

§5. Fiscal and Monetary Policies under a Fixed Exchange Rate System

　　總體經濟政策最常用到的工具是財政政策與貨幣政策。一般總體經濟學的教科書皆會討論決策當局如何利用此兩種工具謀求總 體 經 濟 穩定。卽在總需求不足失業率過高時，增加貨幣供給及採取擴張性財政政策（增加公共支出或降低稅率）以提高所得水準；在總需求過高以致產生通貨膨脹壓力時，減少貨幣供給及採取緊縮性財政政策（減少公共支出或提高稅率）以遏止通貨膨脹。這些教科書大體上都是假定一國沒有對外貿易與投資關係，利用關閉經濟模型，用從商品市場均衡條件導出之 IS 曲線與貨幣市場均衡條件導出之 LM 曲線作為分析工具，考慮財政政策移動 IS 曲線及貨幣政策移動 LM 曲線的後果，再對圖形說明補以乘數公式之數學推演，卽可顯示出財政政策與貨幣政策在各種形狀的 LM，IS 曲線交點下的政策功效。

　　本節可說是承襲這個慣例，但是將模型改變為開放經濟型，容納對

外貿易與資本流動這些因素在內。雖然新加入的因素很有限，卻使貨幣
政策與財政政策的討論更顯得「多采多姿」，當然分析也比一般總體經
濟學更爲深刻複雜。

　　本節先利用一個很簡單的總體開放經濟模型，討論財政政策與貨幣
政策對於擴張國民所得的功效。我們的模型可以劃分成兩個不同的匯率
制度，在本節將討論固定匯率制度。我們首先提出下面幾點假定：(1)貨
幣政策與財政政策二者互相獨立，換言之政府公共支出增加時不會產生
擴張貨幣供給的副作用；貨幣供給增加時也不影響政府支出。(2)我們以
政府支出代表財政政策，因此完全省略稅收因素。(3)我們先將分析限制
在「初次影響」或「直接效果」的範疇內，暫且忽略透過國際收支變化
及利率變化發生的「次級影響」或「間接效果」。換言之，在固定匯率
制度下國際收支盈餘導致的貨幣供給增加額，被當局公開市場上的出售
政府債券行爲所抵銷。同樣假定在國際收支赤字時引起貨幣減少的影
響，也被當局買入政府債券的行爲抵銷，所以貨幣數量能完全由當局主
動控制。其次，利率如果因財政政策或貨幣政策而改變，其對經濟成長
之影響也暫不討論。(4)我們不考慮二國模型及迴響效果，因此外國所得
變化之影響不予討論。(5)我們假定的短期凱因斯式模型沒有物價水準這
個變數。換言之，我們假設經濟原有大量勞動者失業，故生產與所得之
增加不致於引起物價上漲，物價水準可視爲固定不變。其中(3)、(4)兩項
假定將在本節後半部取消。

　　我們的總體經濟模型採用一般常用的符號，按固定價格表示包括下
面三個基本方程式：

$$Y = E(Y, i) + T(Y, R) + G \qquad (13\text{-}1)$$

$$B = T(Y, R) + K(i) \qquad (13\text{-}2)$$

$$M = L(Y, i) \qquad (13\text{-}3)$$

Y為國民所得，E為民間總支出，i為利率，G為政府支出，B為國際收支盈餘，T為貿易出超，K為淨資本流入，L為貨幣需求。(13-1) 式為所得均衡條件，卽國民所得等於民間支出加貿易盈餘再加政府支出之和；(13-2) 為國際收支之定義方程式，卽國際收支盈餘為貿易盈餘加淨資本流入額之和；(13-3) 為貨幣供求均衡條件。以 $E_Y = \dfrac{\partial E}{\partial Y}$ 等代表偏微分符號，其正負號依經濟常理當如下列：

$$E_Y > 0, \; E_i < 0$$
$$T_Y < 0, \; T_R > 0$$
$$L_i \leq 0, \; L_Y > 0, \; \infty \geq K_i \geq 0$$

對上列方程式體組全微分，經整理後可得以下聯立一次方程式體系。

$$dY = E_Y dY + E_i di + T_Y dY + T_R dR + dG$$
$$dB = T_Y dY + K_i di \qquad + T_R dR$$
$$dM = L_Y dY + L_i di$$

將 dG 及 dM 視作外生變數（由政府政策決定），dY、di、dR、dB 視為未知數，上式可用矩陣形式 (13-4) 表示：

$$\begin{pmatrix} (1 - E_Y - T_Y) & -E_i & -T_R & 0 \\ -T_Y & -K_i & -T_R & 1 \\ L_Y & L_i & 0 & 0 \end{pmatrix} \begin{pmatrix} dY \\ di \\ dR \\ dB \end{pmatrix} = \begin{pmatrix} dG \\ 0 \\ dM \end{pmatrix} \quad (13\text{-}4)$$

我們先考慮固定匯率制度，這表示 dR = 0，T_R 亦不存在。故

(13-4) 式卽簡約爲三元一次聯立方程式，未知數爲 dY，di，及 dB。
以（$1-E_Y$）$=S_Y$ 代入式中，S_Y 爲民間邊際儲蓄傾向。可用柯拉抹規則解出各未知數之值：

$$\begin{pmatrix} S_Y - T_Y & -E_i & 0 \\ -T_Y & -K_i & 1 \\ L_Y & L_i & 0 \end{pmatrix} \begin{pmatrix} dY \\ di \\ dB \end{pmatrix} = \begin{pmatrix} dG \\ 0 \\ dM \end{pmatrix} \qquad (13-5)$$

係數行列式之值爲　$\varDelta = -L_i(S_Y - T_Y) - E_i L_Y > 0$

$$dY = \frac{-E_i}{\varDelta} dM - \frac{L_i}{\varDelta} dG$$

$$d_i = \frac{L_Y}{\varDelta} dG - \frac{S_Y - T_Y}{\varDelta} dM$$

$$dB = \frac{1}{\varDelta}[L_Y K_i - T_Y L_i]dG - \frac{1}{\varDelta}[K_i(S_Y - T_Y) + E_i T_Y]$$

由此類解值可知政府公共支出乘數及貨幣政策乘數分別爲：

$$\frac{\partial Y}{\partial G} = \frac{L_i}{L_i(S_Y - T_Y) + E_i L_Y} > 0$$

$$\frac{\partial Y}{\partial M} = \frac{E_i}{L_i(S_Y - T_Y) + E_i L_Y} > 0$$

擴張性財政政策必導致均衡利率上升，而增加貨幣供給則必使利率下降：

$$\frac{\partial i}{\partial G} = \frac{L_Y}{L_i(S_Y - T_Y) + E_i L_Y} > 0$$

$$\frac{\partial i}{\partial M} = \frac{-(S_Y - T_Y)}{L_i(S_Y - T_Y) + E_i L_Y} < 0$$

至於財政政策與貨幣政策對國際收支的影響，可由下面兩式觀察：

$$\frac{\partial B}{\partial G} = \frac{K_i L_Y - T_Y L_i}{L_i(S_Y - T_Y) + E_i L_Y} \gtreqless 0$$

$$\frac{\partial B}{\partial M} = \frac{-K_i(S_Y - T_Y) + E_i T_Y}{L_i(S_Y - T_Y) + E_i L_Y} < 0$$

如果 $K_i L_Y - T_Y L_i > 0$，或國際資本流動對利率之反應甚強（$K_i \doteq \infty$），而人們貨幣需求之利率彈性並不大（或者說貨幣需求曲線並非呈現流動性陷坑型態），則擴張性財政政策必能改善國際收支。反之，倘若國際資本流動對利率反應不敏銳，而貨幣需求有甚大的利率彈性，則 $K_i L_Y < T_Y L_i$，擴張性財政政策將使國際收支惡化。貨幣供給增加則必定引起國際收支赤字。

此上的結論可用圖解表示。在商品市場均衡曲線 IS 及貨幣市場均衡曲線 LM 之外，新增加了一條 BP 直線，BP 代表國際收支的均衡，在 BP 線左上方有盈餘，右下方則有赤字。三條線的斜率由前面的全微分式可知

$$\left.\frac{di}{dY}\right|_{IS} = \frac{S_Y - T_Y}{E_i} < 0$$

$$\left.\frac{di}{dY}\right|_{LM} = \frac{-L_Y}{L_i} > 0$$

$$\left.\frac{di}{dY}\right|_{BP} = \frac{-T_Y}{K_i} > 0$$

如果 $\left.\dfrac{di}{dY}\right|_{LM} < \left.\dfrac{di}{dY}\right|_{BP}$ 是因為 $-\dfrac{L_Y}{L_i} > -\dfrac{T_Y}{K_i}$，即 $L_i T_Y > K_i L_Y$ 反之，倘若 $L_i T_Y < K_i L_Y$ 則 BP 線的斜度比 LM 線為平坦。因此，假定原先處於全面均衡狀態，這三條直線的相交有兩種型態，如圖13-1

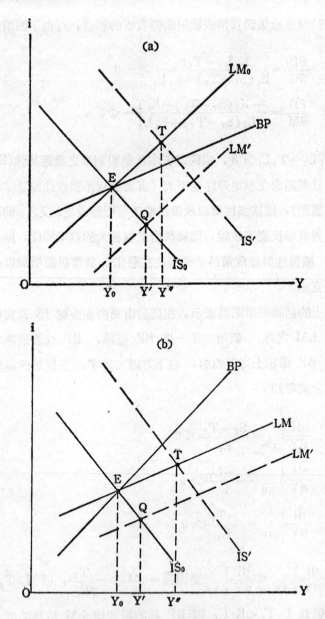

圖13-1 擴張性貨幣政策與財政政策

(a)、(b)兩圖。

圖(a)中 BP 線之斜率較 LM 線之斜率小；(b)圖則相反，BP 線比
LM 線陡。先看(a)圖：貨幣政策使 LM 線向外移至 LM′，與 IS。相
交於 Q 點，顯然利率較前下降，所得水準增加為 Y′。因 Q 點在 BP 線
下方，該國國際收支必有赤字。財政政策使 IS 向右方移動到 IS′ 與
LM。相交於 T 點。利率比在 E 點為高，新的所得水準為 Y″（此處假定
財政政策份量用得比貨幣政策為重，故 Y″ 比 Y′ 高）。由於 T 點在
BP 線之左上方，表示國際收支必有盈餘。這證實上文所說：倘若國際
資本流動對利率反應甚強而貨幣需求彈性不大，則擴張性財政政策必能
改善國際收支。(b)圖中貨幣政策也是使利率降低所得升高，（由 Q 點代
表新均衡點）。財政政策移動 IS 曲線所產生新均衡點 T，也表示較高
的利率與所得水準。值得注意的是，在此情況因資本流動對利率反應不
強而貨幣需求有較大利率彈性，BP 較 LM 為陡，故 T 點必在 BP 線
右下方，顯示國際收支必出現赤字。

假設 $Y_f = Y_f(G, M)$ 為充分就業所得水準。當 G 增加時對所得的
正面影響必須有 M 之減少以抵銷，才能讓所得保持在充分就業水準上。
微分此函數，可求出政府支出與貨幣供給二個政策工具之適當配合比
率，也就是對內平衡線 AA 之斜率：

$$dY_f = 0 = \frac{\partial Y}{\partial G}dG + \frac{\partial Y}{\partial M}dM$$

$$\left. \frac{dG}{dM} \right|_{AA} = -\frac{\partial Y}{\partial M} \Big/ \frac{\partial Y}{\partial G}$$

$$= -\frac{E_i}{\Delta} \Big/ \frac{L_i}{\Delta} = -\frac{E_i}{L_i} < 0$$

對外平衡線 FF 之斜率亦可對國際收支盈餘 $B = B(G, M)$ 函數式微

分求之:

$$dB = 0 = \frac{\partial B}{\partial G}dG + \frac{\partial B}{\partial M}dM$$

$$\frac{dG}{dM}\bigg|_{FF} = -\frac{\partial B}{\partial M}\bigg/\frac{\partial B}{\partial G}$$

$$= \frac{K_i(S_Y - T_Y) + E_i T_Y}{\Delta}\bigg/\frac{K_i L_Y - T_Y L_i}{\Delta}$$

$$= \frac{K_i(S_Y - T_Y) + E_i T_Y}{K_i L_Y - T_Y L_i}$$

上式分子為正，但分母可正可負，視 $K_i L_Y \gtreqless T_Y L_i$ 而定。因此 AA 線與 FF 線之相交型態共有三種：(1)如果 $K_i L_Y > T_Y L_i$，FF 斜率為正，兩線之相交如圖 13-2(b)；(2) $K_i L_Y < T_Y L_i$，FF 斜率為負，但比 AA 之斜率為陡，二者相交如圖 13-2(a)；(3) FF 斜率為負且比 AA 斜率平，則二線相交當如圖 13-3 所示。第三種情形只有在國際資本流動性甚低，國際收支主要取決於貿易賬變化時，FF 線才顯示很平的斜率。

第一種及第二種型態皆顯示國際資本流動對利率的反應很強，因此在 FF 線右方有國際收支赤字，（貨幣供給超過維持收支平衡所需，使利率下降太多，造成資本流出及全盤收支赤字），FF 線左方則有收支盈餘。AA 線上方顯然有通貨膨脹壓力，下方則失業率偏高。唯有在 Q 點政府支出與貨幣供給配合得恰到好處，使經濟同時達到內部平衡與對外平衡。倘若原先經濟脫離 Q 點，則依照孟德爾教授之政策工具配屬原理，用貨幣政策應付對外失衡，用財政政策追求內部平衡，兩種政策工具的調整方向當如小箭頭所示。顯然，這是正確的配屬方式，因為依照此種型態調整 G 及 M 必定最後能達到共同均衡點 Q。

第三種情況下 AA 與 FF 相交劃分各區的經濟失衡以 Def 代表赤

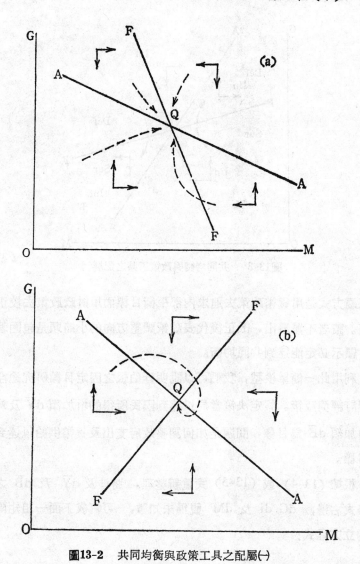

圖13-2　共同均衡與政策工具之配屬㈠

字，Sur 代表盈餘，Inf 代表通貨膨脹，Un 代表失業偏高如圖13-3。
此時如果採用孟德爾的配屬方式則不易達到共同均衡點Q，因在Ⅱ及Ⅳ
區內政策工具的調整方向是與Q點相背的。其實在此情況正確的政策工

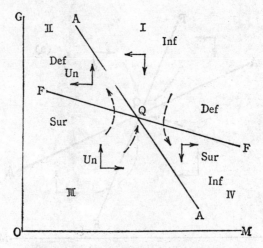

圖13-3　共同均衡與政策工具之配屬㈠

具配屬方式是用貨幣政策去追求內部平衡目標而用財政政策去校正對外失衡。讀者不難看出，改正後代表政策調整方向的小箭頭是包圍著 Q 點的，顯示必定能達到共同均衡。

　　利用此一簡單模型，我們可以說明廷伯根之固定目標研究途徑是如何製訂經濟政策。假定決策當局以達到國民所得的增加額 $d\overline{Y}$ 及外匯累積增加額 $d\overline{B}$ 為目標，問題是如何調整政府支出及貨幣供給以達到預定之目標。

　　根據 (13-4) 或 (13-5) 式重新整理，將涉及 $d\overline{Y}$ 及 $d\overline{B}$ 之項移到等式右邊， dG di 及 dM 視為未知數， 可寫成下面一組矩陣形式之聯立方程式：

$$\begin{pmatrix} 1 & E_i & 0 \\ 0 & K_i & 0 \\ 0 & -L_i & 1 \end{pmatrix} \begin{pmatrix} dG \\ di \\ dM \end{pmatrix} = \begin{pmatrix} (S_Y - T_Y)d\overline{Y} \\ d\overline{B} - T_Y d\overline{Y} \\ L_Y d\overline{Y} \end{pmatrix} \qquad (13\text{-}6)$$

係數行列式之值　$\varDelta = K_i > 0$

解出 dG 及 dM 之值，卽得爲達成 $d\overline{Y}$ 及 $d\overline{B}$ 目標政府支出與貨幣供給宜增加之數額。

$$dG = \frac{1}{K_i}[K_i(S_Y - T_Y) + E_i T_Y]d\overline{Y} - \frac{E_i}{K_i}d\overline{B}$$

$$dM = \frac{1}{K_i}[K_i L_Y - T_Y L_i]d\overline{Y} + \frac{L_i}{K_i}d\overline{B}$$

　　以上的討論，可用一個數字模型作例子，使讀者更易於掌握其意義。本例是根據史坦恩 (R. M. Stern) 敎授引自他人之論文。此數字模型與本節總體模型非常接近，祇多列入一項稅收函數T及租稅政策工具。模型共包含十五個方程式，現在轉換成本節已慣用之符號陳示如下：

$$Y = C + I + X - IM + G$$
$$C = 35 + 0.75 Y_d$$
$$Y_d = Y - T$$
$$T = -20 + 0.2 Y$$
$$I = 85 - 2i$$
$$G = G_0 = 110$$
$$X = X_0 = 35$$
$$IM = -30 + 0.1 Y$$

以上八式屬實值部門，也就是商品市場的有關方程式，可代入簡化成IS曲線方程式：

$$i = 155 - 0.25 Y \tag{13-1A}$$

貨幣部門及對外交易部門分別包含下列兩組方程式：

$$L = 0.25Y - 7i$$
$$M_s = 115$$
$$L = M_s$$
$$B = X - IM - K$$
$$X = 35$$
$$IM = -30 + 0.1Y$$
$$K = -32 + 4.4i$$

簡化後變成 LM 曲線及 BP 曲線的方程式：

$$i = -16.45 + 0.036Y \qquad (13\text{-}3A)$$
$$B = 33 - 0.1Y + 4.4i \qquad (13\text{-}2A)$$

IS 與 LM 兩線相交處決定的均衡所得 Y^* 及均衡利率 i^* 為 $Y^* = 600$，$i^* = 5\%$。此時國際收支有赤字，$B^* = -5$。

將以上各式改寫爲三元聯立方程式，解出未知數 Y、i 及 B 形式如 (13-5A)（與前文方程式(13-5)正相對照）

$$\left.\begin{array}{l} Y = 323.75 + 1.75G - 1.3125T_0 + 0.5M_s \\ i = 11.5625 + 0.0625G - 0.0469T_0 - 0.125M_s \\ B = 51.5 + 0.1G - 0.075T_0 - 0.6M_s \end{array}\right\} \quad (13\text{-}5A)$$

於是各項政策工具之乘數值皆一目了然：

$$\frac{dY}{dG} = 1.75 \qquad \frac{dY}{dT_0} = -1.3125 \qquad \frac{dY}{dM_s} = 0.5$$

$$\frac{di}{dG}=0.0625 \qquad \frac{di}{dT_0}=-0.0469 \qquad \frac{di}{dM_s}=-0.125$$

$$\frac{dB}{dG}=0.1 \qquad \frac{dB}{dT_0}=-0.075 \qquad \frac{dB}{dM_s}=-0.6$$

倘決策當局欲利用政府支出及貨幣政策爲工具提高國民所得 **40** 單位，改善國際收支 5 單位，則可解出下面的二元聯立方程式，決定最適當的政府支出額及貨幣供給額：

$$\left.\begin{array}{c}1.75\varDelta G+0.5\varDelta M_s=40\\0.1\varDelta G-0.6\varDelta M_s=5\end{array}\right\} \tag{13-6A}$$

$$\varDelta G=24.1 \qquad \varDelta M_s=-4.3$$

解值表示政府支出必須增加24.1，貨幣供給則應減少4.3。

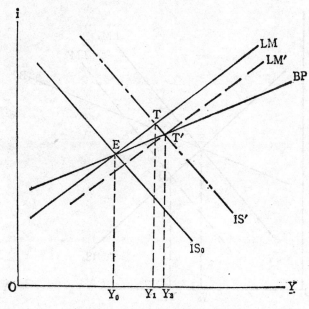

圖13-4 固定匯率制度下財政政策㈠

　　現在我們進一步明白考慮國際收支的貨幣性後果。我們取消當局利
用公開市場操作以控制貨幣供給之假定。在固定匯率制度之下，貨幣數
量不能由當局控制，收支盈餘必引起貨幣供給增加，收支赤字則導致貨
幣供給減少。這一類的間接影響或次級效果也要一併加以考慮。我們將
以圖形比較說明財政政策與貨幣政策在提高所得水準方面的功效。

　　我們先假定國際資本流動對利率反應敏銳，貨幣需求無流動性陷阱，
故 BP 之斜率較 LM 平坦。先看擴張性財政政策。圖13-4中 IS 曲線因
為政府支出增加而向右方移動到 IS′，均衡點 T 在 BP 左上方，顯示有國
際收支盈餘，於是貨幣數量將增加，LM 向右方移動，直到 IS′、LM′
相交於 BP 線上為止，此時國際收支亦恢復均衡。顯然，所得水準之增
加亦當不止於 Y_1 而已，新均衡所得水準為 $Y_2 > Y_1$。故財政政策功效

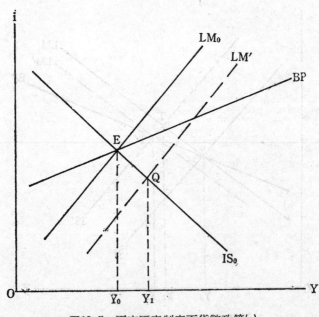

圖13-5　固定匯率制度下貨幣政策㈠

極強。其次看擴張性貨幣政策。LM 移到 LM' 後均衡點Q在BP右下方，國際收支赤字將產生緊縮貨幣數量的次級影響，於是 LM 曲線又向 LM_0 之位置回移。顯然，唯有當 LM 重與 IS_0 相交於原來交點 E 時，國際收支才恢復均衡，貨幣數量亦不再改變，於是均衡所得亦由 Y_1 退回原先 Y_0 之水準。由此可見，貨幣政策對所得與利率皆不發生影響作用。

現在再假定國際資本流動對利率反應不強，而貨幣需求則有甚大的利率彈性，以致於 LM 之斜率較 BP 平坦。由下圖可看出，擴張性財政政策新均衡點T位於 BP 線之下方，故有國際收支赤字，此赤字將使貨幣供給額減少。故 LM 必向左上方移動，當 LM' 與 IS' 相交於 BP 線上時，國際收支恢復均衡，T' 點的均衡國民所得 Y_2 比 Y_1 為低。可見在此情況下，財政政策的功效不及從前（BP 較平坦之情況）。

至於貨幣政策在此情況也是毫無功效。因為Q點依然在 BP 線下

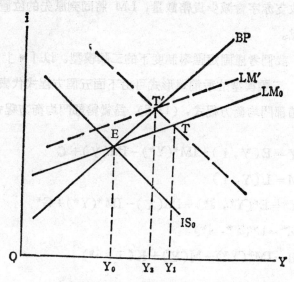

圖13-6　固定匯率制度下財政政策㈡

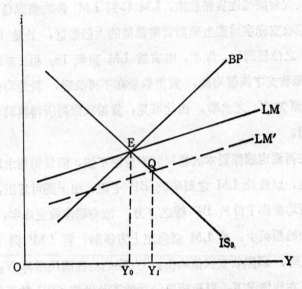

圖13-7　固定匯率制度下貨幣政策(二)

方，國際收支赤字會減少貨幣數量，LM 將回到原先的位置，重與 IS_0
相交於 E 點。

　　最後，我們考慮固定匯率制度下的二國模型。以「＊」代表外國的
經濟變數，二國模型的最簡單形式可由下面五個方程式代表：（13-7）
爲本國實值部門均衡方程式，（13-8）爲貨幣部門均衡方程式，外國對

$$Y = E(Y, i) + IM^*(Y^*) - IM(Y) + G \qquad (13\text{-}7)$$

$$M = L(Y, i) \qquad (13\text{-}8)$$

$$Y^* = E^*(Y^*, i^*) + IM(Y) - IM^*(Y^*) + G^* \qquad (13\text{-}9)$$

$$M^* = L^*(Y^*, i^*) \qquad (13\text{-}10)$$

$$B = IM^*(Y^*) - M(Y) + K(i, i^*) \qquad (13\text{-}11)$$

應之方程式爲(13-9)及（13-10）。二國之間國際收支由方程式（13-

11）代表。

將此一組方程式全微分之，並按矩陣形式列出各偏微分，可得下面的聯立方程式體系：

$$\begin{pmatrix} S_Y+IM_Y & -E_i & 0 & 0 & -IM^*{}_{Y^*} \\ L_Y & L_i & 0 & 0 & 0 \\ IM_Y & -K_i & 1 & -K^*{}_i{}^* & -IM^*{}_{Y^*} \\ 0 & 0 & 0 & L^*{}_i{}^* & L^*{}_{Y^*} \\ -IM_Y & 0 & 0 & -E^*{}_i{}^* & S^*{}_{Y^*}+IM^*{}_{Y^*} \end{pmatrix} \begin{pmatrix} dY \\ di \\ dB \\ di^* \\ dY^* \end{pmatrix} = \begin{pmatrix} dG_0 \\ dM \\ 0 \\ dM^* \\ dG^* \end{pmatrix} \quad (13\text{-}12)$$

其係數行列式之值爲：

$$\Delta = [(S_Y+IM_Y)L_i+L_YE_i][(S^*{}_{Y^*}+IM^*{}_{Y^*})L^*{}_i{}^*+L^*{}_{Y^*}E^*{}_i{}^*]$$
$$-IM_Y IM^*{}_{Y^*}L_i L^*{}_i{}^*$$

方括弧中必有乘積項 $IM_Y IM^*{}_{Y^*}L_i L^*{}_i{}^*$ 可減去第二項，因此 Δ 之值必定爲正。

本國所得增量對 dG，dM，dM*，dG* 之比率爲本國各項乘數效果，外國所得增量對 dG*，dM*，dM，dG 之比率爲對應之外國乘數效果。由 (13-12) 式利用柯拉抹法則解之，可得：

$$dY=\frac{1}{\Delta}\{[(S^*{}_{Y^*}+IM^*{}_{Y^*})L^*{}_i{}^*+L^*{}_{Y^*}E^*{}_i{}^*][L_i dG+E_i dM]$$
$$+IM^*{}_{Y^*}L_i[L^*{}_i{}^* dG^*+E^*{}_i{}^* dM^*]\}$$

$$dY^*=\frac{1}{\Delta}\{[(S_Y+IM_Y)L_i+L_YE_i][L^*{}_i{}^* dG^*+E^*{}_i{}^* dM^*]$$
$$+IM_Y L^*{}_i{}^*(L_i dG+E_i dM)\}$$

由此種結果可看出，政府支出增加或貨幣供給增加，不管發生在本國或外國，皆對兩國的均衡所得有擴張性影響。而且各乘數亦完全是兩國對稱形式。

其餘利率之變化與國際收支之變化，因計算結果過於複雜，故不予列出。本國或外國政府支出增加及外國貨幣供給增加，皆有提升本國利率之影響，而本國貨幣供給增加則有降低本國利率之影響。至於國際收支之變化則不能從解值看出其增減之方向。

第六節　浮動匯率制度下的財政政策與貨幣政策*
§6. Fiscal and Monetary Policies under a Floating Exchange Rate System

我們討論浮動匯率制度，將仿效上節之順序，先從最簡單的模型開始，僅考慮貨幣政策與財政政策的「直接效果」。本節下半部再進一步分析匯率改變導致 IS 及 LM 曲線移動位置及新均衡點之建立情形。

我們沿襲上節之總體開放經濟模型，微分後得到方程式 (13-4)。

$$\begin{pmatrix} S_Y-T_Y & -E_i & -T_R & 0 \\ -T_Y & -K_i & -T_R & 1 \\ L_Y & L_i & 0 & 0 \end{pmatrix}\begin{pmatrix} dY \\ di \\ dR \\ dB \end{pmatrix}=\begin{pmatrix} dG \\ 0 \\ dM \end{pmatrix} \quad (13\text{-}4)$$

在浮動匯率之下，國際收支保持平衡，故 $dB=0$ 而 $dR\neq 0$。於是 (13-4) 變成下面的三元一次方程式，包含 dY、di 及 dR 三個未知數：

$$\begin{pmatrix} S_Y-T_Y & -E_i & -T_R \\ -T_Y & -K_i & -T_R \\ L_Y & L_i & 0 \end{pmatrix}\begin{pmatrix} dY \\ di \\ dR \end{pmatrix}=\begin{pmatrix} dG \\ 0 \\ dM \end{pmatrix} \quad (13\text{-}13)$$

係數行列式之值必爲負：

$$\Delta = T_R \begin{vmatrix} S_Y - T_Y & -E_i & -1 \\ -T_Y & -K_i & -1 \\ L_Y & L_i & 0 \end{vmatrix} = T_R[L_Y(E_i - K_i) + L_i S_Y] < 0$$

$$dY = \frac{1}{\Delta}[L_i T_R dG + T_R(E_i - K_i)dM]$$

$$di = \frac{1}{\Delta}[-L_Y T_R dG + S_Y dM]$$

$$dR = \frac{1}{\Delta}\{[K_i L_Y - T_Y L_i]dG - [K_i(S_Y - T_Y) + T_Y E_i]dM\}$$

因此，政府支出乘數及貨幣供給乘數皆爲正值：

$$\frac{\partial Y}{\partial G} = \frac{L_i T_R}{T_R[L_Y(E_i - K_i) + L_i S_Y]} = \frac{L_i}{L_Y(E_i - K_i) + L_i S_Y} > 0$$

$$\frac{\partial Y}{\partial M} = \frac{E_i - K_i}{L_Y(E_i - K_i) + L_i S_Y} > 0$$

擴張性財政政策同樣引起利率上升，而增加貨幣供給則使利率下降：

$$\frac{\partial i}{\partial G} = \frac{-L_Y}{L_Y(E_i - K_i) + L_i S_Y} > 0$$

$$\frac{\partial i}{\partial M} = \frac{S_Y}{T_R[L_Y(E_i - K_i) + L_i S_Y]} < 0$$

至於增加政府支出對匯率 R 的影響，係取決於 $K_i L_Y \gtrless L_i T_Y$ 而定。如果國際資本流動對利率反應敏銳而貨幣需求之利率彈性甚小，則匯率 R 將因 G 之增加而下降。反之，倘 $K_i L_Y < L_i T_Y$，則匯率 R 必隨 G 之增加而上升。

$$\frac{\partial R}{\partial G} = \frac{K_i L_Y - T_Y L_i}{T_R [L_Y (E_i - K_i) + L_i S_Y]} \gtrless 0$$

此種結果亦甚合經濟常理。蓋政府支出增加時引起利率上升，倘若國際資本流動對利率反應敏銳，必有大量資本流入，形成國際收支的資本賬盈餘，此項盈餘有賴貿易賬之赤字抵銷，方能維持國際收支全盤均衡，因此匯率 R 必須下降（或國幣必須升值或漲價）。反之，如果 $K_i L_Y < T_Y L_i$，表示所得因政府支出增加而上升後貿易赤字迅卽擴大，但資本賬甚少外資流入，因此要維持國際收支均衡必須讓國幣貶值（或跌價）。

貨幣供給增加後，利率趨於下跌，引起資本流入減少，故國幣必須跌價方能維持國際收支均衡，換言之 R 值隨 M 之增加而上升。

$$\frac{\partial R}{\partial M} = \frac{-K_i (S_Y - T_Y) - T_Y E_i}{T_R [L_Y (E_i - K_i) + L_i S_Y]} > 0$$

內部平衡的條件是當 $Y = Y_f$ 後 $dY = 0$。對外平衡的條件則是維持穩定的匯率 R 不變（$dR = 0$）。

$$dY_f = 0 = \frac{\partial Y}{\partial G} dG + \frac{\partial Y}{\partial M} dM$$

$$dR = 0 = \frac{\partial R}{\partial G} dG + \frac{\partial R}{\partial M} dM$$

由此可求出為維持內部平衡 G 與 M 之配合及為維持對外平衡 G 與 M 之配合。二線之斜率由有關偏微分（或乘數值）決定。

$$\left. \frac{dG}{dM} \right|_{AA} = \frac{E_i - K_i}{-L_i} < 0$$

$$\left. \frac{dG}{dM} \right|_{FF} = \frac{K_i (S_Y - T_Y) + E_i T_Y}{K_i L_Y - T_Y L_i} \gtrless 0$$

此種結果與上節相同，僅 AA 線斜率之分子多一項 $-K_i$ 使此線顯得更陡而已，故上節有關政策工具配屬問題之討論不必重複。

以達成某一定額所得增量及某種匯率調整程度為目標之經濟政策，可藉求解下式而決定所需之政府支出及貨幣供給增量：

$$\begin{pmatrix} 1 & E_i & 0 \\ 0 & K_i & 0 \\ 0 & -L_i & 1 \end{pmatrix} \begin{pmatrix} dG \\ di \\ dM \end{pmatrix} = \begin{pmatrix} (S_Y - T_Y)d\overline{Y} - T_R d\overline{R} \\ -T_Y d\overline{Y} - T_R d\overline{R} \\ L_Y d\overline{Y} \end{pmatrix} \quad (13\text{-}14)$$

$$\varDelta = K_i$$

$$dG = \frac{1}{K_i}[K_i(S_Y - T_Y) + E_i T_Y]d\overline{Y} + \frac{1}{K_i}[T_R(E_i - K_i)]d\overline{R}$$

$$dM = \frac{1}{K_i}[K_i L_Y - T_Y L_i]d\overline{Y} - \frac{T_R L_i}{K_i}d\overline{R}$$

匯率可以變動的總體開放經濟模型，應該明確考慮價格如何被匯率影響，而且價格水準改變又引起貨幣市場均衡的移動。所以上面的模型實嫌過份簡單，不足以表現浮動匯率制度下財政政策與貨幣政策的全盤功效。現在我們改用一個包含匯率與物價的總體經濟模型，來進一步比較貨幣政策與財政政策的功效。

$$Y = E(Y, i) + T(R, Y) + G \quad (13\text{-}15)$$
$$M^s/P^i = L(Y, i) \quad (13\text{-}16)$$
$$B = T(R, Y) + K(i) \quad (13\text{-}17)$$

(13-15) 為商品市場均衡條件，其意義是以本國幣值表示之名義所得等於民間支出加貿易賬淨出超再加政府支出。（13-16）式代表貨幣市場均

衡條件；(13-17) 式為國際收支盈餘之定義，當 B = 0 時國際收支達到均衡。13-16 式中之 P^1 為由本國物價水準 P 與外國物價水準 P_* 加權平均之物價指數。如果本國物價與外國物價固定不變，匯率上升必定造成物價指數之上漲。以 a 代表輸入品所占權數，物價指數之定義為：

$$P^1 = aRP_* + (1-a)P$$

假定輸出品及輸入品需求彈性之值能滿足馬婁條件，則國幣跌價或貶值必定能增加貿易盈餘。(13-15) 代表之 IS 曲線必定向右方移動。(13-16) 代表之 LM 曲線也會因貨幣貶值而改變位置。顯然，貶值使 P^1 增加，於是在貨幣供給不變之情況下，實值餘額減少，LM 曲線必定向左方移動。至於 (13-17) 代表之國際收支均衡條件，在 (i-y)

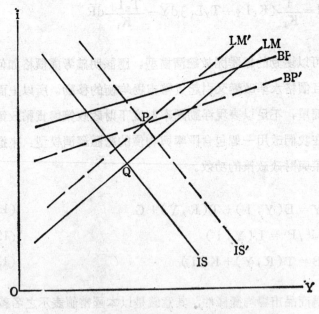

圖 13-8 浮動滙率下 IS、LM、BP 之移動

圖中是一條位置隨匯率變化而移動的直線 BP，而且一有失衡現象必定自動移動位置，靠匯率之浮動保持收支均衡。其移動方式應該是國幣漲價時向上移動，跌價時向下移動。圖 13-8 顯示在 IS 與 LM 原相交處 Q 點有國際收支潛在赤字，（Q 點在 BP 之下方），此種赤字必定引起匯率之改變，（因為我們假定浮動匯率制度），於是 IS 將移往 IS′ 位置，LM 將移往 LM′ 位置，BP 也調整到通過 IS′ 與 LM′ 之新交點 P 為止。

現在考慮擴張性財政政策與貨幣政策對國民所得之影響。如果 BP 線比 LM 斜率小，則財政政策移動 IS 至 IS_1 後，其與 LM 之交點 T 有潛在的收支盈餘，於是所得 Y_1 也不會持久。因為在浮動匯率制度下，匯率將會下降（R 減少）或國幣將漲價。此種 R 的減少又引起 IS 向

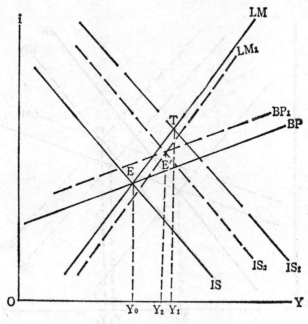

圖 13-9 浮動匯率制度下之財政政策㈠

左方移動，LM 向右方移動，BP 向上移動。結果 IS₂ LM₁ 與 BP₁
相交於 E′ 點，新的均衡所得爲 Y₂。Y₂ 可能高於 Y₁ 也可能低於Y₁，
視 IS 與 LM 因匯率變化而移動之程度而定。IS₁ 移至 IS₂ 代表國幣
漲價的緊縮性影響，LM 移至 LM₁ 則代表匯率及物價水準下跌後，實
值餘額增加之擴張性影響，二者孰強孰弱難以斷定。

　　如果 BP 線之斜率原比 LM 爲陡， 則各線之移動情形又大不相
同。圖 13-10 顯示 IS₁ 與 LM 之交點 T 相當於 BP 之右下方，潛在
的國際收支赤字必引起匯率的上升，於是 IS 曲線將因此而再度向外移
動到 IS₂ 位置， LM 曲線則因物價上升及實值餘額減少向左上方移動
到 LM₁，BP 線則因R上升移動到 BP₁。新的均衡點 E′ 處顯示之所
得水準爲 Y₂，Y₂ 可能高於 Y₁ 也可能低於 Y₁。

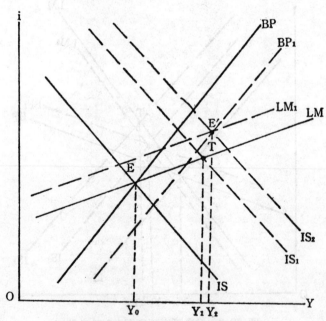

圖 13-10 浮動匯率制度下之財政政策㈡

　　現在討論貨幣政策在浮動匯率制度下之影響。圖 13-11 中當中央銀行增加貨幣數量後，LM 移向右方，LM_1 與 IS 相交於 Q 點，如果 BP 之斜率較 LM 平坦則 Q 點必顯示潛在的國際收支赤字。因此匯率將上升以校正收支失衡，匯率上升則導致 IS 向右移動到 IS_1 位置，並且匯率上升使一般物價上漲又引起 LM_1 向左上方移動到 LM_2。BP 則必定向下移動到 BP_1，與 LM_2 及 IS_1 之交點 E′ 相會合。與 E′ 對應之均衡所得 Y_2 可能比 Y_1 高，也可能比 Y_1 低。倘若國幣跌價後 (或貶值) 對貿易賬之影響甚強，則 IS 向右移動程度大，此時如果 LM 向左移動不多 (如圖 13-11 所示)，則 Y_2 當大於 Y_1。

　　如果國際資本流動性不高而貨幣需求之利率彈性較大，則 BP 之斜

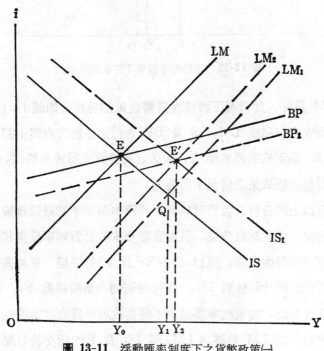

圖 13-11 浮動匯率制度下之貨幣政策㈠

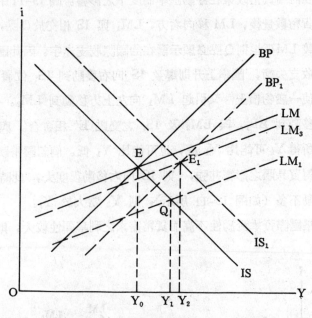

圖 13-12 浮動匯率制度下之貨幣政策(二)

率較 LM 爲陡。此情況下擴張性貨幣政策的功效當如圖 13-12 所示。
其國際收支赤字導致 LM，IS 及 BP 各線之移動方向與上圖相似。新
均衡點 E′ 顯示的所得水準 Y₂ 雖必定高於原來所得水準 Y₀但未必比
匯率未引起次級效果之情況下所得高。

　　綜合以上的分析，我們可以就不同匯率制度下的財政政策與貨幣政
策作一比較。先看財政政策。假定國際資本流動對利率反應甚強，而貨
幣需求之利率彈性不高，圖13-13中 BP 比 LM 平坦，原均衡點爲 E，
擴增政府支出使 IS 移到 IS₁，暫時達到的均衡所得爲 Y₁。但是T點
有國際收支盈餘，如果匯率爲固定不變而政府不採取冲銷措施，則貨幣
數量將增加，使 LM 將移向 LM₁ 與 IS₁ 及 BP 相交於U點，故所得
繼續增加到 Yᵤ 水準爲止。U點在BP 線上，故也是最後的均衡點。可

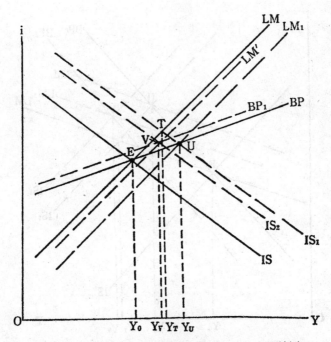

圖 13-13　財政政策在不同匯率制度下功效之比較㈠

見在固定匯率制度下，擴張性財政政策有極強的所得效果，使所得由最初水準 Y_0 增至 Y_T，再進一步上升到 Y_U。在浮動匯率制度下，所得到達 Y_T 後，因匯率變化復引起 IS LM 及 BP 三線的移動，最後三者相交於 V 點，對應的所得水準 Y_V 不一定比 Y_T 爲高。由此可見，就財政政策而言，浮動匯率制度不及固定匯率制度下功效大。

　　然而，倘若 BP 斜率比 LM 陡削則結論相反。由圖13-14可看出，當 IS 線移向 IS_1 後與 LM 之交點 T 在 BP 下方，故國際收支非但沒有盈餘反有赤字。如當時匯率制度爲固定匯率，中央銀行不用公開市場操作以補充貨幣數量，則貨幣數量將因爲國際收支赤字而減少，LM 線必須向上移動到 IS_1 與 BP 之交點 U 爲止，這時赤字消失，U 成爲新均衡點。顯然，與U點對應的所得 Y_U 比 Y_T 低，擴張性財政政策的

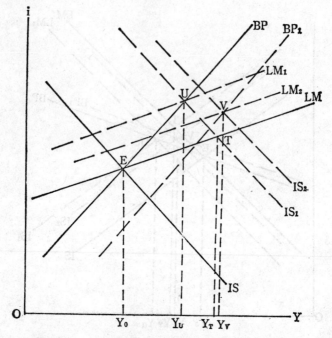

圖 13-14 財政政策在不同匯率制度下功效之比較㈡

功效因受貨幣減縮影響而打了個折扣。 然而， 如果匯率浮動則不同。
T點之潛在赤字會引起本國貨幣跌價 (貶值)，於是 IS 線將從 IS₁ 繼
續向右方移動；LM 線則因物價上升而向左上方移動；BP 也向右方移
動。最後 IS₂ 與 LM₂，BP₁ 三線相交於V點，與V點對應的所得 Yᵥ
可能比 Yᴛ 高，也可能比 Yᴛ 稍低，但一定比 Yᴜ 高。 由此可見在**浮動**
匯率制度下財政政策的功效比在固定匯率制度下為大。

因此，匯率制度之不同對財政政策之功效確實有很大影響，但究竟
何種制度下財政政策功效更佳則尚須取決於國際收支均衡線與貨幣供求
均衡線二者斜率的相對大小。倘若國際資本流動性對利率反應極強，**貨**
幣需求沒有流動性陷阱之特色 （這是公認為比較符合現實的情況），我

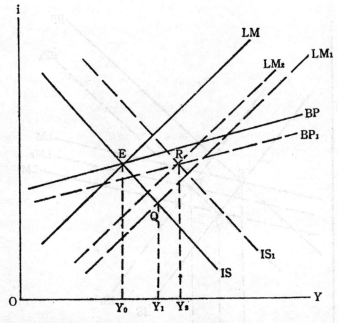

圖 13-15　貨幣政策在不同匯率制度下功效之比較㈠

們可以推斷在固定匯率制度下財政政策功效更大。

　　現在再討論擴張性貨幣政策。我們仍可依據 BP 與 LM 兩線相對斜率之比較，區別爲兩種情況討論。但是讀者將發現，此兩種情況並沒有區別的必要，在圖形上顯示二者結論完全相同。圖 13-15 及圖 13-16 顯示，中央銀行增加貨幣供給後，LM 向右方移動與 IS 在Q點相交，所得暫時上升至 Y₁ 水準。但是，由於Q點在 BP 線的下方，國際收支必有赤字，在固定匯率制度下必導致貨幣數量的減少。因此 LM₁ 又會向左上方移動，直到與 BP 線相交，國際收支恢復均衡，LM 又回到原來位置，與 IS 在E點相交，均衡所得也退回到原先 Y₀ 之水準。如果是在浮動匯率制度下，潛在的收支赤字會引起本國貨幣跌價（貶值），於是 IS 將向右方移動，LM 將向左上方移動，BP 向右下方移動，三

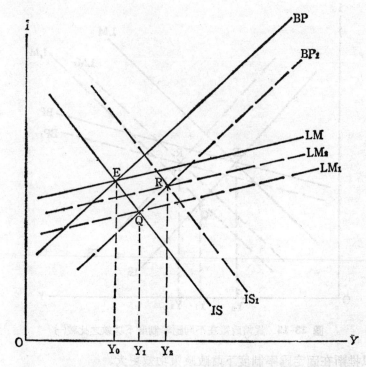

圖 13-16 貨幣政策在不同匯率制度下功效之比較(二)

者的交點R顯示均衡所得必由 Y_1 再增加為 Y_2。由此可獲下述結論：
就貨幣政策而論，固定匯率制度之下完全不能發生作用，但在浮動匯率
制度下則功效甚大。

以上各段所討論不同匯率制度下貨幣政策與財政政策功效之比較，
皆是基於資本流動僅受利率水準影響之假定。倘若改變此一假定，則結
論即不如此確定。例如倪翰敎授（Jürg Niehan）曾為文指出，國際資
本流動亦受匯率變化影響，如果顧及此事實，則所謂貨幣政策在浮動匯
率制度下功效較強之傳統看法可能失眞。現在摘述其要點如下：

倪翰認為人們關切匯率變化，其心目中可能建立一恒常匯率的概

念。 恒常匯率並非永久不變， 它會隨實際匯率的升降而呈較小幅度的
調整。如以R代表實際匯率， R_P 代表恒常匯率，則 $R_P=R_P(R)$ ，
$0<dR_P/dR<1$ 。$(R-R_P)$ 之差能誘發國際資本流動。當 $(R-R_P)$
上升時，人們預料不久R將下降，也暗示本國貨幣升值之機會較大，於是
資本流出額將減少。並且此種預期心理乃是保持匯率穩定的必要條件，
如果匯率增加後使人們紛紛將資金移轉國外，則必造成匯率繼續上升及
資本不斷流出的金融危機。倪翰的論文係假定外匯市場具有穩定性，能
避免此種危機。以 K^0 代表資本流出額，$K^0=K^0(i, R-R_P)$，包括
此函數的總體模式可由下面三式代表。此三式分別為所得均衡條件、國
際收支均衡條件及貨幣供求均衡條件：

$$Y=E(Y, i)+T(Y, R) \tag{13-18}$$

$$T(Y, R)-K^0(i, R-R_P)=0 \tag{13-19}$$

$$L(Y, i)=\overline{M}^s \tag{13-20}$$

各函數偏微分之符號正負情況當如以下所示：

$$I>E_Y>0, E_i<0, T_Y<0$$

$$T_R \geq 0, K^0_i<0, K^0_R \leq 0$$

$$L_i<0, L_Y>0$$

對上面的體系全微分，經整理後得下面的聯立方程式：

$$(1-E_y-T_y)dY-E_i d_i-T_R dR=0$$

$$T_Y dY-K^0_i d_i+(T_R-K_R)dR=0$$

$$L_Y dY+L_i d_i=d\overline{M}^s$$

設係數行列式為 Δ，

$$\Delta = \begin{vmatrix} 1-E_Y-T_Y & -E_i & -T_R \\ T_Y & -K^0_i & T_R-K^0_R \\ L_Y & L_i & 0 \end{vmatrix}$$

$$\Delta = (T_R-K^0_R)\left\{ -(1-E_Y-T_Y)L_i - L_Y E_i - \frac{(T_Y L_i + K^0_i L_Y)T_R}{T_R-K^0_R} \right\}$$

$$= (T_R-K^0_R)\Delta'$$

dY之子式行列式$A_{dY} = \begin{vmatrix} 0 & -E_i & -T_R \\ 0 & -K^0_i & T_R-K^0_R \\ d\overline{M}^s & L_i & 0 \end{vmatrix}$

$$A_{dY} = -(T_R-K^0_R)\left\{ E_i + \frac{K^0_i T_R}{T_R-K^0_R} \right\}d\overline{M}^s$$

$$\frac{dY}{dM^s} = \frac{A_{dY}}{\Delta} = \frac{-1}{\Delta'}\left\{ E_i + K^0_i \frac{T_R}{T_R-K^0_R} \right\}$$

上式中分子部份 E_i 爲負值，K^0_R 亦爲負值，T_R 代表匯率變化對貿易賬之影響，如果符合馬婁條件（$\eta_x+\eta_M-1>0$），則 T_R 爲正值，結果括弧內之值必爲負。

$$\Delta' = (1-E_Y-T_Y)L_i - L_Y E_i - (T_Y L_i + K_i L_Y)\frac{T_R}{T_R-K^0_R}$$

其值究竟爲正抑爲負必須逐項觀察。根據上列偏微分符號，可知前兩項皆爲正值，假設 $|K^0_i L_Y|>|T_Y L_i|$（資本流動受利率影響甚強之正常情況），則 Δ' 之值爲正號的充分條件是〔$T_R/(T_R-K^0_R)$〕亦爲正值。如果馬婁條件能滿足則 $T_R>0$，同時假如 $T_R-K^0_R>0$ 則可保證 $\Delta'>0$

如果 $\Delta'>0$，顯然 $\frac{dY}{dM_s}$ 之值必爲正。此表示在浮動匯率制度下，

增加貨幣供給必引起所得擴增之效果。並且固定匯率下之貨幣政策的功效可令式中之 $T_R dR = K^0_R = 0$ 表現之：

$$\left(\frac{dY}{dM_s}\right)' = \frac{E_i}{(1 - E_Y - T_Y)L_i + L_Y E_i} > 0$$

倘若 $T_R > 0$ 而且 $T_R - K^0_R > 0$，則顯然 $\dfrac{dY}{dM_s} > \left(\dfrac{dY}{dM_s}\right)'$，此證明貨幣政策之功效在浮動匯率制度下較固定匯率制度下為強。

唯倘若 $T_R < 0$ 而且同時 $T_R - K^0_R > 0$，則將產生 $\dfrac{dY}{dM_s} < 0$ 之後果。此情況下貨幣量之增加反而導致所得水準的下降。其經濟意義是如果貿易品之價格需求彈性甚低，國幣貶值後貿易賑不見改善而投機者卻預料升值可能性甚大，以致於所形成資本流動趨於抵銷利率降低之影響，則貶值使貿易賑惡化，而且所得水準亦隨貨幣量之增加而降低。

倪翰宣稱其理論分析頗能適用於一九七四年西德在馬克浮動時貨幣政策與所得變化之關係。經濟學家們改變資本流動函數之形式，以兩國所得水準或國際利率差距作為決定國際資本流動量之因素者，尚有高山晟（A. Takayama）、蔣碩傑（S. C. Tsiang）教授等。他們的論文皆顯示，欲比較貨幣政策與財政政策在不同匯率制度下之功效則不易獲致明確結論。唯在國際金融一課較流行之教科書中及一般國際經濟學與總體經濟學教科書中，習見之資本流動函數仍舊是以利率水準作為主要變數或唯一變數處理。因此，研習國際金融者仍必須具備依據此類較簡單經濟模型所推演出之知識。

第七節　資產組成平衡模型及總體經濟政策[*]

§7. The Portfolio Balance Model and Macroeconomic Policies

雖然遠自凱因斯與皮高（A. C. Pigou）教授在三十年代論戰時

起，資產對總支出的影響已受到經濟學界的注意，但以「財富效果」爲中心討論資產平衡的重要文獻似乎仍然寥若晨星。至於資產組成之調整對國際收支與國民所得的影響，直到近二十年才成爲學術論文的主題，陸續在雜誌上出現。這也反映出經濟學界漸注重存量均衡建立過程的分析，與存量流量變數之間的關聯。馬鏗若 (R. I. McKinnon) 教授早期一篇討論資產平衡與國際收支之調整的論文，可能是開闢此一新興領域影響頗深的著作，值得專節介紹。此文多用數學形式，與本書第十一章第四節之圖形說明多處可配合印證。

馬鏗若先用四個方程式討論關閉經濟的資產組成平衡模型。假定物價水準不變，貨幣M、公債B及耐久商品A三者構成民間資產。此三者存量的改變，皆能影響商品支出函數E。國民所得均衡值決定於商品支出恰等於國民所得Y此一流量均衡條件：

$$E(Y,M,B,A,i;a)-Y=0 \qquad (13-21)$$
$$L(Y,i;\beta)-M=0 \qquad (13-22)$$
$$N(Y,i;\omega)-B=0 \qquad (13-23)$$
$$J(Y,i,\delta)-A=0 \qquad (13-24)$$

所得對支出的影響，可用偏微分 $\frac{\partial E}{\partial Y}=E_Y$ 代表；利率對支出的影響則用 $\frac{\partial E}{\partial i}=E_i$ 代表。依通常慣用假定，$0<E_Y<1$，$E_i<0$。人們持有的耐久商品A增加，則會減少對商品的購買，故 $\frac{\partial E}{\partial A}=E_A<0$。至於民間的貨幣持有量M及公債持有額B對民間商品支出的影響，皆有正值財富效果，$\frac{\partial E}{\partial M}>0$，$\frac{\partial E}{\partial B}>0$。(13-22) 至 (13-24) 三式分別表示貨幣需求L、公債需求N及對耐久商品存量的需求J皆恰由三者在當時之存量滿足。三個存量需求函數中僅列入所得Y與利率i兩個經濟變數，其

理由是決定資產需求的財富總額，可用所得除以利率而得之資本化價值表示。並且在任何時點各別資產存量是可以互換的，因此不能視爲決定存量需求的因素。諸函數中的希臘字母 α , β , ω 及 δ 皆代表各函數的移動，也反映民間支出行爲及資產偏好的改變。

在此一方程式體系中，所得與利率是可完全由 (13-22) 及 (13-23) 兩式決定，(13-24) 則可用以決定商品之均衡存量Ａ。一旦三個存量方程式能夠滿足，則流量方程式也會維持支出與所得的均衡關係。資產組成平衡的境界也暗示著當期的計劃支出率恰等於當期所得。

乘數效果：一般敎科書皆藉支出函數的自發性移動對均衡所得水準之影響來表現乘數效果。馬鏗若認爲 β 之增加必伴同 α 或 ω 之減少發生。究竟人們在增加對商品的支出時是讓貨幣持有額減少，抑讓公債持有額減少，對於經濟的最後均衡狀態有不同的影響，必須加以區別。同理，爲了增加貨幣存量而減少商品支出及爲了增加公債存量而減少商品支出，其對均衡所得水準的收縮性影響也不相同，現在以後面的情況爲例分析如次。

倘若人們爲了想多持有貨幣，減少對商品的購買，則 α 增加時 β 必減少，ω 則不改變。故 $\partial\beta/\partial\alpha<0$, $\partial\omega/\partial a=0$, $d\alpha<0$ 將 (13-22) 及 (13-23) 兩式微分可得：

$$L_Y dY + L_i d_i + L_\beta d\beta = 0$$

$$N_Y dY + N_i d_i = 0$$

$$(dY)_\beta = \frac{-L_\beta N_i \, d\beta}{L_Y N_i - L_i N_Y} < 0$$

$$(di)_\beta = \frac{L_\beta N_Y d\beta}{L_Y N_i - L_i N_Y} > 0$$

可見均衡所得必減少而利率則上升。

如果對貨幣需求不變，商品支出之減少是由於 ω 增加使 N 函數向上移動，則均衡所得與利率之變化當為：

$$(dY)_\omega = \frac{N_w \cdot L_i \cdot d\omega}{L_Y N_i - L_i N_Y} < 0$$

$$(di)_\omega = \frac{-N_w L_Y \cdot d\omega}{L_Y N_i - L_i N_Y} > 0$$

此兩種情況所得水準皆因商品支出減少而下降，至於下降程度之比較則可由下式決定：

$$(dY)_\beta = \frac{-N_i \cdot L_\beta}{L_i \cdot N_w}(dY)_w \tag{13-25}$$

如果 $N_i > -L_i$，而 L_β 與 N_w 之值甚接近，則 $|(dY)_\beta| > |(dY)_w|$。倘若債券持有額對利率改變的反應較貨幣需求對利率改變之反應程度強，則貨幣需求線移動所產生的乘數效果比債券需求線移動所產生的乘數效果大。理由可證明如下：當貨幣需求線向上移動，對商品的支出減少時，由於所得下降使人們希望持有的債券也會減少，但債券存量並未改變，故利率必須上升才能誘使人們多持有債券。但是此種利率之升高亦鼓勵人們減少貨幣持有額，故所得之下降與利率之上升同時有助於建立貨幣市場的均衡。如果一定程度之利率升高引起人們增加債券持有的影響大於引起人們減少貨幣需求的影響，那麼利率的變化必定還會對商品市場產生進一步的收縮性作用，使所得水準下降得更多。一般典型的凱因斯派乘數分析均暗中假定 $N_i = -L_i$，因此也不區別商品支出的減少究竟是由於貨幣需求增加抑債券需求增加。但是此種區別對於貨幣政策的效果實具有重要意義。貨幣供給額的減少可經由公開市場操作以達成，

也可不由公開市場操作單純減少貨幣存量。在後面這種情況下顯然會使所得水準下降，但在公開市場操作的場合，所得之改變卽不甚明確，唯有在 $N_i > -L_i$ 之假定下，當局出售公債以減少貨幣供給額的政策會產生較明顯的降低所得之效果。這點可用數學證明如下：

$$L_Y dY + L_i d_i = dM$$

$$N_Y dY + N_i d_i = dB$$

$$dB = -dM, \quad 故 \quad dY = \frac{dMN_i - dBL_i}{L_Y N_i - L_i N_Y} = \frac{dM(N_i + L_i)}{L_Y N_i - L_i N_Y}$$

分母爲正值，公開市場出售公債之政策表示 $dM < 0$，因此唯有在 $N_i > -L_i$ 之假定下，$dY < 0$ 之結論得以成立。

開放經濟之調整： 馬鏗若對開放經濟之分析最初僅考慮貿易賬。他假定資本在國際不能自由流動，在固定匯率制度下貿易盈餘或赤字可立卽影響一國的貨幣供給額。其簡化之總體模型可用下面的方程式代表：

$$E(Y, i, M, B, A; \alpha) + X(R, \theta) - m(R, \eta)E = Y \qquad (13\text{-}26)$$

$$X(R, \theta) - mE(Y, i, M, B, A; \alpha) = 0 \qquad (13\text{-}27)$$

$$L(Y, i; , \beta) - M = 0 \qquad (13\text{-}28)$$

$$N(Y, i; \omega) - B = 0 \qquad (13\text{-}29)$$

$$J(Y, i; \delta) - A = 0 \qquad (13\text{-}30)$$

輸出 X 爲匯率 R 之函數，θ 代表其移動參數，輸入 IM 假定爲平均輸入傾向 m 乘以總支出，而 m 又視爲匯率之函數，η 代表移動參數。(13-26) 及 (13-27) 分別代表所得均衡條件及國際收支均衡條件，其他各式皆意義不變，分別代表貨幣、債券與商品的存量平衡。在此模型中，所得

可全由 (13-27)式決定: $Y = \frac{1}{m} X(R, \theta)$, 連同 (13-28) 及 (13-29) 兩式可決定另外兩個內生變數 i 及 M的均衡值。

倘若人們對貨幣需求增加, 對商品支出減少, 將有何種影響？因 $d\beta > 0$, $d\omega = 0$, $dR = 0$, $d\theta = 0$, $d\eta = 0$ 由此三個聯立方程式之微分式可知

$$mdY = 0$$
$$L_Y dY + L_Y dY + L_i d_i = dM - L_\beta d\beta$$
$$N_Y dY + N_i di = 0$$

故$dM = L_\beta d\beta$, $dY = 0$, $di = 0$。可見均衡所得與均衡利率皆不改變，僅導致貨幣供給額升高以滿足增加之流動性偏好。在此情況貨幣存量之增加係來自貿易出超。當人們減少商品需求時，所得最初會減少，以致輸入亦減少，但輸出不變發生貿易出超，一方面引起貨幣供給額增加，同時也提升所得到原先均衡水準。如果匯率改變或輸出函數移動，則均衡所得的改變完全取決於對外貿易乘數，（即邊際輸入傾向之倒數），$(dY = dX/m)$。在國際資本可流動及匯率可自由浮動之情況下，顯然外匯準備與貨幣存量的關係切斷，於是貨幣政策又恢復其對均衡所得的影響力。貨幣供給額減少則利率上升，引起資本流入，使外匯供給增加，造成國幣升值外幣貶值後果，於是貿易賬的入超必將降低均衡所得。

馬鏗若曾擴充其總體模型以包含政府部門，考慮政府預算赤字（盈餘）與貿易賬赤字（盈餘）並存，使民間維持資產平衡之情況。新模型可用下面一組方程式代表：

$$E[(1-t)Y, i, M, B, A; \alpha] + G_0 + X_0 - IM - Y = 0 \quad (13\text{-}31)$$
$$X(R) - IM = S^t \quad\quad\quad\quad\quad\quad\quad\quad\quad\quad (13\text{-}32)$$

$$tY - G_0 = S^g \qquad\qquad (13\text{-}33)$$

$$L[(1-t)Y, i; \beta] - M = 0 \qquad\qquad (13\text{-}34)$$

$$N[(1-t)Y, i; \omega] - B = 0 \qquad\qquad (13\text{-}35)$$

$$J[(1-t)Y, i;] - A = 0 \qquad\qquad (13\text{-}36)$$

$$S^f = S^g \qquad\qquad (13\text{-}37)$$

在此模型內 t 代表稅率，G_0 爲政府支出。故方程式（13-33）說明預算盈預S^g爲稅收減公共支出之差。方程式（13-32）爲貿易賬盈餘之定義。（13-37）則顯示如政府預算盈餘恰等於貿易盈餘，貨幣供給額可維持不變，故存量均衡多了這一個條件。其他方程式意義均不變。以 $IM = m(E+G)$代入$X - m(E+G) = tY - G$之均衡條件，再利用$E = Y - tY$之關係可得下式：

$$X - m(Y - tY + G) = tY - G$$

$$Y = \frac{X + (1-m)G}{t+m-mt} \qquad\qquad (13\text{-}38)$$

$$\frac{dY}{dG} = \frac{(1-m)}{t+m-mt}$$

$$\frac{dY}{dX} = \frac{1}{t+m-mt}$$

在關閉經濟模型，政府公共支出之乘數效果爲 $dY = \frac{1}{t}(dG)$；在僅有被動性財政政策的開放經濟，對外貿易乘數爲 $dY/dX = \frac{1}{m}$。而此處顯然對外貿易乘數大於政府支出乘數，二者皆較上面較簡單模型之乘數爲小。依照（13-38）式決定了國民所得水準後，代入(13-34)及(13-35)式可決定 i 及M。再利用（13-36）式決定均衡的耐久性商品存量A。

其次，假設財政維持平衡預算，貿易賬亦須平衡才能保持存量均

衡。此兩者的含義可由下列方程式表現:

$$tY = G$$

$$X = m(E + G) = mY$$

$$t = mG/X \qquad (13\text{-}39)$$

(13-39)式爲當局爲了達成對外貿易平衡與存量均衡,所得稅稅率之調整公式。如果政府支出必須增加,所得稅率應按 m/X 之比率增加。假如政府支出不變,外國的經濟繁榮導致輸出增加,則政府必須降低稅率以維持預算平衡,並調節輸入以避免出超。既然輸入傾向m及輸出額X皆爲匯率R之函數,當然R也是一個政策工具。因此 t 與R同爲維持內部資產平衡及對外平衡的兩項政策工具。 均衡所得水準係由 t , G, X,及m共同決定,利率係與貨幣存量同時決定。如果當時的均衡所得低於充分就業所得水準,則政府宜藉匯率政策之工具以達成充分就業所得水準。貿易之正常反應爲 $\frac{\partial X}{\partial R} > 0$, $\frac{\partial m}{\partial R} < 0$,故匯率之適度貶值可提高所得水準。以 Y_f 代表充分就業所得, $(Y_f - Y) = dY^*$ 爲適度之所得增量,按照乘數原理:

$$dY^* = \frac{dX(R^*)}{m(R^*)}$$

此式卽可決定爲達到充分就業所需之匯率 R^*。如果此時政府支出 G^0 已經確定,則均衡稅率 t^* 可隨之決定:

$$t^* = m(R^*)G^0/X(R^*)$$

馬錫若強調,利率變化所引起的存量調整是一次卽完畢的過程,不能代替流量調整,故貨幣政策亦局限於存量調整,不能代替匯率的改變使經濟社會在長期靜態下維持內部均衡與對外平衡。

第八節　政策效果之國際傳播

§8. The International Transmission of Economic Policies

在本書第八章第二節討論的二國模型及迴響效果僅涉及貿易賬的變化及對國民所得的影響。現在我們要進一步考慮包括資本賬在內的全盤迴響效果。事實上，考慮一個開放型的大國經濟時，我們如果發現其主要貿易與投資對象為另一個大國經濟，則國際資本的自由流動必然會導致國際利率的統一化，於是一個大國發生的經濟事故或政策行動能傳播到另一個大國，影響後者的所得水準。譬如在研究美國與歐洲共同體兩個「大國」之間的經濟關係時，我們便可以利用本節所討論的佛萊明——孟德爾二國模型 (Fleming—Mundell Model)，觀察美國的貨幣政策與財政政策如何影響歐洲共同體的所得水準，並進而修正此種政策對美國經濟的初步影響。同理，歐洲共同體如發生重大經濟事故，不僅歐洲所得水準立即改變，透過歐美之間貿易與投資關係，美國的經濟也會受連帶影響，而且美國所得變化後又對歐洲經濟發生迴響反應，使歐洲的國民所得有所調整。

佛萊明——孟德爾模型假定國際資本完全自由流動，在兩國的利率水準完全一致時才建立均衡狀態。這個模型也假定固定匯率制度下任何國際收支盈餘必引起貨幣供給增加（赤字則使貨幣供給減少）；在浮動匯率制度下靠本國貨幣的貶值能增加輸出盈餘及提高國民所得；換言之，外匯市場符合馬婁條件。此外，此一模型還採用凱因斯式物價水準固定不變之假定，名義所得的增減也代表實值所得的變化，匯率的調整不能影響物價。本節前半部先討論固定匯率制度下經濟政策之國際傳播；後半部繼續介紹浮動匯率制度下的情況。

（ⅰ）固定匯率制度

假定本國原先處於失業率偏高的經濟狀態，所得水準為 Y_0，利率為 i_0，如圖13-17中 LM_0 與 IS_0 之交點A所示。政策決策當局欲以擴張性貨幣政策增加生產與就業。原先利率 i_0 亦為國際均衡利率，因 i_0 恰等於外國利率 $i_0{}^*$，此時外國的所得水準決定於 $LM_0{}^*$ 與 $IS_0{}^*$ 相交處 A′，外國期初所得為 $Y_0{}^*$。

本國貨幣供給增加後，LM_0 當向右移動到 LM_1 之位置，其與 IS_0 的交點B決定之新所得為 Y_1，新的利率為 i_1，i_1 比原有之均衡國際利率 $i_0=i_0{}^*$ 為低。本國所得增加後必引起輸入增加，也就是外國對本國的輸出增加。因此外國的 $IS_0{}^*$ 必向右移動，設移動到 $IS_1{}^*$ 的位置，$IS_1{}^*$ 與 $IM_0{}^*$ 相交於 B′，顯示外國因出口擴張使所得增加為 $Y_1{}^*$，利率則上升至 $i_1{}^*$。B與 B′ 皆非長久均衡狀態，因為在國際資本自由流動之假定下，兩國利率差距會很快消失，而且在利率趨向新的統一水準調整過程中，兩國的國際收支及所得水準還會發生進一步的改變。

本國處於 B點時由於利率較外國低，資本外流必導致國際收支的全盤赤字。在固定匯率制度下，中央銀行為了出售外匯及同時收回本國貨幣，將使本國貨幣供給減少，結果代表貨幣市場均衡狀況的 LM 曲線必向左移動。同時外國則因在利率較高之吸引條件下，資本流入使國際收支呈現盈餘，外國的中央銀行在固定匯率下不斷累積外匯資產，同時增加其貨幣供給，於是外國的 LM* 曲線必向右移動。本國的貨幣緊縮及 LM 向左移動效果是與 IS_0 相交處決定之利率升高而所得則下降；外國的相反變化是LM* 向右移動後，與 $IS_1{}^*$ 相交於較低的利率及較高的所得水準處。綜合兩國一併考慮，因受本國擴張性貨幣政策影響，新的國際均衡利率必定比原有的均衡利率 $i_0=i_0{}^*$ 為低。當 LM 移動到 LM_2 位置後與 IS_0 相交於 C點；LM* 移動到 $LM_1{}^*$ 位置後，與

IS_1^* 相交於 C′ 點，此時兩國恰能建立一致的利率水準 $i_2 = i_2^*$，國際資本不再流動，兩國的國際收支亦恢復均衡，因此不再發生貨幣性調

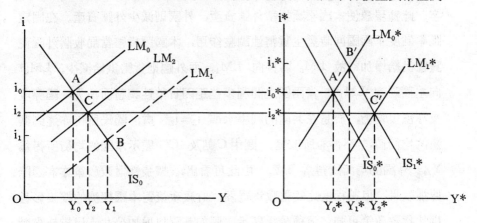

圖 13-17　固定匯率制度下貨幣政策之國際傳播效果

整。於是與 C′ 點及 C 點對應的所得水準 Y_2 及 Y_2^* 便是長期均衡水準。由此可知，利用二國模型分析貨幣政策，顯示很強烈的國際傳播效果。美國的擴張性貨幣政策使歐洲共同體的所得水準大幅度增加，其增加原因是先有刺激歐洲對美輸出增加之效應，繼之又產生利率差距引起的貨幣性調整，使歐洲所得進一步提高。至於美國本身則反因貨幣性調整而抵銷了一部分初步的擴張影響，使得貨幣政策對其本國的功效不強。

　　現在再考慮財政政策。假定本國主政者推行擴張性財政政策，則 IS 當向右移動，新的暫時均衡點 B 顯示本國利率當上升至 i_1，所得增加至 Y_1。由於兩國間密切的經貿關係，本國所得增加後必引起外國對本國之輸出增加，於是外國的 IS^* 曲線向右移動至 IS_1^*，其與 IM_0^* 之交點 B′ 決定之利率為 i_1^*，所得為 Y_1^*。應注意者，IS^* 之移動程度一定小於 IS 的移動程度，因本國的邊際輸入傾向必小於一。於是本國

的利率暫時高於外國 ($i_1 > i_1^*$)，在國際資本自由流動的假定下，本國必出現國際收支盈餘，同時外國則因利率較低及資本流出而有國際收支赤字。此種現象使本國不斷累積外匯資產，外國則減少外匯資產。在固定匯率制度下兩國同時發生貨幣性調整作用，本國因貨幣當局收購外匯使貨幣供給增加，故 LM_0 將移向 LM_1，而外國則貨幣供給減少，LM_0^* 向左移動到 LM_1^*。當兩國之間利率差距因貨幣性調整而消失，國際收支亦恢復均衡，於是在共同的利率水準 $i_2 = i_2^*$ 處，國民所得亦達到其新的均衡值，不再有所改變。圖中C點及 C′ 顯示本國的均衡所得為 Y_2，外國的均衡所得為 Y_2^*。由此可看出，擴張性財政政策亦有國際傳播效果，但其程度比貨幣政策為弱，財政政策對本國經濟的擴張影響則比貨幣政策更強。這種分析顯示，假如美國以增加公共支出措施來刺激生產與就業，會使美國國民所得水準顯著上升，同時對歐洲共同體亦產生擴張性影響，但是歐洲對美增加輸出之初步擴張影響會因為資本流出導致的貨幣性收縮而被局部抵銷。至於美國本身則除了財政政策的初步擴張效果外，還加上資本流入導致貨幣供給增加之額外刺激作用，使美國國民所得大幅度增加。

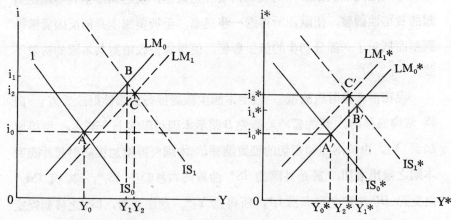

圖 13-18 固定匯率制度下財政政策之國際傳播效果

　　以上的分析同樣適用於非經濟政策之重大事故國際傳播效果。是凡使 IS 或 LM 移動位置的重大經濟擾因， 皆能在上述模型之假定下使影響力傳播到國外，讓外國分擔一些所得與利率的調整作用。固定匯率與完全的資本流動性這兩點假定尤爲推理之關鍵。如果取消資本流動之假定， 則上述貨幣性調整作用也減弱。 因此在資本流動性很低的假定下，貨幣政策的國際傳播影響必減弱，同時對本國所得之擴張作用則增強。財政政策的國際傳播影響則較上文之分析更強，其能提高本國所得之功效則較弱。

（ii）　浮動匯率制度

　　當我們討論浮動匯率制度時， 與上文分析最大的不同是經濟政策（或重大經濟事故）對匯率與貿易條件之影響必須明確考慮，但是國際收支盈餘或赤字的貨幣性後果則完全消失。首先討論貨幣政策之國際傳播效果。如圖 13-19 所示， 本國與外國最初處於國際收支均衡狀態，兩國之利率同爲 $i_0 = i_0^*$， 本國所得爲 Y_0， 外國所得爲 Y_0^*。現在爲便於行文起見， 以美國代表本國， 歐洲共同體代表外國， 二者間的匯率爲 R_0 美元購買一單位歐幣。 在浮動匯率制度下， 倘若美國有潛在性國際收支赤字，則美元必相對於歐幣貶值，也就是 R 必增加；反之， 如美國之國際收支趨向盈餘，美元在國際市場上供不應求，則外匯匯率 R 必降低。 依據一般假定， 外匯市場符合馬婁安定條件， 美元貶值必促進美國對歐洲之貿易出超或減少其入超，美元升值則有相反效果。貿易賬的變化使兩國 IS 曲線移動位置，均衡所得水準亦因而改變。

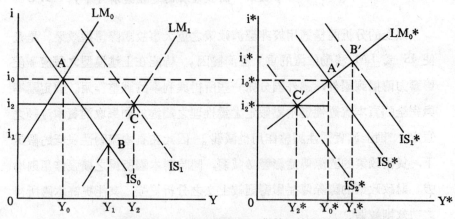

圖 13-19 浮動匯率制度下貨幣政策之國際傳播效果

　　假定期初美國失業率偏高，聯邦準備當局欲為擴張性貨幣政策提高其國民所得，LM 向右移動至 LM_1，LM_1 與 IS 交點 B 顯示美國國民所得暫時由 Y_0 增至 Y_1，利率則暫時下降為 i_1，i_1 顯然低於原先之國際均衡利率。歐洲共同體因美國之所得增加將擴增其對美輸出，IS_0^* 移向 IS_1^*。由 IS_1^* 與 LM_0^* 之交點 B′ 可知，歐洲之國民所得暫時增至 Y_1^*，歐洲利率上升為 i_1^*。美歐之間利率差距必導致國際資本流動，美國資本流向歐洲，使美國的國際收支趨向赤字，歐洲則有潛在盈餘。於是美元供過於求，美元勢必貶值，R_0 上升為 R′。匯率變化後對兩國間貿易產生重大影響，美國對歐出超增加，IS_0 移向 IS_1。歐洲則因貿易入超增加 IS_0^* 向左方移動。兩國之間唯有建立共同的利率水準 $i_2 = i_2^*$ 後，IS 曲線才會停止移動，也唯有此時兩國的國際收支及匯率皆恢復均衡狀態，如圖中 C 點及 C′ 點所示。故美國所得將由 Y_1 再增加至 Y_2，歐洲所得由 Y_1^* 萎縮為 Y_2^*。美國的擴張性貨幣政策產生強烈的提升所得功效，首先有初步的低利率刺激投資效果，繼之有美元貶值擴大輸出功能，使美國經濟活動格外蓬勃。歐洲則在初期因美國增加輸入而感受刺激，所得暫時增加，但終因資本流入與歐幣升值之不良影響，令經濟活動衰退，所得隨之下降至 Y_0^* 以下。在此種浮動

匯率制度下，美國的擴張性貨幣政策雖解決了本國的經濟衰退困難，卻不免嫁禍於鄰的效果。

現在接著討論財政政策。假定由原初 A 點出發美國增加公共支出或降低程序，則 IS_0 向左移往 IS_1，其與 LM_0 之交點顯示美國利率上升為 i_1 而所得則增加為 Y_1，歐洲受出口擴張之初步影響 IS_0^* 向右移動到 IS_1^*，IS_0^* 之移動程度必小於 IS_0 之移動程度，因此，由 B′ 點所顯示之歐洲利率必低於美國利率，即 $i_1^* < i_1$。但 B 與 B′ 皆非長久均衡狀態，因為美歐利率差距必引起國際資本流動，歐洲為低利率國家，將因資本流出而呈現國際收支潛在赤字，此種對美元之熱烈需求將引起美元升值歐幣貶值，故歐洲會有進一步的出超增加現象，使 IS_1^* 繼續向右方移動。同時美國則因美元升值及入超增加使 IS_1 向左移動，兩國終必在 $i_2 = i_2^*$ 的共同利率水準下建立長期均衡狀態。在美國 IS_2 與 LM_0 之交點 C 決定之利率為 i_2，所得為 Y_2；在歐洲共同體 IS_2^* 與 LM_0^* 相交處 C′ 決定之利率亦為 $i_2^* = i_2$，所得為 Y_2^*。由此可見，美國的

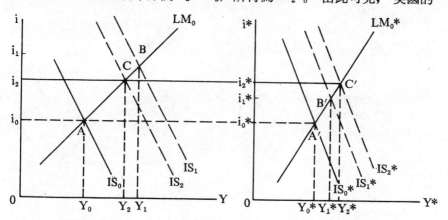

圖 13-20 浮動匯率制度下財政政策之國際傳播效果

擴張性財政政策對美國本身的刺激作用不如貨幣政策強烈，原因是利率升高後引起資本流入及美元升值後果令美國貿易賬赤字增加，抵銷了原

初的一部份擴張影響。至於歐洲則因美國的擴張性財政獲致雙重利益，首先有因美國初步所得增加引起的輸出擴張利益，繼之有歐幣貶值後其一貿易賬上進一步增加出超之利益。因此，在浮動匯率制度下財政政策有極顯著的國際傳播效果。

我們以上關於浮動匯率制度下政策效果之傳播亦可適用於非政策擾因之國際傳播。是凡國內發生令 IS 或 LM 曲線移動位置的任何非政策重大事故，也能依上述推理將影響力傳播給另一個國家。在此項討論中，我們強調了國際資本完全自由流動的假定。如果取消此一假定則結論也因而改變。譬如我們假定資本完全不受利率影響或完全不能移動，那麼貨幣政策的國際傳播效果必定減弱，嫁禍於鄰的現象不會如此明顯，因為利率差距既不能影響外匯匯率，則貿易賬的調整作用便不致於發生。同理，財政政策有益於他國的現象也比資本自由流動之情況微弱。

第九節　理性預期假設與長期均衡

§9. The Rational Expectations Hypothesis and
Longrun Equilibrium

一九七○年代西方大多數國家皆曾經歷停滯性通貨膨脹的困苦經驗，政府採用的調節需求政策效果微弱，無法應付失業率與通貨膨脹率同步升高的難局。這種時代背景下，經濟學界冒出了一枝新的思想潮流，以嚴格的假設與一貫的邏輯來解釋一部份當代現實困難，否定政府經濟政策的功效，這枝新思潮稱爲理性預期學說。由於其結論很接近古典派學者有關長期經濟均衡的觀點，晚近文獻稱之爲新古典派 (new classical school)。儘管此派興起後聲勢頗壯，對於受凱因斯派思想薰陶較深的經濟學者而言，則不認爲此派的主張夠資格成爲思想主流。因爲此派的假定與經濟現實頗不相符，對經濟循環歷史性的說明也往往以偏概全，所以很多人只願稱之爲理性預期假設。本節內我們將「新古典派」與「理性預期假設」兩個名稱一併混合使用。

新古典派的理論歸納言之有三個要點：第一是認爲所有的市場都像完全競爭市場，價格可以自由機動調整，直到買賣雙方均感完全滿意爲止。這表示勞動市場不會有非自願失業存在，如果失業率升高也是出於工人與雇主的意願。第二是視充分就業爲勞動市場的正常狀態。但由於人們對未來價格水準之預期不正確，會使實際就業量高於或低於充分就業。雇主與工人常誤將絕對價格水準的改變看成相對價格的變動，他們的錯誤能導致經濟的反常興旺或蕭條。第三是人們能運用一切有關情報改正他們的預期，因此他們不會屢次犯錯。整個經濟的生產與就業水準在到達均衡值以後，卽不致於受政策影響而改變。換言之，政府的貨幣政策、財政政策或外匯政策都只有在使人民繼續產生錯誤的物價預期之

條件下，才可能改變生產與就業量，俾暫時超過或低於充分就業之均衡值。但因人們的預期是理性的，此種錯誤預期很快將被修正，結果縱然在短期內政府的調節需求政策也是徒勞無功的。

我們先討論新古典派的勞動市場觀念。勞動市場與大多數商品市場特別不同之處，是勞動者與雇主簽訂工資合約後，依合約履行義務，在合約未期滿以前不能改變工資率。大多數的工資合約都只是註明貨幣工資率，而未附帶按物價指數百分之百調整工資的條款。因此，勞動者或其工會代表在議價簽約前，必須對未來一年（假定合約是每年簽一次）合約期間物價上漲率先作估計。這樣他們才能計算預期的真實工資率，從而決定勞動供給曲線。另一方面雇主也基於他對產品的預期市價與勞動邊際生產力，來計算勞動的邊際產值。他最有利的勞動雇用量是決定於勞動邊際產值恰等於貨幣工資率之處。這個條件決定了勞動市場的需求曲線。

雇主對產品行情通常較了解深刻，因此勞動需求曲線可視為甚為穩定。勞動者對未來物價水準之預期則難免有偏高或偏低之錯誤，由此決定的勞動供給曲線也因之可能移動位置。舉例如圖 13-21：縱軸為貨幣工資率，勞動需求曲線為較準確的價格預期條件下導出之曲線 N_d，在線上各點 $W=f(N) \cdot P$。勞動供給曲線視勞動者及工會領袖的預期物價水準而決定位置，在供給曲線上各點 $g(N)=W/P_{ex}$，即預期真實工資率等於平均勞動負效用。設期初 $P_{ex}=P=100$，真實工資指數亦為 100，勞工與雇主達成協議，決定之就業量恰為充分就業 N_F，假如現在工會領袖預料新的一年物價比上年上漲率為低，或物價水準下降為 $P'_{ex}=95$，則相信真實工資率將上升，勞動供給曲線移動到 $N_s'N_s'$ 位置，實際之就業量超過 N_F 而為 N。再假設工會領袖預期下年物價上漲率較高，物價水準上升為 $P^2_{ex}=105$，則對應於較低的真實工資率，勞動供給曲線向

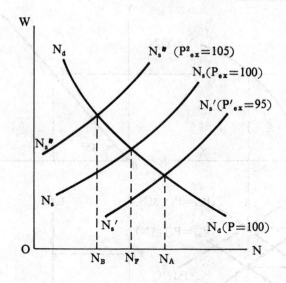

圖13-21　勞動市場均衡狀態

左移動到　$N_s''N_s''$，決定之就業量當爲　N_B，低於充分就業水準。因此照此理論，所有的失業都是自願性的。因勞動者及其工會預料其眞實工資率會降低，故自願減少其勞動供給量，令失業率提高。另一方面也可能因爲勞動者及其工會預料眞實工資率上升而創造反常偏低的失業率。一旦當勞動者及工會改正了他們錯誤的預期物價上漲率，則經濟將恢復到自然失業率，這也就是就業量爲 N_F 時的失業率。

　　基於此種觀點，理性預期假設下產生的總供給曲線必定爲一條垂直線，所對應的眞實所得就是勞動市場達到充分就業時之生產值 Y_F。這可由圖 13-22明顯看出。如果貨幣工資及物價自由升降，勞動需求曲線與勞動供給曲線皆按同一比例移動，結果自然不影響就業量 N_F，由生產函數決定的產量 $Y=Y(N)$ 也固定於 Y_F 之水準。

　　圖中的垂直線型 總供給 曲線又 稱爲長 期總供 給曲線　（longrun

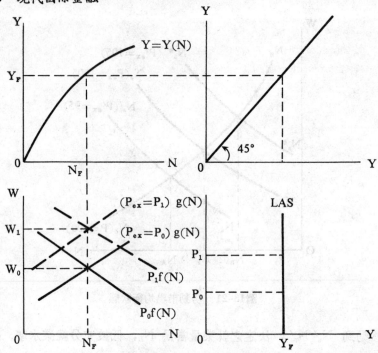

圖13-22 垂直型長期總供給曲線

aggregate supply curve 或 LAS 曲線），就長期而言，人們的預測總是正確無誤的，預期物價水準必定等於實際物價水準。在短期內勞動者未必能準確地預測物價。我們假定勞動者滯後調整其預期物價上漲率及預期物價水準。在實際物價繼續改變但是預期水準卻固定不變之情況下，我們可作出一條向上傾斜的總供給曲線。如圖 13-23所示，對應於固定的預期物價 $P_{ex}=P_0$，當實際物價上升時，勞動就業量增加，真實產量也因而增加。於是得到一條總供給曲線。顯然，如果勞動者對未來物價預期是固定在更高的水準，則我們由另一組勞動市場均衡點求得的總供給曲線也位置更高。這種由變更預期物價水準而導出的總供給曲線，可稱為預期因素引伸之總供給曲線（expectation augmented aggregate

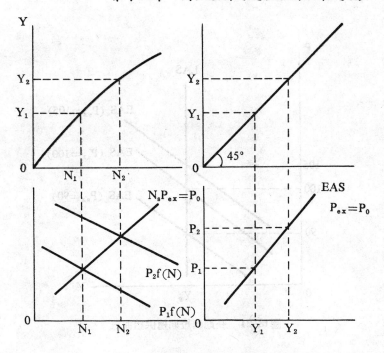

圖13-23　EAS 曲線

supply curve)，簡稱 EAS 曲線。

在每一條向上傾斜的 EAS 曲線上，總有一點恰好所對應的實際物價水準就是產生該條 EAS 曲線的預期物價水準。這也就是前面圖 13-23 垂直線型總供給曲線之軌跡。如圖13-24所示，$EAS(P_{ex}=105)$ 是根據人們在短期內預期物價水準爲 105 的條件而導出的總供給曲線，它與對應於充分就業所得水準 Y_F 的垂直形狀 LAS 相交處，標示的實際物價水準必定也是 105。如果人們的預期物價水準下降爲 $P_{ex}=100$，則必有另一條位置較低的短期總供給曲線 $EAS(P_{ex}=100)$，它與 LAS 相交處的實際物價水準正是 100。由此可知，EAS 曲線只在短暫期間有固定的位置，一旦人們改變對未來物價的預期值，此曲線立刻向上移動

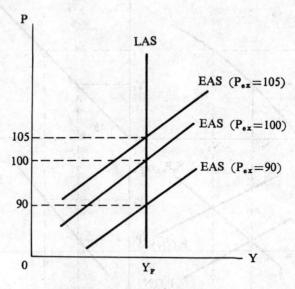

圖13-24　長期與短期總供給曲線

或向下移動。我們可用方程式描述總供給曲線:

$$Y = Y_F + \beta \left(\frac{P - P_{ex}}{P_{ex}} \right), \quad \beta > 0 \tag{13-40}$$

方程式中 β 爲預期係數, 在長期人們預期完全正確, 卽 $P_{ex} = P$, 故$Y =$ Y_F 之垂直線卽長期供給曲線。

　　現在我們再回頭討論總需求曲線的導求過程。新古典派模型對需求面的討論完全是接受凱因斯派 IS、LM 曲線分析法的基本構架, 沒有任何創新。我們可以沿襲本書第十章第三節所用直線型總體經濟模型, 討論總需求曲線的導求及其移動位置的諸因素。

　　IS 曲線及 LM 曲線分別代表商品市場及貨幣市場的均衡條件, 二

者的方程式爲：

$$Y = \frac{1}{s+m}[\overline{A} + T(\overline{R}P^*/P) - bi]$$

$$\frac{M^s}{P} = kY - li$$

式中 $\overline{A}$ 代表包括民間自發性消費與投資以及政府公共支出在內的各項支出。T 爲貿易盈餘，bi 爲受利率影響之投資支出。M^s 爲貨幣供給，R 爲匯率。凡屬擴張性的調節需求政策必定透過 $\overline{A}$、M^s 或 $\overline{R}$ 這三個變數來影響眞實所得 Y 及物價水準 P。由此二式結合導出之總需求曲線 AD，顯示所得受物價改變之影響，物價水準上升則眞實所得減少。

$$Y = \frac{1}{s+m+\dfrac{bk}{l}}\left[\overline{A} + T\left(\frac{\overline{R}P^*}{P}\right)\right] + \frac{b/l}{s+m+\dfrac{bk}{l}}\left(\frac{M^s}{P}\right)$$

$$(13\text{-}41)$$

上式中如果物價下降，貿易盈餘必增加，同時全社會實值貨幣供給也增加，雙方面影響到實值所得升高。如圖所示，原先物價水準爲 P_0，IS 與 LM 二曲線相交於 E 點，決定之均衡實值所得爲 Y_0，當物價下跌爲 P_1 後，貿易盈餘擴增，使 IS 移動到 IS′，實值所得之增加則使 LM 移動到 LM′。新的交點 E 顯示均衡實值所得增加爲 Y_1。於是我們導出物價變化與均衡眞實所得水準之間的反方向關係，卽圖 13-25 中之總需求曲線 AD。

　　任何能移動 IS 曲線位置之總支出組成份子發生增減變化，或移動 LM 曲線位置的貨幣供求因素發生增減變化，皆可能使總需求曲線的位置跟著移動。下面圖 13-26(a) 說明擴張性貨幣政策對 AD 曲線的影響。

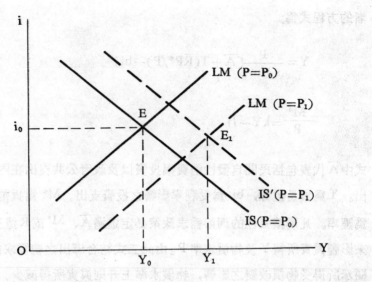

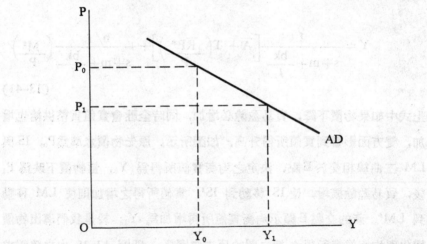

圖13-25　AD 曲線

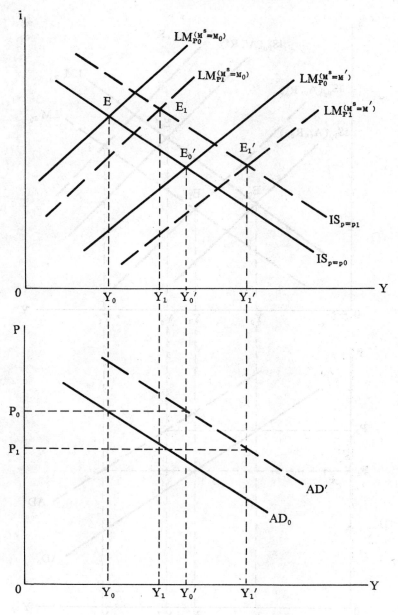

圖13-26　(a)貨幣政策與AD曲線

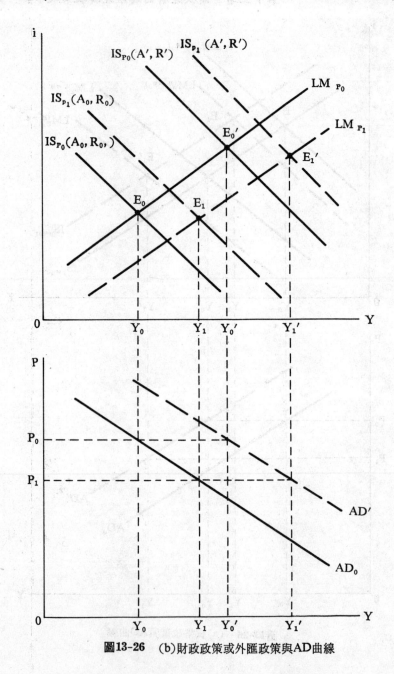

圖13-26 (b)財政政策或外匯政策與AD曲線

當貨幣供給由$M^s = M_0$增加為M'，對應於兩種不同物價水準的一組LM曲線必向右移動，其與 IS 曲線的新交點 E_0' 及 E_1' 顯示眞實所得一律上升，卽當物價爲 P_0 時之眞實所得由 Y_0 增至 Y_0'，當物價爲 P_1 時的眞實所得由 Y_1 增至 Y_1'。故整條總需求曲線已因貨幣數量之增加而向右方移動。圖 13-26(b) 則顯示擴張性財政政策（使 A_0 增至 A'）或通貨貶值的外匯政策（使 R_0 增至 R'）對 AD 曲線的影響。由於此類政策使一組 IS 曲線移向右方，結果對應於各個物價水準下的眞實所得一律增加，卽整條 AD 曲線向右方移動。

現在我們可以將供給面與需求面結合起來討論政策效果。

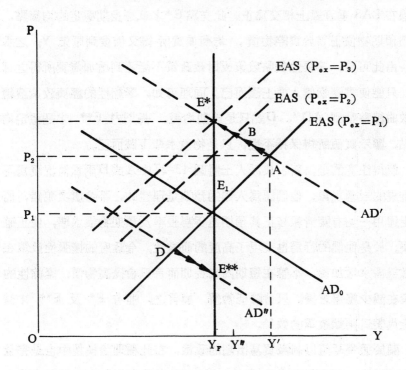

圖 13-27 新古典派觀點之政策效果

假設由長期均衡狀態E_1點出發，當時物價水準爲P_1，實值均衡所得爲Y_F。通過E_1點有總需求曲線AD。及短期總供給曲線EAS($P_{ex}=P_1$)。現在政府欲藉擴張性貨幣政策或財政政策提高實值所得至 Y'，則 AD當向右移動至 AD' 之位置。短期均衡點A決定之所得雖符合要求，但實際物價水準則上漲爲 P_2。P_2 高於當時人們預期物價水準 P_1，因此A點的均衡所得不可能長久維持。照理性預期假設， EAS 曲線會立卽向上移動。假如人們第一次修正他們的預期物價爲 $P_{ex}=P_2$，EAS $P_{ex}=P_2$ 與 AD' 交點爲 B，對應於 B點之所得爲 Y''，實際物價又高於P_2，可見 B點仍非長期均衡點。EAS 必繼續向上移動。一直到它與 AD'，曲線在 LAS 垂直線上相交爲止。此交點E^*才算是長期穩定的均衡點，人們預期物價正等於實際物價， 均衡眞實所得又恢復到原先 Y_F 之水準。由此可見，擴張性貨幣政策或財政政策不能達到增加眞實所得之目的，只能使實際物價水準上漲而已。同理可知，緊縮性的經濟政策讓總需求曲線移動到 AD''，D點只是短期均衡， 長期內 E^{**} 才是穩定均衡點，顯示實值所得保持不變，只是物價水準下跌而已。

值得注意的是，新古典派人士將圖 13-27中A或D兩種情況視爲不足重視的短暫現象。他們認爲人們的預期是理性的，不會屢次犯錯，而且能運用一切有關情報修正其預期通貨膨脹率及預期物價水準，使正確無誤。於是他們的行爲也表現了高度的前瞻性，令政府的擴張性政策在刺激總需求增加後，不管在短期內或長期而言只會擡高物價；緊縮性的政策在減少總需求後，只會降低物價。換言之，唯有 E^* 及 E^{**} 才眞正能代表這兩類政策的效果。

關於通貨貶值以刺激貿易出超的政策，在此種理論模型中也是完全沒有功效的。通貨貶值令R增加， 使 AD 曲線向右移動。可是結果本國物價水準上升後，眞實匯率 $q=RP^*/P$ 不可能大有助於本國的貿易

賬盈餘。假如 R 與 P 增加率相同，則眞實匯率完全不變，這表示本國商品的國際競爭能力還是如同未貶值前一樣。

　　新古典派此種極端否定總體經濟政策功效的立場曾引起很多學者的駁斥。綜括各家的批評可歸納成以下四點：第一，現實社會民間私人不易搜集準確情報，政府政策措施經常在人民預料之中的假設不能成立。第二，卽令政府將一切統計資料完全公開，私人也未必能運用資料形成理性的預期，有的學者認爲唯有長期內才能建立理性預期。第三，縱然人們的預期是理性的，現實經濟社會制度下有各種價格的僵固性及工資與利率的調整限制，譬如在合約期滿之前不容改變以符合其理性要求。例如費雪（S. Fisher）與泰勒（J. Taylor）等學者皆能以這個觀點駁斥理性預期派，並爲凱因斯派作強有力的辯護。他們指出，現實經濟並非經常處於均衡狀態，乃是趨向長期均衡調整的連續失衡狀態。在此調整過程中，經濟政策可以發揮對就業與產量的影響力量。第四，新古典派的勞務市場理論不能解釋像一九三〇年代那種經濟恐慌現象。將數以百萬計的大量失業勞動視爲自願失業者，歸咎於其價格預期之暫時錯誤，實跡近於強詞奪理，不能令人信服。

　　根據以上的幾點評論，我們只能將新古典派理論視作貨幣學派中衍生的一枝思想潮流看待。基於與現實情況有重大差異的假設而作抽象的理論探索，固然有助於象牙之塔內學者好奇心之滿足，其對國計民生關係密切的政策主張則不宜輕易接受而信賴之。

本章參考文獻

1. Fleming, J. M. (1962) "Domestic Financial Policies under Fixed and under Flexible Exchange Rates" *IMF Staff Papers*, Vol. IX.

2. Mundell, R.A. (1968) *International Economics*, ch. 18 and Appendix.

3. Whitman, M. v. N. (1970) "Policies for Internal and External Balance" *Special Papers in International Economics*.

4. Stern. R.M.(1973) *The Balance of Payments: Theory and Economic Policy*, ch.10.

5. Chacholiades M. (1978) *International Monetary Theory and Policy*, ch.17.

6. Niehans. J. (1975) "Some Doubts About The Efficacy of Monetary Policy under Flexible Exchange Rates," *Journal of International Economics*, Vol 5.

7. Mc Kinnon R. I. (1969)."Portfolio Balance and International Payments Adjustment," in Mundell R. A. and A.K. Swoboda (ed.) *Monetary Problems of the International Economy*.

8. Tsiang. S.C. (1975) "The Dynamics of International Capital Flows and Internal and External Balance", *Quarterly Journal of Economics*, Vol. LXXXIX.

9. Takayama A. (1971). *International Trade, An Approach to The Theory*, ch. 11.

10. Rivera-Batiz F. L. and Rivera-Batiz R. (1985), *Inter national Finance and Open Economy Macroeconomics*, Ch. 12.

11. Brown C. V. (1984), *Unemployment and Inflation*, Ch. 14.

12. Modigliani F. (1977), "The Monetarist Controversy or Should We Forsake Stabilization Policy?" *American Economic Review* also in Korliras P. G. and Thorn R. S. (ed.) (1979), *Modern Macroeconomics*, Part II.

13. Klamer A. (1984), *The New Classical Macroeconomics: Conversations with New Classical Economists and Their Opponents*, Ch. 1.

14. Dernburg T. F. (1989) *Global Macroeconomics*, Ch. 6. and Appendix to ch. 6, ch. 12.

第十四章　世界經濟之回顧與展望
CH. 14　THE WORLD ECONOMY IN RETROSPECT AND A FUTURE OUTLOOK

　　欲展望未來須回顧過去。經濟現象皆非一朝一夕突然發生，正如成語所謂「冰凍三尺，非一日之寒」。一九八〇年代至九〇年代交接之際，世界經濟仍處於對過去激烈變化產生的調整過程中，但也有一些新的複雜因素影響以後的變化與發展。本書最後一章擬以一九七三年作爲西方工業化國家總體經濟現象的分界，區別兩段時期來檢討過去。在前一段時期，西方國家承襲了一九五〇及六〇年代的持續擴張趨勢，幾乎皆達成了高度的經濟成長與低微的失業率，人民生活水準也長足提升，通貨膨脹率雖有輕度上揚之勢，但平均言之皆不算太高。一九七三年以後，大多數國家經濟皆陷入低成長或停滯而失業率與通貨膨脹率同步升高的苦難困境，及邁向對變化的適應調整時期。本章第一節與第二節對這兩段時期作詳細的檢討；第三節對當前世界面臨的主要經濟問題作一綜合探討，並略述專家們提出的改進意見。最後一節對一九八〇年代國際債務問題作一概括說明。本章最後有統計附表，列示世界主要國家的部份總體經濟資料，以便利讀者參考引用。

第一節 一九七三年以前之回顧
§1. The Period Prior to 1973

　　一九七三年以前的二十年可說是西方工業國家共享繁榮的長期經濟成長時代。世界經濟呈現的普遍特色爲眞實國民所得維持高度成長，失業率及通貨膨脹率皆甚低，大多數國家都達到財政收支合理平衡，美國揭櫫自由貿易的基本原則及以身作則的態度，更讓大多數西方國家的貿易賬呈現溫和的盈餘。在固定匯率制度下，美元成爲世界準備通貨，使美國也成爲世界其他國家通貨膨脹率的主要牽制者。美國本身防止通貨膨脹節節升高的需求管理政策不但有助於美國的穩定，同時也助長了其他西方工業國家的穩定。由於各國之間物價上漲之差距不大、經濟循環程度溫和以及諸國金融政策多重視對國際收支失衡的校正功能，故一九七三年以前國際收支的經常賬呈現失衡數字均不足爲慮。

　　然而到了一九六〇年代末期，許多國家的總體經濟表現開始呈現退化現象。德、法、日本、義大利、加拿大及英國皆出現工資暴漲，對工業生產及一般經濟結構造成的強力沖擊，非憑藉往昔之需求調整政策所能化解。

　　其次，此時各國對外基本失衡卻未能經由國際貨幣基金內部規則予以校正，一方面西德之馬克與日圓兩強勢貨幣未適度升值，他方面英鎊與美元等弱勢貨幣未合理貶值，形成一九六〇年代中期英美兩國貿易賬之顯著持續性赤字與稍後西德日本兩國鉅額貿易盈餘。終於由一九六七年的英鎊貶值引發出一連串的外匯危機及一九七一年十二月史密松寧匯率重修訂。

　　第三，美國在詹森總統 (L. B. Johnson) 任內的越戰軍費開銷及大幅度增加社會福利方案，構成公共支出激增，而大部份預算赤字又是靠增加貨幣方式融通，自然造成一九六〇年代末葉至一九七〇年代早期之

高度通貨膨脹，美國的通貨膨脹率上升則讓整個西方國際金融體系失去一支重要穩定力量。

第四，一九六八至一九七一年間美國採行變動激烈的貨幣政策，對世界經濟產生推波助瀾效果。一九六八至六九年美國的緊縮政策，迫使歐洲美元利率大幅度上升，歐洲諸國為防止資本外流亦被迫提高利率並限制短期資本移動，但限制措施成效不彰，仍有大量資金由歐洲流向美國，同時也使歐洲利率一直居高不下。此種情況到一九七〇年則呈現相反變化，此時美國經濟有衰退之勢，聯邦準備銀行改用擴張性貨幣政策，利率降低後又引起短期資金大量流向歐洲，使歐洲各國也跟著採取低利率政策，但其內部經濟活動卻甚為旺盛，於是造成火上加油的過份擴張後果。

因此在一九七一至七三年間世界經濟承受了四大沖擊。第一點沖擊就是這三年內諸工業國讓貨幣供給增加率加速提升了近五個百分點（見附表14-1）。從經濟穩定觀點檢討，這實在是倒行逆施，無疑有助於通貨膨脹率的上升。其次，這段時期恰逢世界糧食短缺及初級產品供不應求，供給面因素使工資物價更難於保持平穩。第三，國際貨幣制度發生劃時代的變化，一九七三年三月固定匯率時代土崩瓦解，世界各國面臨一套新的浮動匯率制度，不但必須在這種陌生的國際貨幣制度下調整其貿易與外匯政策，而且要對過去一般國內經濟政策的功效性重作評估與檢討。第四點重大影響便是一九七三年爆發的首次世界石油危機。一年之內石油價格暴漲三倍，使石油收益激增約七百億美元。凡石油輸入國皆立刻出現巨大入超，OECD諸國的國民生產毛額中約百分之二被移轉給石油輸出國，據估計同時OECD諸國的物價水準也因石油漲價而提高了兩個百分點。除了這種直接影響外，工資率上升之間接影響亦助長了各國的通貨膨脹率。由於能源危機的緊縮性影響，政府稅收亦大為減少，因此在一九七〇年代中期以後各國都有龐大的預算赤字（見附表14-5）。

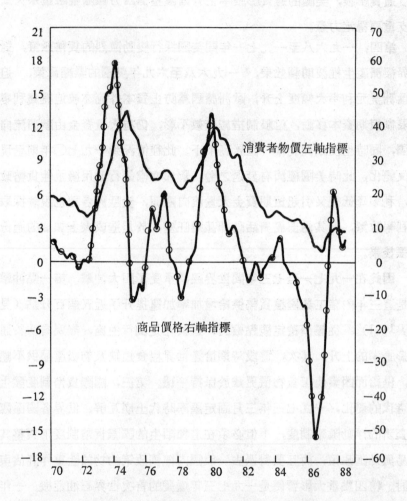

1. 以十二個月移動平均法計算通貨膨脹率。消費者物價皆以當地貨幣表示,用 GNP 作
   權數平均之。
2. 商品價格指數由包括石油及黃金之四十種主要商品價格用世界輸出值加權計算得之。

圖 14-1　1970–1988年主要工業國家商品價格變化及總通貨膨脹趨勢
　　　　 (每年百分率)

第二節　一九七三年以後的停滯性膨脹
§2. The Stagflation of the 1970s and 1980s

近十五年來，自由世界的主要工業國家曾經歷了兩次相當嚴重的經濟衰退，經濟成長率顯著下降，甚至出現負的成長率，同時勞動失業率則大幅度上升。第一次經濟衰退發生於一九七四至七五年。這次衰退主要是由於中東石油輸出國家的第一次石油加價而引起。因爲石油價格驟然大漲，西方工業國家中依靠石油爲主要能源者，皆張惶失措，紛紛減產裁員，使經濟活動很快陷入不景氣之低谷。一九七三年石油危機未發生時，工業國家平均國民生產毛額的成長率高達百分之五點八，到一九七四年卽下降爲百分之零點六，再跌至一九七五年的負百分之零點四。平均勞動失業率則由百分之三點五上升爲一九七五年的百分之五點四。到一九七六年，工業國家的經濟成長率迅速恢復到百分之四點九，但失業率則僅徐緩下降。一般言之，這次經濟衰退雖然程度較深，但復原也快。包括中華民國在內的經濟正在開發中的國家，受此次石油危機的衝擊並不大，國民生產毛額的平均成長率在一九七三年爲百分之七點四，一九七四年及一九七五年僅分別下降爲百分之五點七及百分之四，到一九七六年卽回升爲百分之六點三。不過這次石油漲價引起的經濟衰退與工業國家過去所經歷的經濟衰退有一點很大的不同：過去的衰退大體上都是伴同物價水準的下跌或通貨膨脹率的降低，但一九七四——七五年的經濟衰退則顯然與通貨膨脹率的上升同時發生。以消費者物價指數表示的通貨膨脹率，由一九七三年平均值百分之八激增爲一九七四年的百分之十三，一九七五年仍高達百分之十一。經濟學家們稱此種失業率與通貨膨脹率同時升高的經濟變化局面爲停滯性膨脹（均見統計附表14-2.14-3及14-4）。

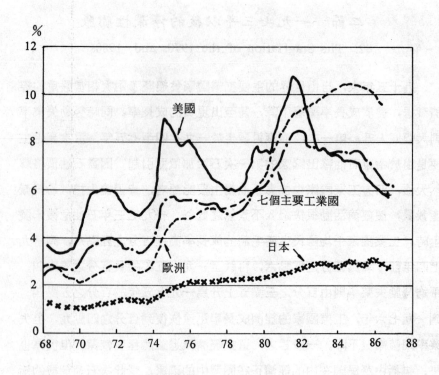

1. 各國失業率以各別勞働人口加權。

2. 包括西德、義大利、法國及英國。

資料來源: IMF *Annual Report*, 1989.

圖 14-2 1968至1988年主要工業國家失業率（勞動人口百分率）

第二次也就是最近一次發生的經濟衰退，程度上雖不及第一次深沉，時間則較為漫長。工業國家國民生產毛額的平均成長率在一九七九年為百分之三點三，一九八○及一九八一年連續兩年下降為百分之一點一及一點六，再低沉至一九八二年負的百分之零點五。一九八三年雖呈現復甦景象，但成長率僅回升到百分之二點七。平均失業率則持續升高，由一九七九年的百分之五點三增加為一九八三年的百分之八點九。這次經濟衰退影響深遠，開發中國家也深受其害。以其平均國民生產毛額成長率觀察，一九八○年僅達百分之二點五，一九八一年仍為百分之二點四，一九八二及一九八三年更分別下降至百分之一點九及百分之一。這一次經濟衰退期間，工業國家的平均物價上漲率倒是愈來愈低，由一九八○年的百分之十三下降為一九八三年的百分之五左右，可是正由於此種演變，使得第二次經濟衰退對於正開發國家發生空前嚴重的國際負債問題，也連帶形成了世界性金融危機，很令經濟學家們憂慮（本章第四節尚有詳論）。

第二次世界性經濟衰退的主要原因有兩點。第一是一九七九年兩伊戰爭引起的石油漲價；第二是一九八○年後大多數工業國雷厲風行地推動反通貨膨脹政策，不但延長了工業國的不景氣，而且使蕭條蔓延到開發中國家。當工業國經濟陷入蕭條時，其貿易額也隨之減少，於是以工業國為主要外銷市場的開發中國家也跟著步上蕭條之路。工業國家在以往解決經濟衰退困難的對策，是推行擴張性的財政政策與貨幣政策。藉增加政府公共支出、減低稅率及利率，以刺激民間的消費支出與投資。這也就是根據戰後三十年來總體經濟學上所謂凱因斯派的經濟理論。可是自從停滯性膨脹困難出現後，此種經濟理論受到嚴重的考驗。很多學者看出其有效性有很大的限制，擴張性的財政政策未必能增加就業量及導致經濟復甦，卻往往因為預算赤字的擴大而引起利率升高及物價上漲

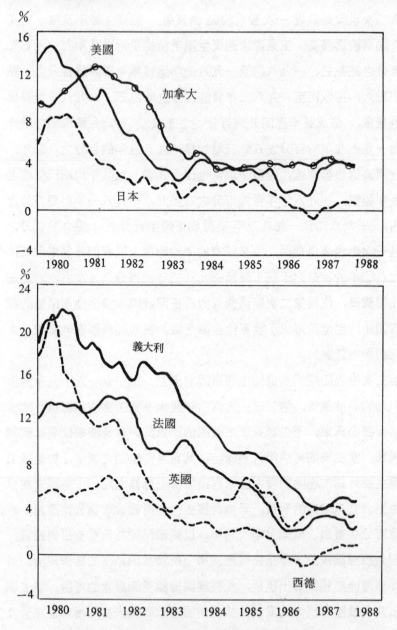

圖 14-3　主要工業國消費者物價上漲率1980-1988

的後果。重視貨幣因素的另一派經濟學者，提出以壓制通貨膨脹爲優先的主張，並且得到很多政府的採納。於是，在緊縮性的金融政策下，雖然遏止了通貨膨脹，卻讓經濟衰退持續了多年（見圖14-2、14-3）。

　　工業國家在近二十年來共同體驗的艱苦歷史，是每次經濟循環帶給國計民生的災害愈來愈嚴重，政府也愈來愈不容易追求免於通貨膨脹之充分就業目標。從平均勞動失業率觀察，第一次循環高峯與低谷之對比是百分之四點九對百分之二點七；第二次循環二者的差距則顯著擴大爲百分之八對百分之五，而且第二次循環期間對應於經濟繁榮階段之勞動失業率竟已超過第一次循環期蕭條階段之勞動失業率。再由平均通貨膨脹率觀察，第一次循環高峯與低谷之對比是百分之五點七對百分之二點七；第二次循環期間二者之對比則爲百分之十二點二對百分之七點一，可見第二循環期物價最穩定的年份還經歷了比第一循環期內更高的物價上漲率。同時也表示一項殘酷的事實：工業國家如果想要使通貨膨脹率降低到二十年前的水準，則必須付出讓勞動失業率提高三倍之代價。

第三節　當代主要問題之癥結與對策
§3. The Current Major Issues and Remedies

　　對於這種工業國家普遍感受之經濟指標惡化現象，經濟學者們曾提出多種解釋理由。有的是屬於長期結構性的因素，這些又可大致歸納成兩類：第一類是刺激西方工業國經濟快速成長力量的逐漸消失。像第二次世界大戰之後全球性貿易自由化運動影響之漸趨微弱；各國產業結構變化反映勞務佔國民生產毛額比重之上升，及勞務生產力之不易提高，皆可歸納爲第一類。至於第二類因素則包括科技的發展與人們心理的轉變甚不利於維持物價穩定與勞動充分就業。有人認爲電腦之普遍使用，替代了大量抄錄計算之人力，使許多低層白領階級的工作機會永遠消失；

也有人指出，長久物價上漲趨勢在人們心中已培養未來物價必繼續上漲之預期心理，導致勞工爭取更高的貨幣工資之堅決態度，勞工成本之持續上升使物價上漲及失業率提高。

除了這些長期結構性因素之外，我們還可以由㈠勞動市場的變化，㈡政府部門赤字預算的增加，㈢金融市場的演變，及㈣貿易失衡與外債問題四方面來分析世界經濟在近二十年困難的癥結。

㈠勞動市場近多年來顯示的特色，是工資的調整愈來愈不受勞動供求因素支配。工資的自由升降本來是建立勞動市場均衡的主要憑藉。但是由於戰後西方工業國工會勢力的迅速發展、社會福利方案的擴大與最低工資率的制定，眞實工資率常與工人的邊際生產力脫節。工資率的快速躍升與罷工事件的頻繁，嚴重嚇阻了企業家投資的信心。眞實工資上升率超過生產力增加率構成眞實工資膨脹缺口（簡稱工資缺口），工資缺口大的國家通常須忍受的失業率與通貨膨脹率也較高。日本在石油危機時曾讓工資機動下降而避免裁員，西德與奧地利皆用成功的所得政策限制了工資的過度高漲。其他工業國家則相形遜色，向下僵固的眞實工資及調升太快的工資率助長了失業，遏阻了經濟復甦。而且由於有強大的工會勢力，使生產力提高較快的產業應有的工資提升，一律普及於生產力停滯的產業，令後者利潤更形萎縮，甚至難以生存。此現象雖然導致不少工廠倒閉工人失業的悽慘後果，仍不易改變工會頭目們頑固的要求。由下表可看出各工業國工會勢力之比較、近二十年來工會勢力之成長及罷工率的增加，充分反映勞動市場之不易維持均衡。

表14-1　工會勢力指標

1960-1980 （年平均）

國　別	工會化程度				罷　工　率	
	1960	1970	1975	1979	1960-67	1968-75
加拿大	0.25	0.27	0.31	0.33ᵃ	0.35	0.82
丹　麥	0.47	0.51	0.58	0.69	NA	NA
西　德	0.30	0.30	0.35	0.37	0.01	0.03
日　本	0.17	0.23	0.24	0.23	0.09	0.10
瑞　典	0.53	0.66	0.75	0.80	NA	NA
英　國	0.42	0.46	0.50	0.54	0.12	0.45
美　國	0.26	0.25	0.23	0.21ᵃ	0 33	0.53

資料來源: M. Bruno and J. Sachs, *Economics of World Wide Stagflation* 1985 p. 169.

　　㈡過去二十多年西方工業化國家政府部門擴張甚爲迅速，而民間部門則相對縮小。以公共支出觀察，一九六一年平均政府支出佔國民生產毛額的百分比爲百分之二十九，一九八一年增加至百分之四十一。支出中最大項目爲社會福利及衛生教育等項，所占國民生產毛額的比重在此期間由百分之十點五上升至百分之二十三點四。爲了應付龐大的公共支出，各國稅收亦有大幅度的增加。其佔國民生產毛額的比重平均值由一九六一年的百分之二十九增至一九八一年的百分之三十七。因爲大多數國家的稅收皆不足以應付公共支出，於是紛紛出現巨額的預算赤字。一九七三年石油危機以前，大多數尚能維持預算平衡，從一九七〇年代下半期開始，平均預算赤字佔國民生產毛額之比重已高達百分之二點二，到一九八〇年代上半期更繼續攀升到百分之三點三。因各國財政赤字連年不斷，於是累積政府公債對國民生產毛額之比率平均值由一九七三年之百分之三十七點五，不斷增加至一九八六年之百分之六十二點一。美

國之情況更是明顯，雷根政府的減稅方案爲了縮小政府部門之活動，增加民間經濟活動誘因，及壓制通貨膨脹，但導致聯邦預算赤字鉅額激增。有的統計列示，一九八六年美國政府赤字對其國民生產毛額之比率竟高達百分之五。

諸工業國家預算赤字激增後的顯著影響便是總體經濟學上所謂的「排擠效果」。民間儲蓄被政府藉公債之發行而吸收，減少了民間可供投資用途的資金，而且使自由世界的利率水準普遍升高。以美國爲例，一九七三年以前眞實利率（即名義利率減去物價上漲率之差，又稱實值利率）很少超過百分之二點五，經過第一次石油危機形成的高度通貨膨脹與一九七四至八〇年間眞實利率之激烈波動，到了一九八〇年代上半期即呈現顯著的攀升而達戰後空前之高水準——百分之九點五。

眞實利率太高自然扼殺了民間企業增加投資擴充設備之誘因，也擴大了民間企業一般經營的困難。特別是在第二次能源危機發生後，英美等傳統工業國已逐漸醒悟到其資本設備倚賴低廉的石油程度太深，油價高漲後許多生產設備變成陳舊過時且效率低落，但是在高利率之環境下，企業家又沒有能力及信心從事大量新投資，因此生產效率更是趕不上日本及西德。不少經營困難的產業紛紛要求政府出力，予以救濟及關稅保護。在此種新興之保護主義浪潮之下，許多正處於發展中的新興工業國，如南韓、新加坡及中華民國等都感受到傳統的外銷市場有漸趨萎縮的困難。特別是美國動輒以雙邊貿易赤字之改善速度太慢，爲主張新興工業國必須使匯率升值及大量開放進口之藉口。

㈢世界金融市場在過去近二十年有重大的改變。最重要的現象是各工業先進國皆在金融自由化的潮流中，大舉放寬了政府對金融機構的干預與管制。在一個極端自由競爭的（近於放任）環境中，金融機構皆以史無前例的熱忱與勇猛直前態度大肆創新，發明了許許多多花樣百出、

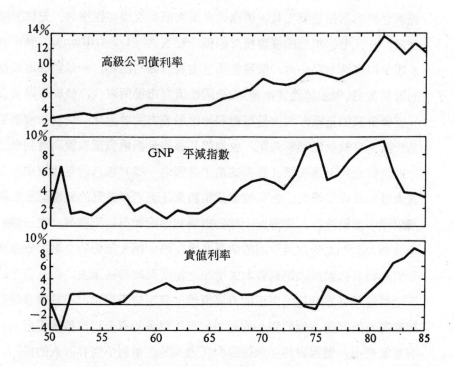

圖14-4 美國眞實利率（1950-1985）

標新立異的信用借貸工具，使全世界債務額呈現爆炸性增加。先以美國為例，一九七〇年全國債務統計約僅一點五兆 (1.5 trillion)，到一九八四年則高達七點一兆。債務膨脹之主要原因有兩點，一是過去地域性的信用市場（例如房屋貸款等）被全國性債券市場所取代，變成理財者表現經營業績的指標；其次是可變利率之融資方式普遍化，使貸款機構更易於擴大存放款間利率差距，也加強其靠儘量擴增資產以提高獲利潛力之經營信念。上述美國（許多其他工業國也一樣）在八〇年代以來每年有大量預算赤字增長，主張控制貨幣數量任憑利率波動的貨幣學派在經濟思潮中漸趨流行，使得近十年的市場利率增加得特別顯著。在一個利率波動大而不太受政策管制的債務暴增經濟，絕大部份的金融機構都讓其資產與負債額以遠超過資本賬增加之速度繼續膨脹下去，而且資產的賬面價值通常亦遠超過真正的市場價值。資產能否變現已不是很多銀行經理擔心的問題，他們關心的是如何吸收更多的資金以繼續擴張信用。有專家指出，美國聯邦存款保險公司過去是注重對小額存款人的保障，目前則強調對一般銀行的保護。每當有大的金融機構發生經營不善及週轉不靈事件時，總是經由官方出面協調，改組合併一些機構以求所有存款人的安全，結果大大小小的金融機構再也不必為了資產風險而過份操心。事實上，凡屬穩重保守的銀行都負擔了過高的保險費，津貼了另一批冒險投機的投保機構，因後者的負擔顯屬太低。美國金融界近甚流行信用債務的證券化。這就是銀行或其他金融機構不願繼續與借款者維持瓜葛時，可將原訂之貸款契約轉讓給政府全民抵押協會 (Government National Mortgage Association GNMA)，於是私人的貸款轉變為大眾可上市證券。這樣一來金融機構在承接貸款申請時，自然不會非常審慎小心去調查借款者的信用。後果也是鼓勵那批不顧風險盲目擴張信用之投機性金融業務。下面圖 14-6 顯示，美國信用市場上累積的債務額相

（單位: 十億美元）

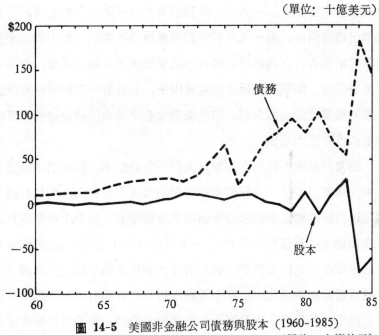

圖 14-5　美國非金融公司債務與股本 (1960-1985)

（單位: 十億美元）

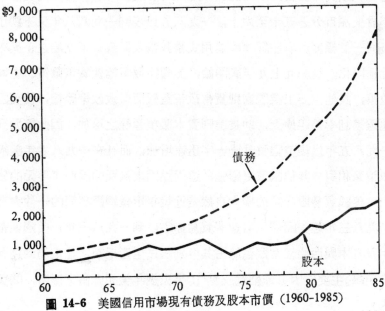

圖 14-6　美國信用市場現有債務及股本市價 (1960-1985)

對於股票市場價值，一九六〇年代前者約爲後者之一點五倍，一九七四年則已超過兩倍，到一九八五年前者激增爲後者的三點七倍。金融專家們曾提出警告，宣稱晚近此種信用過度爆增不是健全現象，它孕育了信用品質低劣、倒賬風險極高的危險因子，假設有一天世界經濟突然發生一場大風暴似的金融危機，則此種倒立金字塔式的債務結構極可能導致嚴重的世界性大恐慌。

　　㈣當浮動匯率流行之初期，人們皆對藉匯率之調整消除國際收支之基本失衡寄以厚望，並預期匯率之變動幅度不會很大，而且各國由匯率變化以消除經濟循環的國際傳播效果會很顯著。結果十多年事實證明，此種預期是完全落空的幻想，一九八〇年代上半期，歐洲國家對美國金融政策產生之沖擊影響一直沒有停止過抱怨與評擊。下面表 14-2 是以按月雙邊匯率變化之標準差及按季對平均實值有效匯率之標準差所顯示之匯率波動程度。由最近十年內之數值觀察，匯率變化幅度並無縮小之勢。以美元而言，從一九八〇年到一九八五年期間，美元的實值有效匯率曾上漲百分之五十至六十，一九八五以後到一九八八年又下跌了差不多同一個幅度。有些經濟學者用貨幣政策及財政政策立場之差異來說明此種變化。從一九七九年底開始，美國採取緊縮性貨幣政策、中性財政政策，其他主要工業國家則貨幣政策寬鬆而財政政策緊縮，使美國與其他國家利率差距擴大，助長美國資本賬項盈餘之增加，因此美元升值。一九八五年以後美國貿易賬赤字迅速增加，而且在一九八六年美國貨幣政策又相對於其他國家更鬆弛，這兩點因素無疑的說明了美元的疲軟。

　　美國貿易賬赤字的擴大自然是近幾年影響國際經濟的一件大事。從一九八三年起美國開始有顯著貿易赤字，到一九八七年，美國經常賬赤字及日本與西德經常賬盈餘占其各別國民生產毛額之比重均到達戰後最高紀錄。主要原因可歸納爲三點: (1)早先幾年美元升值之影響，(2)美國國

表14-2 匯率之波動性

雙邊名義匯率按月 變 化 指 標	1975年1月至 1978年12月	1980年1月至 1984年12月	1985年1月至 1987年12月
日圓	15.5	6.2	19.3
西德馬克	9.7	15.8	17.7
法國法郎	6.3	26.5	15.0
英鎊	10.7	20.8	9.2
義大利里拉	12.5	25.7	13.5
加拿大元	5.9	3.7	3.3
比利時法郎	8.4	24.9	16.7
荷蘭幣	8.4	16.9	17.7
瑞典幣	5.3	26.0	10.6
瑞士法郎	15.9	12.1	17.9
對實值有效匯率平 均值按季差距指標			
美元	4.0	8.5	13.8
日圓	9.1	5.8	15.2
西德馬克	4.8	2.8	5.1
法國法郎	4.7	3.5	1.7
英鎊	6.9	8.0	6.0
義大利里拉	6.5	5.7	3.6
加拿大元	7.1	6.6	4.0
比利時法郎	2.4	13.0	1.6
荷蘭幣	1.6	5.9	3.3
瑞典幣	1.9	10.4	2.3
瑞士法郎	8.0	9.4	4.0

資料來源: Victor Argy, *The World Economy in the 1970s and 1980s*, 1988

內眞實需求因其擴張性政策影響而增加極多，(3)其他因素諸如美國生產力之停滯、技術領先差距之縮小及中華民國、韓國等新興工業國競爭能力之加強。美元在一九八五年以後的幾乎連續四年貶值並未顯著改善國際貿易的失衡狀況，除了時差影響及「J」曲線效果以外，還可依據總體經濟分析中儲蓄、投資及政府預算赤字之間的關係來解釋。由國民所得均衡條件： I＋G＋X＝S＋T＋IM， 故得 (IM−X)＝(G−T)＋(I−S)，此式之意義是貿易賬之赤字增加，必伴同政府預算赤字之擴大或（及）民間投資之超過儲蓄。從一九八〇年代起，美國財政赤字占國民所得毛額之比率居高不下，而民間偏高的消費水準使儲蓄微薄。反觀西德、日本及其他貿易盈餘國家，皆維持甚高的儲蓄率，而政府的財政赤字也不大，甚至還有預算盈餘。此種截然相反的總體變數關係，很清楚地影響到諸工業國貿易賬的失衡。

開發中的國家及經濟落後的國家在一九八〇年代也面臨了一些新的困難。開發中國家面臨的困難除了工業國家的保護政策削弱其外銷與生產活動以外，還有一點困難特別值得強調。西方工業國勵行反通貨膨脹政策收到效果後，物價上漲率顯著降低。這對於債務國家構成沉重的負擔。大家都知道，在物價迅速高漲的時期，欠債不足憂慮，因爲眞實債務隨貨幣購買力的逐漸喪失變得愈來愈輕。當第一次能源危機發生後，好幾個能出口石油的開發中國家，都抓住物價上漲及石油價格看好之機會向外大舉借債，從事大規模的交通運輸投資及城市發展興建工作，沒有妥善計畫將來如何償還債務。不料第二次經濟衰退後，工業國家的石油需求量銳減，使很多石油輸出國的國際收支轉爲赤字，估計一九八一年高達二百六十億美元，一九八二年更增加爲三百二十億美元。以全部開發中國家的國際收支逆差合計觀察，一九七八年爲三百億美元，一九八〇年增至七百億美元，一九八一年爲八百二十億美元，其中大部分爲

利息支出。開發中國家外債對國民生產毛額的比率由一九七〇年的百分之十三點三增加至一九八三年的百分之二十六點七。其外債總額一九八二年估計高達七千一百五十億，其中約百分之六十為對商業銀行負債。很多負債沉重的國家如中南美洲諸國及菲律賓，都是一再請求國際貨幣基金將短期負債延展為中長期。一九八四年全世界共有二十四個國家不能履行契約償還一千一百六十億美元的債務。此數額恰約為一九八三年的兩倍。開發中國家外債問題的嚴重惡化，一部分原因固然是其本身經濟政策的錯誤，但是一九八一年以後利率升高及物價上漲率之回跌，也有很大關係。國際金融專家們對此現象已提出警告，認為是當前國際貨幣關係潛伏的危機。本章第四節對此問題還有更詳細的討論。

此外，還有些經濟更落後的國家，包括非洲及亞洲的貧窮地區，在一九八〇年代多半外匯枯竭而匯率卻高估，加上農產品相對價格偏低，使農民失去改良農田灌溉以增加生產的動機，伏下了今日嚴重饑荒的遠因。對於這些地區，最緊急的問題是如何匯集大量外援以建立其農業生產力。

基於以上四點對經濟困難癥結之分析，為了促進世界經濟之穩定與成長，經濟學家們均呼籲各國力求減少預算赤字，繼續保持穩定的貨幣擴張率以抑制通貨膨脹。另一方面要妥善擬訂勞工政策，加強勞動市場的流動性與競爭性。對於國際貿易與投資的障礙則應盡力消除，因為國際貿易與投資的自由化乃是刺激農工業成長商業繁榮的要素。目前已有好幾位專家呼籲由關稅貿易總協定發動另一次大規模的減稅談判，同時對一些慣於利用非關稅之其他貿易障礙以損人利己之締約國，加以有效制裁。在對金融市場方面，專家均主張政府應加強對金融機構的監督與整頓，過去多年的金融自由化已矯枉過正，唯有重建金融紀律與金融秩序才能確保投資與儲蓄管道之暢通。因此，他們已提出重加規範（reregulation）

之呼籲。我們都希望這些呼籲不久能產生熱烈的反應與有效的行動。

第四節　國際債務問題
§4. The International Debt Problem

　　由上文的討論我們當可明白一件影響國際金融的大事，就是一九七九年發生的第二次世界能源危機使許多正開發中國家的國際收支經常賬出現了空前龐大的赤字。為了支付高昂的油價，石油輸入國固然必須連年入超，甚至石油輸出國也在石油跌價後由於開發計畫耗資過大而陷入貿易赤字日漸擴大之困境。開發中國家融通貿易赤字的途徑起初是靠政府部門向民間銀行大量借債。估計一九八二年底以外國貨幣表示的債務已不亞六千二百多億美元，其中有二千一百億是欠商業銀行的外債。到一九八五年開發中國家的外債增至一萬億美元，其中約半數是由國際貨幣基金所歸類為「負債沉重」之十五個國家積欠的。

表14-3　國際收支經常賬 1978-1986

單位: 十億美元

	美　國	日　本	西　德	開發中國家
1978	－ 15.4	＋16.4	＋ 9.0	－ 35.0
1979	－ 1.0	－ 8.8	－ 6.0	＋ 6.4
1980	＋ 1.9	－10.7	－15.7	＋30.4
1981	＋ 6.9	＋ 4.8	－ 5.2	－48.5
1982	8.7	＋ 6 9	＋ 4.1	－87.5
1983	－ 46.3	＋20.8	＋ 4.2	－64.0
1984	－107.0	＋35.0	＋ 8.4	－33.0
1985	－116.4	＋49.3	＋15.3	－23.9
1986	－141.4	＋85.8	＋35.4	－46.4

資料來源: IMF *Annual Report*, 1987.

　　一九七〇年代許多 開發中國家皆 曾大量對外舉債 以加速其經濟發展。一九七九年底美國聯邦準備銀行爲應付通貨膨脹壓力厲行緊縮性貨幣政策，一舉將利率大幅度提升百分之五十，立刻使拉丁美洲許多負債沉重的國家無能力按期依約償還本金及利息。一九八二年墨西哥首先宣佈延期償債之要求，巴西及阿根廷也跟著公開賴債之威脅。很多家貸款的美國商業銀行在一九八二年已經爲了波蘭及東歐共產國家欠下的五百二十億美元外債而憂心忡忡，現在又發生中南美洲的信用危機，立刻陷入嚴重恐慌。他們發現單獨一家銀行也許可以將債權廉價轉讓給別家銀行而抽身自保，但爲很多家銀行集體的利益則唯有順應債務國的要求，重新改訂還款付息年限，並同時取得債務國推行緊縮節約政策之承諾。在雙方磋商過程中擔任調停中介角色的自然是國際貨幣基金。國際貨幣基金支持的重訂還本付息條件包括三要點: ㈠商業銀行同意重訂本息償還日期，並繼續承諾新的、規模較小的貸款; ㈡國際貨幣基金提供補充性融資貸款; ㈢基金的融資以借款國履行節約方案爲條件。

　　一九八二年的重訂償債期限雖然化解了一場可能因賴債引起的國際金融大風暴，但是對基本問題並未提出解決方案。特別是就負債沉重的開發中國家而言，祇算對民間銀行欠債按年攤還本金加利息就占其輸出總值百分之三十五至四十。儘管這些開發中國家儘量縮減輸入及擴增輸出，並從一九八三年起爭取到頗爲可觀的貿易盈餘，但爲數仍不足以抵償利息支出，結果國際收支經常賬還是出現赤字，使國際間對其償債能力之遠景抱悲觀看法。

表14-4 十五個負債沉重國家國際收支經常帳 1979-1987

(單位: 十億美元)

	1979	1980	1981	1982	1983	1984	1985	1986	1987
輸出 f.o.b.	94.2	127.9	127.0	112.2	111.1	123.4	118.8	99.4	112.5
輸入 f.o.b.	96.1	122.4	133.6	108.2	82.8	80.4	78.2	78.7	86.1
貿易盈餘	-1.9	5.5	-6.5	4.0	28.3	43.0	40.6	20.7	26.4
勞務淨差額	-25.8	-36.8	-46.9	-56.9	-46.8	-48.2	-45.1	-41.1	-40.1
利息支出部分	-17.1	-25.5	-37.8	-45.5	-41.3	-46.6	-44.3	-39.7	-37.5
商品及勞務賬差額	-27.7	-31.3	-53.5	-52.9	-18.6	-5.2	-4.5	-20.4	-13.7
無報償移轉收入	3.1	2.2	3.2	2.2	3.2	3.6	4.2	5.2	4.8
經常賬差額	-24.6	-29.1	-50.3	-50.8	-15.3	-1.5	-3	-15.3	-8.7

資料來源: IMF *World Economic Outlook*, 1988, 1987.

表14-5 十五個負債沉重國家債務指標 1980-1987

	1980	1981	1982	1983	1984	1985	1986	1987
外債佔百分比:								
國民生產毛額	33	38	42	47	46	46	47	50
商品與勞務輸出	168	202	268	291	272	290	348	337
還本付息額佔輸出百分比:								
總額	29	39	50	40	40	39	43	35
利息部分	16	23	31	29	29	29	28	22

資料來源: IMF *World Economic Outlook*, Oct. 1988.

　　國際銀行財團從一九八三年起對開發中國家的貸款已大幅度減少，國際貨幣基金的融資也甚為審慎且為數不多，迫使開發中國家厲行撙節支出政策，結果投資支出減少得最為顯著，連帶也使其經濟成長率明顯降低。

表14-6 銀行團貸款及國幣貨幣基金融資 1979-1986

(單位: 十億美元)

	銀行對開發中國家貸款	基金對開發中國家融資	其中十五個負債沈重國融資分配額
1979	—	0.2	0.1
1980	—	1.4	0.5
1981	48.2	6.1	1.2
1982	53.5	6.7	2.2
1983	26.7	11.2	6.3
1984	17.1	4.9	3.3
1985	7.9	0.3	1.8
1986	16.4	−2.1	−0.1

資料來源: BIS Annual Report. IMF *World Economic Outlook*, 1987.

一九八五年美國當時財政部長貝克(James Baker)在基金與世界銀行年會中特提議增加對負債沉重國家的淨貸款。他強調這些國家亟待改善經濟結構，促進經濟成長，推行各項有利投資及自由市場發展之調整政策，商業銀行應繼續提供貸款協助，世界銀行應增加對負債國的年度撥款。基於他的指導原則，一九八六年七月墨西哥政府與諸債權銀行代表又在國際貨幣基金安排下進行一系列磋商。墨西哥的財政赤字與以成

表14-7 開發中國家及負債沉重國家經濟成長率

（每年增加百分率）

	實值國內生產毛額增加率		十五個負債沈重國家每人平均所得增 加 率
	全部開發中國家平均值	十五個負債沈重國家平均值	
1969-78	6.1	6.1	—
1970-79	6.2	5.9	3.3
1979	4.2	6.1	—
1980	3.5	5.4	2.2
1981	2.1	0.1	−1.9
1982	1.6	−0.5	−2.8
1983	1.4	−2.7	−4.9
1984	4.1	2.3	0.1
1985	3.2	3.8	1.7
1986	3.5	3.8	1.5
1987	3.3	2.5	0.1

資料來源: IMF *World Economic Outlook*, 1987, 1988.

長爲導向的政策更得到諒解與尊重，各方承諾在一九八六至八七年度再增加外來融資一百二十五億美元，其中半數由基金、世界銀行及西方先進國家政府提供，其餘半數爲商業銀行新貸款，部分附帶世界銀行之擔保。商業銀行並再度對墨西哥之償債期限予以寬容延展。其他拉丁美洲

重債國家及菲律賓也陸續與世界銀行及基金達成類似的償債協定。

　　一九八七年美國一家大銀行率先創制爲對開發中國家債權額列計百分之二十五的壞賬損失。其他英美數家銀行也追隨陳例，用壞賬準備來沖銷對開發中負債沉重國家之債權，或乾脆一筆勾銷若干收回可能性太低的貸款，使銀行以後的資產負債表更爲實際可靠，也有助於提升往後多年的利潤率。美國波士頓銀行首先用此種「寬大爲懷」的務實態度處理掉二億美元對開發國家的貸款。

　　另有專家提議的償債方法是誘導債權銀行以債權換取對當地產業的股權，更積極介入負債沉重國家的經濟發展活動。也有人提議將若干債權打折扣後公開標售給有興趣接收的國際民間財團。唯截至一九九〇年代開始之際，尚未聞有大規模的行動。

　　從一九八二至一九八七年這五年期間，負債沉重的十五個開發中國家輸出量增加了百分之二十三，可惜貿易條件惡化太多，以致輸出總值未能顯著增加。其輸入總值佔國民生產毛額之比重在五年期間降低了兩個百分點。一九八七年以後國際初期商品價格上揚，開發中國家貿易條件頗有改善，同時亦增強其償債能力。近幾年負債沉重的十五國確曾撙節支出，在困苦條件下繼續支付利息。雖然仍常有巨額延後支付的情況，很少公然拒付賴債。估計由一九八二年起至一九八八年底止，平均每年有百分之三的國內生產毛額被移轉支付給外國。這些國家爲確保貿易關係及維持未來借債信譽而掙扎的苦楚，頗值得國際同情。也許先進國家的銀行界在一九八二年以前對開發中國家貸款之審核太過馬虎鬆懈，縱容了後者花費過高之投資及消費水準，也應該爲這個難以解決的問題，擔負一半的責任。本節最後引錄一些統計資料於表 14-8，使讀者能進一步明瞭這十五個負債沉重國家各別的概況。

表14-8　十五個負債沉重國家一般狀況　　　　（單位：十億美元）

國別	1985年底外債總額	1985-87支付本利合計	民間銀行債權佔%	利息支出部分	外債對輸出值比率		1980至1984平均每年增加率%				
					1980	1984	GDP	輸出	輸入	投資	每人消費
阿根廷	50.8	20.4	86.8	12.7	90.9	290.2	−1.6	3.6	−14.7	−16.8	−2.7
玻利維亞	4.0	1.6	39.3	0.6	210.4	382.7	−4.7	−1.7	−15.8	−22.1	−7.8
巴西	107.3	39.7	84.2	28.0	171.3	219.8	0.1	10.8	−7.3	−8.6	−1.2
智利	21.0	9.2	87.2	5.0	75.5	225.1	−1.4	−0.7	−4.2	−11.6	−2.1
哥倫比亞	11.3	6.4	57.5	2.5	69.7	150.1	1.8	0.8	2.4	2.4	−0.1
厄瓜多爾	8.5	3.4	73.8	2.1	110.9	223.1	1.1	2.6	−13.7	−16.9	−2.3
象牙海岸	8.0	4.0	64.1	1.4	119.4	160.5	−2.3	1.3	−8.8	−19.5	−6.6
墨西哥	99.0	44.4	89.1	27.2	136.7	213.5	1.3	10.5	−14.5	−10.1	−1.4
摩洛哥	14.0	6.0	39.1	2.4	217.3	337.2	2.5	4.1	−1.0	−2.7	−0.2
奈幾內亞	19.3	9.1	88.2	3.1	15.7	95.4	−4.7	−13.3	−12.1	−19.3	−4.3
秘魯	13.4	5.2	60.7	3.1	127.1	247.0	−0.7	−0.6	−10.8	−5.3	−3.7
菲律賓	24.8	9.5	67.8	4.9	81.6	139.1	0.8	3.6	−4.8	−12.4	0.0
烏拉圭	3.6	1.4	82.1	0.8	70.7	184.8	−3.7	2.2	−11.3	−20.2	−4.7
委內瑞拉	33.6	17.8	99.5	7.8	48.9	91.4	−1.8	−3.8	−19.3	−15.6	−6.4
南斯拉夫	19.6	13.6	64.0	4.0	33.3	62.6	0.6	−0.6	−8.1	−2.9	−0.5
共計	445.9	194.9	80.8	106.9	108.9	203.1	−0.3	1.8	−9.2	−9.7	−1.8

資料來源：Eugene Sarver, *The Eurocurrency Market Handbook*, 1988.

本章參考文獻

1. IMF *Annual Report*, 1987, 1988, 1989.

2. IMF *World Economic Outlook*, 1987, 1988.

3. The World Bank, *World Development Report*, 1984.

4. OECD, *World Economic Outlook*, 1985.

5. Reserve Bank of Australia, *Economic Survey*, 1985

6. Argy V. (1988), *The World Economy in the 1970s and 1980s-Lessons from Experience, Prospects and Current Policy Prospects*

7. Tew. B. (1988), *The Evolution of the International Monetary System 1945-1988*. 4th ed.

8. Sarver E. (1988), *The Eurocurrency Market Handbook*

9. Bruno M. and Sachs J. (1985), *Economics of Worldwide Stagflation*

10. Kaufman H. (1986) *Interest Rates, The Markets and the New Financial World*

11. Chacholiades M. (1990), *International Economics*, ch. 16.

本章統計附表

國　別 ＼ 年份	1966	1967	1968	1969	1970	1971	1972	1973	1974
全世界平均值	9.6	9.9	11.1	10.9	8.7	14.1	16.5	16.3	15.0
工業國平均值	8.5	8.7	10.2	9.0	7.1	13.4	15.2	13.9	11.1
美　國	6.5	6.9	8.3	6.1	3.9	12.1	12.4	9.7	5.8
加拿大	9.0	12.5	13.1	11.6	5.6	10.1	14.0	15.1	24.3
澳大利亞	6.4	8.1	8.0	9.0	6.4	7.0	13.1	23.5	13.2
日　本	17.4	15.7	15.3	17.3	17.7	21.1	23.1	23.0	12.9
紐西蘭	1.4	−1.8	2.8	7.6	12.2	12.2	25.6	41.3	14.9
奧地利	11.6	9.5	9.4	11.6	12.8	13.2	15.5	14.1	12.1
比利時	8.4	8.6	9.2	8.0	5.8	10.9	15.0	15.5	12.0
丹　麥	12.2	11.3	10.5	12.3	6.0	5.6	11.4	13.7	9.0
芬　蘭	10.8	10.4	10.1	12.1	14.5	12.2	16.4	15.2	15.8
法　國	11.2	11.2	13.3	19.8	6.3	18.3	19.1	14.6	17.4
西　德	11.7	11.5	12.3	13.4	8.3	11.9	13.5	10.8	7.4
冰　島	18.1	7.0	6.3	16.9	27.0	22.9	19.0	26.4	27.3
愛爾蘭	5.8	11.4	13.3	11.2	8.9	8.2	10.6	18.4	18.7
義大利	15.3	13.9	12.9	12.6	12.7	15.4	17.9	20.1	20.7
荷　蘭	7.8	10.7	13.5	12.0	11.8	12.9	14.2	15.2	14.0
挪　威	9.1	9.1	10.5	12.1	12.9	14.9	11.4	12.6	11.4
西班牙	14.4	11.5	19.9	18.9	15.4	20.0	23.6	24.8	20.4
瑞　典	3.3	5.0	14.6	6.5	1.8	9.4	12.8	12.7	12.6
瑞　士	7.5	10.1	11.4	15.9	14.3	14.1	8.2	6.0	7.0
英　國	6.2	6.3	9.4	3.3	6.8	11.9	22.6	26.1	18.4

貨幣供給增加率

1975	1976	1977	1978	1979	1980	1981	1982	1983	1984	1985	1986
15.1	18.8	16.6	14.7	15.6	14.6	14.7	15.5	17.6	18.0	21.1	
11.7	14.2	12.3	11.2	10.6	8.4	9.0	9.3	11.6	8.4	8.5	9.7
9.3	13.0	12.7	8.4	7.1	5.9	6.0	6.6	16.2	9.4	9.8	8.6
14.4	18.3	15.4	13.6	18.8	13.9	11.4	13.9	0.9	2.4	5.6	6.1
17.2	13.7	9.6	8.3	11.3	13.1	11.8	10.4	12.1	11.9	16.9	12.2
12.7	15.2	11.4	11.9	11.1	7.9	8.8	9.1	6.6	6.8	7.8	9.1
7.1	17.3	16.5	18.8	19.5	15.9	14.2	12.3	10.9	14.4	27.9	21.6
15.5	17.0	14.0	11.7	11.1	9.5	11.4	11.0	8.6	3.9	6.7	6.9
11.4	14.0	9.5	8.2	7.1	4.0	6.0	7.1	5.2	8.4	4.5	7.6
18.2	20.4	9.2	6.3	9.5	8.1	12.3	9.9	17.3	24.4	16.0	15.0
23.3	14.1	12.1	14.6	15.9	16.0	15.4	15.0	13.7	13.4	17.3	13.5
14.6	16.9	11.9	13.4	12.9	10.8	11.4	12.1	9.8	8.6	4.8	
9.0	10.6	8.5	10.0	8.2	3.5	4.8	6.1	6.7	4.8	5.3	6.1
26.8	32.1	34.9	44.6	55.5	55.2	78.5	58.0	76.9	49.2	41.6	43.8
19.7	17.7	15.9	19.9	23.6	12.1	19.2	12.9	9.8	8.8	7.3	9.0
20.1	22.7	21.4	22.6	19.8	13.8	10.8	12.6	16.7	11.9	7.6	13.1
13.3	16.3	13.4	11.9	10.9	7.4	8.8	6.4	4.1	6.2	6.1	5.7
13.4	16.3	18.8	13.6	13.2	12.2	13.1	11.0	10.5	14.7	16.1	8.7
18.7	19.1	19.7	19.8	19.1	17.3	15.2	17.1	15.2	4.7	9.1	17.7
10.0	9.7	6.0	14.2	15.1	11.9	10.4	13.4				
6.9	8.5	8.5	9.2	9.5	6.8	4.3	3.3	8.6	7.4	5.9	2.5
10.0	10.6	9.4	14.2	11.8	14.8	22.1	17.6	13.5	11.0	12.9	20.8

附表14-2　諸工業國之

	1967	1968	1969	1970	1971	1972	1973	1974	1975
美　　國[b]	2.9	4.2	2.4	-0.3	2.8	5.0	5.2	-0.5	-1.3
日　　本[b]	10.4	12.5	12.1	9.5	4.3	8.5	7.9	-1.4	2.7
西　　德[b]	-0.1	5.8	7.5	5.0	3.0	4.2	4.7	0.2	-1.4
法　　國	4.7	4.3	7.0	5.7	5.4	5.9	5.4	3.2	0.2
英　　國	2.5	4.0	1.8	2.2	1.7	3.2	7.1	-1.8	-1.1
義　大　利	7.2	6.5	6.1	5.3	1.6	3.2	7.0	4.1	-3.6
加　拿　大	2.9	5.4	5.4	2.6	5.8	5.7	7.7	4.4	2.6
以上諸國平均	3.7	5.4	4.7	2.6	3.2	5.2	5.9	0.1	-0.6
奧　地　利	2.8	4.1	5.5	6.4	5.1	6.2	4.9	3.9	-0.4
比　利　時	4.0	4.3	6.5	5.6	3.7	5.4	6.0	4.2	-1.4
丹　　麥	3.4	4.0	6.3	2.0	2.7	5.3	3.6	-0.9	-0.7
芬　　蘭	2.2	2.3	9.6	7.5	2.1	7.6	6.6	3.1	1.1
希　　臘	5.5	6.7	9.9	8.0	7.1	8.9	7.3	-3.6	6.1
冰　　島	-1.6	-5.7	3.2	7.8	12.7	6.6	4.7	5.8	1.7
愛　爾　蘭[b]	5.1	8.5	5.4	3.2	3.4	7.2	4.0	4.3	2.1
盧　森　堡	0.2	4.2	10.0	1.7	2.9	6.6	8.8	3.9	-5.6
荷　　蘭	5.5	6.6	5.5	5.7	5.2	3.8	4.6	3.5	-0.5
挪　　威	6.3	2.3	4.5	2.0	4.6	5.2	4.1	5.2	4.2
葡　萄　牙	7.5	8.9	2.1	9.1	6.6	8.0	11.2	1.1	-4.3
西　班　牙	4.3	6.8	8.9	4.1	5.0	8.1	7.9	5.7	1.1
瑞　　典	3.4	3.6	5.0	6.5	0.9	2.3	4.0	3.2	2.6
瑞　　士	3.1	3.6	5.6	6.4	4.1	3.2	3.0	1.4	-7.3
土　耳　其[b]	...	...	...	...	...	...	5.4	7.4	8.0
歐洲諸小國平均	4.1	4.9	6.5	5.4	4.1	5.4	5.4	3.4	0.2
澳　大　利　亞	5.6	6.1	6.7	5.7	5.9	3.8	6.1	1.4	2.7
紐　西　蘭	0.5	-1.7	8.2	2.4	4.2	3.1	7.1	8.6	-2.1
全部小國平均	4.2	4.9	6.5	5.3	4.3	5.1	5.5	3.2	0.5
OECD全部平均	3.7	5.3	4.9	3.0	3.4	5.2	5.8	0.6	-0.4
四個主要歐洲大國	3.0	5.1	5.6	4.5	3.0	4.2	5.9	1.2	-1.4
OECD 歐洲	3.3	5.0	5.8	4.8	3.3	4.5	5.7	1.9	-0.9
歐洲共同體	3.3	5.3	5.9	4.6	3.3	4.6	5.9	1.6	-1.0
美國以外OECD	4.5	6.3	7.0	5.5	3.8	5.4	6.3	1.4	0.2

a) Aggregates were computed on the basis of 1982 exchange rates.
b) GNP.
資料來源: OECD *Economic Outlook*.

實值所得成長率

1976	1977	1978	1979	1980	1981	1982	1983	1984	1985	1986
4.9	4.7	5.3	2.5	-0.2	1.9	-2.5	3.6	6.8	3.0	2.9
4.8	5.3	5.2	5.3	4.3	3.7	3.1	3.2	5.1	4.7	2.4
5.6	2.7	3.3	3.9	1.5	0.0	-1.0	1.9	3.3	2.0	2.5
5.2	3.1	3.4	3.2	1.6	1.2	2.5	0.7	1.4	1.7	2.0
2.9	2.2	3.6	2.7	-2.4	-1.2	1.5	3.3	2.7	3.6	3.3
5.9	1.9	2.7	4.9	3.9	1.1	0.2	0.5	3.5	2.7	2.7
6.2	3.6	4.6	3.9	1.5	3.7	-3.2	3.2	6.3	4.3	3.3
4.9	4.0	4.6	3.3	1.0	1.7	-0.7	2.9	5.2	3.2	2.8
4.6	4.4	0.5	4.7	3.0	-0.1	1.1	2.2	1.4	2.8	1.7
5.4	0.5	3.1	2.1	3.9	-1.4	1.8	-0.3	1.6	1.5	2.3
6.5	1.6	1.5	3.5	-0.4	-0.9	3.0	2.5	3.5	4.1	3.4
0.3	0.1	2.2	7.3	5.4	1.6	3.6	3.0	3.3	3.5	2.4
6.4	3.4	6.7	3.7	1.8	0.1	0.4	0.4	2.8	3.0	1.3
5.3	9.1	6.7	5.5	5.7	2.6	-0.3	-5.0	3.6	3.4	6.2
0.5	7.0	5.5	2.7	2.7	2.6	-0.7	-2.0	0.8	-0.8	-1.6
2.3	1.8	3.8	3.0	1.4	-1.0	1.5	3.2	5.5	2.9	2.3
5.4	2.2	2.4	2.3	0.8	-0.7	-1.4	1.4	3.2	2.3	2.4
6.8	3.6	4.5	5.1	4.2	0.9	0.3	4.6	5.7	5.4	4.4
6.9	5.6	3.4	6.1	4.8	1.3	2.4	-0.3	-1.6	3.3	4.3
3.0	3.3	1.8	0.2	1.5	-0.2	1.2	1.8	1.9	2.2	3.4
1.1	-1.6	1.8	3.8	1.7	-0.3	0.8	2.4	4.0	2.2	1.3
-1.4	2.5	0.4	2.5	4.6	1.4	-1.1	0.7	1.7	4.2	2.7
7.9	3.9	2.9	-0.4	-1.1	4.1	4.5	3.3	5.9	5.1	8.0
3.7	2.3	2.3	2.7	2.3	0.2	0.9	1.7	2.8	2.9	2.9
3.7	0.7	3.4	3.4	1.9	3.1	0.5	0.4	7.2	5.5	1.5
3.4	-2.5	-4.7	1.1	1.7	4.0	-0.8	4.5	5.3	0.8	1.0
3.7	2.0	2.3	2.8	2.2	0.7	0.8	1.6	3.4	3.3	2.7
4.7	3.7	4.3	3.2	1.1	1.6	-0.5	2.7	4.9	3.2	2.8
4.9	2.5	3.3	3.6	1.0	0.2	0.8	1.6	2.7	2.4	2.6
4.5	2.4	3.0	3.4	1.4	0.2	0.8	1.7	2.7	2.6	2.7
4.8	2.5	3.1	3.3	1.2	0.1	0.7	1.5	2.6	2.4	2.6
4.6	3.0	3.5	3.8	2.1	1.3	1.0	2.1	3.7	3.3	2.6

附表14-3 諸工業國之

	1967	1968	1969	1970	1971	1972	1973	1974	1975
美 國	3.8	3.6	3.5	5.0	6.0	5.6	4.9	5.6	8.3
日 本	1.3	1.2	1.1	1.2	1.2	1.4	1.3	1.4	1.9
西 德	1.7	1.2	0.7	0.6	0.7	0.9	1.0	2.1	4.0
法 國	1.6	2.7	2.2	2.5	2.7	2.8	2.7	2.9	4.3
英 國	2.2	2.3	2.2	2.4	3.0	3.2	2.2	2.3	3.7
義 大 利	5.0	5.3	5.3	5.0	5.1	5.9	5.9	5.0	5.5
加 拿 大	3.8	4.5	4.4	5.7	6.2	6.2	5.5	5.3	6.9
以上諸國平均	2.8	2.7	2.6	3.2	3.7	3.7	3.3	3.7	5.4
奧 地 利	1.9	2.1	1.9	1.3	1.2	1.1	1.0	1.3	1.7
比 利 時	2.5	2.9	2.3	1.9	1.8	2.3	2.3	2.4	4.4
丹 麥	1.2	2.1	1.7	1.3	1.6	1.6	1.0	2.3	5.3
芬 蘭	2.9	3.9	2.8	1.8	2.2	2.5	2.3	1.7	2.2
希 臘	5.4	5.6	5.3	4.2	3.1	2.1	2.0	2.1	2.3
冰 島	1.3	1.3	1.3	1.2	1.2	1.1	0.0	0.0	1.1
愛 爾 蘭	5.0	5.3	5.0	5.8	5.5	6.2	5.7	5.3	7.3
盧 森 堡	0.0	0.0	0.0	0.0	0.0	0.0	0.0	0.1	0.2
荷 蘭	2.8	2.5	1.8	1.7	2.2	3.3	3.4	3.9	5.3
挪 威	0.7	1.1	1.0	0.8	0.8	1.7	1.6	1.5	2.3
葡 萄 牙	4.3	5.5	6.6	2.2	2.1	2.1	2.2	1.8	4.6
西 班 牙	0.5	0.5	0.5	0.5	0.4	0.5	1.2	1.4	3.1
瑞 典	2.1	2.2	1.9	1.5	2.6	2.7	2.5	2.0	1.6
瑞 士	0.0	0.0	0.0	0.0	0.0	0.0	0.0	0.0	0.4
土 耳 其	10.0	10.5	11.1	12.0	12.0	11.9	12.2	12.6	7.4
歐洲諸小國平均	4.0	4.3	4.3	4.1	4.1	4.3	4.4	4.6	4.3
澳 大 利 亞	1.9	1.8	1.8	1.6	1.9	2.6	2.3	2.7	4.9
紐 西 蘭	0.4	0.7	0.3	0.1	0.3	0.5	0.2	0.1	0.3
全部小國平均	3.8	4.0	4.0	3.8	3.9	4.1	4.2	4.4	4.3
OECD全部平均	3.0	3.0	2.9	3.3	3.7	3.8	3.5	3.9	5.7
四個主要歐洲大國	2.6	2.8	2.5	2.5	2.8	3.1	2.8	3.0	4.3
OECD歐洲	3.1	3.4	3.2	3.1	3.3	3.5	3.5	3.7	4.3
歐洲共同體	2.5	2.7	2.5	2.3	2.5	2.8	2.6	2.8	4.2
美國以外OECD	2.7	2.8	2.7	2.7	2.9	3.1	3.0	3.2	3.9

資料來源: OECD *Economic Outlook*.

勞動失業率（通用之定義）

1976	1977	1978	1979	1980	1981	1982	1983	1984	1985	1986
7.7	7.0	6.1	5.8	7.2	7.6	9.7	9.6	7.5	7.2	7.0
2.0	2.0	2.2	2.1	2.0	2.2	2.3	2.6	2.7	2.6	2.8
4.0	3.9	3.7	3.3	3.3	4.6	6.7	8.2	8.2	8.3	8.0
4.5	5.0	5.4	6.0	6.4	7.6	8.2	8.4	9.9	10.2	10.5
5.0	5.3	5.1	4.5	6.1	9.1	10.4	11.3	11.5	11.6	11.8
6.2	6.7	6.8	7.2	7.1	7.9	8.5	9.2	9.3	9.3	10.1
7.1	8.1	8.3	7.4	7.5	7.5	11.1	11.9	11.3	10.5	9.6
5.4	5.3	5.0	4.9	5.6	6.4	7.8	8.1	7.5	7.4	7.3
1.7	1.5	1.7	1.7	1.5	2.1	3.1	3.7	3.8	3.6	3.1
5.8	6.6	7.1	7.3	7.7	10.0	11.7	12.9	13.0	12.0	11.4
5.3	6.4	7.3	6.2	7.0	9.2	9.8	10.4	10.1	9.0	7.9
3.9	5.9	7.3	6.0	4.7	4.9	5.4	5.4	5.2	5.0	5.5
1.9	1.7	1.8	1.9	2.8	4.1	5.8	8.3	8.3	8.0	7.6
0.0	0.0	0.0	0.0	1.0	0.0	0.9	1.7	1.7	0.8	0.8
9.0	8.8	8.2	7.1	7.3	9.9	11.4	14.0	15.6	17.3	17.4
0.3	0.5	0.8	0.7	0.7	1.0	1.3	1.6	1.7	1.6	1.4
5.6	5.5	5.5	5.6	6.3	9.2	12.4	15.0	15.4	14.2	13.2
1.8	1.4	1.9	2.0	1.5	2.0	2.6	3.4	3.2	2.6	2.0
6.4	7.5	8.1	8.2	7.8	7.6	7.5	8.3	9.0	9.2	9.2
5.0	8.2	9.9	11.1	12.8	14.4	16.2	17.7	20.6	21.9	21.5
1.6	1.8	2.2	2.1	2.0	2.1	2.7	2.9	2.6	2.4	2.2
0.7	0.4	0.3	0.3	0.2	0.2	0.4	0.9	1.1	1.0	0.8
7.2	7.4	7.9	9.2	14.8	15.2	15.6	16.1	16.1	16.3	15.6
4.9	5.8	6.5	7.0	8.8	9.8	10.9	12.0	12.6	12.7	12.2
4.7	5.6	6.3	6.2	6.0	5.7	7.1	9.9	8.9	8.2	8.0
0.4	0.6	1.7	1.9	2.8	3.7	3.9	5.6	4.8	3.9	4.6
4.9	5.7	6.4	6.8	8.4	9.3	10.4	11.7	12.1	12.1	11.7
5.3	5.4	5.3	5.3	6.2	7.0	8.4	8.9	8.5	8.4	8.3
4.9	5.2	5.2	5.2	5.6	7.3	8.4	9.3	9.7	9.9	10.1
4.9	5.4	5.7	5.9	6.9	8.3	9.4	10.4	10.9	11.0	10.9
5.0	5.6	5.8	5.9	6.5	8.1	9.4	10.4	11.1	11.2	11.2
4.3	4.7	5.0	5.1	5.7	6.7	7.8	8.6	8.9	8.9	8.8

附表14-4　通貨膨脹

	1967	1968	1969	1970	1971	1972	1973	1974	1975
美　　國	2.8	4.2	5.4	5.9	4.3	3.3	6.2	11.0	9.1
日　　本	4.0	5.3	5.2	7.7	6.1	4.5	11.7	24.5	11.8
西　　德	1.4	2.9	1.9	3.4	5.3	5.5	6.9	7.0	6.0
法　　國	2.7	4.5	6.4	5.2	5.5	6.2	7.3	13.7	11.8
英　　國	2.5	4.7	5.4	6.4	9.4	7.1	9.2	16.0	24.2
義 大 利[a]	2.0	1.3	2.8	5.1	5.0	5.6	10.4	19.4	17.2
加 拿 大	3.6	4.0	4.5	3.4	2.8	4.8	7.6	10.9	10.8
以上諸國平均[b]	2.7	4.1	5.0	5.7	4.9	4.3	7.5	13.3	10.9
奧 地 利	4.0	2.8	3.1	4.4	4.7	6.3	7.6	9.5	8.4
比 利 時	2.9	2.7	3.8	3.9	4.3	5.5	7.0	12.7	12.8
丹　　麥	6.9	8.6	4.2	5.8	5.8	6.6	9.3	15.3	9.6
芬　　蘭	5.5	9.2	2.2	2.8	6.5	7.1	10.7	16.9	17.9
希　　臘	1.7	0.3	2.4	3.2	3.0	4.3	15.5	26.9	13.4
冰　　島	3.4	15.3	21.9	13.6	6.6	9.7	20.6	42.9	49.1
愛 爾 蘭	3.2	4.7	7.4	8.2	8.9	8.7	11.4	17.0	20.9
盧 森 堡	2.2	2.6	2.3	4.6	4.7	5.2	6.1	9.5	10.7
荷　　蘭	3.5	3.7	7.5	3.6	7.5	7.8	8.0	9.6	10.2
挪　　威	4.4	3.5	3.1	10.6	6.2	7.2	7.5	9.4	11.7
葡 萄 牙	3.8	4.6	7.0	6.3	8.3	8.9	11.5	29.2	20.4
西 班 牙	6.4	4.9	2.2	5.7	8.3	8.3	11.4	15.7	16.9
瑞　　典	4.3	1.9	2.7	7.0	7.4	6.0	6.7	9.9	9.8
瑞　　士	4.0	2.4	2.5	3.6	6.6	6.7	8.7	9.8	6.7
土 耳 其	14.0	5.3	4.8	29.7	15.7	11.8	15.4	15.8	19.2
歐洲諸小國平均[b]	5.9	4.0	3.7	5.3	7.3	7.5	9.6	14.0	13.0
澳 大 利 亞	3.2	2.7	2.9	3.9	6.1	5.8	9.5	15.1	15.1
紐 西 蘭	6.0	4.3	4.9	6.5	10.4	6.9	8.2	11.1	14.7
全部小國平均[b]	5.5	3.8	3.6	5.2	7.2	7.3	9.6	14.1	13.3
OECD全部平均[b]	3.1	4.1	4.8	5.6	5.2	4.7	7.8	13.4	11.3
四個主要歐洲大國[b]	2.2	3.5	4.1	5.0	6.2	6.1	8.2	12.9	13.3
OECD 歐洲[b]	3.3	3.7	4.0	5.1	6.6	6.5	8.6	13.3	13.2
歐洲共同體[b]	2.9	3.7	4.1	5.0	6.3	6.3	8.6	13.3	13.4
美國以外OECD[b]	3.4	3.9	4.2	5.4	6.2	6.0	9.2	15.3	12.9

　　a)薪資階級家計指數。　　　b)國別權數係基於前一年之匯率及民間消費額。
資料來源: OECD *Economic Outlook*.

脹率（以消費者物價指數表示）

1976	1977	1978	1979	1980	1981	1982	1983	1984	1985	1986
5.8	6.5	7.7	11.3	13.5	10.4	6.1	3.2	4.3	3.5	2.0
9.3	8.1	3.8	3.6	8.0	4.9	2.7	1.9	2.2	2.1	0.4
4.5	3.7	2.7	4.1	5.5	6.3	5.3	3.3	2.4	2.2	-0.2
9.6	9.4	9.1	10.8	13.6	13.4	11.8	9.6	7.4	5.8	2.7
16.5	15.8	8.3	13.4	18.0	11.9	8.6	4.6	5.0	6.1	3.4
16.5	18.1	12.4	15.7	21.1	18.7	16.3	15.0	10.6	8.6	6.1
7.5	8.0	8.9	9.2	10.2	12.5	10.8	5.9	4.3	4.0	4.2
7.9	8.0	7.0	9.3	12.2	10.0	7.0	4.4	4.4	3.8	2.0
7.3	5.5	3.6	3.7	6.4	6.8	5.4	3.3	5.6	3.2	1.7
9.2	7.1	4.5	4.5	6.6	7.6	8.7	7.7	6.3	4.9	1.3
9.0	11.1	10.0	9.6	12.3	11.7	10.1	6.9	6.3	4.7	3.6
14.4	12.6	7.8	7.5	11.6	12.0	9.6	8.3	7.1	5.9	3.6
13.3	12.1	12.6	19.0	24.9	24.5	21.0	20.2	18.5	19.3	23.0
33.0	29.9	44.9	44.1	57.5	51.6	49.1	86.5	30.9	31.9	22.2
18.0	13.6	7.6	13.3	18.2	20.4	17.1	10.5	8.6	5.4	3.8
9.8	6.7	3.1	4.5	6.3	8.1	9.4	8.7	4.6	4.1	0.3
8.8	6.4	4.1	4.2	6.5	6.7	6.0	2.8	3.3	2.3	0.2
9.1	9.1	8.1	4.8	10.9	13.7	11.3	8.4	6.2	5.7	7.2
19.3	27.2	22.5	23.9	16.6	20.0	22.4	25.5	29.3	19.3	11.7
17.7	24.5	19.8	15.7	15.5	14.6	14.4	12.2	11.3	8.8	8.8
10.3	11.4	10.0	7.2	13.7	12.1	8.6	8.9	8.0	7.4	4.3
1.7	1.3	1.1	3.6	4.0	6.5	5.6	3.0	3.0	3.4	0.7
17.4	27.1	45.3	58.7	110.2	36.6	16.5	31.4	48.4	45.0	34.6
11.7	12.7	13.1	12.3	17.1	13.3	11.9	9.8	10.5	9.3	7.0
13.5	12.3	7.9	9.1	10.2	9.6	11.1	10.1	3.9	6.8	9.1
16.9	14.3	11.9	13.8	17.1	15.4	16.1	7.4	6.2	15.4	13.2
12.1	12.7	12.5	12.0	16.3	12.9	12.5	9.5	9.0	7.4
8.6	8.8	7.9	9.8	12.9	10.5	7.8	5.2	5.2	4.5	2.5
10.6	10.2	7.3	9.6	12.8	11.6	9.8	7.4	5.9	5.3	2.7
10.9	11.1	9.3	10.6	14.3	12.2	10.5	8.2	7.4	6.5	3.8
11.2	11.1	8.2	9.7	12.6	11.6	10.3	7.9	6.7	5.8	3.3
10.6	10.4	8.1	8.8	12.5	10.6	8.8	6.6	5.8	5.2	3.3

c)未包括房租。　　　d)1985年起爲新指數。
e)1982年起爲新指數。

附表14-5 諸國政府預算盈餘(+)或

	1970	1971	1972	1973	1974	1975	1976
美　　國	-1.0	-1.8	-0.3	0.6	-0.3	-4.1	-2.2
日　　本	1.8	1.2	-0.1	0.6	0.4	-2.7	-3.7
西　　德	0.2	-0.2	-0.5	1.2	-1.3	-5.7	-3.4
法　　國	0.9	0.7	0.8	0.9	0.6	-2.2	-0.5
英　　國	2.5	1.4	-1.8	-3.4	-3.8	-4.7	-4.9
義　大　利	-3.7	-5.5	-7.9	-7.4	-7.5	-12.4	-9.5
加　拿　大	0.9	0.1	0.1	1.0	1.9	-2.4	-1.7
以上諸國平均	-0.1	-0.8	-0.7	-0.0	-0.7	-4.3	-3.0
澳大利亞	2.9	2.4	2.2	-0.2	2.4	-0.6	-3.0
奧　地　利	1.0	1.5	2.0	1.3	1.3	-2.5	-3.7
比　利　時	-2.0	-3.0	-4.0	-3.5	-2.6	-4.7	-5.4
丹　　麥	3.2	3.9	3.9	5.2	3.1	-1.4	-0.3
芬　　蘭	4.3	4.5	3.9	5.7	4.6	2.6	4.8
希　　臘	-0.1	-0.9	-0.3	-1.4	-2.2	-3.4	-2.6
荷　　蘭	-0.8	-0.5	-0.6	0.6	-0.4	-3.0	-2.9
挪　　威	3.2	4.3	4.5	5.7	4.7	3.8	3.1
西　班　牙	0.7	-0.6	0.3	1.1	0.2	0.0	-0.3
瑞　　典	4.4	5.2	4.4	4.1	1.9	2.7	4.5
以上諸國平均	0.1	-0.5	-0.5	0.1	-0.5	-3.8	-2.7

赤字㈠佔國民生產毛額之比重

1977	1978	1979	1980	1981	1982	1983	1984	1985	1986
-1.0	-0.0	0.5	-1.3	-1.0	-3.5	-3.8	-2.8	-3.3	-3.5
-3.8	-5.5	-4.7	-4.4	-3.8	-3.6	-3.7	-2.1	-0.8	-0.9
-2.4	-2.4	-2.5	-2.9	-3.7	-3.3	-2.5	-1.9	-1.1	-1.2
-0.8	-1.9	-0.7	-0.0	-1.9	-2.8	-3.2	-2.7	-2.9	-2.9
-3.4	-4.2	-3.3	-3.5	-2.8	-2.3	-3.6	-3.9	-2.9	-2.6
-8.4	-10.3	-10.1	-8.5	-11.5	-11.3	-10.7	-11.5	-12.3	-11.2
-2.4	-3.1	-2.0	-2.8	-1.5	-5.9	-6.9	-6.6	-7.0	-5.5
-2.2	-2.3	-1.7	-2.5	-2.5	-3.9	-4.1	-3.3	-3.3	-3.2
-0.7	-2.2	-2.2	-1.5	-0.6	-0.3	-4.0	-3.2	-2.9	-2.8
-2.4	-2.8	-2.4	-1.7	-1.8	-3.4	-4.2	-2.7	-2.2	-3.0
-5.5	-6.0	-7.3	-9.2	-13.4	-11.3	-11.9	-9.8	-9.1	-9.2
-0.6	-0.3	-1.7	-3.2	-6.9	-9.1	-7.2	-4.1	-2.1	3.4
3.1	1.4	0.4	0.5	1.3	-0.4	-1.6	0.3	0.1	0.6
-2.1	-1.7	-2.8	-2.9	-10.9	-7.6	-8.1	-9.9	-13.5	-10.7
-2.1	-3.1	-3.5	-4.0	-5.5	-7.1	-6.4	-6.2	-4.8	-5.6
1.7	0.6	3.4	5.7	4.7	4.4	4.2	7.5	10.4	5.9
-0.6	-1.8	-1.0	-2.6	-3.9	-5.6	-4.8	-5.5	-6.8	-5.7
1.7	-0.5	-3.0	-3.7	-4.9	-6.3	-5.0	-2.6	-3.8	-0.3
-2.1	-2.3	-1.8	-2.5	-2.7	-4.0	-4.2	-3.4	-3.4	-3.3

附表14-6 政府債務

國 別	1973	1983	1984	1985	1986
	毛債佔 GNP 百分比				
美 國	39.9	45.1	46.8	52.4	56.2
日 本	30.9	87.9	89.9	89.7	90.9
西 德	18.6	40.0	40.7	41.2	41.1
法 國	25.4	30.7	32.9	35.2	36.9
英 國	71.8	60.8	61.7	59.7	57.7
義大利	52.7	72.6	78.2	85.2	88.9
加拿大	45.6	58.2	60.9	65.9	68.8
奧地利	10.8	45.3	47.9	49.4	55.9
比利時	54.0	107.2	115.1	120.6	123.2
荷 蘭	43.2	61.9	66.3	70.0	72.2
西班牙	13.8	32.1	39.3	46.3	49.0
瑞 典	22.5	66.9	69.5	70.9	68.8
瑞 士	30.3	36.5	36.1	34.7	32.5
平均值	37.5	54.1	56.6	59.9	62.1

資料來源: *BIS Annual Report* (1987).

與利息支出

1973	1983	1984	1985	1986
毛利息支出佔政府支出百分比				
7.2	12.2	13.6	13.9	13.
4.1	12.9	13.9	14.5	14.7
2.8	6.4	6.5	6.6	6.6
2.4	5.2	5.5	5.6	5.6
9.5	10.6	10.8	11.3	10.5
6.9	15.6	16.3	15.6	16.6
10.6	15.6	16.8	18.1	18.2
2.5	6.2	6.8	7.1	7.5
8.0	15.0	16.4	17.4	18.6
6.3	9.6	10.2	11.1	11.2
2.8	3.3	5.5	8.8	8.8
4.3	11.3	12.2	13.4	12.2
5.6	4.8	4.5	4.4	4.2
6.1	11.0	12.2	12.7	12.8

附表14-7　諸國對外經常賬交易

	1966	1967	1968	1969	1970	1971	1972	1973	1974
美　國	0.5	0.4	0.2	0.2	0.4	0.0	-0.3	0.7	0.5
日　本	1.3	0.0	0.8	1.3	1.0	2.5	2.2	0.0	-1.0
西　德	0.2	2.2	2.3	1.4	0.6	0.4	0.4	1.3	2.7
法　國	0.1	0.0	-0.5	-1.1	0.1	0.6	0.5	-0.2	-2.3
英　國	0.1	-0.9	-0.8	0.6	1.2	1.7	0.1	-2.0	-4.6
義　大　利	3.2	2.2	3.3	2.7	1.2	1.8	1.6	-1.7	-4.6
加　拿　大	-1.8	-0.9	-0.3	-1.4	1.0	0.1	-0.5	0.0	-1.2
以上諸國平均值	0.5	0.4	0.4	0.4	0.6	0.6	0.3	0.2	-0.4
奧　地　利	-1.2	-0.7	-0.4	1.2	0.6	0.5	0.1	-0.3	-1.0
比　利　時	-0.3	0.8	0.9	1.2	2.8	2.1	3.6	2.0	0.4
丹　麥	-1.9	-2.4	-1.7	-2.8	-3.9	-2.4	-0.4	-1.7	-3.1
芬　蘭	-2.2	-1.7	0.7	0.0	-2.2	-2.8	-0.9	-1.9	-4.9
希　臘	-2.0	-2.2	-3.6	-4.0	-3.1	-1.5	-1.2	-3.8	-2.8
冰　島	-1.3	-8.8	-9.1	1.1	1.4	-7.0	-2.6	-2.8	-11.0
愛　爾　蘭	-1.6	1.4	-1.3	-4.8	-4.0	-3.8	-2.2	-3.5	-9.9
盧　森　堡	1.7	7.4	9.7	14.0	14.4	5.5	9.6	15.6	25.3
荷　蘭	-0.9	-0.3	0.3	0.3	-1.4	-0.3	2.8	3.8	3.1
挪　威	-2.6	-2.9	1.0	1.3	-2.2	-4.1	-0.4	-1.8	-4.8
葡　萄　牙	0.8	3.7	1.6	3.6	1.9	2.6	5.6	3.1	-6.3
西　班　牙	-2.1	-1.5	-0.8	-1.1	0.2	2.2	1.2	0.6	-3.5
瑞　典	-0.7	-0.1	-0.4	-0.7	-0.8	1.0	1.3	2.8	-1.0
瑞　士	0.8	1.5	3.2	2.8	0.4	0.4	0.8	0.8	0.5
土　耳　其	-1.0	-0.5	-1.3	-1.0	-0.6	-0.2	0.0	2.3	-2.4
歐洲小國平均值	-1.1	-0.5	0.0	-0.1	-0.5	0.2	1.3	1.1	-1.3
澳　大　利　亞	-2.3	-2.7	-3.6	-1.9	-1.5	-1.4	1.5	1.2	-2.8
紐　西　蘭	-3.7	-1.7	0.6	1.3	-3.9	0.6	2.9	0.2	-13.1
小國平均值	-1.3	-0.8	-0.5	-0.3	-0.7	0.0	1.3	1.1	-1.8
OECD諸國平均值	0.3	0.3	0.3	0.3	0.4	0.5	0.4	0.4	-0.6
歐洲四大國	0.7	0.8	1.0	0.8	0.7	1.0	0.6	0.2	-1.3
OECD歐洲	0.1	0.4	0.7	0.5	0.3	0.7	0.8	0.2	-1.3
歐洲共同體	0.3	0.5	0.7	0.5	0.5	0.9	0.8	0.1	-1.2
美國以外OECD	0.0	0.1	0.5	0.4	0.4	0.9	1.0	0.2	-1.3

資料來源: *OECD Economic Outlook*.

盈餘佔國內生產毛額百分比

1975	1976	1977	1978	1979	1980	1981	1982	1983	1984	1985
1.4	0.5	-0.4	-0.5	0.1	0.4	0.3	0.0	-1.0	-2.4	-2.9
-0.1	0.7	1.5	1.7	-0.9	-1.0	0.5	0.7	1.8	2.8	3.7
1.1	0.9	0.8	1.4	-0.8	-1.8	-0.8	0.5	0.6	1.0	2.2
0.0	-1.5	-0.7	0.6	0.0	-1.4	-1.4	-3.0	-1.7	-0.8	-0.8
-2.1	-1.7	-0.1	0.4	0.0	1.5	2.3	1.2	0.7	-0.3	1.0
-0.2	-1.5	1.2	2.4	1.7	-2.5	-2.3	-1.6	0.2	-0.9	-1.2
-3.0	-2.4	-2.2	-2.2	-2.0	-0.6	-2.0	0.4	0.4	0.5	-0.4
0.4	0.0	0.0	0.4	-0.2	-0.4	0.0	-0.1	-0.2	-0.8	-0.8
-0.1	-2.3	-3.6	-0.7	-1.0	-2.7	-2.0	1.1	0.6	-0.3	-0.1
-0.1	0.1	-1.3	-1.4	-2.7	-4.5	-4.6	-3.3	-0.5	-0.4	0.5
-1.5	-4.9	-4.0	-2.7	-4.7	-3.7	-3.0	-4.2	-2.6	-3.5	-4.6
-7.5	-3.7	-0.3	1.9	-0.3	-2.7	-0.8	-1.6	-1.9	0.0	-1.2
-3.7	-1.9	-1.9	-1.3	-1.9	0.5	-0.7	-4.4	-5.1	-4.1	-8.3
-10.6	-1.6	-2.4	1.2	-0.7	-2.1	-4.3	-8.5	-2.1	-5.1	-4.4
-1.5	-5.3	-5.4	-6.8	-13.4	-11.8	-14.7	-10.6	-7.0	-6.1	-3.8
16.1	20.7	21.0	19.6	22.4	19.9	23.0	35.2	38.5	38.9	42.4
2.5	2.9	0.8	-0.9	-1.2	-1.5	2.2	3.2	3.1	4.1	4.3
-8.5	-11.9	-14.0	-5.2	-2.2	1.9	3.8	1.1	3.6	5.4	5.2
-5.6	-8.2	-9.4	-5.7	-1.7	-5.9	-12.2	-12.7	-6.3	-1.9	3.0
-3.0	-3.5	-1.8	0.9	0.3	-2.4	-2.7	-2.5	-1.5	1.3	1.7
-0.5	-2.1	-2.6	0.0	-2.2	-3.6	-2.5	-3.6	-1.0	0.4	-1.2
4.9	6.0	5.8	5.3	2.7	-0.5	2.9	4.1	4.0	4.8	5.6
-5.2	-5.5	-7.0	-2.7	-2.2	-5.6	-3.6	-1.6	-3.6	-2.8	-1.9
-1.2	-1.7	-2.1	-0.4	-1.2	-2.5	-1.5	-1.1	-0.1	1.1	1.1
-0.7	-1.3	-2.5	-3.4	-1.4	-2.3	-4.7	-5.2	-3.9	-4.6	-5.4
-8.2	-4.1	-3.9	-2.4	-3.6	-3.2	-5.5	-6.3	-3.8	-7.0	-6.4
-1.3	-1.7	-2.2	-0.7	-1.3	-2.5	-2.0	-1.8	-0.7	0.0	0.0
0.1	-0.3	-0.3	0.2	-0.4	-0.8	-0.3	-0.3	-0.2	-0.7	-0.7
-0.1	-0.6	0.3	1.1	0.0	-1.1	-0.5	-0.6	0.0	-0.1	0.5
-0.5	-1.0	-0.5	0.6	-0.4	-1.5	-0.8	-0.8	0.0	0.3	0.7
-0.3	-0.8	-0.1	0.7	-0.4	-1.4	-0.9	-0.9	-0.1	0.1	0.6
-0.6	-0.8	-0.3	0.6	-0.6	-1.4	-0.7	-0.5	0.3	0.8	1.2

三民大專用書書目

國父遺教

國父思想	涂 子 麟	著	中 山 大 學
國父思想	周 世 輔	著	前政治大學
國父思想新論	周 世 輔	著	前政治大學
國父思想要義	周 世 輔	著	前政治大學

法　　律

中國憲法新論	薩 孟 武	著	前臺灣大學
中國憲法論	傅 肅 良	著	中 興 大 學
中華民國憲法論	管 　 歐	著	東 吳 大 學
中華民國憲法逐條釋義㈠～㈣	林 紀 東	著	臺 灣 大 學
比較憲法	鄒 文 海	著	前政治大學
比較憲法	曾 繁 康	著	臺 灣 大 學
美國憲法與憲政	荊 知 仁	著	政 治 大 學
國家賠償法	劉 春 堂	著	輔 仁 大 學
民法概要	鄭 玉 波	著	臺 灣 大 學
民法概要	董 世 芳	著	實 踐 學 院
民法總則	鄭 玉 波	著	臺 灣 大 學
判解民法總則	劉 春 堂	著	輔 仁 大 學
民法債編總論	鄭 玉 波	著	臺 灣 大 學
判解民法債篇通則	劉 春 堂	著	輔 仁 大 學
民法物權	鄭 玉 波	著	臺 灣 大 學
判解民法物權	劉 春 堂	著	輔 仁 大 學
民法親屬新論	黃宗樂 等	著	臺 灣 大 學
民法繼承新論	黃宗樂 等	著	臺 灣 大 學
商事法論	張 國 鍵	著	臺 灣 大 學
商事法要論	梁 宇 賢	著	中 興 大 學
公司法	鄭 玉 波	著	臺 灣 大 學
公司法論	柯 芳 枝	著	臺 灣 大 學

公司法論	梁宇賢 著	中興大學
票據法	鄭玉波 著	臺灣大學
海商法	鄭玉波 著	臺灣大學
海商法論	梁宇賢 著	中興大學
保險法論	鄭玉波 著	臺灣大學
民事訴訟法釋義	石志泉 原著 楊建華 修訂	輔仁大學
破產法	陳榮宗 著	臺灣大學
破產法論	陳計男 著	行政法院
刑法總整理	曾榮振 著	臺中地院
刑法總論	蔡墩銘 著	臺灣大學
刑法各論	蔡墩銘 著	臺灣大學
刑法特論（上）（下）	林山田 著	政治大學
刑事政策（修訂版）	張甘妹 著	臺灣大學
刑事訴訟法論	黃東熊 著	中興大學
刑事訴訟法論	胡開誠 著	臺灣大學
行政法（改訂版）	林紀東 著	臺灣大學
行政法	張家洋 著	政治大學
行政法之基礎理論	城仲模 著	中興大學
犯罪學	林山田 等著	政治大學等
監獄學	林紀東 著	臺灣大學
土地法釋論	焦祖涵 著	東吳大學
土地登記之理論與實務	焦祖涵 著	東吳大學
引渡之理論與實踐	陳榮傑 著	外交部
國際私法	劉甲一 著	臺灣大學
國際私法新論	梅仲協 著	前臺灣大學
國際私法論叢	劉鐵錚 著	政治大學
現代國際法	丘宏達 等著	馬利蘭大學等
現代國際法基本文件	丘宏達 編著	馬利蘭大學
平時國際法	蘇義雄 著	中興大學
中國法制史	戴炎輝 著	臺灣大學
法學緒論	鄭玉波 著	臺灣大學
法學緒論	孫致中 著	各大專院校

| 強制執行法 | 陳榮宗 | 著 | 臺灣大學 |
| 法院組織法論 | 管歐 | 著 | 東吳大學 |

政治・外交

政治學	薩孟武	著	前臺灣大學
政治學	鄒文海	著	前政治大學
政治學	曹伯森	著	陸軍官校
政治學	呂亞力	著	臺灣大學
政治學概要	張金鑑	著	政治大學
政治學方法論	呂亞力	著	臺灣大學
政治理論與研究方法	易君博	著	政治大學
公共政策概論	朱志宏	著	臺灣大學
公共政策	曹俊漢	著	臺灣大學
公共政策	朱志宏	著	臺灣大學
公共關係	王德馨 等	著	交通大學
中國社會政治史㈠～㈣	薩孟武	著	前臺灣大學
中國政治思想史	薩孟武	著	前臺灣大學
中國政治思想史（上）（中）（下）	張金鑑	著	政治大學
西洋政治思想史	張金鑑	著	政治大學
西洋政治思想史	薩孟武	著	前臺灣大學
中國政治制度史	張金鑑	著	政治大學
比較主義	張亞澐	著	政治大學
比較監察制度	陶百川	著	國策顧問
歐洲各國政府	張金鑑	著	政治大學
美國政府	張金鑑	著	政治大學
地方自治概要	管歐	著	東吳大學
國際關係——理論與實踐	朱張碧珠	著	臺灣大學
中美早期外交史	李定一	著	政治大學
現代西洋外交史	楊逢泰	著	政治大

行政・管理

行政學（增訂版）	張潤書	著	政治大學
行政學	左潞生	著	中興大學
行政學新論	張金鑑	著	政治大

書名	著者	服務機關
行政管理學	傅肅良 著	中興大學
行政生態學	彭文賢 著	中興大學
各國人事制度	傅肅良 著	中興大學
考詮制度	傅肅良 著	中興大學
交通行政	劉承漢 著	成功大學
組織行爲管理	龔平邦 著	前逢甲大學
行爲科學概論	龔平邦 著	前逢甲大學
行爲科學與管理	徐木蘭 著	臺灣大學
組織行爲學	高尚仁 等著	香港中文大學
組織原理	彭文賢 著	中興大學
實用企業管理學	解宏賓 著	中興大學
企業管理	蔣靜一 著	逢甲大學
企業管理	陳定國 著	臺灣大學
國際企業論	李蘭甫 著	臺灣大學
企業政策	陳光華 著	臺灣大學
企業概論	陳定國 著	交通大學
管理新論	謝長宏 著	交通大學
管理概論	郭崑謨 著	中興大學
管理個案分析	郭崑謨 著	中興大學
企業組織與管理	郭崑謨 著	中興大學
企業組織與管理（工商管理）	盧宗漢 著	中興大學
現代企業管理	龔平邦 著	前逢甲大學
現代管理學	龔平邦 著	前逢甲大學
事務管理手冊	新聞局	
生產管理	劉漢容 著	成功大學
管理心理學	湯淑貞 著	成功大學
管理數學	謝志永 著	東吳大學
品質管理	戴久永 著	交通大學
可靠度導論	戴久永 著	交通大學
人事管理（修訂版）	傅肅良 著	中興大學／輔仁大學
作業研究	林照然 著	臺灣大學
作業研究	楊超然 著	舊金山州立大學
作業研究	劉一忠 著	金山大學

書名	作者	服務機關
系統分析	陳　進　著	前聖瑪麗大學

社　會

書名	作者	服務機關
社會學	蔡文輝　著	印第安那大學
社會學	龍冠海　著	前臺灣大學
社會學	張華葆　主編	東海大學
社會學理論	蔡文輝　著	印第安那大學
社會學理論	陳秉璋　著	政治大學
社會心理學	劉安彥　著	傑克遜州立大學
社會心理學	張華葆　著	東海大學
社會心理學	趙淑賢　著	安娜堡校區大學
社會心理學理論	張華葆　著	東海大學
政治社會學	陳秉璋　著	政治大學
醫療社會學	廖榮利　等著	臺灣大學
組織社會學	張苙雲　著	臺灣大學
人口遷移	廖正宏　著	臺灣大學
社區原理	蔡宏進　著	臺灣大學
人口教育	孫得雄　編著	東海大學
社會階層化與社會流動	許嘉猷　著	臺灣大學
社會階層	張華葆　著	東海大學
西洋社會思想史	張承漢　等著	臺灣大學
中國社會思想史（上）（下）	張承漢　著	臺灣大學
社會變遷	蔡文輝　著	印第安那大學
社會政策與社會行政	陳國鈞　著	中興大學
社會福利行政（修訂版）	白秀雄　著	臺灣大學
社會工作	白秀雄　著	臺灣大學
社會工作管理	廖榮利　著	臺灣大學
團體工作：理論與技術	林萬億　著	臺灣大學
都市社會學理論與應用	龍冠海　著	前臺灣大學
社會科學概論	薩孟武　著	前臺灣大學
文化人類學	陳國鈞　著	中興大學

書名	著者		學校
勞工問題	陳國鈞	著	中興大學
少年犯罪心理學	張華葆	著	東海大學
少年犯罪預防及矯治	張華葆	著	東海大學

教　育

書名	著者		學校
教育哲學	賈馥茗	著	臺灣師大
教育哲學	葉學志	著	彰化教育學院
普通教學法	方炳林	著	前臺灣師大
各國教育制度	雷國鼎	著	臺灣師大
教育心理學	溫世頌	著	傑克遜州立大學
教育心理學	胡秉正	著	政治大學
教育社會學	陳奎憙	著	臺灣師大
教育行政學	林文達	著	政治大學
教育行政原理	黃文輝	主譯	臺灣師大
教育經濟學	蓋浙生	著	臺灣師大
教育經濟學	林文達	著	政治大學
工業教育學	袁立錕	著	彰化教育學院
技術職業教育行政與視導	張天津	著	臺灣師大
技職教育測量與評鑑	李大偉	著	臺灣師大
高科技與技職教育	楊啟棟	著	臺灣師大
工業職業技術教育	陳昭雄	著	臺灣師大
技術職業教育教學法	陳昭雄	著	臺灣師大
技術職業教育辭典	楊朝祥	編著	臺灣師大
技術職業教育理論與實務	楊朝祥	著	臺灣師大
工業安全衛生	羅文基	著	臺灣師大
人力發展理論與實施	彭台臨	著	臺灣師大
職業教育師資培育	周談輝	著	臺灣師大
家庭教育	張振宇	著	淡江大學
教育與人生	李建興	著	臺灣師大
當代教育思潮	徐南號	著	臺灣大學
比較國民教育	雷國鼎	著	政治大學
中等教育	司琦	著	政治大學
中國教育史	胡美琦	著	文化大學

書名	著者		學校
中國現代教育史	鄭世興	著	臺灣師大
中國大學教育發展史	伍振鷟	著	臺灣師大
中國職業教育發展史	周談輝	著	臺灣師大
社會教育新論	李建興	著	臺灣師大
中國社會教育發展史	李建興	著	臺灣師大
中國國民教育發展史	司　琦	著	政治大學
中國體育發展史	吳文忠	著	臺灣師大
如何寫學術論文	宋楚瑜	著	臺灣大學
論文寫作研究	段家鋒	等著	政戰學校等

心理學

書名	著者		學校
心理學	劉安彥	著	傑克遜州立大學等
心理學	張春興	等著	臺灣師大
人事心理學	黃天中	著	淡江大學
人事心理學	傅肅良	著	中興大學

經濟·財政

書名	著者		學校
西洋經濟思想史	林鐘雄	著	臺灣大學
歐洲經濟發展史	林鐘雄	著	臺灣大學
比較經濟制度	孫殿柏	著	政治大學
經濟學原理（增訂新版）	歐陽勛	著	政治大學
經濟學導論	徐育珠	著	南康涅狄克州立大學
經濟學概要	歐陽勛	等著	政治大學
通俗經濟講話	邢慕寰	著	前香港大學
經濟學（增訂版）	陸民仁	著	政治大學
經濟學概論	陸民仁	著	政治大學
國際經濟學	白俊男	著	東吳大學
國際經濟學	黃智輝	著	東吳大學
個體經濟學	劉盛男	著	臺北商專
總體經濟分析	趙鳳培	著	政治大學
總體經濟學	鐘甦生	著	西雅圖銀行
總體經濟學	張慶輝	著	政治大學
總體經濟理論	孫　震	著	臺灣大學

書名	著（編）者	服務機構
數理經濟分析	林大侯　著	臺灣大學
計量經濟學導論	林華德　著	臺灣大學
計量經濟學	陳正澄　著	臺灣大學
經濟政策	湯俊湘　著	中興大學
合作經濟概論	尹樹生　著	中興大學
農業經濟學	尹樹生　著	中興大學
工程經濟	陳寬仁　著	中正理工學院
銀行法	金桐林　著	華南銀行
銀行法釋義	楊承厚　著	銘傳
商業銀行實務	解宏賓　編著	中興大學
貨幣銀行學	何偉成　著	中正理工學院
貨幣銀行學	白俊男　著	東吳大學
貨幣銀行學	楊樹森　著	文化大學
貨幣銀行學	李穎吾　著	臺灣大學
貨幣銀行學	趙鳳培　著	政治大學
現代貨幣銀行學	柳復起　著	新南威爾斯大學
現代國際金融	柳復起　著	新南威爾斯大學
國際金融理論與制度（修訂版）	歐陽勛等　編著	政治大學
金融交換實務	李麗　著	中央銀行
財政學	李厚高　著	臺灣大學
財政學（修訂版）	林華德　著	臺灣大學
財政學原理	魏萼等　著	臺灣大學
商用英文	張錦源　著	政治大學
商用英文	程振粵　著	臺灣大學
貿易契約理論與實務	張錦源　著	政治大學
貿易英文實務	張錦源　著	政治大學
信用狀理論與實務	蕭啟賢　著	輔仁大學
信用狀理論與實務	張錦源　著	政治大學
國際貿易	李穎吾　著	臺灣大學
國際貿易實務詳論	張錦源　著	政治大學
國際貿易實務	羅慶龍　著	逢甲大學

國際貿易理論與政策（修訂版）	歐陽勛等編著	政治大學
國際貿易政策概論	余德培著	東吳大學
國際貿易論	李厚高著	逢甲大學
國際商品買賣契約法	鄧越今編著	外貿協會
國際貿易法概要	于政長著	東吳大學
國際貿易法	張錦源著	政治大學
外匯投資理財與風險	李麗著	中央銀行
外匯、貿易辭典	于政長編著 張錦源校訂	東吳大學 政治大學
貿易實務辭典	張錦源編著	政治大學
貿易貨物保險（修訂版）	周詠棠著	中央信託局
貿易慣例	張錦源著	政治大學
國際匯兌	林邦充著	政治大學
國際行銷管理	許士軍著	新加坡大學
國際行銷	郭崑謨著	中興大學
行銷管理	郭崑謨著	中興大學
海關實務（修訂版）	張俊雄著	淡江大學
美國之外匯市場	于政長譯	東吳大學
保險學（增訂版）	湯俊湘著	中興大學
人壽保險學（增訂版）	宋明哲著	德明商專
人壽保險的理論與實務	陳雲中編著	臺灣大學
火災保險及海上保險	吳榮清著	文化大學
市場學	王德馨等著	中興大學
行銷學	江顯新著	中興大學
投資學	龔平邦著	前逢甲大學
投資學	白俊男等著	東吳大學
海外投資的知識	葉雲鎮等譯	
國際投資之技術移轉	鍾瑞江著	東吳大學

會計・統計・審計

銀行會計（上）（下）	李兆萱等著	臺灣大學等
初級會計學（上）（下）	洪國賜著	淡水工商
中級會計學（上）（下）	洪國賜著	淡水工商
中等會計（上）（下）	薛光圻等著	西東大學等

會計辭典	龍毓珊 譯	
會計學（上）（下）	幸世間 著	臺灣大學
會計學題解	幸世間 著	臺灣大學
成本會計（上）（下）	洪國賜 著	淡水工商
成本會計	盛禮約 著	淡水工商
政府會計	李增榮 著	政治大學
政府會計	張鴻春 著	臺灣大學
稅務會計	卓敏枝 等著	臺灣大學等
財務報表分析	洪國賜 等著	淡水工商等
財務報表分析	李祖培 著	中興大學
財務管理	張春雄 著	政治大學
財務管理（增訂新版）	黃柱權 著	政治大學
商用統計學（修訂版）	顏月珠 著	臺灣大學
商用統計學	劉一忠 著	舊金山州立大學
統計學（修訂版）	柴松林 著	政治大學
統計學	劉南溟 著	前臺灣大學
統計學	張浩鈞 著	臺灣大學
統計學	楊維哲 著	臺灣大學
統計學	顏月珠 著	臺灣大學
統計學題解	顏月珠 著	臺灣大學
推理統計學	張碧波 著	銘傳管理學院
應用數理統計學	顏月珠 著	臺灣大學
統計製圖學	宋汝濬 著	臺中商專
統計概念與方法	戴久永 著	交通大學
審計學	殷文俊 等著	政治大學
商用數學	薛昭雄 著	政治大學
商用數學（含商用微積分）	楊維哲 著	臺灣大學
線性代數（修訂版）	謝志雄 著	東吳大學
商用微積分	何典恭 著	淡水工商
微積分	楊維哲 著	臺灣大學
微積分（上）（下）	楊維哲 著	臺灣大學
大二微積分	楊維哲 著	臺灣大

書名	作者		出版／學校
機率導論	戴久永	著	交通大學

新　聞

書名	作者		出版／學校
傳播研究方法總論	楊孝濚	著	東吳大學
傳播研究調查法	蘇蘅	著	輔仁大學
傳播原理	方蘭生	著	文化大學
行銷傳播學	羅文坤	著	政治大學
國際傳播	李瞻	著	政治大學
國際傳播與科技	彭芸	著	政治大學
廣播與電視	何貽謀	著	輔仁大學
廣播原理與製作	于洪海	著	中廣
電影原理與製作	梅長齡	著	前文化大學
新聞學與大眾傳播學	鄭貞銘	著	文化大學
新聞採訪與編輯	鄭貞銘	著	文化大學
新聞編輯學	徐旭	著	新生報
採訪寫作	歐陽醇	著	臺灣師大
評論寫作	程之行	著	紐約大學
新聞英文寫作	朱耀龍	著	前政治大學
小型報刊實務	彭家發	著	政治大學
廣告學	顏伯勤	著	輔仁大學
媒介實務	趙俊邁	著	東吳大學
中國新聞傳播史	賴光臨	著	政大
中國新聞史	曾虛白	主編	
世界新聞史	李瞻	著	政治大學
新聞學	李瞻	著	政治大學
新聞採訪學	李瞻	著	政治大學
新聞道德	李瞻	著	政治大學
電視制度	李瞻	著	政治大學
電視新聞	張勤	著	中視
電視與觀眾	曠湘霞	著	公視
大眾傳播理論	李金銓	著	明尼大
大眾傳播新論	李茂政	著	政大

書名	作者		學校	
大眾傳播與社會變遷	陳世敏	著	政治大學	
組織傳播	鄭瑞城	著	政治大學	
政治傳播學	祝基瀅	著	政治大學	
文化與傳播	汪琪	著	政治大學	

歷史・地理

書名	作者		學校	
中國通史（上）（下）	林瑞翰	著	臺灣大學	
中國現代史	李守孔	著	臺灣大學	
中國近代史	李守孔	著	臺灣大學	
中國近代史	李雲漢	著	政治大學	
中國近代史（簡史）	李雲漢	著	政治大學	
中國近代史	古鴻廷	著	東海大學	
隋唐史	王壽南	著	政治大學	
明清史	陳捷先	著	臺灣大學	
黃河文明之光	姚大中	著	東吳大學	
古代北西中國	姚大中	著	東吳大學	
南方的奮起	姚大中	著	東吳大學	
中國世界的全盛	姚大中	著	東吳大學	
近代中國的成立	姚大中	著	東吳大學	
西洋現代史	李邁先	著	臺灣大學	
東歐諸國史	李邁先	著	臺灣大學	
英國史綱	許介鱗	著	臺灣大學	
印度史	吳俊才	著	政治大學	
日本史	林明德	著	臺灣師大	
日本現代史	許介鱗	著	臺灣師大	
近代中日關係史	林明德	著	臺灣師大	
美洲地理	林鈞祥	著	臺灣師大	
非洲地理	劉鴻喜	著	臺灣師大	
自然地理學	劉鴻喜	著	臺灣師大	
地形學綱要	劉鴻喜	著	臺灣師大	
聚落地理學	胡振洲	著	中興大學	
海事地理學	胡振洲	著	中興大學	
經濟地理	陳伯中	著	前臺灣大學	
都市地理學	陳伯中	著	前臺灣大學	